Kleine Geschichte der
Europäischen Union

Jürgen Mittag

Kleine Geschichte der Europäischen Union

Von der Europaidee bis zur Gegenwart

Aschendorff Münster

Abbildungsnachweis

Schaubilder auf den Seiten 95, 115, 234, 237 und 299: Entwurf J. Mittag, Gestaltung und © Aschendorff Verlag GmbH & Co. KG, Münster (B. Beyer).
Karten auf den Seiten 125, 145, 187, 247 und 305: © Aschendorff Verlag GmbH & Co. KG, Münster (B. Beyer).
Pressestelle der Europäischen Kommission: 106, 183, 193o., 231, 263u., 311.
Pressestelle des Rats der Europäischen Union: 193u.
Deutsches Zentrum für Luft- und Raumfahrt: 263o.

Impressum

Druck: Aschendorff Medien GmbH & Co. KG,
Druckhaus Aschendorff Münster

ISBN 978-3-402-00234-6

Inhalt

Vorwort

Die Europäische Union ist aus der Politik des 21. Jahrhunderts nicht mehr wegzudenken. Auf der Grundlage eines detaillierten Vertragswerks regelt sie heute wesentliche Bereiche des politischen, wirtschaftlichen und gesellschaftlichen Zusammenlebens von rund 500 Millionen Europäern. Trotz der in Teilen der Bevölkerung verbreiteten Skepsis und mancher enttäuschter Hoffnung gilt die europäische Einigung als eine der wichtigsten Entwicklungen in der Geschichte des europäischen Kontinents. Häufig wird sie sogar als *die* Erfolgsgeschichte Europas beschrieben, da sie nicht nur dauerhaften Frieden und Wohlstand garantiert, sondern maßgeblich zum Zusammenwachsen des Kontinents beigetragen hat.

Das Wissen über die Europäische Union, ihre Entstehung und ihre Organisation sowie die ihr zugrundeliegenden Ideen und Konzepte hat mit dem Bedeutungszuwachs der europäischen Einigung jedoch nicht Schritt gehalten. Dies ist vor allem auf die beträchtliche Dynamik und Komplexität des Integrationsprozesses zurückzuführen. Die Europäische Union basiert nicht auf einer sorgfältig vorbereiteten und allseits akzeptierten Verfassung mit dauerhaften Strukturen, sondern sie stellt vielmehr das Resultat einer Serie von Vertragsreformen und pragmatischer Anpassungen dar. Seit den 1950er Jahren haben die Mitgliedstaaten die Grundlagen ihrer Zusammenarbeit immer wieder modifiziert, ohne dabei einer spezifischen Vorstellung über den Endzustand der europäischen Integration zu folgen. Dem Auf- und Ausbau der Organisationsstrukturen liegt ein nur schwer zu entwirrendes Geflecht von nationalstaatlichen Interessen und europapolitischen Leitbildern zugrunde.

Die „Kleine Geschichte der Europäischen Union“ zeichnet die wichtigsten Wegmarken und Antriebskräfte des europäischen Einigungsprozesses – von den Anfängen bis zur Gegenwart – nach und verdeutlicht, wie aus einer ursprünglich auf sechs westeuropäische Staaten und auf wenige Politikfelder begrenzten Gemeinschaft eine gesamteuropäische Union mit weit reichenden Kompetenzen entstanden ist. Das Grundgerüst dieses Streifzugs durch die Integrationsgeschichte bilden, in chronologischer Abfolge, die einzelnen Vertragsschritte und Erweiterungsrunden. Hierbei werden auch Krisen und Rückschläge nicht ausgeblendet. Innerhalb der einzelnen Zeitabschnitte erfolgt dann indes eine stärker systematische Darstellung, um eine zusammenhängende Betrachtung einzelner Themenfelder und Problemkreise zu ermöglichen.

In den jeweils durch kurze Überblicke eingeleiteten Hauptkapiteln wird den institutionellen Entwicklungslinien und den politischen Strukturen der europäischen Einigung besondere Beachtung geschenkt – auch für die

Zeitabschnitte, die angesichts ihrer Aktualität noch nicht auf gesicherter Quellenkenntnis beruhen können. Diesem Vorgehen liegt die Annahme zugrunde, dass die Funktionsweise der heutigen Europäischen Union nur dann zu verstehen ist, wenn auch ihre Ursprünge und ihre verzweigte Entstehungsgeschichte bekannt sind. Die gegenwärtige EU-Architektur wird dabei jedoch weder als zwangsläufig noch als endgültig betrachtet.

Mit der Zusammenführung von internationalen wissenschaftlichen Forschungsergebnissen aus unterschiedlichen akademischen Disziplinen will dieses Buch insbesondere Studierenden im Grundstudium, aber auch Schülern und Lehrern einen Zugang zu den wichtigsten Etappen des europäischen Einigungsprozesses eröffnen. Die dabei angeführten Beispiele und Erläuterungen sind in Anbetracht des Sprach- und Leserkreises vor allem auf Deutschland bezogen, sollen bei aller Notwendigkeit zur Verdichtung aber nicht die Sicht auf divergierende nationale Perspektiven und Interpretationen verstellen. Weiterführende Literaturtipps und Hinweise auf Forschungsprobleme am Ende der einzelnen Kapitel ermöglichen dem Leser zudem den Einstieg in eine vertiefende Auseinandersetzung mit Spezialfragen der europäischen Einigung.

Entstanden ist die vorliegende Einführung als Ergebnis zahlreicher universitärer Lehrveranstaltungen zur Geschichte und Politik der Europäischen Union. Die Diskussionen mit den Studierenden – insbesondere an der Ruhr-Universität Bochum, der Universität zu Köln und der Sciences Po (Paris) – spiegeln sich in der Publikation ebenso wider wie die vielfältigen Anregungen und Hilfestellungen der Kollegen am Institut für soziale Bewegungen in Bochum.

Bochum, im Dezember 2007 *Jürgen Mittag*

1. Einleitung: Die Europäische Union als Prozess

Zu Beginn des 21. Jahrhunderts ist die Europäische Union ein vertrauter Begriff. Täglich hören oder lesen wir in den Nachrichten von EU-Aktivitäten, und ebenso selbstverständlich sprechen wir auch über die „EU“. Weit weniger vertraut als die tagtägliche Präsenz der Europäischen Union in den Medien ist hingegen ihre Entstehungsgeschichte und das ihr zugrunde liegende Ringen um den Weg zur europäischen Einigung.

In ideengeschichtlicher Perspektive stellt die europäische Integration das Ergebnis zahlreicher, weit in die Historie zurückreichender Initiativen und Pläne dar, den in endlosen Konflikten zerstrittenen Kontinent zu einigen. Aber erst als nach dem Zweiten Weltkrieg sechs europäische Staaten die Europäische Gemeinschaft für Kohle und Stahl gründeten, um die seinerzeit wichtigsten wirtschaftlichen Ressourcen einer gemeinsamen Kontrolle zu unterstellen, nahm die europäische Einigung konkrete Gestalt an. In mehreren Etappen der ökonomischen und politischen Integration entstand seit den 1950er Jahren ein weltweit einzigartiger Zusammenschluss von Staaten, dessen Aktivitäten schon bald über den ursprünglichen Bereich der Kohle- und Stahlindustrie hinausreichten.

Während in den ersten Jahrzehnten für diese Konstruktion vorwiegend die Bezeichnung „Gemeinschaft“ verwendet wurde, gewann seit den 1970er Jahren das Schlagwort „Europäische Union“ immer stärker an Bedeutung: Erstmals wurde die Europäische Union im Jahr 1972, auf einem Gipfeltreffen der Staats- und Regierungschefs der damaligen EG-Staaten, zum Ziel des modernen europäischen Einigungsprojekts erhoben. Es bedurfte aber mehrerer Anläufe und es dauerte länger als zwei Jahrzehnte, bis die Europäische Union auf den Weg gebracht war. Der am 1. November 1993 in Kraft getretene „Vertrag über die Europäische Union“ – die Gründungsurkunde der EU – stellt eine zentrale Wegmarke des Integrationsprozesses und zugleich auch dessen bisher stärkstes Beschleunigungsmoment dar. Mit der Gründung der Europäischen Union wurden die bis dahin etablierten vertragsrechtlichen Fundamente europäischer Einigung um das Großvorhaben einer Wirtschafts- und Währungsunion sowie die Ziele einer engeren politischen und justiziellen Kooperation ergänzt. Da in diesem Zusammenhang auch die Anzahl der Politikbereiche ausgeweitet wurde, in denen die Organe auf europäischer Ebene verbindliche Entscheidungen für die Mitgliedstaaten treffen, rückte das Einigungswerk immer stärker in das Blickfeld des öffentlichen Interesses – und damit auch der Kritik.

Die Gründung der Europäischen Union: Auftakt mit Hindernissen

Dass die erhöhte Aufmerksamkeit der Bürger für das europäische Einigungsprojekt zu Beginn der 1990er Jahre mit wachsenden Bedenken einherging, zeigte sich bereits beim Gründungsakt der Europäischen Union. Als die Staats- und Regierungschefs der Mitgliedstaaten am 29. Oktober 1993 zu einem Sondergipfel in Brüssel zusammenkamen, um die Gründung der Europäischen Union zu feiern, war die Begeisterung allenthalben gedämpft. In den Mitgliedstaaten hatte sich eine gewisse Europamüdigkeit breit gemacht, sogar Skepsis eingestellt. Die Resonanz der Bürger auf die Konstituierung der EU fiel infolgedessen weitaus verhaltener aus, als es der in der Präambel des neuen Vertragswerks bekundete Anspruch – mit „einer immer engeren Union der Völker Europas“ den „Prozess der europäischen Integration auf eine neue Stufe zu heben“ – erwarten ließ.

Das Stimmungstief, in dem sich die Europäische Union zu ihrem Beginn befand, wurde auf eine ganze Reihe von Ursachen zurückgeführt, nicht zuletzt auf die Rahmenbedingungen des Gründungsakts selbst: Dass der Startschuss für die Europäische Union nicht auf Bürgerfesten in den seinerzeit zwölf Mitgliedstaaten gefeiert wurde, sondern hinter verschlossenen Türen, auf einem schmucklosen Sondergipfel der Staats- und Regierungschefs in Brüssel, bei dem man sich zudem nur mit größter Mühe auf die künftigen Standorte einiger europäischer Institutionen hatte einigen können, bot weder Anlass zur Begeisterung noch Grund zur Hoffnung auf eine stärkere Teilhabe der Bürger an der Politik der Europäischen Union.

Eine latente Europaverdrossenheit in der Öffentlichkeit hatte sich auch schon im Vorfeld des Gründungakts bemerkbar gemacht. Bereits zwei Jahre zuvor, im Dezember 1991, war das Vertragswerk, das nach seinem Entstehungsort bald nur noch als Maastrichter Vertrag bezeichnet wurde, auf einem Gipfel der Staats- und Regierungschefs ausgehandelt und im Februar 1992 an selber Stelle von den Außen- und Finanzministern unterzeichnet worden. In zahlreichen europäischen Staaten wurden in der Folge Bedenken gegenüber einer Aushöhlung der nationalen Souveränität geäußert. In Deutschland richteten sich die Vorbehalte in erster Linie gegen die mit dem Vertragswerk verbundene Entscheidung für die Wirtschafts- und Währungsunion sowie die in diesem Zusammenhang geschürte Furcht vor dem Verlust der ebenso symbolträchtigen wie geschätzten Deutschen Mark.

Vielfach moniert wurde auch die mangelnde Transparenz des Maastrichter Vertragswerks. Die Kritik an der „geradezu mythologische[n]

Undurchschaubarkeit" der Vertragsreform spiegelte sich letztlich auch im Ratifizierungsprozess wider (Weidenfeld 2006: 33). Einvernehmlich hatten die Regierungen das Inkrafttreten der Verträge für den Jahresbeginn 1993 vorgesehen. Durch Volksabstimmungen in Frankreich und Dänemark - bei denen im ersten Fall nur eine hauchdünne Mehrheit erreicht und im letzteren Fall eine zweite Abstimmung notwendig wurde - verzögerte sich das Verfahren jedoch erheblich. Das Schlusslicht bei der Ratifizierung des Vertrags über die Europäische Union bildete indes die Bundesrepublik. Der Deutsche Bundestag hat den Maastrichter Vertrag zwar mit großer Mehrheit, der Bundesrat ihn sogar einstimmig gebilligt. Da jedoch eine Klage vor dem Bundesverfassungsgericht anhängig war, die u.a. den Verzicht auf die nationale Währung als einen vom Grundgesetz nicht mehr gedeckten Eingriff in einen Kernbereich nationaler Souveränität wertete, konnte die deutsche Ratifizierungsurkunde erst hinterlegt werden, als das Bundesverfassungsgericht im Oktober 1993 die Verfassungsmäßigkeit des Maastrichter Vertrags bestätigt hatte.

Trotz der verhaltenen Reaktionen auf die Gründung der Europäischen Union stellt das Maastrichter Vertragswerk eine entscheidende Etappe des europäischen Integrationsprozesses dar. Die Gründung der Europäischen Union hatte nicht nur die bis dahin „weitreichendste Revision der Gründungsverträge" (Hertz 2002: 72), sondern auch eine stärkere Verankerung der europäischen Einigung im öffentlichen Bewusstsein zur Folge. Da neben der wirtschaftlichen auch die politische Integration deutlich an Tempo aufnahm, gewann die Europäische Union immer stärker an Kontur. Als „Gesicht Europas" (Schümer 2004) bildete die Europäische Union in den folgenden Jahren für eine zunehmend größere Anzahl von Europäern einen wichtigen Bezugspunkt.

Vertiefung und Erweiterung als Orientierungsmarken der Integrationsgeschichte

Angesichts der beträchtlichen Dynamik und Komplexität der Geschichte der Europäischen Union bedarf es einleitend erster Orientierungspunkte im europäischen Einigungsprozess. Einen hilfreichen Überblick bieten mit den Kategorien „Vertiefung" und „Erweiterung" die beiden Entwicklungsstränge, die der europäischen Integration bisher am stärksten ihren Stempel aufgedrückt haben. Während mit der Vertiefung die Ausweitung der in den Verträgen geregelten Kompetenzen auf europäischer Ebene angesprochen ist, zielt die Erweiterung auf die Mitgliedschaft weiterer Staaten. Gleichsam als Zeitraffer der Integrationsgeschichte liefern diese beiden Stränge, die als roter Faden auch den Ausführungen dieser Publikation zugrunde liegen, erste historische Orientierungsanker.

Zunächst zur Vertiefung: Von den zahlreichen Überlegungen und Plänen zu einer Annäherung der europäischen Staaten nach dem Zweiten Weltkrieg kommt der Europäischen Gemeinschaft für Kohle und Stahl (EGKS) – der so genannten Montanunion – als europäischer Gründungsakte entscheidende Bedeutung zu. Als sie 1952 in Kraft trat, wurden erstmals Kompetenzen, die zuvor von den Nationalstaaten ausgeübt wurden, auf die europäische Ebene übertragen.[1] Auf der Strecke blieben hingegen im Jahre 1954 die Projekte einer Europäischen Verteidigungsgemeinschaft (EVG) und einer Europäischen Politischen Gemeinschaft (EPG), mit denen eine politische Ausweitung des EGKS-Vertrags vorgesehen war. Die erste Ergänzung der nur auf wenige Tätigkeitsfelder begrenzten Montanunion erfolgte durch die Römischen Verträge, die 1958 die Europäische Wirtschaftsgemeinschaft (EWG) und die Europäische Atomgemeinschaft (Euratom) etablierten. Die hier vereinbarte Zusammenarbeit stellte die wirtschaftliche Kooperation in den Mittelpunkt und brachte damit das Projekt der europäischen Einigung „endgültig auf den Weg“ (Knipping 2004: 14). Im Jahr 1967 wurden die Institutionen der drei Vertragswerke im so genannten Fusionsvertrag zusammengeführt, blieben rechtlich aber selbstständig. Dennoch ging man seit dem Ende der 1960er Jahren im allgemeinen Sprachgebrauch dazu über, von *der* Europäischen Gemeinschaft zu sprechen.

Die Nutzung ökonomischer Projekte für politische Ziele bereitete den Boden für eine erneute Ausweitung der europäischen Zusammenarbeit. Nach einer Phase der „Eurosklerose“ zum Ende der 1970er Jahre wurden vorliegende Pläne zum Binnenmarkt und zur Währungsunion wieder aufgegriffen, um auf diesem Weg eine Vertiefung der politischen Einigung anzustreben. Eine umfassende Ergänzung der Gründungsverträge wurde 1987 mit der Einheitlichen Europäischen Akte (EEA) vorgenommen, die das Ziel eines europäischen Binnenmarktes in den Mittelpunkt rückte. In zeitlich und kausal engem Zusammenhang mit den weltpolitischen Umbrüchen des Jahres 1989 stand der eingangs erwähnte Maastrichter Vertrag, der als „point de non-retour“ die Strukturen des europäischen Einigungswerks auf ein erweitertes Fundament stellte (Bruneteau 1999: 231). Mit dem Amsterdamer Vertrag von 1999 und dem Nizzaer Vertrag, der 2003 wirksam wurde, sind die Grundlagen der europäischen Einigung im Sinne einer „immer engeren Union“ zum Teil erheblich überarbeitet und vertieft worden (Dinan 2001). Der in der Folge unternommene Versuch, einer mittlerweile auf allen staatlichen Handlungsfeldern tätigen Europäischen Union durch einen Verfassungsvertrag ein neues Fundament zu geben, scheiterte hingegen an der fehlenden Ratifizierung dieses Vertrags durch alle Mitgliedstaaten. Ein Ausweg aus dieser „ernsten und selbstverschuldeten Krise“ (Elvert 2006: 144) zeichnete sich erst im Jahr 2007 ab, als mit dem Mandat für den Reformvertrag ein neuer Anlauf genommen wurde, die Vertragsgrundlagen grundlegend zu überholen.

Die Erweiterung markiert in Verbindung mit der Frage nach Grenzen einen zweiten Zugang zur Geschichte der europäischen Einigung. Im Zuge des Erweiterungsprozesses erhöhte sich die Anzahl der beteiligten Länder seit 1952 beträchtlich. Den Ausgangspunkt bildete die Zusammenarbeit der sechs Staaten Frankreich, Deutschland, Italien, Belgien, Niederlande und Luxemburg in der Montanunion. In drei Erweiterungsrunden wurde die Zahl der Staaten bis 1995 auf fünfzehn erweitert.[2] Dabei traten jeweils drei Staaten der Gemeinschaft bei. Eine erste Erweiterungsrunde erfolgte 1973, als im Rahmen der Norderweiterung Großbritannien, Irland und Dänemark zur Gemeinschaft hinzustießen. Die zweite Erweiterungsrunde, die so genannte Süderweiterung, vollzog sich in zwei Schritten und teilt sich in den Beitritt Griechenlands 1981 sowie die Aufnahme Spaniens und Portugals 1986. Eine dritte Erweiterungsrunde folgte nach dem Ende des Kalten Kriegs, als im Jahr 1995 die „blockfreien“ Staaten Schweden, Finnland und Österreich der Europäischen Union beitraten. Diese ersten drei Erweiterungsrunden waren – sieht man einmal von Griechenland ab – ausschließlich auf Westeuropa konzentriert.

Die „Vereinigung des Kontinents“ durch die Erweiterung der westeuropäischen Gemeinschaften zu einer gesamteuropäischen Union war erst nach dem Ende des Ost-West-Konflikts und dem politischen und wirtschaftlichen Wandel in den ehemals sozialistisch regierten Staaten Mittel- und Osteuropas möglich (Gehler 2004: 131). Die vierte Erweiterungsrunde führte im Jahr 2004 gleich acht mittel- und osteuropäische Staaten sowie die beiden Mittelmeerinseln Malta und Zypern in den Kreis der Europäischen Union. Im Einzelnen waren dies – von Norden nach Süden – Estland, Lettland, Litauen, Polen, Tschechien, Slowakei, Ungarn und Slowenien. Der Beitritt Rumäniens und Bulgariens komplettierte 2007 diese Erweiterungsrunde, warf aber auch die Frage nach den Grenzen der Europäischen Union und Europas auf (Kreis: 2004). Eine neuerliche Erweiterungsrunde ist bisher nicht abzusehen, auch wenn die Türkei seit 1999, Kroatien seit 2004 und Mazedonien seit 2005 den Status von offiziellen Beitrittskandidaten besitzen.

Neben den Vertiefungs- und Erweiterungsprozessen liefern auch die Antriebskräfte und Handlungslogiken europäischer Einigung einen weiteren Orientierungspunkt für die Geschichte der Europäischen Union. Zum Verständnis des europäischen Einigungsprozesses wird dem in allen beteiligten Staaten verbreiteten Wunsch nach dauerhaftem Frieden und nach Sicherheit seit jeher zentrale Bedeutung zugeschrieben (Schöndube 1969: 9–11). Diese Zielsetzung spiegelt sich auch in den Verträgen selbst und den sie ändernden und ergänzenden Reformakten wider. Die Einsicht, dass nur durch die Zusammenarbeit und Einigung Europas ein Schlussstrich unter die jahrhundertelange Geschichte innereuropäischer Kriege gezogen werden kann, setzte sich bereits im Verlauf des Zweiten Weltkriegs durch und spielte beim Aufbau der europäischen Einigung eine kaum zu überschätzende Rolle (Lipgens 1984: 19–34). Daneben war aber auch die Zielvorstellung, die Einigung Europas zum wirtschaftlichen Nutzen der beteiligten Staaten und zur Stärkung und Förderung des sozialen Zusammenhalts der Bürger zu betreiben, ein zentrales Grundanliegen.

Diese Kernmotive sind nicht als romantische Einheitssehnsucht zu interpretieren, sondern stehen vielmehr für vitale Interessen der beteiligten Staaten, die sich im Laufe des Einigungsprozesses immer weiter ausdifferenzierten (Brunn 2002: 14–16). Als wichtiges Antriebsmoment europäischer Einigung zeichnete sich in zunehmendem Maße die Zielsetzung ab, auf nationaler Ebene nicht lösbare Probleme gemeinsam zu bewältigen. Vor allem die wachsenden Ansprüche an staatliche Leistungen, die in einer Ausweitung des Wohlfahrts- und Dienstleistungsstaates zum Ausdruck kommen, konnten nicht mehr allein von den Staaten im nationalen Kontext erbracht werden. Infolgedessen verknüpften die Regierungen der westeuropäischen Staaten in zunehmendem Maße Handlungs- und Steuerungsinstrumente, die sie teilweise in der Verfügungsgewalt der Mitgliedstaaten beließen und teilweise den Institutionen der Europäischen Union – bzw. ihren Vorläufern – übertrugen.

Vor dem Hintergrund dieser Entwicklung bildet das Spannungsfeld von nationaler und europäischer Ebene das zentrale Kennzeichen der europäischen Einigung, und zugleich – wenn es so etwas wie eine „historische Meistererzählung" der europäischen Integrationsgeschichte gibt – ihr wichtigstes Leitmotiv. Im Zentrum dieses Spannungsverhältnisses stand, und steht bis heute, die Debatte über den Umfang der Kompetenzübertragung und die Form der Zusammenarbeit zwischen den Mitgliedstaaten der Europäischen Union. Mit anderen Worten: Es geht um die Frage, inwieweit nationale Souveränität aufgegeben und auf die europäische Ebene übertragen wird und bis zu welchem Grad auf europäischer Ebene Entscheidungen gefällt werden. Schon zu Beginn des europäischen Einigungsprozesses herrschten über diese Fragen sehr unterschiedliche

Auffassungen zwischen den beteiligten Staaten. Dies sollte sich in den folgenden Jahrzehnten nicht ändern. Als „Herren der Verträge" haben die Mitgliedstaaten die Grundlagen ihrer Zusammenarbeit mehrfach geändert. Die Reformen der Institutionen, der verfahrensrechtlichen Grundlagen und der Handlungsfelder sind dabei in erster Linie Gegenstand von Verhandlungen zwischen den einzelnen Mitgliedern der Europäischen Union, die in eine Änderung der europäischen Verträge mündeten und nach der Vertragsratifizierung durch die Mitgliedstaaten in Kraft traten.

Die Europäische Union als asymmetrischer Prozess

Die Verlagerung von immer mehr nationalen Entscheidungskompetenzen auf die europäische Ebene – unter Einbeziehung einer wachsenden Anzahl von Mitgliedstaaten – verlief weder gradlinig noch widerspruchsfrei. Der „Weg nach Europa" (Loth 1996) folgte keinem sorgfältig vorbereiteten, allseits akzeptierten Bauplan. Der Aufbau der Europäischen Union und ihrer Vorgängerorganisationen war und ist vielmehr voller Brüche und Widersprüche – und damit in gewisser Weise auch „schwierig" (Olivi/Giacone 2007) und „unberechenbar" (Krüger 2006). Zahlreiche Interessen in der Innen- und Außenpolitik der beteiligten Staaten griffen ineinander, Phasen der fortschreitenden Integration wechselten mit Jahren der Stagnation, Weichenstellungen zur Vertiefung und Erweiterung der europäischen Einigung konkurrierten mit dem Fortbestehen nationalstaatlicher Denkmuster.

Immer wieder wurde auch die Ausgestaltung der Institutionen und Verfahren überprüft und angesichts der Erfahrungen mit einer größer werdenden Union in den Verträgen ergänzt und revidiert. Der Ausbau der institutionellen Architektur ist bis heute nicht abgeschlossen. Insofern stellen Charakterisierungen der Europäischen Union als Gebilde „im Werden" oder als „Prozess" (Schneider/Hrbek 1980) ebenso wie Bilder von der „Baustelle Europa" (List 1999) und vom gemeinsamen „Europäischen Haus" – die bereits in den 1950er Jahren von Konrad Adenauer verwendet und in den 1980er Jahren durch Michail Gorbatschow wieder aufgegriffen wurden – nicht nur eine metaphorische Zuschreibung, sondern auch eine analytische Kategorie dar, mit der langfristige Entwicklungsschübe festgehalten und verdeutlicht werden können.

Die Zielsetzung des vorliegenden Bandes ist es, die hier knapp skizzierten Orientierungspunkte und Wegmarken in den folgenden Kapiteln abzuschreiten, ohne die Krisen und Rückschläge, die den europäischen Einigungsprozess ebenfalls prägten, zu vernachlässigen. Dabei gilt zu be-

Vertiefungs- und Erweiterungsschritte der europäischen Einigung

Datum	Vertiefung	Erweiterung
23.07.1952	Inkrafttreten des Vertrags über die Gründung der Europäischen Gemeinschaft für Kohle und Stahl (EGKS, Pariser Vertrag)	Gründungsstaaten: Belgien, Deutschland, Frankreich, Luxemburg, Niederlande, Italien (6er-Gemeinschaft)
28. bis 30.08.1954	Scheitern der Europäischen Verteidigungsgemeinschaft (EVG) und der Europäischen Politischen Gemeinschaft (EPG) (nicht in Kraft getreten)	
01.01.1958	Inkrafttreten der Verträge zur Gründung der Europäischen Wirtschaftsgemeinschaft (EWG) und der Europäischen Atomgemeinschaft (Euratom) (Römische Verträge)	
01.07.1967	Inkrafttreten Fusionsvertrag	
01.01.1973		Erste Norderweiterung: Dänemark, Großbritannien, Irland (9er-Gemeinschaft)
01.01.1981/ 01.01.1986		Süderweiterung: Griechenland (1981), Spanien, Portugal (1986) (12er-Gemeinschaft)
01.07.1987	Inkrafttreten der Einheitlichen Europäischen Akte (EEA, Luxemburger Vertragswerk)	
01.11.1993	Inkrafttreten des Vertrags über die Europäische Union und des Vertrags zur Gründung der Europäischen Gemeinschaft (Maastrichter Vertragswerk)	
01.01.1995		Zweite „Nord"-Erweiterung: Finnland, Schweden, Österreich (15er-Union)
01.05.1999	Inkrafttreten der Revision des EG- und EU-Vertrags (Amsterdamer Vertragswerk)	
01.02.2002	Inkrafttreten der Revision des EG- und EU-Vertrags (Nizzaer Vertragswerk)	

Datum	Vertiefung	Erweiterung
01.05.2004		„Ost"-Erweiterung: Estland, Lettland, Litauen, Polen, Tschechien, Slowakei, Ungarn, Slowenien, Malta, Zypern (25er-Union)
01.01.2007		Erweiterung: Bulgarien, Rumänien (27er-Union)
29.10.2004	Unterzeichnung des Vertrags über eine Verfassung für Europa (VVE) (nicht in Kraft getreten)	Beitrittsstatus der Türkei (1999), Kroatiens (2004) und Mazedoniens (2005)
14.12.2007	Unterzeichnung eines modifizierten EU-Vertrags und eines „Vertrags über die Arbeitsweise der Union" (Vertrag von Lissabon)	

rücksichtigen, dass mit der Dynamik von Vertiefung und Erweiterung lediglich erste „konstitutionelle" Grobkoordinaten der Integrationsgeschichte abgesteckt sind, die erheblicher Ergänzung bedürfen, um auch die „Zwischenräume" vermessen zu können. Zugleich gilt aber auch zu bedenken, dass ein Verständnis für die Integrationshistorie nur dann erzielt werden kann, wenn neben den politischen Entwicklungslinien und den ihr zugrunde liegenden Antriebskräften auch die rechtlichen Grundlagen der Vertragsgestaltung sowie die ökonomischen und gesellschaftlichen Rahmenbedingungen Beachtung finden. Dementsprechend wird im Folgenden immer wieder auch Bezug auf die Nachbardisziplinen Rechtswissenschaft, Politikwissenschaft und Volkswirtschaft genommen und einer – zumindest in Ansätzen – interdisziplinären Perspektive Rechnung getragen.

Mit dieser Vorgehensweise soll letztlich betont werden, dass die 1993 gegründete Europäische Union bereits auf eine Jahrzehnte lange „Vorgeschichte" zurückblickt, zugleich aber auch verdeutlicht werden, dass die EU, wie sie in dieser Publikation beschrieben wird, nicht den Schlussstein des europäischen Einigungsprozesses darstellt.

Auswahlbibliografie zu Kapitel 1
(Besonders grundlegende und zur weiterführenden Lektüre empfohlene Publikationen sind mit * hervorgehoben.)

Dokumente und Quellen:
Europäische Gemeinschaft – Europäische Union. Die Vertragstexte von Maastricht mit den deutschen Begleitgesetzen, bearbeitet und eingeleitet von Thomas Läufer, Bonn 1993.
Lipgens, Walter (Hg.): 45 Jahre Ringen um eine europäische Verfassung. Dokumente 1939–1984. Von den Schriften der Widerstandsbewegung bis zum Vertragsentwurf des Europäischen Parlaments, Bonn 1986.
Salmon, Trevor/Nicoll, William (Hg.): Building European Union: A Documentary History and Analysis, Manchester 1997.
Schwarz, Jürgen (Hg.): Der Aufbau Europas. Pläne und Dokumente 1945–1980, Bonn 1980.
Siegler, Heinrich: Europäische Politische Einigung. Dokumentation von Vorschlägen und Stellungnahmen, 1949–1968, 1968–1973 und 1973–1976, 3 Bde., Bonn 1968, 1973 und 1977.

Darstellungen und Literatur:
Ambrosius, Gerold: Wirtschaftsraum Europa. Vom Ende der Nationalökonomien, Frankfurt am Main 1996.
* Bitsch, Marie-Thérèse: Histoire de la construction européenne de 1945 à nos jours, Paris [2]1999.
Boldt, Hans: Die Europäische Union. Geschichte, Struktur, Politik, Mannheim (u.a.) 1995.
Breuss, Fritz/Fink, Gerhard/Griller, Stefan (Hg.): Vom Schuman-Plan zum Vertrag von Amsterdam. Entstehung und Zukunft der EU, Wien/New York 2000.
* Bruneteau, Bernard: Histoire de l'unification européenne. Paris 1999.
* Brunn, Gerhard: Die europäische Einigung von 1945 bis heute, Stuttgart 2002.
Dedman, Martin J.: The Origins and Development of the European Union 1945–95. A History of European Integration, London 1996.
Devuyst, Youri: The European Union at the Crossroads. The EU's Institutional Evolution from the Schuman Plan to the European Convention, Brüssel (u.a.) [2]2003.
Dinan, Desmond: Ever Closer Union? An introduction to the European Community, Houndmills (u.a.) [2]2001.
Dinan, Desmond: Europe recast. A history of European Union, Basingstoke (u.a.) 2004.
* Elvert, Jürgen: Die europäische Integration, Darmstadt 2006.
Gehler, Michael: Europa. Von der Utopie zum Euro. Leitideen und die Geschichte Europas, Frankfurt am Main 2002.
* Gehler, Michael: Europa: Ideen, Institutionen, Vereinigung, München 2005.
Gerbet, Pierre: La construction de l'Europe, Paris [2]1994.
Guisan, Catherine: Un sens à l'Europe. Gagner la paix (1950–2003), Paris 2003.

Harbrecht, Wolfgang: Die Europäische Gemeinschaft, Stuttgart ²1984.
Herz, Dietmar: Die Europäische Union, München 2002.
Hüttenberger, Peter/Hoebink, Hein: Geschichte der europäischen Einigungsbewegung und der Europäischen Gemeinschaften, München 1981.
Judt, Tony: Die Geschichte Europas seit dem Zweiten Weltkrieg, München/Wien 2006.
* Knipping, Franz: Rom, 25. März 1957. Die Einigung Europas, München 2004.
Kreis, Georg: Europa und seine Grenzen, Bern 2004.
* Krüger, Peter: Das unberechenbare Europa. Epochen des Integrationsprozesses vom späten 18. Jahrhundert bis zur Europäischen Union, Stuttgart 2006.
Lewis, David W.P.: The Road to Europe. History, Institutions and Prospects of Integration 1945–1993, Bern (u.a.) 1993.
Ley, Michael/Lohrmann, Klaus: Projekt Europa. Erfolge, Irrtümer, Perspektive, Düsseldorf 2007.
List, Martin: Baustelle Europa. Einführung in die Analyse europäischer Kooperation und Integration, Opladen 1999.
* Loth, Wilfried: Der Weg nach Europa. Geschichte der europäischen Integration 1939–1957, Göttingen ³1996.
Olivi, Bino/Giacone, Alessandro: L'Europe difficile. Histoire politique de la construction européenne, Paris ³2007.
Pryce, Roy (Hg.): The Dynamics of European Union, London/New York/Sydney 1987.
Schneider, Heinrich/Hrbek, Rudolf: Die Europäische Union im Werden, in: Hans von der Groeben/Hans Möller (Hg.): Die Europäische Union als Prozess, Baden-Baden 1980, S. 209–473.
Schöndube, Claus: Das neue Europa Handbuch, Köln 1969.
* Schümer, Dirk: Das Gesicht Europas. Ein Kontinent wächst zusammen, München 2004.
Stirk, Peter M. R.: A History of European Integration since 1914, London/New York ²2001.
Teske, Horst: Europa zwischen gestern und morgen. Von den Römischen Verträgen bis zur Europäischen Akte, Köln 1988.
Thody, Philip: An Historical Introduction to the European Union, London/New York 1997.
Urwin, Derek W.: The Community of Europe. A History of European Integration since 1945, London ²1995.
Wagener, Hans-Jürgen/Egner, Thomas/Fritz, Heiko: Europäische Integration. Recht und Ökonomie, Geschichte und Politik, München 2006.
* Weidenfeld, Werner: Europäische Einigung im historischen Überblick, in: Werner Weidenfeld/Wolfgang Wessels (Hg.): Europa A–Z. Taschenbuch der europäischen Integration, Baden-Baden ⁹2006, S. 13–48.

Anmerkungen zu Kapitel 1

1 Die in der Literatur zur europäischen Einigung oftmals differierenden Daten für einzelne Vertragsschritte sind auf die unterschiedlichen Zeitpunkte von Verhandlung, Unterzeichnung und Inkrafttreten der Verträge zurückzuführen. In der vorliegenden Publikation wird – sofern nicht gesondert

hervorgehoben – stets auf das Datum des Inkrafttretens der Verträge Bezug genommen.

2 Im Hinblick auf die Zählung der Erweiterungsrunden hat sich die Forschung bisher nicht auf eine einheitliche Nummerierung verständigt. Verbreitet ist sowohl die Zählung der Süderweiterung 1981/86 als einheitliche zweite Erweiterungsrunde als auch die Differenzierung in eine dritte (Griechenland 1981) und vierte (Spanien und Portugal 1986) Erweiterungsrunde. Vergleichbares gilt für die Erweiterungsrunde 2004/07.

2. Der Europagedanke bis zum Ende des Zweiten Weltkriegs: Begrifflichkeiten, Ideen und Pläne

Im heutigen Sprachgebrauch wird die Bezeichnung „Europa“ nicht nur in einem geografischen – auf den Erdteil bezogenen – Wortsinn genutzt, sondern auch in politischer, kultureller und wirtschaftlicher Hinsicht angewendet. Damit unterscheidet sich der aktuelle Europabegriff erheblich von früheren Epochen, in denen der Name Europa seltener gebraucht und das Wortverständnis weniger stark auf die politische Einigung des Kontinents bezogen wurde. Die heutige Selbst- und Fremdwahrnehmung von Europa ist das Resultat eines historischen Prozesses, der vor allem durch die politische Einigung des Kontinents in der zweiten Hälfte des 20. Jahrhunderts geprägt wurde. Sichtbarster Ausdruck dieses Prozesses ist die Europäische Union, die im allgemeinen Sprachgebrauch mittlerweile selbst zum Synonym für Europa geworden ist.

Dem Vertrag über die Europäische Union zufolge kann jeder „europäische Staat“, der die Grundsätze der „Freiheit, der Demokratie, der Achtung der Menschenrechte und Grundfreiheiten sowie der Rechtsstaatlichkeit“ einhält, beantragen, Mitglied der Union zu werden“ (Art. 49 u. Art. 6 EU-V). Was aber bedeutet überhaupt europäisch? Woher stammt die ursprüngliche Wortbedeutung „Europa“? Wie haben sich die Vorstellungen von Europa im Laufe der Geschichte verändert? Und inwieweit bilden diese Prozesse das historische Fundament für die Europäische Union? Diese Fragen stehen im Mittelpunkt des Kapitels, das überblicksartig beleuchtet, wie sich der Europagedanke im Verlauf der Geschichte in geografischer, kultureller und politischer Perspektive entwickelt hat. Zugleich dient dieses Kapitel aber auch dem Ziel, die Schwierigkeiten und Grenzen zu zeigen, auf die eine Definition von Europa stößt.

Europa als Begriff

Bis heute lässt sich weder die Herkunft noch die Entwicklung des Europabegriffs eindeutig definieren und unstrittig klären. Es finden sich jedoch zahlreiche Spuren, die zu einer Annäherung beitragen. Folgt man dem Historiker Rolf-Joachim Sattler, der eine Vielzahl begriffsgeschichtlicher Erklärungen erarbeitet hat, kann Europa etymologisch u.a. aus dem semitischen „ereb“ abgeleitet und mit „dunkel“ oder „Abend“

übersetzt werden (Sattler 1971: 19). Für die ursprünglich vom Gebiet des heutigen Libanon aus das Mittelmeer befahrenden Phönizier – das bedeutendste Handelsvolk zwischen ca. 1400 und 750 v. Chr. – lag Griechenland im Bereich der untergehenden Sonne. Entsprechend können Asien (assu) und Europa (ereb) als Ableitungen der Bezeichnungen für „Sonnenaufgang" und „Sonnenuntergang" interpretiert werden.[1] Gesichert sind diese Interpretationen aber ebenso wenig wie weitere etymologische Abwandlungen, so etwa der Ansatz, Europa aus einer vorgriechisch-altmediterranen Bezeichnung für Flüsse und Orte in Thrakien und Makedonien abzuleiten.

Weitere Fährten zum Ursprung des Europabegriffs finden sich in der griechischen Mythologie – erstmals in der „Theogonie", einem um ca. 700 v. Chr. entstandenem Werk des griechischen Dichters Hesiod über die Entstehung der Weltordnung. „Europa" wird hier als eine Göttin aus der griechischen Landschaft Böotien beschrieben. In späteren Überlieferungen – wie etwa den Metamorphosen Ovids, aber auch in Vasenbildern und Mosaiken der Antike – wird die Europa-Sage weiter ausgeschmückt.[2] Von den verschiedenen Varianten ist folgende am bekanntesten: Der Göttervater Zeus entdeckt auf einem seiner Streifzüge durch die antike Welt an der Küste des heutigen Libanon die schöne Europa, die Tochter des phönizischen Königs Agenor. Um sie zu erobern, verwandelte sich Zeus in einen weißen Stier, den die Königstochter arglos bestieg, als das Tier sie zum Aufsitzen aufforderte. Bevor Europa sich versehen konnte, entführte Zeus sie über das Meer nach Kreta. Dort verwandelte er sich in eine Männergestalt und bat das Mädchen, seine Gemahlin zu werden. In ihrem Kummer – so die Sage weiter – wurde Europa von der Göttin Aphrodite getröstet, die versicherte, alles entspräche den Absichten der Götter. Der Erdteil aber, in den Zeus die schöne Königstochter entführt hatte, sollte – so Aphrodite – nun ihren Namen tragen: Europa. In dieser oder in leicht abgewandelter Form fand die Sage weite Verbreitung in Kunst und Literatur. Bereits in der griechischen Antike stieß die mythologische Darstellung aber auch auf Skepsis. Schon der griechische Geschichtsschreiber Herodot (ca. 484–425 v. Chr.) fragte sich, woher der Name Europa stamme und stellte Mutmaßungen darüber an, warum gerade eine aus Asien stammende Göttin zur Namenspatronin werden sollte (Herodot IV/45).

Die Verbindungslinie zwischen mythologischer Quelle und einem stärker raumbezogenen Erklärungsansatz dokumentiert der Götterhymnus eines unbekannten Verfassers aus dem 7. Jahrhundert, der den Hinweis auf Menschen enthält, „die da wohnen auf der fruchtbaren Peloponnes, in Europa und rings auf den meerumflossenen Inseln" (zit. n.

Die „Weltkarte" des Hekataios, um 500 v. Chr.

Fuhrmann 1981: 6). Neben die mythologische Sicht tritt hier erstmals ein geografischer Europabegriff, der Europa zunächst als ein eng begrenztes Teilgebiet des heutigen Griechenlands sieht.[3] Dieser enge geografische Fokus wird indes schon bald ausgeweitet. Bereits auf frühen Landkarten ist Europa als kontinentale Bezeichnung auszumachen. So bildete der Geschichtsschreiber und Geograf Hekataios von Milet (ca. 560–485 v. Chr.) die Erde auf seiner um 510 v. Chr. entstandenen Weltkarte in zwei getrennten Hälften ab. Der nördliche Halbkreis wurde von ihm als Europa, der südliche als Asien bezeichnet.[4] Folgt man dieser kartografischen Darstellung, war Europa bereits im 6. Jahrhundert v. Chr. keine kleinräumige Bezeichnung mehr. Der geografische Europabegriff begann, ohne dass die genauen Ausmaße des Kontinents bereits bekannt waren, sich als Bezeichnung für die nördliche Hälfte der damals bekannten Welt durchzusetzen.

Dies dokumentieren auch die um ca. 450 v. Chr. verfassten „Historien" von Herodot, die als eine der wichtigsten Quellen antiker Europavorstellungen gelten. Geprägt sind sie vor allem vom Abwehrkampf der Athener und Spartaner gegen das Persische Reich. In ihnen hebt Herodot die Unterscheidung zwischen Europa und Asien hervor, indem er betont: Die „Perser sehen ganz Asien als ihr Vaterland und alle Barbarenvölker, die es bewohnen, als ihre Verwandten an. Europa aber und das Land der Hellenen gilt ihnen als fremdes Land" (Herodot I/4). Für Herodot fallen geografische Lage und politisches Einflussgebiet zusammen. Er begrenzte die damalige Welt jedoch nicht allein auf Europa und Asien, sondern ging von einer Dreiteilung aus und bezeichnete Afrika (unter dem Namen Lybia) als einen eigenen Erdteil. In seinen Historien präsentiert Herodot sowohl eine räumliche als auch eine politisch geprägte Sicht auf

Europa. Die von ihm eingehender geschilderte Seeschlacht von Salamis – mit der die persische Expansion durch eine panhellenische Allianz der Griechen eingedämmt wurde – ist von zahlreichen Historikern als die Geburtstunde Europas bezeichnet worden, da erst durch den siegreichen Freiheitskampf der Griechen „der Sinn für ein Europa ausgebildet [wurde], das zu Asien wegen seiner Lebensgewohnheiten und vor allem seiner politischen Organisation in Gegensatz" stand (Chabod 1963: 11). Von anderen Historikern wurde diese Interpretation jedoch durch den Hinweis relativiert, dass es sich bei dem griechischen Abwehrkampf um ein befristetes Bündnis gehandelt habe und in den seinerzeitigen griechischen Stadtstaaten von einem europäischen Erfahrungsraum im heutigen Sinn noch keine Rede sein konnte (Meier 1993: 37f).

Obgleich die Vorstellungen von einer geografischen Dreiteilung der Welt in der Folge beherrschend blieben, hatten auch Herodots „Erben" von den genauen Ausmaßen Europas nur vage Vorstellungen. Weite Teile des heutigen Europas lagen in der Antike außerhalb des Blickfelds der Geografen und Historiker. Wo exakt die äußeren Küsten und Grenzen verliefen, war noch weitgehend unbekannt. Dies gilt auch noch für die Zeit des im zweiten Jahrhundert v. Chr. über Italien hinaus expandierenden Römischen Reiches. Auch wenn das heutige Europa weder kulturell noch politisch ohne die Römer vorstellbar ist, war der Bezugspunkt für Rom nicht der europäische Kontinent, sondern vielmehr das Mittelmeer mit seinen afrikanischen und kleinasiatischen Küsten. Ungeachtet dessen hielten aber auch römische Kartografen wie Strabo (ca. 63 v. Chr. bis 23 n. Chr.) geografisch am Schema der drei Kontinente fest. Erst mit dem Niedergang Roms und den Eroberungen der Araber im 7. und 8. Jahrhundert wurde das Mittelmeer dann auch zur politischen Grenzscheide zwischen Europa und Afrika (Fried 1993: 16).

Während die geografischen Umrisse Europas in den folgenden Jahrhunderten immer präziser erschlossen wurden und sich mit dem Mittelmeer im Süden, dem Atlantik im Westen und dem Europäischen Nordmeer im Norden die natürlichen Konturen des Kontinents deutlich abzeichneten, blieb die Ostgrenze Europas lange Zeit umstritten. Da Europa geografisch eine Halbinsel Asiens ist, kann seine östliche Grenze nur mehr oder weniger willkürlich gezogen werden. Für Südosteuropa bereitete dies geringere Probleme. Hier wurde von den Geografen die Grenze vom östlichen Mittelmeer über die Dardanellen durch das Marmarameer und den Bosporus bis zum Schwarzen Meer gezogen. Für die Landflächen erwies sich eine Grenzziehung indes ungleich schwieriger. Die Frage, ob Russland eher ein europäisches oder ein asiatisches Land sei, rief bereits in der frühen Neuzeit kontroverse Debatten hervor. Das heute allgemein als Grenze akzeptierte Uralgebirge gilt erst etwa seit dem frühen 18. Jahrhundert als östliche Grenze Europas, ohne dass sich die Lebensformen in Sibirien von denen der westlich des Urals gelegenen russischen Territorien unterscheiden.[5] Strittig ist darüber hinaus die Frage, wo sich Europa im Süden der russischen Staatengemeinschaft verliert.[6]

Zieht man an dieser Stelle erste Schlussfolgerungen aus den bisherigen Anmerkungen zu Europas Grenzen, bleiben viele Fragen offen. Restlos schlüssig sind alle hier skizzierten Varianten über den Ursprung Europas nicht. Weder aus etymologischer, noch aus mythologischer oder geografischer Perspektive ist eindeutig zu klären, warum ausgerechnet Europa zur Bezeichnung eines Erdteils geworden ist und wo Europas äußere Grenzen verlaufen. Europa wurde je nach Sichtweise, Wissensstand und Interessenlage sehr unterschiedlich definiert. Konstatiert werden kann aber, dass sich der Europabegriff seit der Blüte der griechischen Antike zur Mitte des ersten vorchristlichen Jahrtausends zunehmend in den Quellen findet und er dort – nebst einem mythologischen Verständnis – vor allem eine geografische Bedeutung hat.

Europa als Werte- und Kulturgemeinschaft

Bereits in der Antike ließ sich der Europabegriff aber nicht allein auf sein geografisches Wortverständnis reduzieren. Schon aus Herodots „Historien" kann auch ein an Werten und Normen orientierter Bedeutungsgehalt abgeleitet werden, da hier betont wurde, dass Europa eine Eigenschaft auszeichne, die es in dieser Form andernorts nicht gäbe: die Freiheit.[7] In den vorderasiatischen Sprachen, so Herodot, gäbe es kein Äquivalent für das griechische Wort Freiheit (eleutheria). Ausgehend von diesem Diktum lässt sich Europa auch als Werte- und Kulturgemeinschaft interpretieren, die sich von der persischen Despotie abgrenzte. Im Hinblick auf den heute erreichten politischen Zusammenschluss des Kontinents erhielten vor allem in den beiden letzten Jahrzehnten Überlegungen neue Nahrung, die Entwicklung Europas als Ergebnis eines Prozesses zu deuten, der auf den Wurzeln einer gemeinsamen Zivilisation sowie auf gemeinsamen historischen Strukturmerkmalen und Ereignissen gründet. Vor allem die Fachöffentlichkeit diskutierte, ob ein kollektives „Schicksal" der europäischen Völker und ein gemeinschaftliches kulturelles Erbe existiere, das sich aus der Differenz zum „Anderen" entwickelt und so eine kulturhistorische Identität Europas begründet habe.

Versuche, die kulturellen Wurzeln Europas näher zu definieren, führen gemeinhin zur Welt der Griechen, Römer und Christen, ohne deren Erbe das heutige Europa nicht denkbar wäre (Joas/Wiegandt 2005). Nicht selten wird diese Trias noch um Germanen und Kelten ergänzt. Wie zentral die Antike für die europäische Kultur ist, zeigt der Umstand, dass bis heute tragende Vorstellungen von der Natur, der Vernunft, der Wissenschaft und der Literatur sowie Steuersysteme, funktionierende Verwaltungen und Frühformen demokratischen Zusammenlebens auf Griechen und Römer zurückzuführen sind. Durch Renaissance und Humanismus „wiederentdeckt", zählen die Philosophie des Platon, die Ethik des Sokrates oder die Wissenschaft des Aristoteles ebenso zu den zentralen Fundamenten europäischer Kultur wie die lateinische Sprache oder das römische Recht. Durch die enge Bindung an den Staat prägte in erheblichem Maße auch das Christentum, das sich vor allem nach dem im Jahr 313 vom römischen Kaiser Konstantin proklamierten „Mailänder Toleranzedikt" rasch in Europa ausbreitete, die kulturelle Entwicklung in Europa.

Nach dem Niedergang des Römischen Reiches und den Wirren der Völkerwanderung entwickelte sich das Reich des Franken Karl der Große zur wichtigen zivilisatorischen Wegmarke Europas, womit der Schwerpunkt Europas vom Mittelmeerraum in den nordalpinen Bereich verlagert wurde. Karl der Große (747–814) – oder Charlemagne bzw. Carlomagno, wie er von Franzosen und Italienern genannt wird – erhob für sich und seine Nachfolger den Anspruch, das Erbe Roms anzutreten und als „rex pater Europae" die Herrschaft über (West-)Europa auszuüben. Damit grenzte er sich vom oströmischen Byzanz ab, das ebenfalls Anspruch auf die geistige und politische Führung Europas erhob und seinerseits die Trennlinie gegenüber den „Barbaren" in Westeuropa betonte. Karl der Große gilt als Herrscher, der mit der so genannten karolingischen Renaissance in den Bereichen Bildung, Dichtung, Buchkunst und Baukunst wesentliche kulturelle Impulse für die Entwicklung des Kontinents lieferte. In Aachen wird seit 1950 der europäischen Rolle Karls des Großen mit der Verleihung des wohl prominentesten europäischen Preises, des Karlspreises gedacht.[8]

Durch die Aufteilung des Reichs unter den Enkeln Karls verlor sich aber der gemeinsame kulturelle Verband bereits im frühen Mittelalter wieder. Von Europa wurde in den folgenden Jahrhunderten nur selten gesprochen. Wenn überhaupt die Einheit des Kontinents bemüht wurde, verwendete man etwa seit der ersten Jahrtausendwende den Begriff „Abendland" (Duroselle 2000: 128). Diese Bezeichnung entstand vor allem mit dem Ziel einer Abgrenzung des lateinischen Westens von Byzanz. Zurückzuführen ist der Abendlandbegriff vor allem auf politische Gegensätze sowie die Spaltung in einen römisch-katholischen Westen und einen orthodoxen Osten, die durch das so genannte Schisma des Jahres 1054 endgültig zementiert wurden.

Der machtpolitische Streit zwischen weltlicher und geistlicher Gewalt – zwischen Kaiser und Papst – bildete in der Folge ein weiteres zentrales Kennzeichen einer gemeinsamen (west-)europäischen Geschichte. Nach dem Zerfall des Frankenreichs war es in erster Linie die lateinische Kirche, die jahrhundertelang, über alle dynastisch bestimmten Grenzen hinweg, ein religiös und weitgehend auch kulturell geeintes Europa schuf.[9] Im frühen und hohen Mittelalter spiegelte sich die Einheit des europäischen Kontinents vor allem in seiner christlichen Durchdringung wider, für die beispielhaft das Kirchenrecht, das Pilgerwesen, die Mönchsorden und die europaweit verbundenen Universitäten stehen. Ebenso hat die Baukunst der Romanik und der Gotik ihre wichtigsten Impulse aus Christentum und Kirche bezogen.

Doch auch kulturelle Definitionen von Europa stoßen an Grenzen. Die europäische Kultur hat sich stets unter bestimmten Rahmenbedingungen entwickelt, die von Ort zu Ort und von Zeit zu Zeit immer wieder differierten. Die Grenzen der kirchlichen Gemeinschaft(en) verschoben sich wiederholt und waren nie deckungsgleich mit den geografischen Konturen des Kontinents. Angesichts dieser „teilräumlichen kulturellen Integration" (Schmale 2000: 41) ist es äußerst schwierig, zu konkretisieren, was in einer bestimmten historischen Epoche unter Europa verstanden wurde. Berücksichtigt man zudem, dass das Römische Reich weite Teile Afrikas umschloss, Skandinavien aber nicht erreichte, dass die christlichen Lehren in der Frühzeit in Kleinasien und Nordafrika ausformuliert wurden und starke kulturelle Einflüsse aus dem Judentum sowie aus dem arabischen Raum – man denke nur an Buchstaben und Zahlen – auf Europa einwirkten, bereitet ein statischer Definitionsansatz Probleme.

Bedenkenswert ist ferner, dass nicht allein die germanischen, sondern auch die slawischen Völker erheblichen Anteil an der Formierung Europas hatten. Mit Byzanz bzw. Ostrom, das lange dem Sturm der Völkerwanderung und der islamischen Invasion standgehalten hatte, existierte um das Zentrum Konstantinopel, das heutige Istanbul, eine ganz eigene griechisch-römische Welt, die sich zwar in vielerlei Hinsicht vom Westen Europas unterschied, zugleich aber ein wichtiger Träger des gemeinsamen Erbes war.[10]

Wer die kulturhistorischen Wurzeln Europas betrachtet, richtet unweigerlich den Blick auf die Sprache. Aber auch dieser Ansatz bereitet Schwierigkeiten, ähnelt Europa mit seinen vielfältigen Sprachfamilien doch dem vielfach beschriebenen babylonischen Sprachgewirr (Borst 1960ff). Neben den beiden beherrschenden Schriftsprachen der Antike – Griechisch und Lateinisch – leben in Europa innerhalb der Gruppe der indogermanischen Sprachenfamilie noch Germanisch, Keltisch, Slawisch, Baltisch, Romanisch, Albanisch und Armenisch fort. Jede dieser Sprachenfamilien umfasst wiederum mehrere Einzelsprachen.[11] Zu den romanischen Sprachen, die auf dem Lateinischen fußen, gehören Französisch, Italienisch, Okzitanisch, Sardisch, Rätoromanisch, Katalanisch, Rumänisch, Spanisch und Portugiesisch. Hinzu kommt noch die in Europa ebenfalls verbreitete finnougrische Sprachenfamilie.[12] Sprachliche Gemeinsamkeiten und Grenzen in Europa existieren also – aber helfen sie, Europas kulturelle Einheit zu definieren? Nimmt man als Kriterium der historischen Sprachwissenschaft die indogermanische Familie, so zöge sich die Grenze bis nach Bangladesch. Wählt man die territoriale Ausdehnung einzelner Sprachen wie etwa des Russischen als Kriterium, so müsste man Europa bis nach Sibirien verlegen. Schließlich gilt auch zu bedenken, dass es zahlreiche Emigranten gab, die auf der Basis europäischer Sprachen Kreolsprachen entwickelt haben, die in anderen Teilen der Welt verbreitet wurden.

Was folgt aus alledem? Sind Entwicklungslinien zu identifizieren, die eine kulturelle Einheit Europas geprägt haben? Auch hier muss zunächst manche Frage offen bleiben. Ein eng umrissenes Konzept von der kulturhistorischen Einheit des Kontinents existiert in der europäischen Geschichte nicht. Nicht zuletzt aufgrund der Schwierigkeit, Europa kulturell auf einen Nenner zu bringen, wurde der Begriff im Mittelalter nur sporadisch verwendet. Europa blieb bis ins 15. Jahrhundert eine vorwiegend geografische Bezeichnung ohne spezifische politisch-kulturelle Bedeutung. Selbst in zeitgenössischen Wörterbüchern fand die Bezeichnung „Europa“ keine durchgängige Erwähnung. Obgleich vereinzelt Quellenzeugnisse existieren, die sich auf Europa beziehen, und der Adel mit seiner grenzüberschreitenden Heiratspolitik gewissermaßen ein europäisches „Elitennetzwerk“ bildete, kann für diesen Zeitabschnitt grundsätzlich davon ausgegangen werden, dass sich die Menschen bis zur Neuzeit nicht als gemeinsam agierende Europäer betrachteten (Hay 1968: 117–125).

Erst mit den Entdeckungen und Erfindungen des 15. und 16. Jahrhunderts und der Rückbesinnung auf die antiken Wurzeln im Zeitalter der Renaissance erhielt der Europabegriff sukzessive eine neue Dimension. In der historischen Forschung wird bis heute kontrovers darüber debattiert, ob der moderne Europabegriff bereits auf das 15. Jahrhundert bzw. sogar das 14. Jahrhundert (Hassinger 1966) bezogen werden kann, oder ob es nicht vielmehr angemessen ist, eine Existenz Europas erst nach 1700 anzunehmen (Burke 1980). Für beide Sichtweisen lassen sich gute Argumente und Belege liefern, da dem Zeitabschnitt zwischen 1453 (Eroberung Konstantinopels) und der Reformära um 1700 eine Schwellenfunktion zukommt, die sich nicht nur in den neuen Kenntnissen über die geografischen Ausmaße der Kontinente, sondern auch im Wandel vom sozialreligiösen Bewusstsein der mittelalterlichen Ständegesellschaft zum humanistisch-rationalen Selbstverständnis der Neuzeit widerspiegelt.

Mit dem Übergang zur Neuzeit veränderten sich die Rahmenbedingungen in Europa grundlegend. Vor dem Hintergrund nationenübergreifender technischer Entwicklungen, wachsender Migration, eines zunehmend häufiger Grenzen überschreitenden Warenaustausches, erhöhter transnationaler Mobilität, gesellschaftlicher Verflechtungserscheinungen, verstärkter kultureller Transfers und einer zunehmenden Konferenzdiplomatie der Politik, zeichneten sich ab der Mitte des 18. Jahrhunderts immer stärker gemeinsame Entwicklungslinien ab. Die Aufklärung und die Französische Revolution, deren Bedeutung als „Leitrevolution der Moderne" mit ihrer Parole „Freiheit Gleichheit, Brüderlichkeit" sowie der Betonung der Menschenrechte kaum zu überschätzen ist, markieren weitere zentrale Wegmarken einer gemeinsamen neuzeitlichen Geschichte Europas.

Das 18. Jahrhundert brachte zwar eine Auflösung der feudal-ständischen Traditionen des Kontinents und einen Bedeutungsverlust von Kategorien wie Christenheit oder Okzident, zunächst aber keine politische Annäherung. Im Gegenteil: Es formierten sich souveräne Nationalstaaten, die durch eine dominierende, ethnisch bestimmte Staatsnation und zahlreiche, lediglich völkerrechtlich abgesicherte Minderheiten gekennzeichnet waren. Dass von diesen Nationalstaaten keine höhere politische Instanz akzeptiert wurde, zugleich sich aber immer stärkere soziale Spannungen und Legitimationskrisen auftaten, war eine wesentliche Ursache für die Verschärfung der Konflikte und Gegensätze in Europa. Zugleich rückten auch die ökonomischen Rahmenbedingungen verstärkt ins Blickfeld. So hatte Napoleon bereits in der ersten Hälfte seiner Regierungszeit das Konzept eines Kontinentalsystems weitgehend verwirklicht, das die wirtschaftliche Integration Europas auf hegemonialer Grundlage vorsah.

Angesichts kaum trennscharf zu definierender kultureller und sprachlicher Abgrenzungsmerkmale stehen wir vor einem Dilemma. Ohne Zweifel gab es in der europäischen Geschichte vielfach kulturelle Gemeinsamkeiten, so etwa in Form von Religion, Wissenschaft und Technik oder der auf Rom bezogenen „Latinität" des Kontinents (Brague 1993: 24). Es existierten auch gemeinsame Lebensstile und sozialstrukturelle Merkmale. Ein gemeinsames kulturhistorisches europäisches Bewusstsein im Sinne der Konstruktion eines „Homo Europaeus" ist jedoch kaum zu identifizieren. Erst in der Neuzeit, mit der wachsenden äußeren und inneren Krisenerfahrung des Kontinents und dem Aufkommen einer politischen Europaidee, wird die Bezeichnung Europa präsenter und greifbarer.

Politische Projekte und Pläne zur Einigung Europas

Die Idee eines politisch geeinten Europas besaß bereits in der Antike engagierte Fürsprecher. Neben dem bereits erwähnten Herodot griffen auch Zeitgenossen wie der griechische Arzt Hippokrates (ca. 460–375 v. Chr.) oder der Redner und Philosoph Isokrates (ca. 436–338 v. Chr.) den Europabegriff in einem politischen Sinn auf, als es darum ging, die gemeinsamen Abwehrmaßnahmen von Griechen und Makedoniern gegen die Eroberungskriegszüge der Perser zu umschreiben. Von einer zwischenstaatlichen oder überstaatlichen Ordnung war in der Antike indes noch keine Rede – zumal zu diesem Zeitpunkt noch keine Staatswesen im modernen Sinne existierten. In der Folge verloren sich für lange Zeit alle Spuren gemeinsamer Europaideen zwischen dominierenden Großreichen und dem Flickenteppich des territorial aufgesplitterten europäischen Kontinents.

Erst mehr als tausend Jahre später findet sich in den Quellen wieder ein Hinweis auf gemeinsame politische Anstrengungen Europas. Erneut sind es äußere Bedrohungen, welche die europäischen Herrscher zu vereinten Abwehrbemühungen veranlassen. Als 732 Abd-ar-Rahman, ein Statthalter des Kalifen in Andalusien, nach mehreren erfolgreichen Schlachten dem fränkischen Nationalheiligtum, der Martinsabtei in Tours, entgegenzieht, waren es – so die zeitgenössische Quelle – „Europenses" unter der Führung Karl Martells, die den Sarazenen Einhalt geboten haben. Die Chronisten berichten, dass die „Europenses se recipiunt in patrias" – dass die Europäer in ihre Vaterländer zurückkehrten.[13] Mit dieser berühmt gewordenen Schlacht traten die Europäer im Frühmittelalter erstmals als gemeinsam handelnde Aktionseinheit in Erscheinung. Von nun an taucht der Sammelbegriff Europa in einem politischen Sinn vor allem dann in den zeitgenössischen Quellen auf, wenn es auf dem Schlachtfeld um die Abwehr von Feinden ging.

Die äußere Bedrohung durch die Osmanen und der Fall Konstantinopels im Jahr 1453 markierten weitere Wegmarken gemeinsamer europäischer Geschichte. So beklagte Enea Silvio de' Piccolomini (1405–1464) – der spätere Papst Pius II. – im Jahre 1454 auf einer Rede vor dem Frankfurter Reichstag, des zentralen politischen Forums des Heiligen Römischen Reichs deutscher Nation: „(...) Jetzt sind wir in Europa, d.h. in unserer Heimat, in unserem eigenen Haus, an unseren angestammten Wohnsitzen heimgesucht und geschlagen worden" (zit. n. Fuhrmann 1981: 16). Piccolomini appellierte, für die Rückeroberung von Konstantinopel zu kämpfen, und erinnerte zu diesem Zweck in seiner 1458 erschienenen Schrift „Europa" an die gemeinsamen kulturellen Wurzeln des Kontinents. Als mit den Osmanen im Jahr 1529 vor Wien die Türkengefahr abgewehrt wurde, war es erneut das Leitbild eines bedrohten Europas, das bemüht wurde. Die Geschlossenheit der Europäer währte indes immer nur kurz. Nach erfolgreicher (militärischer) Abwehr einer Bedrohung setzten unvermindert neue Auseinandersetzungen zwischen den in Eigeninteressen zersplitterten europäischen Staaten ein.

Obgleich bis zum 20. Jahrhundert keine Schritte zu einer politischen Einigung im heutigen Begriffsverständnis – im Sinne einer Übertragung von (nationalstaatlichen) Kompetenzen auf zwischenstaatliche Organisationsformen mit dem Ziel politischer Einigung – eingeleitet wurden, existierten zahlreiche Pläne für einen Zusammenschluss des europäischen Kontinents. Bevor der Gedanke einer europäischen Einigung seinen konkreten Niederschlag in einem politischen Projekt fand und zum erklärten Ziel der Politik wurde, erzielte er vor allem im Kreis der Denker und Philosophen größere Aufmerksamkeit. Rolf Hellmut Foerster hat in einer Pionierarbeit 182 auf Europa bezogene Einigungspläne für den Zeitraum zwischen 1306 und 1945 nachgewiesen, die von den unterschiedlichsten Motiven geleitet wurden und die unterschiedlichsten Ziele verfolgt haben (Foerster 1967). Die inzwischen beträchtlich erweiterte Sammlung wurde in jüngster Zeit auch im Hinblick auf Mittel- und Osteuropa um weiterführende Quelleneditionen und Studien ergänzt (Duchhardt 2003, Borodziej et al. 2005). Zunehmend wird aber auch auf das „Pendant" der antieuropäischen Diskurse hingewiesen (Burgdorf 1999). Einige der bekanntesten Europapläne werden in der Folge kurz vorgestellt.

Der florentinische Dichter Dante Alighieri betonte in seiner Abhandlung „De Monarchia" (um 1313) die Idee eines idealen Kaisertums, dem die abendländischen Monarchen in den wichtigsten Fragen unterstellt sein sollten. Dantes damit verbundene Visionen basierten auf der Annahme, dass die menschliche Gemeinschaft einen obersten Herrscher benötige. Da der Weltmonarch keine Eroberungspläne mehr hege, gewährleiste er Frieden und Gerechtigkeit. Zugleich entwickelte Dante Ansätze föderativer Strukturen, da er von einer Differenzierung der Machtausübung in anderen Bereichen ausging. Zu berücksichtigen ist jedoch, dass Dantes Ausführungen nicht auf einen souveränen Nationalstaat bezogen, sondern vielmehr noch mit dem mittelalterlichen Gedanken der Universalherrschaft verknüpft waren.

Primär gegen die Bedrohung durch den Islam waren die Pläne von Pierre Dubois gerichtet, der als Kronjurist des französischen Königs Philipp des Schönen im Jahr 1306 in seiner Schrift „De recuperatione terr[a]e sanct[a]e" (Über die Wiedergewinnung des Heiligen Landes) den Zusammenschluss aller Gemeinwesen forderte und dabei die Idee eines europäischen (Völker-)Bundes entwickelte. Um die einzelnen territorialen Einheiten zusammenzuschließen, sollte ein Fürstenkonzil („concilium generale") einberufen werden, das die Unstimmigkeiten des Abendlandes auf friedlichem Wege schlichten sollte. Dubois' Überlegungen kommt besondere Bedeutung zu, weil er erstmals den Staat in den Mittelpunkt einer internationalen Ordnung rückt und somit als Pionier des Völkerbundgedankens gilt. Einschränkend ist indes anzufügen, dass die Regenten des frühen 14. Jahrhunderts bei weitem nicht so souverän waren, wie es der Kronjurist in seiner Denkschrift nahe legte. Zudem vergaß Pierre Dubois als loyaler Beamter nicht, „seinem" König den Vorsitz im Fürstenkonzil zu sichern, so dass diesem Plan – ebenso wie zahlreichen anderen Europaplänen – auch eine verdeckte dynastische bzw. hegemoniale Zielsetzung zugrunde lag.

Im 14. Jahrhundert war es der böhmische König George von Podiebrad, der vor dem Hintergrund der osmanischen Bedrohung einen befristeten Vertrag über einen Beistands- und Nichtangriffspakt zwischen den christlichen Herrschern Europas vorlegte. Zugleich entwickelte er die Idee eines europäischen Bundes mit kollektiven Organen wie einem übergeordneten Bundesgerichtshof in Basel und einer Art Parlament der Mitgliedstaaten. Der von seinem Ratgeber Antonio Marini entwickelte Plan sah sogar eine Begrenzung der einzelstaatlichen Souveränität zugunsten des Bundes und seiner Organe vor.

Maximilien de Béthune, Herzog von Sully, ein wichtiger Berater und Minister des 1610 ermordeten französischen Königs Heinrich IV., schrieb in seinen 1638 veröffentlichten Memoiren „seinem" König posthum den Entwurf eines großen Planes („Grand Dessin") zu, der eine Neuordnung des von Glaubenskriegen bedrängten Europas nach sich gezogen hätte. Vorgesehen waren 15 gleichstarke Staaten in Europa und ein Ständiger Rat der europäischen Herrscher. Die neu formierten Staaten sollten eine „République Chrétienne" bilden. Diese christliche Republik hätte als Staatenbund beider Konfessionen ein gemeinsames Heer unterhalten, dessen wichtigste Aufgabe es gewesen wäre, die Außengrenzen zu sichern und Streitigkeiten im Inneren zu schlichten. Auch wenn sich in dem Plan die Friedenssehnsucht eines von Kriegen zerrissenen Europas widerspiegelt – die Schrift wurde mitten im Dreißigjährigen Krieg veröffentlicht – hatte Maximilien de Béthune französische Hegemonialinteressen im Blick. Seine Pläne formulierte er vor allem in der Absicht, die Vormachtstellung des Hauses Habsburg zu brechen. Wie stark das Motiv Frieden sich auf die seinerzeitigen Pläne auswirkte, zeigt der 1623 erschienene Traktat des französischen Mönchs Emeric Lacroix (Crucé), der das Ziel einer „Liga des Friedensstaates" betonte und ein Kriege verhinderndes Schiedsgericht sowie eine Senatsversammlung aller Staaten vorschlug.

Die in den folgenden Jahrzehnten entstehenden frühneuzeitlichen Europapläne sind nicht nur stärker als ihre Vorläufer von der Säkularisation geprägt, sondern basieren auch deutlicher auf dem Monopol der souveränen Staatsgewalt. Eine zentrale Bedeutung kommt dabei der Französischen Revolution und den in diesem Zusammenhang proklamierten pazifistischen und weltbürgerlichen Zielen zu. Entsprechende Motive lagen auch dem Plan des Quäkers William Penn zugrunde, der in einem 1693 veröffentlichten Essay auf eine gemeinsame europäische Versammlung und eine Föderativverfassung drängte. In Anlehnung an den Vertragstheoretiker Thomas Hobbes basierte Penns Friedensplan auf der Annahme, dass gewaltsame Konflikte zwischen Staaten nur durch eine Rechtsordnung verhindert werden könnten, die einen kriegerischen „Naturzustand" – bzw. einen „Krieg aller gegen alle" – überwinde. Um einen dauerhaften Frieden zu sichern, musste, Penn zufolge, eine Versammlung der Staatsoberhäupter gebildet werden, die in regelmäßigen Abständen zusammentrat und zwischenstaatliche Probleme schlichtete. Die Sitzverteilung in dieser Versammlung, an der alle europäischen Staaten beteiligt werden sollten, orientierte sich an der jeweiligen Größe und Wirtschaftskraft.

Der französische Schriftsteller und Geistliche Abbé Castel de Saint-Pierre verfolgte mit seiner erstmals 1729 in Kurzform erschienenen Schrift „Projet pour rendre la paix perpétuelle en Europe" ein ähnliches Konzept. Er sprach sich für eine „Société permanente de l'Europe" und einen „Frieden stiftenden" europäischen Bundesrat aus, in dem 24 christliche Staaten Europas vertreten sein sollten. Beeinflusst von der Utrechter Friedenskonferenz von 1712/13 forderte er, dass künftig alle Streitigkeiten durch Schiedssprüche des Bundesrats beigelegt werden sollten, gegen die kein Einspruch möglich sei und die notfalls mit gemeinsamer Waffengewalt durchgesetzt werden sollten. In den detaillierten Ausführungen von Saint-Pierre wurde auch angeregt, dass der Bundesrat die Nachfolge aussterbender Dynastien regelte und für die Ausweitung der Handelsbeziehungen Sorge trug. Der Plan von Saint-Pierre inspirierte auch den Philosophen Jean-Jacques Rousseau, der in einer europaweiten föderalistischen Regierungsform das Fundament für eine friedliche Zukunft sah.

Immanuel Kants berühmter Traktat „Zum ewigen Frieden" aus dem Jahre 1795, der durch den Basler Frieden und das Ende des Kriegs zwischen Frankreich und Preußen beeinflusst wurde, stellte keinen konkreten Plan dar, sondern enthielt vielmehr ethische Grundsätze. So betonte Kant, dass allein republikanisch verfasste Staaten Frieden garantieren könnten, da eine Republik nur mit Zustimmung ihrer Bürger einen Krieg führen könne. Die Überlegungen Kants waren nicht auf Europa begrenzt, sondern schlossen – ähnlich wie bereits bei Augustinus, der im 5. Jahrhundert nach Chr. die Idee eines universellen Friedens vertrat – alle Staaten der Welt ein. Neben ethischen Leitlinien für das Verhalten der Staaten untereinander entwarf das Werk des Königsberger Philosophen die Idee eines „Völkerbundes", da der Frieden nur durch den „Föderalismus freier Staaten" zu sichern sei. In der Folge wurden Kants Ideen vielfach konkretisiert und stärker auf Europa bezogen – vor allem als die Konflikte der Nationalstaaten nach dem napoleonischen Hegemonialstreben und dem Wiener Kongress neue Nahrung erhielten. Immer stärker rückte dabei die Idee in den Vordergrund, dass die Vorherrschaft eines einzelnen Staats in Europa verhindert und ein Gleichgewicht der Kräfte erreicht werden sollte. Von dem deutschen Publizisten Friedrich Gentz, der an dem Wiener Kongress als engster Berater des österreichischen Fürsten Metternich teilnahm, wurde im Jahre 1800 in einer „Über den ewigen Frieden" betitelten Schrift auf die „natürliche Föderativverfassung von Europa" Bezug genommen, bei der „jedem Gewicht in der großen politischen Masse irgendwo ein Gegengewicht" entgegenstehe (zit. n. Schulze/Paul 1994: 348f). Im Jahre 1814 legte ein Schüler Kants, der Philosoph Karl Christian Friedrich Krause, den „Entwurf eines europäischen Staatenbundes als Basis des allgemeinen Friedens und als rechtliches Mittel gegen jeden Angriff wider die innere und äußere Freiheit" vor, der auf lange Sicht alle Völker Europas umfassen sollte.

Die hier angeführten politischen Einigungsideen seit dem 13. Jahrhundert weisen beträchtliche Unterschiede auf. Auch wenn Europa stets den Bezugspunkt darstellt, so differieren die einzelnen Ansätze doch in ihrer Zielsetzung, territorialen Reichweite, ihrem Grad an Integration und der ihnen zugrunde liegenden Methode erheblich. Während beispielsweise der Herzog von Sully Araber und Russen ausschließt, bezieht

Penn diese in seine Überlegungen mit ein. Sullys Plan liegen Hegemonialinteressen Frankreichs zugrunde, derweil Penns Vorstellungen vom Friedensgedanken geprägt sind. Beiden ist gemein, dass ihr vereintes Europa auf dem Christentum basiert, das wiederum bei Kant keine Rolle spielt. Auch wenn man die hier knapp skizzierten Pläne als gedankliche Vorläufer der modernen europäischen Einigung betrachten kann, so ist doch zu berücksichtigen, dass zwischen den damaligen Vorstellungen von Staatlichkeit und der heutigen Europäischen Union beträchtliche Unterschiede bestehen.

Festzuhalten bleibt, dass der politische Europabegriff dann an Relevanz gewann, wenn der europäische Kontinent von außen bedroht wurde. Projekte und Pläne für ein geeintes Europa wurden insbesondere nach Kriegen oder expansiven Hegemonieansprüchen einzelner Dynastien und Staaten präsentiert – vor allem dann, wenn sich die Instrumente der Diplomatie als wirkungslos erwiesen hatten. Diese Einigungsbestrebungen basierten durchweg auf der Überzeugung, dass kein einzelner Staat und kein einzelner Herrscher den europäischen Erdteil dominieren dürfe. Europa kam in diesem Zusammenhang eine besondere Bedeutung zu, da mit dem europäischen Staatensystem lange Zeit auch das Weltstaatensystem gemeint war. Erst mit dem Auftreten der Vereinigten Staaten und Japans verschoben sich auch in der Weltpolitik die politischen Akzente.

Zum Ende des 19. Jahrhunderts nahm die Zahl der auf Europa bezogenen Friedens- und Föderationspläne stark zu. Immer mehr Literaten und Intellektuelle, zunehmend aber auch Ökonomen und Juristen engagierten sich angesichts anhaltender nationalstaatlicher Auseinandersetzungen für den Europagedanken. Dies zeigte sich etwa auf dem Pazifistenkongress 1849 in Paris, auf dem der Schriftsteller Victor Hugo die Vereinigten Staaten von Europa als humanistisches und pazifistisches Ideal propagierte. Neben die Grundidee der Friedenssicherung trat in zunehmendem Maße auch die Forderung nach Freihandel bzw. nach grenzüberschreitendem Handel, der bereits in der Hochzeit der Hanse zwischen 1250 und 1400 eine erste Blütephase erlebt hatte. Im Jahr 1791 veröffentlichte der Nationalökonom Johann August Schlettwein (1731–1802) einen Plan, in dem der Handelsfreiheit zentrale Bedeutung beigemessen wurde. Garantiert werden sollte diese Freiheit durch einen europäischen Kongress. Auf den deutschen Ökonomen Friedrich List (1789–1846) gehen weit reichende Vorstellungen einer mitteleuropäischen Wirtschaftseinheit zurück, und auch der Volkswirt und Politiker Albert Schäffle (1831–1903) trat für die Schaffung einer europäischen Zollunion zur Steigerung des wirtschaftlichen Zusammenhalts in Europa ein. Jenseits dieser Aufrufe führten Prozesse wie die Verwissenschaftlichung der Produktion und die zunehmende Exportorientierung dazu, dass in der zweiten Hälfte des 19. Jahrhunderts die Frage eines einheitlichen europäischen Großwirtschaftsraums immer häufiger debattiert wurde und die Integration der Märkte ein Niveau erreichte, das erst wieder in den 1980er Jahren erreicht werden konnte.

Die geschichtswissenschaftliche Forschung hat vor allem in den letzten Jahren in grundlegenden Studien „die Entstehung des europäischen Selbstverständnisses im 19. und 20. Jahrhundert" (Kaelble 2001) ausgeleuchtet sowie „Eurovisionen" (Frevert 2003) „guter Europäer" und engagierter Literaten ins Blickfeld gerückt (Lützeler 1987 und 1994; Fendler/Wittlinger 1999; Conter 2005). Niederschlag in den politischen Tagesdiskussionen fanden die zum Teil kühnen Ideen jedoch bis zum Ersten Weltkrieg nur selten. Wenn das Thema „Europa" eingehender von verantwortlichen Politikern und Parteien behandelt wurde, dann entweder in pragmatischer Diktion – so etwa als die Überlegungen des belgischen Nationalökonomen Gustave de Molinari (1819–1912) hinsichtlich einer deutsch-französischen Zollunion diskutiert wurden. Oder der Europabegriff wurde im Sinne eines hegemonialen Großraumkonzeptes aufgegriffen, wie es der Reichstagsabgeordnete der liberalen Fortschrittlichen Volkspartei Friedrich Naumann im Jahr 1915 tat. Unter der bereits früher entwickelten Bezeichnung „Mitteleuropa"[14] plädierte Naumann für einen engen wirtschaftlichen und militärischen Zusammenschluss der zentraleuropäischen Staaten.

Kam das Thema Europa wirklich einmal im Hinblick auf die politische Einigung des Kontinents auf die Tagesordnung der Politik, fielen die Reaktionen zumeist verhalten aus, wie das Beispiel der deutschen Sozialdemokratie illustriert, die in der Regel zumindest rhetorisch ihren Internationalismus bekundete. Im April 1911 betonte der Parteiintellektuelle Karl Kautsky in der sozialdemokratischen Monatsschrift „Die Neue Zeit" die Bedeutung einer „Vereinigung der Staaten der europäischen Zivilisation in einem Bunde mit gemeinsamer Handelspolitik, einem Bundesparlament, einer Bundesregierung und einem Bundesheer" als „Garantie für eine ständige Fortdauer des Friedens, die das Gespenst des Krieges für immer bannte". Dieser Vorstoß traf jedoch selbst in seiner eigenen Partei auf Skepsis, wie aus Rosa Luxemburgs Reaktion auf Kautskys Vorstoß hervorgeht. Sie erwiderte, dass „diese Idee jedenfalls in der Parteiagitation ganz neu ist. Weder enthält unser Minimalprogramm auch nur eine Erwähnung einer solchen Konstruktion, noch haben sich je unsere Parteitage oder internationale Kongresse damit befasst, noch ist sie auch nur in der Parteiliteratur je ernstlich diskutiert worden."[15]

Die ausgeprägte Skepsis der engagierten Pazifistin Rosa Luxemburg unterstreicht exemplarisch, dass der politische Europagedanke am Vorabend des Ersten Weltkriegs alles andere als prominent war. Vorstellungen von einem Transfer staatlicher Kompetenzen auf die europäische Ebene waren der Gedankenwelt der politischen Akteure fremd – auch, weil das Staatensystem vor dem Ersten Weltkrieg auf dem Prinzip der „Balance" und dem „Gleichgewicht der Kräfte" basierte, das nur bedingt eine integrative regional-europäische Dimension nahe legte. Erst in den 1920er Jahren entfaltete die europäische Idee eine derartige Bedeutung, dass Projekte und Pläne zur politischen Einigung Europas und Ansätze zur Übertragung von Souveränitätsrechten eine ernsthafte politische Option darstellten.

Repräsentanten und Strömungen der Europaidee in den 1920er Jahren

Die erbitterten militärischen Auseinandersetzungen des Ersten Weltkriegs, mit Stellungskämpfen, Materialschlachten, Zerstörungen und Kriegsopfern von bis dahin ungekanntem Ausmaß, hatten wesentlichen Anteil daran, dass die 1920er Jahre zu einem Jahrzehnt lebhafter Europadebatten wurden. Neben wirtschaftlichen Kooperationsplänen rückten in zahlreichen Büchern und Zeitschriftenartikeln auch Überlegungen zur europäischen Einigung unter stärker integrativen Vorzeichen in den Mittelpunkt. Die Debatten über das Projekt der Vereinigten Staaten von Europa nahmen zu, als sich zu Beginn der 1920er Jahre abzeichnete, dass der auf den Ersten Weltkrieg folgende Versailler Friedensvertrag erhebliches Konflikt- und Revisionspotenzial barg und die Idee eines Frieden stiftenden Völkerbundes infolge fehlender Sanktionsmöglichkeiten sowie der Weigerung der USA, sich zu beteiligen, kaum zur Annäherung der Staaten beitrug. In diesem Umfeld wurden zahlreiche Europapläne entwickelt und diskutiert, die sich zum Teil aber als Propagandainstrumente und leere Worthülsen entpuppten (Stirk 2001: 18–50). Zugleich traten auch zahlreiche kritische Stimmen auf den Plan.

Getragen wurden die Europapläne der Zwischenkriegszeit nicht mehr nur von einzelnen politischen Denkern, sondern vielmehr von den unterschiedlichsten gesellschaftlichen und politischen Gruppen – mithin von den Akteuren, die heute als Zivilgesellschaft bezeichnet werden. Aus der Vielzahl dieser Gruppen kam der von dem Österreicher Richard Graf Coudenhove-Kalergi (1894–1972) ins Leben gerufenen „Paneuropa Union" als prominentester Vertreterin eines Zusammenschlusses der

Auswahl historischer „Europapläne" bis zum 20. Jahrhundert

1306: **Pierre Dubois** (französischer Jurist, ca. 1250–1321)
Titel/Werk: „De recuperatione Terr[a]e Sanct[a]e"
Ziele, Ideen und Konzepte: Einheit des Christentums bzw. Schaffung eines europäischen Bundes gegen die Bedrohung des Islams bzw. für die Rückeroberung des Heiligen Landes.
Kernformulierungen: „Deshalb wäre es gut, wenn unter allen Katholiken (…) der Friede dadurch gesichert würde, dass sie sich gleichsam zu einem einzigen Staat zusammenschließen (…)."

um 1313: **Dante Alighieri** (Florentiner Dichter, ca. 1265–1321)
Titel/Werk: „De Monarchia"
Ziele, Ideen und Konzepte: Idee eines obersten Herrschers (Monarchen), der – frei von Eroberungsplänen – Frieden und Gerechtigkeit garantiert.
Kernformulierungen: „Die zeitliche Monarchie, das sogenannte Kaisertum, ist die Herrschaft eines einzigen über alle weltlichen [europäischen] Obrigkeiten und in allem und über alles. (…) Daraus folgt, dass das Menschengeschlecht sich im besten Zustand befindet, wenn es von einem einzigen regiert wird."

1464: **Georg von Podiebrad** (böhmischer König, 1420–1471)
Titel/Werk: „Bündnis- und Föderationsvertrag zwischen König Ludwig XI., König Georg von Böhmen, und dem hohen Rat von Venedig, um den Türken zu widerstehen"
Ziele, Ideen und Konzepte: Europäischer Fürstenbund der Christenheit mit kollektiven Organen (z.B. Bundesgerichtshof), zu dessen Gunsten Mitgliedstaaten auf einen Teil ihrer Souveränität verzichten (z.B. Kriegsführung).
Kernformulierungen: „(…) unter Mitwirkung des Rats und mit der Zustimmung der Prälaten, Fürsten, Adligen (…) haben wir beschlossen, ein Bündnis des Friedens, der Brüderlichkeit und der ewigen Eintracht zu schließen."

1623: **Eméric de Lacroix (Crucé)** (französischer Mönch und Lehrer, 1590–1648)
Titel/Werk: „Le Nouveau Cynée ou Discours d'Estat représentant les occasions et les moyens d'establir une paix générelle et la liberté du commerce par tout le monde. Aux monarches et souverains de ce temps"
Ziele, Ideen und Konzepte: Plädoyer für Frieden, freien Handel, die Vereinheitlichung von Gewichten und Maßen in Europa und gegen den Protektionismus. Radikaler Föderalismus mit kleinen Provinzen und Gemeinden erlaubt bessere politischer Beteiligung der Bürger.
Kernformulierungen: „Welche Freude würde es sein, die Menschen sich überall frei bewegen, sich ohne Bedenken über Ländergrenzen, Förmlichkeiten und andere Verschiedenheiten hinweg verstehen zu sehen, als sei die Erde, wie sie es ja eigentlich wirklich ist, eine für alle errichtete Stadt."

1638: **Maximilien de Béthune Herzog von Sully** (Minister des franz. Königs Henri IV., 1560–1641)
Titel/Werk: „Grand dessin d'Henri IV"
Ziele, Ideen und Konzepte: 15 gleichstarke Staaten in Europa (Gleichgewicht) und

ein Ständiger Rat der europäischen Herrscher an der Spitze einer europäischen Armee. Die neu formierten Staaten sollten eine „République Chrétienne" bilden.
Kernformulierungen: „Man wird, so hoffe ich, nunmehr deutlich sehen, welches der Zweck dieses neuen Staatensystems war: nämlich ganz Europa in gleichem Verhältnis unter eine gewisse Anzahl von Mächten zu teilen (...)."

1693: **William Penn** (britisch-amerikanischer Politiker, 1644–1718)
Titel/Werk: „(An)Essay towards the Present and Future Peace of Europe"
Ziele, Ideen und Konzepte: Gemeinsame europäische Versammlung (Sitzverteilung nach Größe und Wirtschaftskraft) auf Grundlage einer Föderativverfassung: Rechtsordnung verhindert zwischenstaatliche Konflikte
Kernformulierungen: „Die souveränen Fürsten Europas müssten (...) aus Friedens- und Ordnungsliebe, übereinkommen, durch ihre bevollmächtigten Vertreter einen allgemeinen Reichstag, eine Generalversammlung oder ein Parlament zu bilden und Rechtsgrundsätze festzulegen (...)."

1729/1732: **Charles-Irénée Castel de Saint-Pierre** (französischer Hofgeistlicher und Philosoph, 1658–1743)
Titel/Werk: „Mémoires pour rendre la paix perpétuelle en Europe"
Ziele, Ideen und Konzepte: „Société permanente de l'Europe" und Frieden stiftender europäischer Bundesrat; u.a. Streitschlichtung durch Schiedssprüche und Ausweitung der Handelsbeziehungen.
Kernformulierungen: „Wenn die (....) Staaten Europas zur Erhaltung der bestehenden Regierung, zur Vermeidung gegenseitiger Kriege und zur Sicherung der Vorteile eines ununterbrochenen Welthandels einen Bund schließen (...), wenn sie also einen europäischen Staatenbund gründen (....)"

1761: **Jean-Jacques Rousseau** (franz. Philosoph, 1712–1778)
Titel/Werk: „Extrait du projet de paix perpétuelle de Monsieur l'Abbé de Saint-Pierre "
Ziele, Ideen und Konzepte: Europäischer Fürstenbund: dieselbe Religion, gleiches Völkerrecht, gleiche Sitten, Wissenschaften und gemeinsamer Handel; föderalistische Regierungsform als Fundament für eine friedliche Zukunft.
Kernformulierungen: (1. Art.) „Die vertragsschließenden Herrscher werden untereinander einen ewigen und unwiderruflichen Band schließen und Bevollmächtigte ernennen, um an einem festgelegten Ort einen ständigen Bundestag oder Kongress zu halten (...)."

1795: **Immanuel Kant** (deutscher Philosoph, 1724–1804)
Titel/Werk: „Zum ewigen Frieden. Ein philosophischer Entwurf "
Ziele, Ideen und Konzepte: Kein konkreter Plan, sondern ethische Grundsätze; nur republikanisch verfasste Staaten garantieren Frieden, da Zustimmung der Bürger zum Krieg erforderlich ist.
Kernformulierungen: „Erster Definitivartikel zum ewigen Frieden: Die bürgerliche Verfassung in jedem Staat soll republikanisch sein. Zweiter Definitivartikel zum ewigen Frieden: Das Völkerrecht soll auf einen Föderalismus freier Staaten gegründet sein."

1800: **Friedrich Gentz** (deutscher Publizist, 1764–1832)
Titel/Werk: „Über den ewigen Frieden"
Ziele, Ideen und Konzepte: Frz. Revolution als Störung des Friedenszustandes innerhalb der vorrevolutionären europäischen Staatenrepublik (Föderation). Gleichgewicht der Staaten als die beste realisierbare Möglichkeit zur Friedenserhaltung.
Kernformulierungen: „(...) die natürliche Föderativverfassung von Europa so geschickt organisieren, dass jedem Gewicht in der großen politischen Masse irgendwo ein Gegengewicht zusagte."

1814: **Karl Christian Friedrich Krause** (deutscher Philosoph, 1781–1832)
Titel/Werk: „Entwurf eines europäischen Staatenbundes als Basis des allgemeinen Friedens und als rechtliches Mittel gegen jeden Angriff wider die innere und äußere Freiheit"
Ziele, Ideen und Konzepte: Verwirklichung des Rechts als einziger Zweck des Staates. Ein die ganze Erde umfassender Rechtsbund als Endziel; Zwischenetappe ist ein europäischer Völkerverein.
Kernformulierungen: „(...) wie durch sie [Allianz der ersten Mächte Europas] ein vollkommenerer Rechtszustand aller Staaten Europas herbeigeführt werden könne -, dies zu zeigen und für einen durch jene Allianz möglich gewordenen Staatenbund eine gerechte, (...) freie Verfassung vorzuschlagen ist die Absicht dieser Abhandlung."

1814: **Claude-Henri de Saint-Simon** (französischer Graf, 1760–1825)
Titel/Werk: „De la réorganisation de la société européenne, ou de la nécessité et des moyens de rassembler les peuples de l'Europe en un seul corps politique, en conservant à chacun son indépendance nationale"
Ziele, Ideen und Konzepte: Parlamentarisierung Europas über einen franko-britischen Kern; Entwurf einer detaillierten, parlamentarischen Verfassung für Europa (nach englischem Vorbild) mit einem Ober- sowie Unterhaus und einem König.
Kernformulierungen: „Europa hätte die bestmögliche Verfassung, wenn jede der ihr zugehörenden Nationen, die jeweils von einem Parlament regiert wären, die Oberhoheit eines Generalparlaments anerkennen würde, welches über allen Nationalregierungen steht und die Macht besitzt, ein Urteil über ihre Meinungsverschiedenheiten zu fällen."

1840: **Friedrich List** (deutscher Nationalökonom und Wirtschaftspolitiker, 1789–1846)
Titel/Werk: „Das nationale System der politischen Ökonomie"
Ziele, Ideen und Konzepte: Vorstellungen einer mitteleuropäischen Wirtschaftseinheit („Konzept eines Kontinentalsystems ohne England") und schließlich auch einer politischen Einheit.
Kernformulierungen: „Die dem napoleonischen Kontinentalsystem zugrunde liegende Idee ist und bleibt eine wahre, solange die Kontinentalnationen in der Gewerbeindustrie, in Handel und Kolonien, in Schifffahrt und Seemacht noch so unendlich weit hinter England stehen."

1849: **Victor Hugo** (französischer Schriftsteller, 1802–1885)
Titel/Werk: „Eröffnungsansprache des internationalen Friedenskongresses (21.–24.8.1849)"
Ziele, Ideen und Konzepte: Aus Kritik an den bestehenden Zuständen entsteht eine Vision über die „Vereinigten Staaten von Europa" als humanistisches und pazifistisches Ideal.
Kernformulierungen: „Der Tag wird kommen, an dem die Kugeln und Bomben ersetzt werden von den Abstimmungen der Völker (...) von dem ehrwürdigen Schiedsgericht eines großen, souveränen Senats, der für Europa das sein wird, was heute das Parlament für England, die [Frankfurter] Nationalversammlung für Deutschland (...) ist."

1863: **Pierre-Joseph Proudhon** (französischer Sozialist/Anarchist, (1809–1865)
Titel/Werk: „Du principe fédératif et de la nécessité de reconstituer le parti de la révolution"
Ziele, Ideen und Konzepte: Von unten her gegliederter Gesellschaftsaufbau; Föderation als Zusammenschluss von souveränen Einheiten (Staaten). Zentralgewalt übernimmt nur bestimmte Aufgaben. (vgl. mit heutigem Begriff: Subsidiaritäts-Prinzip).
Kernformulierungen: „(...) ich nehme selbst den Heeresdienst nicht von dieser Regel aus; die Milizen, die Magazine, die Festungen sollen nur im Fall des Krieges und für die speziellen Kriegsbedürfnisse auf die Bundesgewalt übergehen, sonst bleiben Soldaten und Waffen in der Gewalt der lokalen Behörden."

1879: **Constantin Frantz** (deutscher Philosoph, 1817–1891)
Titel/Werk: „Der Föderalismus als das leitende Princip für die sociale, staatliche und internationale Organisation, unter besonderer Bezugnahme auf Deutschland, kritisch nachgewiesen und constructiv dargestellt" *Ziele, Ideen und Konzepte:* Forderung nach „Bund der Völker" (nicht der Staaten); Deutschland als Kernstück eines europäischen Bundes (abgestuftes System von Föderationen). Endziel: Erweiterung zum Weltbund auf der gemeinsamen Basis des Christentums.
Kernformulierungen: „Dazu kommt, dass, wenn erst der westdeutsche Bundeskörper bestände, wohl auch Holland, Belgien und die Schweiz Interesse finden würden, sich unter irgendeiner Form diesem Körper anzuschließen, wie sie ehemals zum Reich gehört hatten."

1878: **Johann Caspar Bluntschli** (Schweizer Jurist und Politiker, 1808–1881)
Titel/Werk: „Die Organisation des europäischen Staatenvereines"
Ziele, Ideen und Konzepte: Europäischer Gesamtsstaat ist unrealistisch (Hoheitsverlust der Staaten); Europäische Organisation nur in Form des Staatenbundes möglich, an den bestimmte Aufgaben – wie z.B. die Festsetzung völkerrechtlicher Normen und die völkerrechtliche Gesetzgebung – delegiert werden.
Kernformulierungen: „[Die europäischen Länder] können daher wohl für bestimmte gemeinsame Zwecke mit anderen Staaten zusammenwirken, aber sie werden sich nicht freiwillig einer Verfassungsmacht unterordnen, welche ihnen als eine fremde erscheint."

europäischen Staaten eine Sonderstellung zu.[16] Coudenhove-Kalergi, Sohn einer vermögenden Japanerin und eines böhmischen Adeligen, vertrat die Auffassung, dass zwischen der „Skylla der russischen Militärdiktatur“ und der „Charybdis der amerikanischen Finanzdiktatur“ keine eigenständige Nationalpolitik einzelner europäischer Mächte mehr möglich sei. In seiner 1923 erstmals veröffentlichten Programmschrift „Pan-Europa“ bezweifelte er, dass „Europa in seiner politischen und wirtschaftlichen Zersplitterung seinen Frieden und seine Selbständigkeit den wachsenden außereuropäischen Weltmächten gegenüber wahren“ könne (Coudenhove-Kalergi 1924: XI u. IX). Allein die Idee eines vereinten Europas führe „zum Aufbau einer besseren Zukunft“ und verhindere die Gefahr eines erneuten Weltkriegs.[17] Vor diesem Hintergrund setzte Coudenhove-Kalergi auf die Idee von Kontinentalzusammenschlüssen. Er forderte die Aufgliederung des Völkerbundes in fünf überstaatliche regionale Gruppen und den Zusammenschluss aller 26 demokratischen (und halbdemokratischen) Staaten Europas „von Polen bis Portugal“ – mit Ausnahme des britischen Empires und Sowjetrusslands (Coudenhove-Kalergi 1924: 103 u. 27).[18] Geprägt waren Coudenhove-Kalergis Vorstellungen eines vereinten Europas von christlich-abendländischen Ideen sowie vom Vorbild der Vereinigten Staaten von Amerika. Die Verrechtlichung der innereuropäischen Beziehungen sollte Coudenhove-Kalergis Vorstellung zufolge von einer paneuropäischen Konferenz über einen obligatorischen Schieds- und Garantievertrag zur Bildung einer Zollunion führen, die wiederum langfristig die politische Einheit Europas auf bundesstaatlicher Ordnung bewirken sollte.[19]

Binnen kurzer Zeit gelang es Coudenhove-Kalergi, der als Präsident der Paneuropa-Union seit 1924 auch die Monatsschrift „Pan-Europa“ herausgab, namhafte Persönlichkeiten aus Politik, Wirtschaft und Kultur in allen Staaten des Kontinents für seine Ideen zu mobilisieren. In Deutschland leitete der langjährige Reichstagspräsident, der Sozialdemokrat Paul Löbe, bis 1928 das Präsidium der deutschen Paneuropa-Sektion, während auf französischer Seite Außenminister Aristide Briand 1927 den Ehrenvorsitz der gesamten Bewegung übernahm. Die Paneuropa-Union litt allerdings unter dem wenig verbindlichen Engagement ihrer prominenten Mitglieder. Zudem wurde der aristokratische Führungsanspruch des Gründers mit seinem ambivalenten Verhältnis zur Demokratie vielfach kritisiert. Erschwert wurde die Entwicklung des Verbands auch durch die Distanz von Coudenhove-Kalergi gegenüber Großbritannien, den USA und Sowjetrussland, die teilweise großen Widerspruch hervorrief. Als der erste Paneuropa-Kongress mit über 2.000 Delegierten aus 24 Staaten im Oktober 1926 in Wien tagte, gab es zwar europaweit ein respektables Medienecho – auf die Titelseiten der deutschen Zeitungen brachte es die Paneuropa-Union jedoch nicht.

In der zweiten Hälfte der 1920er Jahre stützte sich die europäische Einigungsbewegung auf eine Vielzahl einzelner – zum Teil sich gegenseitig bekämpfender – Gruppierungen. Ihr Korrelat fand die Paneuropa-Union in weiteren pro-europäischen Organisationen, wie z.B. dem 1925 gegründeten „Europäischen Zoll-Verein", der mit primär wirtschaftlicher Orientierung für den Abbau von internationalen Handelshemmnissen eintrat. Darüber hinaus entstand 1926 der „Verband für europäische Verständigung", der sich zunehmend als Gegenorganisation zur Paneuropa-Union etablierte und eng mit der Völkerbund-Bewegung kooperierte (Frommelt 1977: 100–107).

Außer in diesen „Vorfeldorganisationen" fanden die in der Zwischenkriegszeit entwickelten Europaideen auch in Parteiaktivitäten Niederschlag. Besondere Bedeutung kommt hier der SPD zu, die in ihrem Heidelberger Programm des Jahres 1925 erstmals das Ziel der „Vereinigten Staaten von Europa" verkündete. Aber auch in der Industrie zeigte sich in den 1920er Jahren ein neues Interesse an europaweiten Kooperationsformen. Von Schwerindustriellen des Montanbereichs wurden erste praktische Schritte zur Zusammenarbeit eingeleitet, als im September 1926 Vertreter der Stahlindustrie Deutschlands, Frankreichs, Belgiens und Luxemburgs die Internationale Rohstahlgemeinschaft gründeten. Das Ziel dieses ersten internationalen Stahlkartells war es, die (Über-) Produktion dem realen Bedarf anzupassen. Ein gemeinsamer Markt für Kohle und Stahl lag zu diesem Zeitpunkt jedoch nicht im Interesse der beteiligten Unternehmen.[20]

Den Höhepunkt der Europaprojekte in der Zwischenkriegszeit bildete die Zusammenarbeit von Aristide Briand und Gustav Stresemann. Als deutsch-französisches Führungsduo setzten sich beide Politiker nach dem Vertrag von Locarno (1925) – der als Wendepunkt in den internationalen Beziehungen der Zwischenkriegszeit betrachtet wird (Krüger 1996: 15–32) – für einen Ausgleich der deutsch-französischen Gegensätze und eine neue europäische Sicherheitsarchitektur ein. Im Gegensatz zur politischen Strategie unmittelbar nach dem Ersten Weltkrieg zielte dieser Anlauf aus französischer Sicht nicht mehr ausschließlich darauf, Sicherheitsgarantien anderer Staaten für Frankreich – und gegen das Deutsche Reich – zu erhalten, sondern vielmehr auf den Aufbau eines gesamteuropäischen Sicherheitssystems unter Einbeziehung Deutschlands.[21] Die in diesem Zusammenhang entwickelten Europa-Überlegungen beruhten nicht auf einer spontanen Initiative, sondern waren vielmehr das Ergebnis eines engen Vertrauensverhältnisses, das Briand und Stresemann u.a.

in Thoiry, während eines bilateralen Treffens im Jahr 1926, entwickelten. Im gleichen Jahr erhielten beide Politiker für ihre Verständigungspolitik sogar den Friedensnobelpreis.

Als Aristide Briand, der zu diesem Zeitpunkt sowohl Premier- als auch Außenminister war, am 5. September 1929 in einer großen Rede vor dem Völkerbund eine „Art föderatives Band" zwischen den europäischen Staaten vorschlug, war die Resonanz beträchtlich (zit. nach Auswärtiges Amt 1953: 31). Der Vorschlag von Briand erzielte in der Presse große Aufmerksamkeit; er wurde sogar als Sensation gewertet, da erstmals ein verantwortlicher Politiker mit Nachdruck für die Ausarbeitung eines konkreten Europaplans eintrat. Der deutsche Außenminister Stresemann erwiderte vier Tage später in einer pragmatischen Antwort, dass er die Initiative grundsätzlich befürworte. Der Übertragung souveräner Rechte der Nationalstaaten stand er indes zurückhaltender gegenüber und legte stärkere Betonung auf die Etablierung eines einheitlichen Wirtschaftsraums mit gemeinsamen Briefmarken und Münzen.

In der Folge arbeitete das französische Außenministerium am Quai d'Orsay ein Memorandum aus, das acht Monate später, im Mai 1930, den europäischen Regierungen übermittelt wurde und für eine „Organisation d'un régime d'union fédérale européenne" eintrat. Konkret vorgeschlagen wurde die Einrichtung einer „Europäischen Konferenz" als Leitungsorgan der „europäischen Union" sowie ein Ständiger politischer Ausschuss und ein Sekretariat (zit. n. Auswärtiges Amt 1953: 35f). Eine Übertragung nationaler Souveränität an die Konferenz war hingegen nicht vorgesehen. Während 20 vorwiegend kleinere Staaten den Plan – in dem die sicherheitspolitischen Erwägungen stärker als in der Völkerbundsrede Briands herausgearbeitet waren – befürworteten, wurde er u.a. von Deutschland, Großbritannien und Italien abgelehnt. Stresemanns Nachfolger als Außenminister, Julius Curtius, erklärte barsch, man habe dem Briand-Plan „ein Begräbnis erster Klasse" bereitet (zit. n. Krüger 1985: 529). Während die britische Ablehnung vor allem auf die Skepsis gegenüber der sicherheitspolitischen Dimension des Briand-Plans zurückzuführen war, lässt sich die Ablehnung auf deutscher Seite mit den weltwirtschaftlichen Entwicklungen erklären.

In der auf den New Yorker Banken- und Börsenkrach folgenden Weltwirtschaftskrise, die in Deutschland zum Bruch der letzten demokratisch gewählten Regierung beigetragen hatte, verschlechterte sich binnen kürzester Zeit das Klima für europäische Vorstöße. Statt gemeinsame Lösungsoptionen zu suchen, besann sich nach dem Abzug amerikanischen Kapitals aus Europa jeder Staat im Zuge einer nationalen Radikalisierung auf eigene Wege aus der Krise. Man verfolgte eine deflationistische Währungspolitik, um die Wettbewerbsfähigkeit eigener Exporte zu stärken und erhöhte zugleich die Zollschranken für Einfuhren aus anderen Ländern. Deutschland trat in diesem Zusammenhang vor allem für den Plan einer deutsch-österreichischen Zollunion ein, da man sich von diesem Unternehmen einen verstärkten Einfluss auf die mittel- und osteuropäischen Staaten sowie verbesserte Exportmöglichkeiten versprach. Nicht unberücksichtigt bleiben sollte bei der Erklärung für das Scheitern der Briand-Initiative aber auch, dass die beiden wichtigsten Anwälte deutsch-französischer Annäherung nicht mehr gemeinsam agierten. Gustav Stresemann war bereits kurz nach der Genfer Völkerbundversammlung verstorben, während Briand im Januar 1932 als Außenminister zurücktreten musste.

Europavorstellungen im Widerstand und Exil

In den nachfolgenden Jahren stand im Kalkül der europäischen Politiker der Nationalstaat im Mittelpunkt. Mit der Machtübernahme nationalistischer und antidemokratischer Kräfte in zahlreichen Staaten des Kontinents verloren die Europapläne in den 1930er Jahren endgültig jedwede realpolitische Perspektive. Im „Dritten Reich" wurden 1933 nicht nur die demokratischen Parteien, sondern auch pro-europäische Organisationen wie die Paneuropa-Union verboten. Aus den öffentlichen Debatten verschwanden die europäischen Einigungsideen vollständig. In den Widerstands- und Exilgruppen erhielt der Europagedanke jedoch neue Nahrung. Vor allem nach Ausbruch des Zweiten Weltkriegs – der noch verheerendere Auswirkungen zeigte als der den meisten Zeitgenossen noch präsente Erste Weltkrieg – wurden verstärkt Pläne für ein geeintes Europa angestellt, das nach innen Frieden garantieren und nach außen kollektiven Schutz gewähren sollte. So sah der ehemalige französische Premier Léon Blum am 14. Oktober 1939 die Zukunftsperspektiven in der „Unabhängigkeit der Nationen im Schoß eines föderativen und abgerüsteten Europa" (zit. n. Casteyger 2001: 37). Ohne in direktem Kontakt miteinander zu stehen, kamen an den unterschiedlichsten Orten der Welt Menschen zu der Schlussfolgerung, dass der Dualismus der europäischen Nationalstaaten eine latente Bedrohung darstelle und der Frieden und Wohlstand des Kontinents nur durch eine europaweite Ordnung dauerhaft zu sichern war.

Exemplarisch für die Vielfalt der Pläne, die bisherigen nationalstaatlichen Konflikte zu beenden, steht hier das Manifest „Per un' Europa libera e unita", das unter der Bezeichnung „Manifest von Ventotene" zu den wichtigsten Grundlagentexten der europäischen Einigung im 20. Jahrhundert zählt. Verfasst wurde diese Denkschrift auf der italienischen Gefangeneninsel Ventotene von einer Gruppe inhaftierter Politiker und Publizisten um den Kommunisten Altiero Spinelli. In diesem Text vom Juli 1941 heißt es: „Es gilt, einen Bundesstaat zu schaffen, der auf festen Füßen steht und anstelle nationaler Heere über eine europäische Streitmacht verfügt. Es gilt, endgültig mit den wirtschaftlichen Autarchien, die das Rückgrat der totalitären Regime bilden, aufzuräumen." Die Verfasser des Manifests beabsichtigten jedoch nicht, die Einzelstaaten abzuschaffen. Infolgedessen wurde betont: „Gleichzeitig soll den Staaten jene Autonomie belassen werden, die eine plastische Gliederung und die Entwicklung eines politischen Lebens, gemäß den besonderen Eigenschaften der verschiedenen Völker, gestattet. Erkennen in den europäischen Ländern genügend Leute diese Notwendigkeit, werden sie sich bald durchsetzen. Die gegenwärtige Lage und der allgemeine Gemütszustand [sind] für ihr Vorhaben günstig." (zit. n. Manifest der europäischen Föderalisten 1958).

Andere Widerstandsgruppen und auch Exilregierungen verfolgten ähnliche Pläne. Man distanzierte sich vom Machtstaatsgedanken und orientierte sich – noch deutlicher als in der Zwischenkriegszeit – an den Prinzipien multilateraler Friedenssicherung. Den Bezugpunkt bildete dabei vielfach die Zielvorstellung eines europäischen oder weltweiten Sicherheitssystems, das eng mit der Idee einer föderativen Neuordnung Europas verkoppelt wurde. Der diskreditierte Nationalstaat sollte überwunden und das als Aggressor betrachtete Deutschland in übernationale Strukturen eingebunden werden. Infolgedessen wurde die Bildung einer überstaatlichen europäischen Konstruktion als wesentliche Voraussetzung und zentraler Baustein für die künftige Friedensordnung des Kontinents betrachtet.

Auch seitens der Regierungen wurden – zumindest kurzzeitig – europäische Ideen angedacht, so etwa, als über eine britisch-französische Union beraten wurde. Auf Anregung des seinerzeitigen Präsidenten des französisch-britischen Koordinierungsausschusses für die Kriegsproduktion, Jean Monnet, schlug Winston Churchill am 16. Juni 1940 der französischen Regierung unter Paul Reynaud die Bildung einer umfassenden französisch-britischen Union vor. Nicht nur Außen-, Finanz- und Wirtschaftspolitik sollten in dieser Union gemeinschaftlich betrieben, sondern auch gemeinsame Institutionen wie ein Parlament gebildet werden. Aufgrund von Reynauds Ablösung durch Marschall Pétain und angesichts der französischen Kriegsniederlage am 17. Juni 1940 hatte diese Initiative jedoch keine Realisierungschance.

Nicht unbeachtet sollte bleiben, dass von den nationalsozialistischen Machthabern ebenfalls auf Europavorstellungen zurückgegriffen wurde. Hier diente der Europabegriff jedoch zur Begründung von „Deutschlands europäische[r] Sendung" und der Verteidigung des Hegemonialanspruchs des „Großdeutschen Reichs" (Stråth/Sandkühler 2002). Nachdem zunächst Erinnerungen an einen antichristlichen Germanenkult gepflegt wurden, setzten nach dem Frankreichfeldzug 1940 Bemühungen im „Dritten Reich" ein, Hitler als die „Reinkarnation" Karls des Großen zu inszenieren. Selbst eine Waffen-SS-Einheit, der auch französische Soldaten angehörten, wurde „Charlemagne" benannt. Mit der Wende des Krieges im Osten und einsetzenden Niederlagen wurde von den Nationalsozialisten dann vor allem der Gedanke der Einheit des Abendlands als Bollwerk gegen den Kommunismus beschworen.[22] Die „Festung Europa" ging jedoch mit der nationalsozialistischen Diktatur in Trümmern unter.

Der Europagedanke bis 1945: Einheit oder Vielfalt?

Die in diesem Kapitel verfolgten Einzelstränge zur geografischen, kulturellen und politischen Dimension des Europabegriffs verdeutlichen, dass die Bezeichnung Europa eine lange Tradition besitzt. Sie zeigen zugleich aber auch, dass der auf die politische Einheit des Kontinents gerichtete Europagedanke eine vergleichsweise junge Erscheinung darstellt. Auch wenn seit dem Ende des 15. Jahrhunderts die Weltgeschichte unstrittig eurozentrischer wurde und es bis ins 20. Jahrhundert blieb, existierte doch nie ein einheitliches Europa (Hobsbawm 2001: 280ff). Insofern scheint Zurückhaltung gegenüber Ansätzen angebracht, die Verbindungslinien zwischen dem modernen europäischen Einigungsgedanken und Europas Entwicklungen in Antike und Mittelalter ziehen. Derartige Kontinuitätslinien sind in erster Linie Konstrukte, die es so weder in politischer noch in kultureller Form gegeben hat.

Obgleich wirkmächtige Elemente einer gemeinsamen europäischen Kultur bereits in der Antike wurzeln und der Kontinent auf vielfältige gemeinsame Erfahrungen zurückblicken kann, wurde die Bezeichnung „Europa" über Jahrhunderte hinweg lediglich in einem räumlichen Bedeutungssinn gebraucht. Erst in der Neuzeit, vor allem mit Blick auf die Herausbildung von Nationalstaaten, wurde Europa nicht mehr überwiegend als Ort betrachtet, sondern auch als Idee. Und erst im 20. Jahrhundert erhielt der Europagedanke solche Prägekraft, dass aus Ideen konkrete Projekte mit politischen Leitbildern und Ordnungsvorstellungen wurden, die darauf gerichtet waren, der Einheit des Kontinents den Weg zu ebnen.

Die mit dem Europabegriff verbundenen Prägungen sind so komplex, dass kaum eine Gesamtdeutung existiert, die nicht wichtige Elemente ausblenden würde. Vor diesem Hintergrund kann mit dem Politikwissenschaftler Werner Weidenfeld gefolgert werden, dass „die vielfältigen historischen Erscheinungen Europas in [ihren] Traditions- und Wirkungszusammenhängen [betrachtet werden müssen]. Die dichte Vielfalt lässt kein isoliertes Nebeneinander, sondern nur ein Miteinander zu – ein Miteinander, das von Freundschaft bis Krieg alle Formen sozialer Beziehungen praktizierte". Damit stellt sich die Geschichte Europas „letztlich als ein tief greifender dialektischer Konflikt zwischen zwei Grundtendenzen dar: zwischen dem Gegeneinander der Nationen, Interessen, Weltanschauungen und ihrem Zusammenhang; zwischen der Differenzierung und der Vereinheitlichung" (Weidenfeld 2004: 22). Die innereuropäischen Konkurrenzen und Gegensätze, aber auch der Austausch und die gegenseitige Bewunderung haben einen europäischen Geist geweckt, der insbesondere im 19. und 20. Jahrhundert nicht nur in einen Wettbewerb der Staaten, sondern auch in eine Form der Übersteigerung des Nationalen mündete, die sich selbst ad absurdum und letztlich ganz Europa in die Niederlage führte.

Angesichts gemeinsamer Erfahrungs- und Lernprozesse der Menschen im Wirtschafts-, Kultur- und Kommunikationsraum Europa sowie der Herausbildung gleichartiger kultureller und gesellschaftlicher Strukturen, kann dennoch davon ausgegangen werden, dass sich in Europa ein Substrat gebildet hat, das den Nährboden für eine Verdichtung sozialer Merkmale und die kulturelle Annäherung des Kontinents geliefert hat. Dieses gemeinsame Substrat war zwar stets vielschichtig, zugleich bereitete es aber auch die Grundlage für die weitere politische Einigung des Kontinents. Statt Vielfalt also doch Einheit? Die Europäische Union hat in einem Akt dialektischer Ambivalenz das Gegensatzpaar „Vielfalt vs. Einheit" zugunsten des Mottos „In Vielfalt geeint" gleichsam aufgelöst.[23] Damit wird die Absicht ausgedrückt, an der kulturellen Bandbreite Europas festzuhalten und bestehende Gegensätze nicht zu überschminken, dennoch aber das gemeinsame Wertefundament zum Fluchtpunkt zu erheben.

Der politisch einende Charakter ist erst in der zweiten Hälfte des 20. Jahrhunderts, nach den verheerenden kriegerischen Auseinandersetzungen von zwei Weltkriegen, so stark zum Tragen gekommen, dass aus visionären Europagedanken konkrete Konzepte zur politischen Einigung geworden sind. Insofern kann bilanziert werden, dass die Idee einer Europäischen Union vor allem als Gegengewicht zum totalitären Machtstreben der Diktaturen und zu den Verbrechen gegen die Menschheit im 20. Jahrhundert entstand. Kaum etwas hat der Einigung Europas mehr Auftrieb gegeben als seine Uneinigkeit, als seine Grenz- und Bruchlinien, als zwei Weltkriege mit über 50 Millionen Toten – und der letztlich daraus abgeleitete Wunsch nach Frieden.

Auswahlbibliografie zu Kapitel 2

Dokumente und Quellen:

Auswärtiges Amt (Hg.): Europa. Dokumente zur Frage der europäischen Einigung, Bonn [2]1953.
Borodziej, Włodzimierz, Duchhardt, Heinz/Morawiec, Malgorzata/Romsics, Ignac (Hg.): Option Europa. Deutsche, polnische und ungarische Europapläne des 19. und 20. Jahrhunderts, 3 Bde. Göttingen 2005.
* Coudenhove-Kalergi, Richard N.: „Pan-Europa“, Wien [3]1924.
Coudenhove-Kalergi, Richard N.: Kampf um Europa. Aus meinem Leben, Zürich 1949.
Foerster, Rolf Hellmut (Hg.): Die Idee Europa 1300–1946. Quellen zur Geschichte der politischen Einigung, München 1963.
Herodot: Historien, Deutsche Gesamtausgabe, hg. von H. W. Haussig, Stuttgart 1955.
Hesiod: Theogonie, hg. von Otto Schönberger, Ditzingen 1999.
Kautsky, Karl: Die Vereinigten Staaten Mitteleuropas, Stuttgart 1916.
Léon Blum über die Zukunft Europas, 14. Oktober 1939, in: Curt Gasteyger (Hg.): Europa von der Spaltung zur Einigung. Darstellung und Dokumentation 1945–2000. Bonn 2001, S. 36–37.
Lipgens, Walter (Hg.): Europa-Föderationspläne der Widerstandsbewegungen 1940–1945. Eine Dokumentation, München 1968.
Lipgens, Walter (Hg.): Documents on the History of European Integration, Vol. 2: Plans for European Union in Great Britain and in Exile 1939–1945, Berlin/New York 1986.
Lützeler, Paul Michael (Hg.): Plädoyers für Europa. Stellungnahmen deutschsprachiger Schriftsteller 1915–1949, Frankfurt am Main 1987.
Lützeler, Paul Michael (Hg.): Hoffnung Europa. Deutsche Essays von Novalis bis Enzensberger, Frankfurt am Main 1994.
* [Altiero Spinelli:] Manifest der europäischen Föderalisten, Frankfurt am Main 1958.
Naumann, Friedrich: Mitteleuropa, Berlin 1915.
Schulze, Hagen/Paul, Ina Ulrike: Europäische Geschichte. Quellen und Materialien, München 1994.
Schwab, Gustav: Sagen des klassischen Altertums, München 1980.

Darstellungen und Literatur:

Ansorge, Dirk/Geuenich, Dieter/Loth, Wilfried (Hg.): Wegmarken europäischer Zivilisation, Göttingen 2001.
Barraclough, Geoffrey: Die Einheit Europas als Gedanke und Tat, Göttingen 1964.
Bartlett, Robert: Die Geburt Europas aus dem Geist der Gewalt. Eroberung, Kolonisierung und kultureller Wandel von 950 bis 1350, München 1996.
Bengtson, Hartmut. Griechische Geschichte, Stuttgart [5]1977.
Berger, Hugo: „Europe", in: Pauly/Wissowa (Hg.): Realenzyklopädie der classischen Altertumswissenschaften, Bd. 11, Stuttgart 1907, Sp. 1287–1309.
Bollmann, Peter/March, Ulrich/Petersen Traute: Kleine Geschichte Europas, Schnellroda 2004.
Borst, Arno: Der Turmbau zu Babel. Geschichte der Meinungen über Ursprung und Vielfalt der Sprachen und Völker, 4 Bde., Stuttgart 1960–1963.
Brague, Rémi: Europa. Eine exzentrische Identität, Frankfurt a. M. 1993.
Burke, Peter: Did Europe exist before 1700?, in: History of European Ideas 1 (1980), S. 21–29.
Bühler, Winfried: Europa – Ein Überblick über die Zeugnisse des Mythos in der antiken Literatur und Kunst, München 1968.
Burgard, Oliver: Das gemeinsame Europa – von der politischen Utopie zum außenpolitischen Programm. Meinungsaustausch und Zusammenarbeit pro-europäischer Verbände in Deutschland und Frankreich 1924–1933, Frankfurt am Main 2000.
Burgdorf, Wolfgang: „Chimäre Europa". Antieuropäische Diskurse in Deutschland (1648–1999), Bochum 1999.
Chabod, Frederico: Der Europagedanke. Von Alexander dem Grossen bis Zar Alexander I., Stuttgart 1963.
Conter, Claude D.: Jenseits der Nation – das vergessene Europa des 19. Jahrhunderts. Die Geschichte der Inszenierungen und Visionen Europas in Literatur, Geschichte und Politik, Bielefeld 2004.
Davies, Norman: Europe – A History, Oxford 1996.
* Delanty, Gerard: Inventing Europe. Idea, Identity, Reality, Houndmills (u.a.) 1995.
Duchhardt, Heinz: Europa-Diskurs und Europa-Forschung. Ein Rückblick auf ein Jahrhundert, in: Jahrbuch für Europäische Geschichte 1 (2000), S. 1–14.
Duchhardt, Heinz/Morawiec, Malgorzata (Hg.): Vision Europa. Deutsche und polnische Föderationspläne des 19. und frühen 20. Jahrhunderts, Mainz 2003.
Duroselle, Jean-Baptiste: Europa – Eine Geschichte seiner Völker, Gütersloh/ München 2000.
Duby, Georges: Unseren Ängsten auf der Spur. Vom Mittelalter zum Jahr 2000, Köln 1996.
Elvert, Jürgen: Mitteleuropa! Deutsche Pläne zur europäischen Neuordnung 1918–1945, Stuttgart 1999.
Fendler, Susanne/Wittlinger, Ruth (Hg.): The Idea of Europe in Literature, Basingstoke 1999.
* Foerster, Rolf Hellmut: Europa. Geschichte einer politischen Idee. Mit einer Bibliographie von 182 Einigungsplänen aus den Jahren 1306 bis 1945, München 1967.

Foerster, Rolf Hellmut: Geschichte des weltpolitischen Denkens. Bd. 1: Vom Zeitalter der Entdeckungen bis zum Beginn des Imperialismus, Göttingen 1972.

Frevert, Ute: Eurovisionen. Ansichten guter Europäer im 19. und 20. Jahrhundert, Frankfurt am Main 2003.

Fried, Johannes: Die Formierung Europas 840–1046, München 1993.

Frommelt, Reinhard: Paneuropa oder Mitteleuropa? Einigungsbestrebungen im Kalkül deutscher Wirtschaft und Politik 1925–1933, Stuttgart 1977.

Fuhrmann, Manfred: Europa – Zur Geschichte einer kulturellen und politischen Idee, Konstanz 1981.

Le Goff, Jacques: Das alte Europa und die Welt der Moderne, München 1994.

Gollwitzer, Heinz: Zur Wortgeschichte und Sinndeutung des Namens „Europa", in: Saeculum 2 (1951), S. 161–165.

Gollwitzer, Heinz: Europabild und Europagedanke. Beiträge zur deutschen Geistesgeschichte des 18. und 19. Jahrhunderts, München [2]1964.

Halecki, Oskar: Europa – Grenzen und Gliederung seiner Geschichte, Darmstadt 1957.

Hassinger, Erich: Das Werden des neuzeitlichen Europa 1300–1600, Braunschweig [2]1966.

Hay, Denys: Europe. The Emergence of an Idea, Edinburgh [2]1968.

* Heater, Derek: Europäische Einheit – Biographie einer Idee, Bochum 2005 (Übersetzung der Ausgabe: The Identity of European Unity, Leicester 1992).

Hecker, Hans (Hg.), Europa – Begriff und Idee. Historische Streiflichter, Bonn 1991.

Hobsbawm, Eric: Wieviel Geschichte braucht die Zukunft, München 2001.

Joas, Hans/Wiegandt, Klaus (Hg.): Die kulturellen Werte Europas, Frankfurt am Main 2005.

Kaelble, Hartmut: Europäer über Europa. Die Entstehung des europäischen Selbstverständnisses im 19. und 20. Jahrhundert, Frankfurt a. M./New York 2001.

Köpke, Wulf/Schmelz, Bernd (Hg.): Das gemeinsame Haus Europa. Handbuch zur europäischen Kulturgeschichte, München 1999.

Krüger, Peter: Die Aussenpolitik der Republik von Weimar, Darmstadt 1985.

Krüger, Peter: Der Europagedanke in der Weimarer Republik: Locarno als Kristallisationspunkt und Impuls, in: Jac Bosmans (Hg.): Europagedanke, Europabewegung und Europapolitik in den Niederlanden und Deutschland seit dem Ersten Weltkrieg, Münster 1996, S. 15–32.

Krüger, Peter: Zur europäischen Dimension der Außenpolitik Gustav Stresemanns, in: Karl Pohl (Hg.): Politiker und Bürger. Gustav Stresemann und seine Zeit, Göttingen 2002, S. 194–228.

Kühnhardt, Ludger/Rutz, Michael (Hg.): Die Wiederentdeckung Europas. Ein Gang durch Geschichte und Gegenwart, Stuttgart 1999.

Meier, Christian: Athen. Ein Neubeginn der Weltgeschichte, Berlin 1993.

Mitterauer, Michael: Warum Europa? Mittelalterliche Grundlagen eines Sonderweges, München 2003.

Mommsen, Wolfgang J. (Hg.): Der lange Weg nach Europa – Historische Betrachtungen aus gegenwärtiger Sicht, Berlin 1992.

Morin, Edgar: Penser l'Europe, Paris 1987.

Neumann, Thomas: Die europäischen Integrationsbestrebungen in der Zwischenkriegszeit, Wien 1999.

Pagden, Anthony (Hg.): The idea of Europe. From Antiquity to the European Union, Cambridge 2002.

Pegg, Carl H.: Evolution of the European Idea, 1914–1932, Chapel Hill 1983.

Plessen, Marie-Louise von: Idee Europa. Entwürfe zum „Ewigen Frieden". Ordnungen und Utopien für die Gestaltung Europas von der pax romana zur Europäischen Union, o.O. [Berlin] 2003.

Pounds, Norman J.G.: An Historical Geography of Europe 1800–1914, Cambridge 1985.

Reinalter, Helmut (Hg.): Europaideen im 18. und 19. Jahrhundert in Frankreich und Zentraleuropa, Bern (u.a.) 1994.

Reinhard, Wolfgang: Geschichte der europäischen Expansion, 4 Bde., Stuttgart 1983–1990.

Richter, Emanuel: Leitbilder des europäischen Föderalismus. Die Entwicklungsgeschichte der Idee eines europäischen Bundesstaates bis zum Beginn des 20. Jahrhunderts, (Diss.) Bonn 1983.

Sattler, Rolf-Joachim: Europa, in: Grundbegriffe der Geschichte. 50 Beiträge zum europäischen Geschichtsbild, hg. vom Europarat und vom Internationalen Schulbuchinstitut, Gütersloh 1964.

* Sattler, Rolf-Joachim: Europa. Geschichte und Aktualität des Begriffes, Braunschweig 1971.

Schieder, Theodor (Hg.): Handbuch der europäischen Geschichte, 7 Bde., versch. Auflagen, Stuttgart 1968ff.

Seibt, Ferdinand: Die Begründung Europas. Ein Zwischenbericht über die letzten tausend Jahre, Frankfurt am Main 2002.

* Schmale, Wolfgang: Geschichte Europas, Wien/Köln/Weimar 2000.

Sieberer, Wido: Das Bild Europas in den Historien. Studien zu Herodots Geographie und Ethnographie Europas und seiner Schilderung der persischen Feldzüge, Innsbruck 1995.

Schulze, Hagen: Europäische Identität aus historischer Sicht, in: Wilhelm Henrichsmeyer/Klaus Hildebrand/Bernhard May (Hg.): Auf der Suche nach europäischer Identität, Bonn 1995, S. 17–43.

Schulze, Hagen: Phoenix Europa, Berlin 1998.

Schulze, Winfried: Europa in der frühen Neuzeit – begriffsgeschichtliche Befunde, in: Heinz Duchhardt/Andreas Kunz (Hg.): „Europäische Geschichte" als historiographisches Problem, Mainz 1997, S. 35–65.

Stirk, Peter M. R.: A History of European Integration since 1914, London/New York ^{2}2001.

Stråth, Bo/Sandkühler, Thomas (Hg.): Europäische Integration. Deutsche Hegemonialpolitik gegenüber Westeuropa 1920–1960, Göttingen 2002.

Weidenfeld, Werner (Hg.): Europa-Handbuch, Bd. 1. Die Europäische Union – Politisches System und Politikbereiche, Gütersloh ^{3}2004.

Wilson, Kevin/van der Dussen, Jan (Hg.): What is Europe? The History of the Idea of Europe, London/New York ^{2}1995.

Ziegerhofer-Prettenthaler, Anita: Botschafter Europas. Richard Nikolaus Coudenhove-Kalergi und die Paneuropa-Bewegung in den zwanziger und dreißiger Jahren, Wien (u.a.) 2004.

Anmerkungen zu Kapitel 2

1 Auch bei den Assyrern, jenem Volk, das etwa um 670 v. Chr. zwischen Nil und Mesopotamien ein Weltreich erobert hatte, stößt man im Zusammenhang mit den Himmelsrichtungen auf den Begriff Europa.

2 Die Sage von Europa und dem Stier in der heute verbreiteten Version liegt nur in einer alexandrischen Fassung aus dem zweiten Jh. v. Chr. vor, war jedoch bereits früher bekannt.

3 Daneben findet sich „Europos" aber auch als Bezeichnung einer Stadt in Thessalien. Auch in Makedonien wurden Städte entsprechend benannt, zudem auch ein Fluss in Thessalien.

4 Auch der Gelehrte Anaximander, ebenfalls aus Milet stammend, zeichnete eine ähnliche Anordnung der Erdteile.

5 Die Festlegung auf den Ural – bzw. auf die Linie Ural–Kaukasus–Schwarzes Meer – als Grenze zwischen Asien und Europa soll auf Wassilij Tatischtschew (1686–1750), einen Geografen in Diensten Peter des Großen, zurückgehen. Vgl. für eine alternative Sichtweise unter Rekurs auf die „Hajnal-Linie" Jürgen Kocka: Die Grenzen Europas. Ein Essay aus historischer Perspektive, in: Gunnar Folke Schuppert/Ingolf Pernice/Ulrich Haltern (Hg.): Europawissenschaft, Baden-Baden 2005, S. 275–287, insbesondere S. 282.

6 Aus geografischer Perspektive erscheint aber auch fragwürdig, warum die vor der afrikanischen Küste gelegenen kanarischen Inseln zu Europa gerechnet werden.

7 So aber auch der griechische Arzt Hippokrates, der betont, dass bevorzugte politische System der Europäer sei die Demokratie, während sich die Asiaten mit despotischen Regierungen abfänden.

8 So der Wortlaut der initiierenden Proklamation von 1949.

9 Erst während der Kreuzzüge kommen die Ritter der christlichen Länder Europas erstmals seit den Tagen Karls des Großen wieder als Einheit zusammen. Insofern können auch die Kreuzzüge und die Konfrontation mit dem expandierenden Islam als Wegmarken eines gemeinsamen kulturellen Bandes angeführt werden – selbst wenn sich in keiner der überlieferten Quellen die Bezeichnung Europa als Bezugspunkt findet.

10 Man denke nur an die Schriften des Aristoteles, die erst im 12. Jahrhundert nach Westeuropa gelangten und durch byzantinische oder arabische Quellen überliefert wurden.

11 Zu den keltischen Sprachen zählen etwa Irisch, Schottisches Gälisch, Walisisch, Kornisch, Bretonisch und das Manx. Die baltischen Sprachen umfassen Litauisch, Lettisch und das im 17. Jahrhundert ausgestorbene Altpreußische.

12 Unter den finnougrischen Sprachen sind Finnisch, Estnisch und Ungarisch am weitesten verbreitet. In Europa kommen noch weitere Sprachfamilien wie das Kaukasische oder die Turksprachen hinzu, deren wichtigste das Türkische ist. Sinti und Roma sprechen einen Zweig der indoarischen Sprachen. Schließlich gibt es noch die maltesische Sprache, die aus dem Arabischen abgeleitet ist, sowie das Baskische, das bisher keiner Sprachfamilie zugeordnet werden konnte.

13 Das ausführlichste Zeugnis über diese Schlacht entstammt einer spanischen Quelle, einer Fortsetzung der Gotengeschichte Isidors, die um 754 von einem Geistlichen aus Toledo verfasst wurde.

14 Das Konzept „Mitteleuropa“ als Bezugspunkt deutscher, österreichischer und ungarischer Handels- und Entwicklungspolitik lässt sich zurückführen bis auf Friedrich Lists (1789–1846) Studie „Nationales System der politischen Ökonomie“ aus dem Jahr 1844 sowie die Überlegungen des deutschen Philosophen Constantin Frantz (1817–1891) in seinem Werk „Der Föderalismus als das leitende Prinzip für die soziale staatliche und internationale Organisation“ (1879).

15 Siehe hierzu Karl Kautsky: Krieg und Frieden. Betrachtungen zur Maifeier, in: Die Neue Zeit 30 (1911), S. 97–107, hier S. 105 und Rosa Luxemburg: Gesammelte Werke, Band 2, 1906–Juni 1911, Berlin (Ost) 1972, S. 491–508, hier S. 499f.

16 Verwendet wurde die Bezeichnung „Paneuropa“ bereits im Zeitraum vor dem Ersten Weltkrieg, doch erst durch Coudenhove-Kalergi wurde sie zu einem politischen Schlagwort der 1920er Jahre gemacht.

17 Wenig Beachtung hat in der historischen Forschung bisher der Umstand gefunden, dass Alejandro Alvarez als Generalsekretär des „Amerikanischen Instituts für Internationales Recht“ bereits 1917 die Idee einer „Kontinentalunion“ vertreten hatte.

18 Auf Coudenhove-Kalergis „Weltkarte“ wurden die Kolonien der kontinentaleuropäischen Staaten als Teil von Pan-Europa dargestellt.

19 Coudenhove-Kalergi zufolge sollte sich die europäische Föderation in zwei Kammern organisieren. Als erste Kammer sah er ein Völkerhaus vor, das aus 300 Abgeordneten bestand - mit jeweils einem Abgeordneten für eine Million Europäer. In der zweiten Kammer, dem Staatenhaus, sollten 26 Delegierte vertreten sein - pro Regierung ein Vertreter.

20 Im Februar 1927 traten auch die Tschechoslowakei, Österreich und Ungarn bei.

21 Bereits 1925 hatte der französische Ministerpräsident Edouard Herriot vor dem Parlament „die Verwirklichung der Vereinigten Staaten von Europa“ als Zielvorstellung bezeichnet, damit aber kaum Resonanz erzielen können.

22 Infolgedessen sind spätestens zu diesem Zeitpunkt die Trennlinien der Begriffe „Europa“ und „Abendland“ verschwommen. Man unterschied nicht mehr zwischen der ursprünglich eher religiös geprägten Idee des Abendlands und der säkularisierten Bezeichnung Europa. Europäisch und abendländisch wurden weitgehend synonym verwendet.

23 Das Motto wurde vertragsrechtlich nicht verankert. In Artikel I-8 des nicht ratifizierten Verfassungsvertrags war das Motto indes offiziell vorgesehen.

3. Von der Nachkriegszeit bis zum Schuman-Plan (1945–1951): Im Widerstreit um Konzeptionen und Ziele europäischer Einigung

Bereits in den letzten Kriegsjahren waren die erodierten Strukturen des europäischen Bündnis- und Mächtesystems sowie Konzepte für einen dauerhaften Frieden Thema zahlreicher Konferenzen und Zukunftsentwürfe. Doch erst die Kapitulation Deutschlands im Mai 1945 eröffnete die Möglichkeit zu weitaus regeren Debatten über eine europäische Einigung, als sie in den 1920er Jahren geführt worden waren. Die „Selbstentmachtung des vordem mächtigsten Kontinents" binnen einer Generation (Lipgens 1986: 21) schuf ein Klima, in dem souveräne Nationalstaaten und ihre korrespondierenden Bündnissysteme an Überzeugungskraft verloren hatten. Stattdessen wurden hohe Erwartungen an die Idee eines politischen Zusammenschlusses jenseits des Nationalstaats als Garant für Frieden und Sicherheit geknüpft. Da die Regierungen in Europa jedoch zunächst kaum Bereitschaft zeigten, nationalstaatliche Kompetenzen zugunsten einer engeren Zusammenarbeit auf europäischer Ebene abzugeben, war die Zeitphase zwischen 1945 und 1951 nicht durch einen allgemein akzeptierten Bauplan europäischer Einigung geprägt, sondern vielmehr durch die Debatte über eine Vielzahl widerstreitender Konzepte, mit welchen Mitteln und auf welchen Wegen die Zusammenarbeit zu erreichen sei.

Eine knappe Skizze dieser Kräftefelder und der Rahmenbedingungen der Nachkriegszeit bildet den Ausgangspunkt dieses Hauptkapitels. In der Folge werden die Motive beleuchtet, die mit dem europäischen Einigungsgedanken nach 1945 verbunden waren, sowie die zentralen Antriebskräfte und Wegmarken für den Zeitraum bis 1951 vorgestellt: Dabei wird zunächst Winston Churchills „Europarede" und den Aktivitäten der europäischen Föderalisten im Jahre 1946 besonderes Augenmerk geschenkt. Im weiteren Verlauf der 1940er Jahre spielen dann der 1947 von den USA präsentierte Marshall-Plan und der 1948 durchgeführte Haager Kongress eine zentrale Rolle. Am Ende dieser Phase stehen mit dem 1949 gegründeten Europarat sowie dem im Mai 1950 vorgestellten Schuman-Plan die Fundamente der beiden ersten auf Europa bezogenen politischen Zusammenschlüsse. Während der Europarat aber nur mittelbare Bezüge zur heutigen Europäischen Union aufweist, kommt dem Schuman-Plan – und der auf ihm fußenden Europäischen Gemeinschaft für

Kohle und Stahl (EGKS) – ein kaum zu überschätzender Stellenwert für die weitere Entwicklung der europäischen Einigung zu. Bis heute bildet die Erklärung des französischen Außenministers Robert Schuman für eine gemeinschaftliche Zusammenarbeit im Kohle und Stahl umfassenden Montanbereich den Grundstein der europäischen Gemeinschaften und der heutigen Europäischen Union. Alle nachfolgenden Vertiefungs- und Erweiterungsschritte basieren auf dem damals geschaffenen organisatorischen Gerüst der EGKS, die im allgemeinen Sprachgebrauch auch unter der Bezeichnung Montanunion firmiert.

Motive der europäischen Einigung: Frieden und Sicherheit als Kernziele einer Nachkriegsordnung

Obgleich die Interessen der einzelnen europäischen Staaten am Ende des Zweiten Weltkriegs erheblich differierten, existierten zahlreiche gemeinsame Beweggründe, sich für das Projekt einer europäischen Einigung einzusetzen. Dabei lassen sich drei Kernmotive feststellen, die nicht nur für die unmittelbare Nachkriegszeit, sondern auch für die nachfolgenden Jahrzehnte Prägekraft behielten: Das vorherrschende Anliegen der Nachkriegszeit war der Wunsch nach Frieden. Angesichts der Zerstörung weiter Teile Europas sowie der Opfer und Schrecken, unter denen Millionen Menschen zu leiden hatten, sollte das künftige Europa in erster Linie der Bewahrung des Friedens dienen. Das Expansionsstreben und die Gegensätze der Nationalstaaten, die für die vorangegangenen Kriege verantwortlich gemacht wurden, mussten infolgedessen friedlich überwunden werden. Der Wert „Frieden" wurde dabei weniger im pazifistischen Sinne idealistisch interpretiert, als vielmehr in enger Verknüpfung mit Begriffen wie Sicherheit, Verständigung und Stabilität als politische Aufgabe verstanden.

Die Kernmotive Frieden und Sicherheit wiesen zwei spezifische Ausprägungen auf. Nach innen zielten sie vor allem auf die Wahrung der demokratischen Repräsentationsprinzipien. Gerade weil der Zweite Weltkrieg erst durch die Aushebelung der demokratischen Regierungssysteme möglich geworden war, setzte man darauf, die Prinzipien von Demokratie und Rechtsstaatlichkeit als Schutzschild gegen militärische Auseinandersetzungen stärker als nach dem Ersten Weltkrieg zu verankern. Nach außen waren die Sicherheitsüberlegungen eng verbunden mit dem Gedanken der Einbindung – bzw. Kontrolle – Deutschlands. Aus französischer Sicht stellte die deutsche Bedrohung ein regelrechtes Trauma dar. Dreimal binnen eines Lebensalters hatten Deutschland und

Frankreich gegeneinander Krieg geführt. Dabei waren 1870 und 1914 sowie erneut 1940 deutsche Streitkräfte in Frankreich einmarschiert und hatten den „Erbfeind" entweder zur Kapitulation gezwungen oder Teile französischen Territoriums erobert. Angesichts dieser Erfahrungen waren die Beziehungen der Staaten so stark belastet, dass vor allem in Frankreich – aber auch in Belgien und den Niederlanden – ein ausgeprägtes Sicherheitsbedürfnis höchste politische Priorität genoss.

Frankreichs Haltung war dabei nicht ohne Ambivalenz. Die „Grande Nation" versuchte, ein Wiedererstarken Deutschlands zu verhindern, war zugleich jedoch bedacht, einem deutschen Revanchismus keine neue Nahrung zu geben. Auch zahlreiche weitere europäische Staaten setzten sich vor diesem Hintergrund für eine Aussöhnung zwischen den beiden „Erbfeinden" Deutschland und Frankreich sowie für einen Frieden ein, der dauerhafter als die Versailler Friedensordnung nach dem Ersten Weltkrieg sein sollte.

Ein zweites Hauptmotiv für die europäische Einigung bestand in dem Wunsch nach neuer wirtschaftlicher Stärke. Weite Teile des europäischen Kontinents lagen 1945 in Trümmern. Die Industrie war in erheblichem Maße zerstört und zudem noch stark auf Kriegswirtschaft ausgerichtet. Verstärkt trat die Einsicht zu Tage, dass nur gemeinsame Anstrengungen dem zerstörten Kontinent wieder aufhelfen könnten. Mit der Errichtung neuer und größerer Wirtschaftsräume sowie der Zusammenlegung von Ressourcen sollte die Rekonstruktion einer stabilen und konkurrenzfähigen Wirtschaft eingeleitet werden, die dauerhaften Wohlstand sicherte.

Ein drittes Kernmotiv europäischer Einigung zielte schließlich auf die Rolle Europas in der Welt. Den konzeptionellen Überlegungen der Nachkriegszeit lag zunächst ein Europabild zugrunde, das nicht auf Westeuropa begrenzt war, sondern eine gesamteuropäische Dimension umfasste. Im Sinne der Idee einer „Dritten Kraft" sollte Europa als Partner und Bindeglied zwischen den beiden Weltmächten USA und UdSSR auftreten. Durch eine engere politische Kooperation hofften die europäischen Staaten, nicht nur sich behaupten zu können, sondern die Macht, die sie in den beiden Weltkriegen in Kämpfen gegeneinander verloren hatten, wieder zurückzuerlangen.

Alle drei hier skizzierten Kernmotive entsprachen einer Wertehaltung, die über das nationalstaatliche Ordnungssystem hinauswies. Die Frage, in welcher politischen Form ein gemeinsames Europa verwirklicht werden sollte, wurde nach 1945 jedoch sehr unterschiedlich beantwortet. Dies war nicht zuletzt auf die Haltung der „Großen Drei", der drei wichtigsten Siegermächte des Zweiten Weltkriegs zur Deutschlandfrage zurückzuführen, die den Kern aller europapolitischen Ordnungsvorstellungen bildete. Die Interessen der USA, der Sowjetunion und Großbritanniens unterschieden sich beträchtlich. Und auch Frankreich, das den Status einer vierten Besatzungsmacht in Deutschland erhalten hatte, verfolgte mit Blick auf die Regelung der Neuordnung Europas eigene Ziele.

Mit der bedingungslosen Kapitulation des Deutschen Reiches im Mai 1945 war im Zentrum Europas ein Machtvakuum entstanden, in das die beiden „neuen" Weltmächte USA und UdSSR hineindrängten, das aber auch die „alten" Großmächte Großbritannien und Frankreich als Einflusssphäre betrachteten. Die Vereinigten Staaten, die auf ihrem Territorium von Kriegshandlungen fast völlig verschont geblieben waren, galten nicht nur infolge ihres militärischen Potenzials und ihres Atomwaffenmonopols, sondern auch aufgrund ihrer Wirtschaftskraft als Weltmacht. Der Sowjetunion, die die meisten Opfer und größten Verluste im Krieg zu beklagen hatte, war es gelungen, sich mit dem Vorstoß nach Westen und den Konferenzen von Teheran und Jalta einen größeren Einflussbereich zu schaffen. Osteuropa, fast der gesamte Balkan und ein nicht unerheblicher Teil des ehemaligen Deutschen Reiches zählten nun zur sowjetischen Einflusssphäre, woraus sich ebenfalls eine Hegemonialstellung begründete.

Anfänglich hatten Roosevelt und Stalin noch gemeinsam erklärt, dass für sie keine europäisch-regionale, sondern nur eine global ausgerichtete Friedensordnung in Betracht käme. In diesem Sinne wurde von den USA zunächst der Aufbau der Vereinten Nationen forciert. Je stärker aber die Sowjetunion ihren Einflussbereich abschottete, desto fragiler wurde das Bündnis der Kriegsalliierten. Zahlreiche Probleme, die sich aus dem Ende des Zweiten Weltkriegs und der neuen weltpolitischen Konstellation ergaben, wurden von dem zunehmenden Gegensatz zwischen den Vereinigten Staaten und der Sowjetunion überlagert. Der „eiserne Vorhang", der sich nach Winston Churchills viel zitiertem Ausspruch vom März 1946 quer durch Deutschland und über die östliche Hälfte des europäischen Kontinents zu senken begann, wurde für mehr als eine Generation zum wichtigsten Merkmal der internationalen Beziehungen. In die Zuversicht über das Ende des Kriegs in Europa mischte sich infolgedessen alsbald ein Gefühl von Ratlosigkeit und Resignation, da die hohen Erwartungen an eine (gesamt-)europäische Einigung kaum zu realisieren waren.

Spezifische Interessens- und Problemlagen existierten aber auch für Großbritannien und Frankreich. Das Vereinigte Königreich stand bei Kriegsende am Rande des finanziellen Zusammenbruchs. Obwohl sich Großbritannien in der Rolle des Kriegsgewinners und an der Spitze des Commonwealth noch immer als Weltmacht sah, führten u.a. Lebensmittelverknappung und Produktionsrückgang, die aus den enormen Kriegslasten und der Verschuldung Großbritanniens resultierten, zu einer Nachkriegskrise mit massiven volkswirtschaftlichen Problemen. Vor diesem Hintergrund befürworteten britische Politiker zwar eine Kooperation ihres Landes mit dem europäischen Kontinent. Diese Zusammenarbeit durfte aber im Sinne einer pragmatischen und begrenzten Kooperation nicht zu weit gehen. Die Souveränität des britischen Königreichs und die vermeintliche Stellung als Weltmacht sollten unangetastet bleiben.

Das vor allem aufgrund britischer Fürsprache als vierte Besatzungsmacht zu den Nachkriegskonferenzen hinzugezogene Frankreich war durch den Krieg ebenfalls erheblich in Mitleidenschaft gezogen worden. Die französischen Interessen richteten sich infolgedessen in starkem Maße auf den Wiederaufbau des Landes und die Stärkung der nationalen Wirtschaft. Angesichts eines ausgeprägten Sicherheitsdenkens arbeitete Frankreich aber auch auf eine britisch-französische Allianz hin und erhob Forderungen nach einer Dezentralisierung Deutschlands sowie einer Beteiligung an der Kontrolle des Ruhrgebiets.

Aufgrund des sich immer deutlicher abzeichnenden Ost-West-Konflikts, der Züge eines bipolaren Systemkonflikts annahm, gerieten alle Verhandlungen über Deutschland ins Stocken. Eine Verständigung über die Rahmenbedingungen künftiger Sicherheit in Europa war damit ebenso wenig absehbar wie eine Einigung des Kontinents. Erst als die Politik der USA verstärkt auf eine engere westeuropäische Kooperation drängte, erhielt auch die Idee des europäischen Zusammenschlusses neue Impulse.[1]

Konzepte europäischer Einigung: Föderalismus und Unionismus als Grundströmungen des Europagedankens

Ungeachtet der weltpolitischen Großwetterlage hatten sich auf dem Kontinent zahlreiche Akteure für einen europäischen Zusammenschluss ausgesprochen. Im Hinblick auf die dabei erhobenen politischen Zielvorstellungen für das künftige Europa standen sich mit dem Föderalismus und dem Unionismus zwei Hauptströmungen gegenüber, die zwar auf weitaus ältere ideengeschichtliche Ursprünge zurückzuführen sind, die aber zugleich idealtypisch die unterschiedlichen Leitbilder im Nachkriegseuropa verkörpern. Insbesondere die Debatten über den Endzustand – die so genannte Finalität – einer künftigen Europäischen Union markieren wesentliche Kernunterschiede zwischen Föderalisten und Unionisten.

Das Leitbild föderalistischer Zukunftsvorstellungen waren die „Vereinigten Staaten von Europa". Die Föderalisten lehnten zunächst jede Art von Blockbildung auf dem Kontinent ab und strebten eine gesamteuropäische Zielsetzung an. Die Grundlage der europäischen Einigung sollte ein föderalistisches System bilden, das die Kompetenzen der diskreditierten Nationalstaaten vor allem auf die höhere europäische Ebene, teilweise aber auch auf „tiefer" liegende Regionalebenen übertrug. Das geeinte Europa stellten sich die Föderalisten als einen Bundesstaat mit einer gewählten Regierung, einem eigenen Parlament und einem Gerichtshof vor, der für die Einhaltung der Rechtsordnung des Gebildes Sorge trug. Um diese bundesstaatliche Ordnung zu realisieren, war es nach Ansicht der Föderalisten unabdingbar, dass die Nationalstaaten souveräne Rechte politischer, wirtschaftlicher und militärischer Natur an eine künftige Europäische Union abtraten. Die Übertragung dieser Rechte sollte durch einen – vom Volk legitimierten – Akt geregelt werden und sich in einer europäischen Verfassung niederschlagen. Zentralistische Tendenzen im Sinne eines „Superstaats" sollten jedoch durch bestimmte verfassungsmäßig verankerte Strukturprinzipien wie das Subsidiaritätsprinzip unterbunden werden.[2]

Dieser Sicht standen die Leitbilder der Unionisten entgegen. Sie lehnten – basierend auf „realistischen" Grundannahmen – den europäischen Bundesstaat und den damit verbundenen Souveränitätsverlust der einzelnen Nationalstaaten ab, befürworteten gleichzeitig aber eine engere wirtschaftliche und politische Zusammenarbeit der europäischen Staaten. Ihr Leitbild war ein Staatenbund bzw. eine Konföderation, die weitgehend auf bilateralen Abkommen und Vereinbarungen, jedoch nicht auf einer gemeinsamen Verfassung basierte. Stattdessen sollte Europa durch ein Geflecht von zwischenstaatlichen Verträgen in der Tradition des Gleichgewichtsgedankens der Mächte mit der Zeit immer weiter zusammenwachsen. Die Unionisten gründeten ihre Überlegungen zur Zukunft Europas auf den unmittelbaren sicherheitspolitischen Rahmenbedingungen der Nachkriegszeit, während die viel weitergehenden Zielvorstellungen der Föderalisten stärker auf das Ideal des universellen Friedens rekurrierten.

In enger Anlehnung an die Unterschiede von Föderalismus und Unionismus kam in den zeitgenössischen Debatten ein verwandtes Begriffspaar in zunehmendem Maße zum Tragen: die Differenzierung zwischen supranationaler und intergouvernementaler Zusammenarbeit. Diese Dichotomie zielte weniger auf den staatlichen Endzustand, als vielmehr auf die politischen und rechtlichen Prinzipien der Kooperation zwischen europäischen Staaten. Der Begriff des Supranationalismus ist dem französischen Sprachgebrauch entlehnt und drückt eine überstaatliche – oder besser: eine gemeinschaftliche – Zusammenarbeit aus. Die supranationale Zusammenarbeit, die eine bemerkenswerte Nähe zu föderalistischen Ansätzen aufweist, geht von der Übertragung von Hoheitsrechten der Nationalstaaten auf gemeinsame Organe mit Entscheidungskompetenzen auf europäischer Ebene aus. In staatsrechtlicher Hinsicht wird mit der neu geschaffenen europäischen Rechtsordnung ein eigenes Rechtssystem entwickelt, das gemeinschaftsweit unmittelbar verbindliche Wirkung entfaltet.

Demgegenüber wird mit der intergouvernementalen Zusammenarbeit – die stärker an unionistischen Ansätzen orientiert ist – die Kooperation von souveränen Staaten betont. Bei dieser Kooperation verbleiben die Hoheitsrechte unverändert bei den Nationalstaaten, so dass als Instrument der Zusammenarbeit neben rechtlich unverbindlichen Absprachen in erster Linie völkerrechtliche Verträge genutzt werden, die kein neues Rechtssystem begründen. Wenn nationalstaatliche Entscheidungskompetenzen an Institutionen delegiert werden, erfolgt die Entscheidung dort in der Regel nach dem Konsensprinzip oder durch Einstimmigkeit, so dass kein Einzelstaat überstimmt werden kann.

Europäer der „ersten Stunde“:
Verbände, Parlamentarier, Parteien und ein „elder statesman“

Die Unterschiede zwischen Föderalisten und Unionisten bzw. zwischen supranationalen und intergouvernementalen Prinzipien prägten die ersten öffentlichen Debatten der Nachkriegszeit über die Ausgestaltung und Perspektiven staatlicher Zusammenarbeit in Europa. Bis heute ist umstritten, ob und inwieweit diese Debatten angesichts der Nachkriegswirren und akuter Versorgungsnöte auch die Masse der Bevölkerung erreichten. Grundsätzlich kann jedoch beobachtet werden, dass sich gerade in der prinzipiell offenen Situation der Nachkriegszeit zahlreiche Menschen für die europäische Einigung engagierten. Versucht man die Akteure, die sich in den Debatten einbrachten und als Anwälte der europäischen Idee auftraten, grob zu systematisieren, rücken vier Akteursgruppen in das Blickfeld: Prominente Einzelpersönlichkeiten, private pro-europäische Verbände, Parlamentarierzusammenschlüsse und Parteienverbindungen.

Auf Seiten der Politiker war Winston Churchill der Einzige der „Großen Drei“, der nachdrücklich für die europäische Einigung eintrat. Als Churchill kurz nach Kriegsende in Europa die Unterhauswahlen im Juli

1945 in Großbritannien verloren hatte und damit als Premierminister abgewählt wurde, hielt der international renommierte Politiker zahlreiche Vorträge im In- und Ausland. Dabei bezog sich Churchill vor allem auf die weltpolitische Lage und den Ost-West-Konflikt, so etwa in seiner berühmten, aber auch umstrittenen Rede über den „eisernen Vorhang" in Fulton (Missouri), in der er am 5. März 1946 den Machtanspruch der Sowjetunion auf Osteuropa brandmarkte (Alter 2006). Anlässlich eines Aufenthalts in der Schweiz im Sommer 1946 beschäftigte sich Churchill zunehmend mit dem ihm seit längerem vertrauten Europagedanken. Bereits im März 1943 hatte er in einer Grußadresse an den fünften Paneuropa-Kongress in New York für eine europäische Staatenföderation plädiert. Während seines Aufenthaltes in der Schweiz griff er auf diese Ideen zurück.

In einer sorgfältig ausgearbeiteten Rede, die er am 19. September 1946 vor ausgewählten Zuhörern an der Züricher Universität hielt, erinnerte er zunächst an die gemeinsamen kulturellen Wurzeln und Verbindungslinien des europäischen Kontinents. In diesem Zusammenhang betonte er auch die Bedeutung der „Pioniere" Richard Coudenhove-Kalergi und Aristide Briand für die europäische Einigung. Der Gedanke einer engeren Kooperation in kontinentalen Zusammenschlüssen wurde von Churchill ebenso ausdrücklich unterstützt wie die Idee der Vereinten Nationen. Er erklärte hierzu: „Im Rahmen dieses die Welt umfassenden Plans müssen wir die europäische Familie in einer regionalen Struktur neu schaffen, die vielleicht die Vereinigten Staaten von Europa heißen wird." Als wichtigsten Schritt zur europäischen Annäherung betrachtete er die Überwindung des deutsch-französischen Gegensatzes: „Der erste Schritt bei der Neugründung der europäischen Familie" musste Churchill zufolge „eine Partnerschaft zwischen Frankreich und Deutschland sein" (zit. n. Auswärtiges Amt 1953: 84–85).

Ungeachtet der großen Publizität, die Churchill mit seiner knapp 17-minütigen Rede erzielte, blieben seine europapolitischen Leitbilder bewusst vage. Obwohl er von den Vereinigten Staaten von Europa sprach, verfolgte Churchill keine föderalistischen Zielvorstellungen. Der britische Staatsmann hatte bereits zuvor aus intergouvernementaler Sicht die Errichtung eines Europäischen Rates befürwortet, der – als regelmäßige Konferenz von Regierungsvertretern – lediglich eine begrenzte Vergemeinschaftung nationalstaatlicher Kompetenzen vorsah. Zudem sollten Großbritannien und das Commonwealth nicht Mitglied, sondern nur Förderer des neuen Europas sein. Neben Winston Churchill sprachen sich u.a. mit dem französischen Ministerpräsidenten Léon Blum und dem früheren belgischen Premier Paul van Zeeland weitere prominente

Staatsmänner für eine europäische Einigung aus. Keiner dieser Aufrufe fand aber solchen Widerhall wie Churchills Züricher Rede.

Die Europaverbände, die zweite zentrale Akteursgruppe der europäischen Einigungsbewegung, wiesen deutliche Verbindungslinien zu den Widerstands- und Exilgruppen des Zweiten Weltkriegs auf (Niess 2001). Ein dichtes Netz von Europagruppen, Diskussionszirkeln und publizistischen Organen hatte sich 1945 in fast allen größeren Städten des Kontinents ausgebreitet, wobei von den föderalistisch inspirierten Europaverbänden zunächst das stärkste Engagement ausging. In Bildungs- und Werbeveranstaltungen sowie durch öffentlichkeitswirksame Aktionen – am symbolträchtigsten wohl das Niederreißen von Schlagbäumen an den Staatsgrenzen – plädierten die Europaverbände für ein Europa ohne Grenzen. Angesichts der beträchtlichen Vielfalt wurde der Koordinierungsbedarf dieser Verbände zunehmend größer. Im September 1946 erlebten die Europaverbände ihren ersten Höhepunkt. Zeitgleich zu Churchills Züricher Europarede versammelten sich in unmittelbarer Nähe, im schweizerischen Hertenstein am Vierwaldstädter See, 31 föderalistische Bewegungen aus 12 Ländern zu einem einwöchigen Treffen mit dem Ziel der Koordinierung ihrer Aktivitäten und der Verabschiedung eines Grundsatzmanifestes.

Im Zentrum des so genannten Hertensteiner Aktionsprogramms, das bereits am 17. Dezember 1946 zur Grundlage des neu formierten föderalistischen Dachverbands Union Européenne des Fédéralists (UEF) wurde, stand das Konzept eines Gesamteuropas, das im Konzert der Weltmächte die Rolle einer neutralen „Dritten Kraft" spielen sollte. Die Idee der Dritten Kraft war eine der politischen Leitideen der Föderalisten. Ihre Befürworter plädierten für ein unabhängiges Europa, das zwischen den beiden Weltmächten USA und Sowjetunion in Freundschaft, aber Neutralität koexistierte und somit zwischen diesen Polen vermitteln konnte. Auf föderalistischer Seite entwickelte sich die UEF, die im September 1947 im schweizerischen Montreux ihren offiziellen Gründungskongress abhielt, zum wichtigsten Dachverband. Mit zeitweilig bis zu 100.000 Mitgliedern bildeten die der Union Européenne des Fédéralists angeschlossenen Verbände die mit Abstand mitgliederstärkste Europabewegung. Eine Massenbewegung zugunsten der europäischen Einigung zu formieren, gelang der UEF jedoch nicht, was nicht zuletzt auf die Finanz- und Führungskrise der wichtigsten föderalistischen Europabewegung in Deutschland – der Europa-Union – in den Jahren 1947/48 zurückzuführen war.

Neben föderalistischen Europaverbänden entstanden auch unionistisch orientierte Gruppierungen. Aufgrund seiner Züricher Rede vom

Programmatische Reden und Manifeste zur Europäischen Einigung der 1940er Jahre

Winston Churchill: Rede in Zürich, 19. September 1946
„Im Rahmen dieses die Welt umfassenden Plans [UNO] müssen wir die europäische Familie in einer regionalen Struktur neu schaffen, die vielleicht die Vereinigten Staaten von Europa heißen wird. Der erste Schritt ist die Bildung eines Europarats. Wenn zu Anfang auch nicht alle Staaten Europas willens oder in der Lage sind, der Union beizutreten, müssen wir uns dennoch ans Werk machen, diejenigen Staaten, die es wollen und können, zusammenzufassen und zu vereinen. [...]
Bei dieser so dringenden Aufgabe müssen Frankreich und Deutschland die Führung zusammen übernehmen. Großbritannien, das Britische Commonwealth of Nations, das mächtige Amerika und, ich hoffe, Sowjetrussland – denn dann wäre in der Tat alles gut – müssen die Freunde und Förderer des neuen Europas sein und für sein Recht auf Leben und Glanz eintreten."
Quelle: Walter Lipgens (Hg.): 45 Jahre Ringen um die Europäische Verfassung. Dokumente 1939–1984. Von den Schriften der Widerstandsbewegung bis zum Vertragsentwurf des Europäischen Parlaments, Bonn 1986, S. 214–216.

George C. Marshall: Rede an der Harvard-Universität, 5. Juni 1947
„Eines ist schon jetzt klar: bevor die Vereinigten Staaten ihre Bemühungen zur Besserung der Lage fortsetzen und zum Gesundungsprozeß der europäischen Welt beitragen können, müssen die Länder Europas untereinander zu einer Einigung darüber kommen, was die gegenwärtige Lage am dringendsten erfordert und inwieweit die Länder Europas selbst dazu beitragen können, eine volle Auswertung der Maßnahmen unserer Regierungen zu erzielen. [...]
Die Initiative muss von Europa ausgehen, meine ich. Unsere Rolle sollte darin bestehen, den Entwurf eines europäischen Programms freundschaftlich zu fördern und später dieses Programm zu unterstützen, soweit das für uns praktisch ist. Es sollte ein gemeinsames Programm entworfen werden, hinter dem, wenn nicht alle, so doch eine Anzahl von europäischen Nationen stehen."
Quelle: Europa-Archiv 2 (1947), S. 821.

Robert Schuman: Erklärung über eine Montanunion, 9. Mai 1950
„Europa läßt sich nicht mit einem Schlage herstellen und auch nicht durch eine einfache Zusammenfassung: es wird durch konkrete Tatsachen entstehen, die zunächst eine Solidarität der Tat schaffen. Die Vereinigung der europäischen Nationen erfordert, dass der Jahrhunderte alte Gegensatz zwischen Frankreich und Deutschland ausgelöscht wird. Das begonnene Werk muß in erster Linie Deutschland und Frankreich erfassen.
Zu diesem Zwecke schlägt die französische Regierung vor, in einem begrenzten, doch entscheidenden Punkt sofort zur Tat zu schreiten. Die französische Regierung schlägt vor, die Gesamtheit der französisch-deutschen Kohle- und Stahlproduktion unter eine gemeinsame oberste Aufsichtbehörde (Haute Autorité) zu

stellen, in einer Organisation, die den anderen europäischen Ländern zum Beitritt offensteht. Die Zusammenlegung der Kohle- und Stahlproduktion wird sofort die Schaffung gemeinsamer Grundlagen für die wirtschaftliche Entwicklung sichern – die erste Etappe der europäischen Föderation – und die Bestimmung jener Gebiete ändern, die lange Zeit der Herstellung von Waffen gewidmet waren, deren sicherste Opfer sie gewesen sind. [...]
Durch die Zusammenlegung der Grundindustrien und die Errichtung einer neuen Obersten Behörde, deren Entscheidungen für Frankreich, Deutschland und die anderen teilnehmenden Länder bindend sein werden, wird dieser Vorschlag den ersten Grundstein einer europäischen Föderation bilden, die zur Bewahrung des Friedens unerlässlich ist."
Quelle: Lipgens, 45 Jahre, S. 293–295.

September 1946 war Winston Churchill zur Galionsfigur des Europagedankens geworden. Seine Popularität nutzend, rief er im März 1947 das United Europe Movement (UEM) ins Leben, das unter der Leitung seines Schwiegersohns Duncan Sandys zu einem Sammelbecken der Unionisten wurde und als loses Bündnis von Honoratioren das künftige Europa auf Grundlage zwischenstaatlicher Verträge im Rahmen eines Staatenbunds gestalten wollte.[3]

Eine dritte europapolitische Gruppe formierte sich in der Nachkriegszeit um Richard Coudenhove-Kalergi. Der Graf, der auch während der Kriegsjahre im amerikanischen Exil als Anwalt paneuropäischer Ideen aufgetreten war, orientierte sich nach dem Zweiten Weltkrieg verstärkt an nationalen Parlamentariern, mit deren Hilfe er die unterschiedlichen Strömungen von Befürwortern einer europäischen Einigung zusammenfassen wollte. Eine intensivere Kooperation mit den anderen föderalistisch orientierten Europaverbänden verbot sich für Coudenhove-Kalergi hingegen allein schon aufgrund seines Europakonzepts, das von vornherein auf Westeuropa beschränkt war und keine gesamteuropäische Ausrichtung vorsah. Im September 1947 berief Coudenhove-Kalergi eine Konferenz an seinem Wohnort Gstaad in der Schweiz ein, auf der sich einzelne – proeuropäisch eingestellte – Parlamentariergruppierungen zum Dachverband der Europäischen Parlamentarier Union (EPU) vereinigten. Erster Vorsitzender wurde der belgische Sozialist Georges Bohy, während Coudenhove-Kalergi selbst als Generalsekretär fungierte. Als wichtigstes Ziel der EPU galt die Vorbereitung einer konstituierenden europäischen Versammlung mit der Aufgabe, eine Föderationsverfassung zu erarbeiten (Posselt 1987: 147–155). Dieser Zielvorstellung folgend, intensivierten vor allem britische und französische Parlamentariergruppen ihre Arbeit und legten bereits im März 1948 einen Antrag auf baldige Einberufung einer Verfassunggebenden Versammlung und im Juni 1948 sogar einen europäischen Verfassungsentwurf für eine „Föderation der Vereinigten Staaten von Europa“ vor. Nachdem es dem zweiten Kongress der Europäischen Parlamentarier Union im September 1948 im schweizerischen Interlaken jedoch nur bedingt gelungen war, öffentlichkeitswirksame Resonanz zu erzielen, verflachten die Europaaktivitäten der Europäischen Parlamentarier Union zum Ende der 1940er Jahre.

Mit der Wiederherstellung des politischen Lebens nach dem Ende des Zweiten Weltkriegs begannen auch die politischen Parteien sich für den Europagedanken zu interessieren und alsbald ihre Aktivitäten auf europäischer Ebene zu koordinieren. Während die pro-europäischen Verbände in der Regel überparteiliche Interessengruppen darstellten, orientierten sich die Aktivitäten der Parteien entlang der politischen Konfliktlinien. Zu den wichtigsten Zusammenschlüssen von Parteien nach dem Zweiten Weltkrieg zählte das sozialdemokratisch ausgerichtete Mouvement Socialiste pour les Etats-Unis d'Europe (MSEUE) und die christdemokratisch orientierte Nouvelles Equipes Internationales (NEI). In diesem Rahmen entwickelten sich lockere, aber dennoch dauerhafte Kooperationsstrukturen nationaler Parteien, deren Beschlüsse aber weitgehend unverbindlich blieben. Aus dem Kreis der individuellen und kollektiven Akteure erzielten neben Winston Churchill wohl die europäischen Föderalisten die größte Aufmerksamkeit und Popularität. Ihnen gelang es jedoch nicht, wie die weitere Entwicklung zeigte, ihre föderalistischen Zielvorstellungen durchzusetzen.

Der Marshall-Plan und die OEEC: Die USA als Geburtshelfer und Schirmherr europäischer Kooperation

Schon mit der Ankündigung einer Verschmelzung der amerikanischen und der britischen Besatzungszone in Deutschland durch den amerikanischen Außenminister James F. Byrnes am 6. September 1946 in Stuttgart hatte sich eine aktivere Rolle der USA für den Aufbau eines antikommunistischen Westeuropas abgezeichnet. Im Zuge der so genannten Truman-Doktrin ging Washington im Frühjahr 1947 dann endgültig von der Tolerierung zur Eindämmung (Containment) sowjetischer Machtpolitik über. Obwohl die nach dem amerikanischen Präsidenten benannte Doktrin in erster Linie eine Reaktion auf den zunehmenden Druck der Sowjetunion gegenüber Griechenland und der Türkei darstellte, hatte sie letztlich auch für die europäische Einigung weit reichende Konsequenzen, da in ihrem Gefolge die Idee einer stärkeren (west-)europäischen Kooperation ausdrücklich befürwortet wurde.[4] So erklärte der Unterstaatssekretär und spätere US-Außenminister Dean Acheson am 8. Mai 1947 im Senat, dass die Koordinierung der europäischen Wirtschaft eines der Hauptziele der amerikanischen Außenpolitik sein müsse.

Am 5. Juni 1947 war es abermals eine Universitätsrede, die neue Impulse für die europäische Einigung einleitete. Der Nachfolger von Byrnes als US-Außenminister, George C. Marshall, kündigte vor Absolventen der Harvard Universität ein Unterstützungsprogramm für Europa unter dem Motto „Hilfe zur Selbsthilfe" an. Mit dem European Recovery Program (ERP) – das alsbald nur noch unter der Bezeichnung „Marshall-Plan" firmierte – sollte den angeschlagenen europäischen Staaten wirtschaftlich wieder auf die Beine geholfen werden. Marshall vertrat dabei die Überzeugung, dass dies ohne Hilfe von Außen nicht möglich sei: „Es ist nur logisch, dass die Vereinigten Staaten alles tun, was in ihrer Macht steht, um die Wiederherstellung gesunder wirtschaftlicher Verhältnisse in der Welt zu fördern, ohne die es keine politische Stabilität und keinen sicheren Frieden geben kann." (zit. n. Casteyger 2001: 67) Eine Woche später richtete Marshall in einer Pressekonferenz am 12. Juni 1947 ein offizielles Angebot an alle europäischen Staaten, in das er auch die Sowjetunion einbezog. Während der britische Außenminister Bevin das Angebot sofort akzeptierte, gab sich sein französischer Amtskollege Bidault zunächst zögerlich und der sowjetische Außenminister Molotow ablehnend. Letztlich wies Moskau den Vorschlag zurück, da man nicht gewillt war, die eigenen Wirtschaftsdaten offen zu legen. Der Tschechoslowakei und Polen, die starkes Interesse signalisiert hatten, verbot die Sowjetunion eine Mitwirkung am Programm. Damit hatte die sich bereits seit langem abzeichnende Spaltung des Kontinents eine weitere Zuspitzung erfahren.

Über die dem Marshall-Plan zugrunde liegenden Absichten wird bis heute kontrovers debattiert. Während die einen in dem Plan in erster Linie ein kurzfristiges Hilfsprogramm für den an akuter Not und Hunger leidenden Kontinent und ein mittelfristiges Instrumentarium für den ökonomischen Wiederaufbau des zerstörten Europas sehen, betonen andere das Interesse der US-amerikanischen Wirtschaft an Absatzmärkten für ihre Überproduktion. Daneben wird stets auch die politische Stoßrichtung des Programms für den Aufbau eines westlichen Bündnissystems und die „Immunisierung" der (west-)europäischen Staaten gegenüber dem Sowjetkommunismus hervorgehoben bzw. als Instrument des „Dollarimperialismus" kritisiert. Welchem Aspekt letztlich stärkere Bedeutung beizumessen ist, beruht auf der Sichtweise des Betrachters, da der Marshall-Plan eine ideale Projektionsfläche für die unterschiedlichsten Zielvorstellungen bot.

Nicht zuletzt weil die bereits 1945/46 von den USA aufgebrachten rund 11 Milliarden Dollar für Europa wenig Wirkung gezeigt hatten, kündigte Marshall an, die Unterstützungszahlungen nicht jedem Staat einzeln, sondern einem gemeinsamen Organ zu gewähren. Den potenziellen Empfängerländern machten die USA die Auflage, den Unterstützungsbedarf selbst festzustellen, die wirtschaftliche Zusammenarbeit stärker zu koordinieren und sich gemeinsam über die Verteilung der Zuwendungen mit der zu diesem Zweck gebildeten amerikanischen Regierungsbehörde zu verständigen. Bereits am 12. Juli 1947 versammelten sich in Paris Regierungsvertreter aus 16 europäischen Staaten, um die Gründung eines Komitees für wirtschaftliche Zusammenarbeit zu beschließen, das Schritte für ein Wiederaufbauprogramm erarbeiten sollte. Als Koordinationsorgan wurde zunächst das Comittee of European Economic Cooperation (CEEC) gegründet, aus dem am 16. April 1948 dann die Organization for European Economic Cooperation (OEEC, seit 1961 OECD) hervorging, die auch die Gelder verteilte.[5]

Die Struktur der neuen Organisation war lange Zeit strittig, da Frankreich einen partiellen Souveränitätsverzicht der beteiligten Staaten zugunsten einer übergeordneten Wiederaufbaubehörde für unabdingbar hielt. Großbritannien war jedoch zu diesem Schritt nicht bereit und setzte sich mit seiner Position durch, einen intergouvernementalen Wirtschaftsrat einzurichten, darüber hinaus aber keine weitere Vergemeinschaftung vorzusehen. Der Rat der OEEC besteht seitdem aus den Repräsentanten der einzelnen Mitgliedstaaten. Entscheidungen werden im Prinzip, auch wenn Abweichungen vorgesehen sind, im gegenseitigen Einvernehmen getroffen.

Die Koordinationsleistungen in den Anfangstagen der OEEC waren beträchtlich. Es gelang ihr nicht nur, Gelder in Höhe von mehr als 13 Milliarden US-Dollar erfolgreich zu verwalten, sondern auch die europäischen Staaten zu veranlassen, ihre wirtschaftlichen Anstrengungen stärker zu koordinieren, den Handel zu liberalisieren sowie eine Reihe von Sonderorganisationen und Agenturen zu initiieren. So verpflichteten sich die Mitgliedstaaten der OEEC im November 1949, die mengenmäßige Beschränkung ihrer Importe erheblich zu reduzieren, während mit der im September 1950 gegründeten Europäischen Zahlungsunion eine einheitlich europäische Verrechnungseinheit etabliert wurde.

Die OEEC bildete im engeren Sinne zwar keine Institution der europäischen Einigung, ihr struktureller Rahmen erleichterte die spätere Kooperation in gemeinschaftlichen Institutionen jedoch erheblich und schuf ein Klima, das Einigungsbestrebungen neuen Auftrieb gab. Der Marshall-Plan hatte aber auch ein Umdenken der Einigungsbefürworter zur Folge, da die Idee der „Dritten Kraft“ nunmehr endgültig von den politischen Realitäten überholt worden war. Die Kooperations- und Zusammenschlussbestrebungen konzentrierten sich fortan auf Westeuropa. Durch die enge Verbindung mit den USA zeichnete sich so eine deutliche Blockbildung ab. Neben Frieden und Sicherheit war damit als weiteres Motiv europäischer Einigung das Argument der Gegenmachtbildung getreten.

Diese Stoßrichtung hatte sich in den vorangegangenen Monaten bereits in internationalen Verträgen mit sicherheitspolitischer Zielrichtung abgezeichnet. Am 17. März 1948 war der „Brüsseler Pakt“ zwischen Frankreich, England und den Benelux-Staaten geschlossen worden, der eine gegenseitige Beistandspflicht der Bündnispartner im Fall eines Angriffs vorsah.[6] Diese Allianz war zunächst, vor allem auf französisches Betreiben, von dem Sicherheitsgedanken gegenüber Deutschland motiviert. Nach der Berlinblockade, als Reaktion der Sowjets auf die Einführung der „D-Mark“ in Westdeutschland und Westberlin im Juni 1948, rückte alsbald aber das Bedürfnis nach gemeinsamer Sicherheit im Ost-West-Konflikt in den Vordergrund. Dies schlug sich nicht zuletzt in der Gründung der NATO (North Atlantic Treaty Organization) im April 1949 nieder.

Der Haager Kongress 1948: „Zivilgesellschaftliches“ Engagement als Wegbereiter weiterer Einigungsschritte

Die Impulse, die von der amerikanischen Europapolitik ausgingen, führten nicht nur zu einer Belebung der europäischen Regierungsdiplomatie, sondern auch zu einer Mobilisierung und stärkeren Koordination der bis zu diesem Zeitpunkt weitgehend unverbundenen Aktivitäten der Europaverbände. Als der an der Spitze der Unionisten stehende Duncan Sandys für das Frühjahr 1948 einen großen europäischen Kongress ankündigte, weckte er damit in der Öffentlichkeit reges Interesse. Obwohl den in der UEF zusammengeschlossenen Föderalisten bewusst war, dass die Haltung der Unionisten in der UEM in Schlüsselpunkten von der eigenen Position abwich, entschied man sich, an der Vorbereitung des Kongresses mitzuwirken. Spannungen blieben im Vorfeld des Kongresses jedoch nicht aus, zumal parteipolitische Gegensätze eine zunehmend wichtigere Rolle zu spielen begannen. Als die britische Labour-Party ihre Weigerung erklärte, an einem „Unternehmen“ des konservativen Oppositionsführers Winston Churchill mitzuwirken, schlossen sich diesem Boykott weitere sozialdemokratische Parteien aus anderen europäischen Staaten an, darunter auch die SPD in Deutschland.

Der von einem Koordinierungsausschuss unter Leitung Sandys' vom 7. bis 10. Mai 1948 organisierte Kongress im niederländischen Den Haag geriet trotz dieser Missklänge zu einem Erfolg – und „zu einer zwar machtvollen, aber nicht ganz repräsentativen Demonstration der Einigungsbewegung" (Loth 1996: 58). Der Kongress vereinte an symbolträchtiger Stelle – im Rittersaal, in dem 1907 die „Haager Landkriegsordnung" verabschiedet wurde – etwa 750 Delegierte aus 16 Staaten, darunter neben 200 Parlamentariern und zahlreichen prominenten Politikern auch bekannte Schriftsteller, Wissenschaftler sowie Vertreter von Frauen-, Kirchen- und Jugendorganisationen.[7] Im Wesentlichen hatte der Kongress drei Ergebnisse: Er trug unmittelbar zu einer Popularisierung des Europagedankens in der Öffentlichkeit sowie mittelbar zu einer stärkeren Zusammenarbeit der einzelnen Europaverbände bei. Darüber hinaus bereitete der Haager Kongress das Terrain zur Gründung des Europarats.

Duncan Sandys baute das Koordinationskomitee des Haager Kongresses in den folgenden Monaten zu einem ständigen Forum der Europabewegungen aus. Im Oktober 1948 wurde – als Dachorganisation der bereits bestehenden Zusammenschlüsse – die Europäische Bewegung gegründet, die die Arbeit der Sektionen in den einzelnen Nationalstaaten und Mitgliedsverbänden koordinieren und auch die Aktivitäten der UEF und des UEM sowie der einzelnen Parteikooperationen zusammenfassen sollte.[8]

Das lebhafte Echo auf den Kongress war Ausdruck der zunehmenden Bedeutung, die dem europäischen Einigungsprozess sowohl seitens der europäischen als auch der amerikanischen Öffentlichkeit zugesprochen wurde. Gründungen wie das von Denis de Rougemont initiierte Europäische Kulturzentrum in Genf oder das Collège d'Europe in Brügge unter Leitung von Hendrik Brugmans – letzteres bis heute die wichtigste „Kaderschmiede" für eine Karriere im EU-Bereich – gehen auf die Impulse der Haager Konferenz zurück (Vermeulen 2000). Zur Popularisierung trugen nicht zuletzt die zahlreichen namhaften Persönlichkeiten bei, die dem Kongress und dem Europagedanken ein Gesicht gaben. Die (west-)deutsche Delegation bildeten bei diesem Kongress so prominente Politiker wie Karl Arnold, Konrad Adenauer, Heinrich von Brentano, Thomas Dehler und Wilhelm Keil. Aber auch führende Vertreter des europäischen Einigungsgedankens wie Robert Schuman, Alcide de Gasperi und Paul-Henri Spaak sowie einstige und spätere Staats- und

Regierungschefs, darunter Winston Churchill, Anthony Eden, Edouard Herriot und François Mitterand, wirkten an der Konferenz mit.

In programmatischer Hinsicht war der Haager Kongress von den Kontroversen zwischen Unionisten und Föderalisten geprägt, deren Kerngegensatz unverändert um das Ausmaß des Souveränitätstransfers zugunsten der europäischen Ebene kreiste. Da die Auseinandersetzungen zwischen den Befürwortern des Leitbildes eines Staatenbundes und denjenigen eines Bundesstaates auch in Den Haag zu keinem Ergebnis führten, verständigten sich die Delegierten in den drei abschließenden Resolutionen des Kongresses schließlich auf einen Kompromiss zwischen föderalistischer und unionistischer Zielsetzung. Verabschiedet wurde infolgedessen eine politische Erklärung, die einen Zusammenschluss der europäischen Staaten unter begrenztem Souveränitätsverzicht vorsah. Gefordert wurde in der Resolution, eine „Europäische Versammlung" einzuberufen, die „Sofortmaßnahmen empfiehlt, die geeignet sind, auf wirtschaftlichem wie auf politischem Gebiete mehr und mehr die notwendige Einheit Europas herbeizuführen" (zit. n. Auswärtiges Amt 1953: 110.) Der Wortlaut der Resolutionen ließ viele Möglichkeiten offen. Die Föderalisten versprachen sich von einer Europäischen Versammlung die Hoffnung auf ein Europäisches Parlament, das sich aus frei gewählten Parlamentariern zusammensetzen sollte. Die Unionisten wollten hingegen der Europäischen Versammlung eine rein beratende Funktion zukommen lassen und sie mit Mitgliedern der nationalen Parlamente besetzen.

Die Resolutionen wurden an die europäischen Regierungen mit der Bitte herangetragen, die Gründung einer Europäischen Versammlung zu unterstützen. Positive Reaktionen kamen u.a. von den Regierungen Frankreichs und Belgiens, kritische Stimmen hingegen aus den skandinavischen Ländern und von der britischen Labour-Regierung, die den Zeitpunkt für derartige Schritte als verfrüht erachtete. Als sich jedoch abzeichnete, dass die meisten Staaten Kontinentaleuropas auch ohne die Teilnahme Großbritanniens an der Gründung einer Europäischen Versammlung mitwirken würden, erklärte sich die britische Regierung bereit, unter bestimmten Bedingungen an einem Europarat mitzuwirken. Diese Haltung kam den Franzosen gelegen, die aus sicherheitspolitischen Erwägungen immer noch Hoffnungen auf eine enge Zusammenarbeit mit Großbritannien setzten.

Die Gründung des Europarats: Zwischenstaatliche Kooperation als politischer Kompromiss

Nach langen und zähen Verhandlungen – die vor allem von der französischen Idee einer Europäischen Parlamentarierversammlung sowie von dem britischen Gegenvorschlag eines jährlich zusammentretenden Europarats führender Minister geprägt wurden – waren es am 5. Mai 1949 schließlich zehn Staaten Europas, die das Londoner Zehnmächte-Abkommen über die Gründung des Europarats unterzeichneten. Darunter befand sich aber noch nicht die Bundesrepublik, in der erst vier Tage später das Grundgesetz verabschiedet wurde, das am 23. Mai 1949 in Kraft trat.

Mit dem Londoner Zehnmächte-Abkommen trat das Statut für die auf dem Haager Kongress geforderte Versammlung zum 3. August in Kraft.[9] Der Europarat wurde damit zur ersten originär auf Europa bezogenen politischen Organisation (Holtz 2000). In seinen Strukturen und Entscheidungskompetenzen entsprach der Europarat weitgehend den Vorstellungen der britischen Regierung. An die Stelle der ursprünglich in Den Haag geforderten Europäischen Versammlung war ein zweimal jährlich tagendes Ministerkomitee getreten, das als Exekutiv- und Entscheidungsorgan agierte und sich aus den Außenministern der Mitgliedstaaten bzw. ihren Stellvertretern zusammensetzte. Ihm zur Seite stand eine Beratende Versammlung mit Abgeordneten, die aus den nationalen Parlamenten delegiert wurden. Die Beratende Versammlung musste ihre Beschlüsse als Resolution dem Ministerrat zuleiten, der seinerseits einstimmig Entscheidungen traf. Diese Entscheidungen hatten keinerlei direkten Einfluss auf die Haltung der nationalen Regierungen, die letztendlich die maßgeblichen Akteure bei der Entscheidungsfindung blieben. Dies spiegelte sich auch in der Namensgebung wider. Entgegen dem vom französischen Außenminister Schuman lancierten Vorschlag, das neue Gebilde „Europäische Union" zu nennen, setzte sich der britische Außenminister Ernest Bevin mit der Bezeichnung „Europarat" durch. Die Franzosen behielten hingegen bei der Wahl des Sitzes die Oberhand. Im Sinne der deutsch-französischen Verständigung entschied man sich für Straßburg – jene Stadt, die jahrhundertelang als Zankapfel zwischen Deutschland und Frankreich gestanden hatte – als Tagungsort des Europarats.

Der Europarat verfügt bis heute nur über begrenzte Kompetenzen; die nationale Souveränität beeinträchtigt er kaum. Dem intergouvernementalen Prinzip entsprechend sind die Strukturen des Europarats auf die freiwillige Zusammenarbeit von Regierungen ausgerichtet. Das vorherrschende Rechtsinstrument bilden unverbindliche Konventionen, die erst durch die Zustimmung in den Mitgliedstaaten in Kraft treten. Die Prioritäten des Europarats lagen damals wie heute auf dem Schutz der Menschenrechte, in den Bereichen Bildung und Kultur, im Gesundheitswesen sowie in der rechtlichen Zusammenarbeit. Ein bedeutender Erfolg des Europarats war die Unterzeichnung der „Europäischen Konvention zum Schutz der Menschenrechte und Grundfreiheiten" (EMRK).[10]

Die maßgeblich durch die Haltung der britischen Regierung geprägte Beschränkung des Europarats auf intergouvernementale Strukturen ließ in Frankreich und anderen westeuropäischen Staaten die Unzufriedenheit über das bisher Erreichte wachsen. Die Erfahrungen der Nachkriegsjahre hatten ein grundlegendes Dilemma offen gelegt: Entweder begrenzte man die europäische Einigung weiterhin auf den Rahmen zwischenstaatlicher Zusammenarbeit und konnte sich so der Teilnahme der meisten westeuropäischen Staaten sicher sein, oder man schuf ein stärker supranational ausgerichtetes Organ, musste dabei aber auf die Unterstützung zahlreicher europäischer Staaten – vor allem Großbritanniens und der skandinavischen Länder – verzichten.

Da der Europarat sich im Hinblick auf das Ausbaupotenzial in Richtung einer stärkeren politischen und wirtschaftlichen Zusammenarbeit als nur begrenzt tragfähig erwies, wurde in zunehmendem Maße über supranationale Alternativen mit einer begrenzten Anzahl von Staaten nachgedacht. Eine Pionierfunktion kam in diesem Zusammenhang Belgien, den Niederlanden und Luxemburg zu. Zwischen diesen drei Staaten war am 1. Januar 1948 eine Zollunion in Kraft getreten, die einen wichtigen Schritt zu einer engeren wirtschaftlichen Kooperation in Europa darstellte.[11] In einer Zollunion entrichten die beteiligten Staaten – ebenso wie in einer Freihandelszone – untereinander keine Zölle, erheben zugleich aber gemeinsame Außenzölle gegenüber Drittländern. In einer Freihandelszone kann jeder Staat hingegen gegenüber Drittländern jeweils eigene Außenzölle erheben. Eine Zollunion bedeutet – im Gegensatz zu einem Binnenmarkt mit entsprechenden Grundfreiheiten – jedoch grundsätzlich nicht, dass der Handel zwischen den Mitgliedstaaten keinerlei Beschränkungen mehr unterworfen ist. An Grenzkontrollen wird ebenso festgehalten wie an den nationalen Währungen, so dass im grenzüberschreitenden Handel Währungsschwankungen nach wie vor an der Tagesordnung sind.

Spätere Überlegungen, auch eine französisch-italienische Zollunion zu etablieren, scheiterten jedoch ebenso an inhaltlichen Gegensätzen wie an der Frage der Einbeziehung Deutschlands. Vor diesem Hintergrund übten die deutsch-französischen Beziehungen und die Debatte über das Ruhrgebiet eine gleichsam dynamisierende Wirkung als Wegbereiter der europäischen Einigung aus.

Die deutsch-französische Frage: Das Ruhrgebiet und die Internationale Ruhrbehörde als Keimzellen der europäischen Einigung

Das deutsch-französische Verhältnis hatte stets einen Eckpfeiler des Europagedankens gebildet. Aus französischer Sicht lag der Schlüssel zu den gemeinsamen Beziehungen dabei im Ruhrgebiet. Als größtes schwerindustrielles Ballungsgebiet Europas galt das „Revier“ spätestens seit Beginn des 20. Jahrhunderts als Synonym für wirtschaftliche Leistungsfähigkeit und als „Waffenschmiede des Reiches“. Die dem Ruhrgebiet zugeschriebenen Attribute beruhten vor allem auf der Rolle von Kohle und Stahl. Für die Industrialisierung der westlichen Staaten im 19. Jahrhundert war die Verfügbarkeit von Rohstoffen innerhalb der nationalen Grenzen von zentraler Bedeutung. Der Bergbau diente als Grundstoffindustrie, denn die Steinkohle garantierte als Energieträger die Funktionalität zahlreicher weiterer Wirtschaftsbereiche.[12] Obwohl nachgewiesen wurde, dass das Ruhrgebiet bereits in der NS-Zeit nicht mehr die wichtigste „Waffenschmiede“ des Reiches war, widmeten die Alliierten dem verkehrstechnisch zentral gelegenen Revier auch nach dem Ende des Zweiten Weltkriegs besondere Aufmerksamkeit. Aufgrund der Bedeutung von Kohle als maßgeblicher Energiequelle und eines Anteils des Ruhrgebiets von 76 % an den bekannten deutschen Steinkohlevorräten galt die Ruhrfrage als ein wichtiges, wenn nicht gar als das zentrale Problem alliierter Deutschlandpolitik nach 1945 (Lüders 1988: 11).

In Frankreich hatte man das Ruhrgebiet angesichts seiner Kohleressourcen stets als Quelle der militärischen Aggressionen des Nachbarn, aber auch als Hort der wirtschaftlichen Konkurrenz betrachtet – nicht erst zu Zeiten des Ruhrkampfs von 1923. Die günstigeren Stahlpreise des Ruhrgebiets galten als entscheidender Konkurrenzfaktor für die eigene weiterverarbeitende Industrie. Da Frankreich aufgrund eines höheren Lohnniveaus sowie höherer Kosten für Kokskohle, die durch längere Transportwege bedingt waren, seinen Stahl nicht zum gleichen Preis wie die Bundesrepublik produzieren konnte, befürchtete man einen dauerhaften Wettbewerbsnachteil. Mit dem Plan einer Abtrennung des gesamten linksrheinischen Gebietes von Deutschland und dessen Aufteilung in mehrere unabhängige Staaten strebte Frankreich in der Nachkriegszeit nach höherer Sicherheit, mit dem Zugriff auf das Ruhrgebiet darüber hinaus auch nach einer wirtschaftlichen Kontrolle der Montanindustrie.

In den Verhandlungen unter den Alliierten konnten die Franzosen jedoch lediglich erreichen, dass ihnen das Saargebiet unterstellt wurde, das aufgrund seiner Kohlenvorkommen ebenfalls Begehrlichkeiten geweckt und bereits von 1920 bis 1935 mit einem Mandat des Völkerbundes unter französischer Verwaltung gestanden hatte.[13] Die Briten, die zunächst gleichermaßen darauf gesetzt hatten, mit dem Ruhrgebiet die vermeintliche „Waffenschmiede" des Deutschen Reiches unschädlich zu machen, beschlagnahmten als zuständige Besatzungsmacht 1945 die gesamte Ruhrindustrie und unterstellten sie später treuhänderisch dem britischen Militärgouverneur. Doch trotz Produktionsbeschränkungen und Demontagen arbeiteten Zechen und Hochöfen an der Ruhr schon bald wieder auf Hochtouren, da die Rohstoffe und Produkte aus dem Ruhrgebiet für den Wiederaufbau des kriegszerstörten Europas unentbehrlich waren.

Nach langen Debatten und der wiederholt diskutierten Option, das Ruhrgebiet als eigenständiges Territorium unter alliierte Verwaltung bzw. Kontrolle zu stellen, entschied sich das britische Kabinett – nicht zuletzt unter dem Eindruck eines wachsenden Misstrauens gegenüber der sowjetischen Politik – für die Einbindung des Ruhrgebiets in die westlichen Besatzungszonen. Im Rahmen der „Operation Marriage" wurden im Juni 1946 das (nördliche) Rheinland und Westfalen zum neuen Bundesland Nordrhein-Westfalen vereinigt, mit dem das Ruhrgebiet „umschlossen" wurde.

Da aber auch mit der neuen Länderkonstruktion nicht alle Vorbehalte vom Tisch waren und die internationale Sicherheit es aus französischer Sicht erforderlich machte, das Ruhrgebiet zu überwachen,[14] war die 1948 erteilte Zustimmung zur Gründung der Bundesrepublik von französischer Seite nur unter dem Vorbehalt einer Kontrolle der deutschen Kohlen- und Stahlproduktion erfolgt. Die Franzosen hatten mit ihrer Zustimmung ein so genanntes Ruhrstatut und eine Internationale Ruhrbehörde erwirken können, die die Verwaltung der Montanindustrie übernahm. Die gesamte Kohle-, Koks- und Stahlproduktion des Ruhrgebiets wurde dieser Kontrollbehörde unterstellt, deren wichtigste Aufgabe die Aufteilung der Produktion in inländischen Verbrauch und Export sowie die Verhinderung übermäßiger Konzentrationserscheinungen war. Im Petersberger Abkommen vom 22. November 1949 erklärte die Bundesrepublik ihre Bereitschaft, der Ruhrbehörde beizutreten, obgleich sie zunächst kein volles Stimmrecht im Rat, dem zentralen Organ der Ruhrbehörde, erhielt.

Trotz zahlreicher kritischer Stimmen unter den deutschen Zeitgenossen, von denen die Internationale Ruhrbehörde in erster Linie als alliiertes Herrschaftsinstrument betrachtet wurde, kommt ihr aus heutiger Sicht eine wichtige Rolle beim Übergang von der Besatzungsherrschaft zur europäischen Einigung zu (Gillingham 1991: 228–298). Dies wird vor allem mit Blick auf die durch das Ruhrstatut provozierten Debatten deutlich. Dabei verdient eine Initiative des ersten gewählten nordrhein-westfälischen Ministerpräsidenten Karl Arnold, der auf eine stärkere Vernetzung des Ruhrgebiets in Europa hinwirkte, besondere Beachtung. Mit dem Entschluss für die Internationale Ruhrbehörde war die Entscheidung nicht, wie von Karl Arnold erhofft, zugunsten einer freiwilligen Einbindung Deutschlands, sondern für eine Sicherheits- und Kontrollbehörde gefallen. Wie viele andere betrachtete Arnold diese Politik als Diskriminierung und baute auf eine Revision des Ruhrstatuts, die in enger Verbindung mit den von ihm verfochtenen Sozialisierungs- und Mitbestimmungsplänen stand.

In seiner Neujahrsansprache 1948/49 schlug Arnold vor, statt der Ruhrbehörde „einen völkerrechtlichen Zweckverband auf genossenschaftlicher Grundlage zu errichten. In diesem Zweckverband würde Deutschland die Ruhr, Frankreich das Erzvorkommen Lothringens, beide die Saar, Belgien und Luxemburg ihre Schwerindustrie einbringen", um so eine gemeinsame Lösung für die Ruhr-Frage zu finden. Dieser Idee zufolge, die nach dem Urheber bald als Arnold-Plan bezeichnet wurde, sollte „das Ruhrgebiet mit seinen Grund- und Schlüsselindustrien durch enge Verflechtung mit den kommunizierenden Industrien der Nachbarländer, insbesondere Frankreichs, Belgiens und Luxemburgs, zum Kernstück einer europäischen Aufbauzentrale" werden. „Wenn dieser Gedanke konsequent zu Ende gedacht wird", so Karl Arnold weiter, „würde er Frankreich die Sicherheit geben, dass das schwerindustrielle Potential der Ruhr niemals wieder zu Zwecken missbraucht wird, die der gesamteuropäischen Konzeption zuwider laufen." Die Organisation der Aufbauzentrale wurde von Arnold zwar nicht im Detail ausformuliert, er betonte jedoch: „Ist erst diese Entscheidung getroffen, dann wäre eine deutsche Vorleistung auf dem Gebiet der Abtretung eigener Hoheitsrechte zugunsten einer europäischen Einheit denkbar (…)" (zit. n. Rombeck-Jaschinski 1996: 184).

Auch wenn die Idee einer Zusammenlegung der europäischen Montanindustrien nicht grundsätzlich neu war und bereits im Rahmen der privatwirtschaftlichen Kartelle der 1920er Jahre sowie der Internationalen Rohstahlgemeinschaft entsprechende Überlegungen verfolgt wurden, stieß der Arnold-Plan in neue Dimensionen vor. Grundlegend neu an seinem Konzept war, dass Privatwirtschaft und staatlicher Souveränitätstransfer in Form eines gemeinsamen Organs miteinander verknüpft wurden und dass darüber hinaus die Regelung der Montanindustrie einen gesamteuropäischen Rahmen erhalten sollte.

Mit seinen Vorstellungen stieß Arnold international auf rege Resonanz – partiell auch auf Zustimmung, so etwa beim französischen Außenminister Schuman. Konrad Adenauer, der die Idee einer gemeinsamen Verwaltung bereits seit längerem lancierte, griff im Juli 1949, vor dem Hintergrund umfassender Demontagen im Ruhrgebiet, ebenfalls auf den Plan zurück, die zur Demontage vorgesehenen Werke unter die gemeinsame Kontrolle der drei Westalliierten zu stellen. Von der französischen Öffentlichkeit wurden entsprechende Pläne jedoch entschieden zurückgewiesen. Umso bemerkenswerter ist die Nähe des Arnold-Plans zu dem 1950 vorgestellten Schuman-Plan, der die Ablösung der Ruhrbehörde durch die Europäische Gemeinschaft für Kohle und Stahl in die Wege leitete und damit den Auftakt zur öffentlichen Debatte über eine Montanunion darstellt. Als Karl Arnold 1953 die Hohe Behörde, das wichtigste Organ der neu gebildeten EGKS, besuchte, trug Jean Monnet dessen Urheberschaft mit den Worten Rechnung: „Wir haben damals mit Schuman schon daran gearbeitet, aber Sie sind der erste, der öffentlich einen solchen Gedanken geäußert hat“ (zit. n. Düwell 2007: 147).

Die „Methode Monnet“: Der Schuman-Plan als Fundament des europäischen Zusammenschlusses

Am Nachmittag des 9. Mai 1950 gab der französische Außenminister Robert Schuman in Paris, im Uhrensaal des Quai d’Orsay, eine Erklärung ab, in der er den Plan einer Europäischen Gemeinschaft für Kohle und Stahl vorstellte. Die Grundideen dieses Plans basierten auf Überlegungen einer Gruppe um Jean Monnet, der bereits 1943 Gedanken über einen europäischen „Markt“ nach Kriegsende formuliert hatte und seit 1946 – als Leiter einer Planungsbehörde (Commissariat Général du Plan) beim französischen Premierminister – für den so genannten Modernisierungs- und Aufrüstungsplan eintrat. Aber auch der Arnold-Plan spiegelte sich in Schumans Vorstoß wider, da die Montanindustrie den Mittelpunkt dieser Initiative bildete. Wörtlich erklärte Robert Schuman: „Die französische Regierung schlägt vor, die Gesamtheit der französisch-deutschen Kohlen- und Stahlproduktion unter eine gemeinsame Oberste Aufsichtsbehörde (Haute Autorité) zu stellen, in einer Organisation, die den anderen europäischen Ländern zum Beitritt offensteht. (...) Durch die Zusammenlegung der Grundindustrien und die Errichtung einer neuen Obersten Behörde, deren Entscheidungen für Frankreich,

Deutschland und die anderen teilnehmenden Länder bindend sein werden, wird dieser Vorschlag den ersten Grundstein einer europäischen Föderation bilden, die zur Bewahrung des Friedens unerlässlich ist" (zit. nach Lipgens 1986: 293f).

Im Kern zielte das Vorhaben darauf, das Ruhrproblem zu lösen und die deutsch-französische Erbfeindschaft im europäischen Rahmen zu überwinden. Beabsichtigt war nicht, Staaten miteinander zu verschmelzen, sondern vielmehr einzelne Funktionen und Bereiche von Staaten durch die Schaffung eines gemeinsamen Marktes und gemeinschaftlicher Institutionen zusammen zu legen. Als Kennzeichen des Marktes war eine gemeinsame Planung, Verwertung und Kontrolle der Montanindustrie vorgesehen, wodurch die höchst wichtigen und politisch sensiblen Schlüsselressourcen Kohle und Stahl dem unmittelbaren Zugriff der nationalen Regierungen entzogen wurden. Auf diesem Wege, so die Intention Schumans, konnte die Gefahr einer vermeintlichen Bedrohung Frankreichs durch Deutschland ausgeschlossen – oder zumindest reduziert – und zudem die Mitverfügung über die deutschen Kohlereserven und über die Stahlproduktion dauerhaft gesichert werden. Die Absicht, das wiederaufstrebende Westdeutschland an Frankreich zu binden und hierdurch den weiteren Aufschwung Frankreichs zu festigen, wurde infolgedessen mit dem Angebot verbunden, Deutschland gleichberechtigt in den Einigungsprozess Europas einzubinden. Dass hierzu eine neue supranationale Organisation vorgesehen wurde, die verbindliche Entscheidungen treffen konnte, stand in der Kontinuität der bereits in den Vorjahren von Frankreich erhobenen Forderungen, die über das rein zwischenstaatliche Regierungshandeln hinausgingen.

Dass der Schuman-Plan neben seiner wirtschaftlichen Dimension (Kipping 1996: 273–276) auch einen zutiefst politischen Kern hatte, dokumentiert eine Textpassage, die sich in der ursprünglichen Fassung des Plans fand. In seinen Lebenserinnerungen vermerkte Monnet hierzu, „der Text endete mit einigen Zeilen, die seine Intention zusammenfassten: ‚Dieser Vorschlag hat eine wesentlich politische Bedeutung: in die Wälle der nationalen Souveränität eine Bresche zu schlagen, die so begrenzt ist, dass sie die Zustimmung erlangen kann, aber tief genug, um die Staaten zu der für den Frieden notwendigen Einheit zu bewegen" (Monnet 1978: 378).

Seitens der historischen Forschung sind vielfache Überlegungen darüber angestellt worden, warum der Schuman-Plan gerade zu diesem Zeitpunkt vorgestellt wurde. Ein wichtiger Begründungszusammenhang wird in der für den 11. Mai 1950, also nur zwei Tage später geplanten Außenministerkonferenz Großbritanniens, der USA und Frankreichs gesehen, die über die Aufhebung der westdeutschen Produktionsobergrenzen im Stahlbereich und eine Abschwächung des Besatzungsstatuts verhandeln sollte. Da Frankreich befürchten musste, von der Bundesrepublik in der Stahlproduktion deutlich überrundet zu werden und zudem weitgehend die Kontrolle über die Montanindustrie im Ruhrgebiet zu verlieren, wird Schumans Initiative häufig als Vorstoß interpretiert, sich abzeichnende Kontrollverluste zu kompensieren. Da Frankreichs Ziele gegen Westdeutschland nicht mehr erreichbar waren, entschied man sich, diese nunmehr zusammen mit dem Nachbarn anzustreben. Darüber hinaus wurde zu diesem Zeitpunkt immer deutlicher, dass Frankreich immer geringere Hoffnungen auf Großbritannien als Sicherheitsgaranten und Allianzpartner setzte. Da der Europarat das Maximum an Kooperation war, das mit Großbritannien zu realisieren war, hielten die Franzosen verstärkt nach Alternativen Ausschau.

Die Reaktionen auf Schumans Vorschlag unterschieden sich beträchtlich. Der seit Oktober 1949 als Kanzler einer Koalitionsregierung amtierende Konrad Adenauer stimmte dem Vorschlag sofort zu. Zum einen eröffnete dieses Angebot der außenpolitisch nicht souveränen Bundesrepublik die Möglichkeit, gleichberechtigt auf die internationale Bühne zurückzukehren. Zum anderen konnte man mit der Zustimmung zur Montanunion in aller Deutlichkeit die Bereitschaft unter Beweis stellen, am Aufbau eines vereinten Europas mitzuarbeiten und dem Frieden dienen zu wollen. Die Beteiligung an der Montanunion erforderte es zwar, Kontrollen durch die anderen Mitgliedstaaten, insbesondere durch Frankreich, zuzulassen – jedoch nicht in dem Maße, wie es die direkten Kontrollen der Internationalen Ruhrbehörde ohnehin taten.

Die Haltung Großbritanniens war hingegen weitaus skeptischer. In einem Memorandum vom 27. Mai 1950 legte die britische Regierung – entsprechend der Devise: Zusammenarbeit ja, Integration nein – dar, dass sie nicht gewillt sei, die Bildung eines Vertragswerks, das die Übertragung souveräner Rechte auf eine supranationale Behörde vorsah, zu akzeptieren. Zu dieser Entscheidung hatte neben der grundsätzlichen Ablehnung supranationaler Konstruktionen zweifellos auch beigetragen, dass Großbritannien als größter Stahlproduzent Europas am stärksten den Kontrollen der Montanunion ausgesetzt gewesen wäre.

Ungeachtet der britischen Ablehnung löste die politische Übereinstimmung zwischen Deutschland und Frankreich über die Grundrichtung des Plans rasch Beratungen im Kreis der späteren sechs Gründerstaaten aus, die durch den Ausbruch des Korea-Krieges im Juni 1950 noch forciert wurden.[15] Am 20. Juni 1950 begann in Paris eine Regierungskonferenz, an der Deutschland, Frankreich, Italien, Belgien, die Niederlande und

Luxemburg teilnahmen. Weniger als ein Jahr nach Schumans Initiative erfolgte am 18. April 1951 die Unterzeichnung des Vertrages durch die sechs Staaten. Da man sich auf Paris als Ort der Paraphierung verständigt hatte, wird dieses Vertragswerk gelegentlich auch als Pariser Vertrag bezeichnet. Weil aber die einzelnen Nationalstaaten bzw. ihre Legislativen aber nach wie vor die „Herren der Verträge" blieben,[16] konnte der EGKS-Vertrag erst nach der Ratifizierung durch die nationalen Parlamente in Kraft treten. In Deutschland erfolgte diese – nach kontroversen Debatten – durch Bundestag und Bundesrat im Januar und Februar 1952.[17]

Mit der am 23. Juli 1952 in Kraft getretenen und auf 50 Jahre angelegten Montanunion wurden die bisherigen Wege und Zielsetzungen der europäischen Einigung gleich in doppelter Hinsicht auf ein völlig neues Fundament gestellt. Die Entwicklung war zu diesem Zeitpunkt längst keine Angelegenheit pro-europäischer Verbände mehr, sondern vielmehr zum Gegenstand von Regierungsinitiativen geworden. Es wurde auch nicht mehr über die Frage eines föderalistischen Bundesstaates oder eines unionistischen Staatenbundes debattiert, sondern ein gänzlich anderer Weg europäischer Einigung beschritten: Nicht mehr ganze Staaten sollten im Rahmen europäischer Einigungsbestrebungen zusammengeschlossen werden, wie es die Föderalisten beabsichtigten, sondern nur ein wirtschaftlicher Teilbereich. Zugleich wurde aber auch nicht mehr die Strategie verfolgt, durch Absprachen zwischen letztlich souveränen Regierungen eine Annäherung im unionistischen Sinn zu erreichen, sondern es sollte durch die Schaffung eines Zusammenschlusses – der nur einen Sektor umfasste, in dem aber verbindliche Entscheidungen getroffen wurden – eine supranationale Vergemeinschaftung erreicht werden.

Der rechtliche Charakter der Montanunion unterschied sich von allen bis dahin bekannten Organisationsformen: Auf der einen Seite war mit dem EGKS-Vertrag kein neuer Staat begründet worden. Der Vertrag hatte völkerrechtlichen Charakter, denn nur die Staaten konnten ihn – als „Herren der Verträge" – ändern. Infolgedessen verzichtete man letztlich auch auf die Bezeichnung „Verfassung" im Kontext des EGKS-Vertrags. Auf der anderen Seite wurde für den Kohle- und Stahlbereich aber eine Organisationsform errichtet, die staatsähnlichen Charakter hatte, da sie – in ihrem spezifischen Sektor – über eigene Hoheitsrechte verfügte. Das neue, so genannte primäre Gemeinschaftsrecht bildete de facto eine eigenständige Rechtsordnung, die sich von einfachen völkerrechtlichen Grundlagen weitgehend löste. Bis heute bereitet es vor allem der Rechtswissenschaft Schwierigkeiten, diesem Gebilde eine treffende Bezeichnung zuzuweisen. Im damaligen Sprachgebrauch bürgerte sich der Begriff „Gemeinschaft“ (Communauté) als neue, bis dahin ohne juristische Präzision gebrauchte Bezeichnung ein.

Kaum weniger Schwierigkeiten bereitete es der historisch-sozialwissenschaftlichen Forschung, diese Form der Gemeinschaftsbildung in abstrakten Kategorien zu umschreiben. Die Forschung hat sich damit beholfen, zu den beiden bis dahin vorherrschenden Denkschulen des Föderalismus und des Unionismus einen dritten Ansatz hinzuzunehmen, der im Wesentlichen auf die Konzepte Jean Monnets zurückgeht.[18] Der von ihm verfolgte Ansatz bewegt sich indes auf anderer Ebene als die Theoriegebäude des Föderalismus und des Unionismus. Für die so genannte „Methode Monnet“ existiert keine einheitliche Definition, vielmehr enthält sie einige Charakteristika, die aus verschiedenen Reden und Beiträgen Jean Monnets abgeleitet werden können (Wessels 2001).

Hierzu zählt etwa die Strategie, konkrete Projekte ins Auge zu fassen, anstatt auf langatmige Verhandlungen und allgemeine Erklärungen zu setzen. Dazu gehört aber auch die Methode, eine reale – wenngleich sektoral begrenzte – und eindeutig definierbare Übertragung staatlicher Souveränität auf ein supranationales Organ vorzusehen. Diese Entwicklung erfolgt ohne Festlegung auf ein Ziel oder eine spezifische Finalität. Einzelne Wegmarken konnten zwar vereinbart werden, Staatsbilder wie ein Staatenbund oder ein Bundesstaat waren hingegen von nachrangiger Bedeutung und wurden von Monnet bewusst in unklare bzw. offene Formulierungen gekleidet. Der wirtschaftlichen Einigung wurde von Monnet – nicht zuletzt als Vehikel der politischen Einigung – zentrale Bedeutung beigemessen. Ein weiteres Merkmal der Methode Monnet stellt schließlich die Koppelung thematischer und institutioneller Schritte sowie eine Vorgehensweise in Etappen dar, letztlich die Methode der schrittweisen Integration von Wirtschaftssektoren. Auch wenn Jean Monnet als „Technokrat“ eine beträchtliche planerische Strategie zugeschrieben wird, können die Einzelelemente der auf ihn zurückgehenden Methode nicht als feststehendes Modell betrachtet werden, sondern vielmehr als dynamisches Projekt, das sich erst aus den Zeitumständen und den politischen Konstellationen entwickelt hat.

Die nachstehende Tabelle fasst die wichtigsten Merkmale zusammen und kontrastiert sie mit den weiter oben skizzierten Leitbildern der Unionisten und Föderalisten. Die angeführten Kategorien weisen deutliche Schnittstellen zu der vor allem in der Politikwissenschaft geführten Debatte um Integrationstheorien auf, wobei einerseits zu berücksichtigen gilt, dass diese zu einem erheblichen Grad nur eine modellhafte Rationalisierung der europolitischen Praxis darstellen, und dass andererseits in den politischen Tagesdiskussionen der 1940er und 50er Jahre vielfach

Überlappungen zwischen den einzelnen Ausprägungen auszumachen waren (Merkel 1999: 338). Die in der Tabelle zusammengefassten Charakteristika vereinen sowohl Zielvorstellungen als auch Wahrnehmungs- und Deutungsmuster, wie etwa das Beispiel der institutionellen Leitideen zeigt, mit denen – gleichsam in Kurzform – der institutionelle Kern des jeweiligen Ansatzes verdeutlicht wird. Während die Föderalisten einem Europäischen Parlament die stärkste Bedeutung beimaßen, war aus Sicht der Unionisten die Koordination der nationalen Regierungen im Rahmen eines Ministerrats von weitaus größerer Relevanz. Die Methode Monnet setzte auch hier andere Akzente, indem sie das neue Organ der „Hohen Behörde" in den Mittelpunkt rückte.

Die prinzipielle Offenheit und die Prozesshaftigkeit des Ansatzes von Jean Monnet spiegeln sich letztlich auch in dem Begriff „Integration" wider, der seit Ende der 1940er Jahre sowie verstärkt im Kontext des Schuman-Plans verwendet und fortan zu einem Kernbegriff der europäischen Einigung wurde (Herbst 1986: 161–205). Heinrich Schneider zufolge ist der Begriff der englischen Sprache entlehnt, da dort die Bezeichnung Integration „seit langem für Prozesse der gesellschaftlichen und politischen Ganzheitsbildung und Einigung verwendet" wurde. Wissenschaftlich wurde der Begriff seit dem 19. Jahrhundert vor allem in der Soziologie verwendet, in die er von Auguste Comte und Émile Durkheim eingeführt worden war. In seiner ursprünglichen europabezogenen Perspektive zu Beginn der 1950er Jahre war die prozesshafte und dynamische Wortbedeutung im Sinne der „zielstrebigen Herstellung einer zu Beginn des Integrationsprozesses noch nicht (…) bestehenden Einheit" besonders ausgeprägt (Schneider 1977: 233f). In späteren Definitionen wurde differenzierter auf die einzelnen Dimensionen des Einigungsprozesses rekurriert und Integration definiert als „der freiwillige Aufbau und die Weiterentwicklung der gemeinsamen politischen Entscheidungsfindung, der gemeinsamen internationalen Interdependenz, der gesellschaftlichen Verflechtung und des gemeinsamen Bewusstseins im Rahmen der Europäischen Gemeinschaften bzw. der Europäischen Union" (Giering 1997: 26).

Trotz ihrer unverkennbaren Nähe zur Methode Monnet entspricht die EGKS keinem der drei hier angeführten Ansätze europäischer Integration in Reinkultur. In konzeptioneller Hinsicht haben von Anfang an die Gegensätze zwischen föderalistisch und unionistisch geprägten Leitbildern die Debatte über die europäische Einigung geprägt. Es ist aber bezeichnend, dass sich keine der beiden Strömungen durchsetzte, sondern dass, je nach politischer Lage, mal die eine und mal die andere Sichtweise in den Vordergrund rückte – und dass letztlich mit der „Me-

Konzepte zur europäischen Einigung im Überblick

	Föderalisten	Unionisten	„Methode Monnet“
Motive	Frieden, Diskreditierung des Nationalstaates	Sicherheit, Stabilität	Frieden, Wohlstand
Staatsbild	Bundesstaat	Staatenbund	offen (Bundesstaat)
Prinzipien	supranational, vergemeinschaftet, staatszentriert, Subsidiaritätsprinzip	intergouvernemental, zwischenstaatlich, staatszentriert	supranational-sektoral, prozessorientiert
Prozesscharakter	„sauf qualitativ“; (einmalige) Übertragung von Hoheitsrechten auf gemeinsame Organe	begrenzt, nationale Hoheitsrechtsausübung	dynamisch, „form follows function“
Institutionelles Leitbild	Europäisches Parlament	(Minister-) Rat	Hohe Behörde/Europ. Kommission
Zentrale Akteure	Politik und Gesellschaft auf allen Ebenen	Nationalstaaten, Regierungen, Regierungskonferenzen	Staaten, Eliten, supranationale Organe
Instrumente	eigenes Rechtssystem mit Verfassungscharakter	völkerrechtliche Verträge	Verträge mit supranationalem Charakter, europäisches Rechtssystem
Abstimmungen	Mehrheitsentscheidungen möglich	Einstimmigkeit, Konsensprinzip	Mehrheitsentscheidungen in begrenzten Bereichen
Rechtsschutz auf überstaatlicher Ebene	Umfassender Rechtsschutz durch eigenen Gerichtshof/„Verfassungsgericht“ entscheidet über Kompetenzen	keiner, allenfalls freiwillige „Unterwerfung“ unter ein Schiedsgericht/kein „Verfassungsgericht“	Rechtsschutz (auch gegen Staaten) durch eigenen Gerichtshof in vertraglich geregelten Bereichen/Gerichtshof urteilt über Kompetenzzuordnung
Ideengeschichtliche Bezüge	Altierro Spinelli: Manifest von Ventotene (1941)	H. J. Morgenthau: Politics among nations (1955)	David Mitrany: A working peace system (1943)
Integrationstheorie	(Neo-) Föderalismus	Intergouvernementalismus	(Neo-) Funktionalismus
Integrationstheoretische Referenzwerke	Carl J. Friedrich: Europa – Nation im Werden, Bonn 1972	Stanley Hoffmann: Obstinate or Obsolete, in: Daedalus 3 (1966), S. 862–915	Ernst B. Haas: The Uniting of Europe. Social and Economic Forces, Stanford 1958

thode“ von Jean Monnet eine dritte Vorgehensweise den „Durchbruch“ erzielte. Obgleich die auf den Plänen Schumans und Monnets fußende Montanunion das Fundament der heutigen europäischen Einigung darstellt, ist der Blick auch auf den Umstand zu lenken, dass sich in ihr zahlreiche Elemente der zuvor diskutierten Ansätze und Ideen wiederfinden.

Wege und Irrwege europäischer Einigung: Idealistische Vision oder machtpolitischer Pragmatismus?

Der Zeitraum zwischen 1945 und 1951 war in erster Linie durch eine erhebliche Bandbreite von europapolitischen Konzeptionen gekennzeichnet, die von den unterschiedlichsten Akteuren und Motiven geprägt wurden. In keiner anderen Phase der europäischen Einigung wirkten so vielfältige Kräfte auf den Europagedanken ein und rangen so unterschiedliche Akteure um Wege und Ziele der Integration. Dieser Umstand ist nicht zuletzt auf die Nachkriegskonstellation und die sich erst allmählich festigenden Rahmenbedingungen des internationalen Systems zurückzuführen.

Den Auftakt dieser Initialphase europäischer Einigung bestimmten in starkem Maße einzelne Politiker und Gruppierungen, denen es gelang, ihre Visionen mit taktischem Geschick, aber auch mit politischer Überzeugungskraft einzubringen. Geleitet wurde ihr Handeln insbesondere von der Zielvorstellung, den Frieden zwischen den europäischen Nationalstaaten dauerhaft zu sichern. Immer stärker kam in der zweiten Hälfte der 1940er Jahre jedoch die internationale Großwetterlage zum Tragen. Erst durch die verschärfte Ost-West-Konfrontation und durch den Außendruck der USA erhielt der europäische Einigungsgedanke jenen Auftrieb, der aus einem lohnenswerten Wagnis auch eine machtpolitische Option im Kalkül der handelnden Politik werden ließ. Vor allem die USA wurden mit ihrer Europapolitik zum eigentlichen Impulsgeber – sowohl im Interesse der europäischen Partner, als auch aus wirtschaftlichem Eigennutz im Hinblick auf eine Stabilisierung Westeuropas.

Die Entwicklung der europäischen Einigung war zum Ende der 1940er Jahre keine Angelegenheit der Europaverbände mehr. Nachdem die anfänglich hohen Erwartungen in den Europarat sich als Illusion erwiesen hatten, war der Integrationszug spätestens mit dem Schuman-Plan auf das Regierungsgleis gewechselt, auf dem die Berufsdiplomaten die Weichen stellten. Die EGKS stellte ein Gebilde dar, in dem souveräne Nationalstaaten zwischenstaatlich miteinander kooperierten. Vom Europarat und allen anderen in der Nachkriegszeit etablierten internationalen Organisationen unterschied sie jedoch ein grundlegendes Merkmal: die in der rechtlichen Verbindlichkeit ihrer politischen Entscheidungen zum Ausdruck kommende Supranationalität. Mit der Möglichkeit, verbindliche – sogar einklagbare und sanktionierbare – Entscheidungen herzustellen, wies die Montanunion ein strukturelles Merkmal auf, das bis zu diesem Zeitpunkt nur innerhalb von Staaten bekannt war. Das von Schuman und Monnet gegen alle britischen Verwässerungsversuche behauptete Konzept der Supranationalität bildete den Kern der EGKS und die entscheidende Neuerung im Prozess der europäischen Einigung. Für das Verständnis der europäischen Einigung markiert die Supranationalität infolgedessen bis heute das Schlüsselelement.

Auf das Merkmal supranationaler Zusammenarbeit ist es im Wesentlichen auch zurückzuführen, dass sich bereits bei der Gründung der EGKS eine „Zweiteilung" des demokratischen Westeuropas in eine Gruppe integrationswilliger Staaten um Deutschland und Frankreich und eine Gruppe lediglich kooperationsbereiter Länder um Großbritannien abzeichnete. Die Zustimmung der integrationswilligen Staaten zur Europäischen Gemeinschaft für Kohle und Stahl war nur möglich, weil die Montanunion zahlreiche nationale Interessen im Sinne eines pragmatischen und zweckorientierten „Verhandlungspakets" bündelte. Während die zentralen französischen Motivstränge darin bestanden, durch die Kontrolle der Kohle- und Stahlindustrie im Rahmen starker gemeinsamer Institutionen die wachsende Macht Deutschlands einzuhegen, der französischen Wirtschaft ihr schwerindustrielles Fundament zu sichern bzw. die eigene Industrie zu modernisieren, war die Mitgliedschaft in der EGKS aus Sicht der Bundesrepublik – im Sinne einer Politik des kleineren Übels – ein entscheidender Schritt zur Rückgewinnung der internationalen Akzeptanz und Handlungsfähigkeit (Gerbet 1986: 199–222). Vergleichbare Gründe galten für Italien, wo zudem Erwartungen in den Ausbau der eigenen Stahlindustrie gesetzt wurden. In den Benelux-Staaten dominierte hingegen die Aussicht auf eine erhöhte Sicherheit angesichts der Lage zwischen zwei großen Nachbarstaaten; für Belgien und Luxemburg spielte aber auch das Argument, mit der Montanunion der wachsenden französischen Hegemonie auf dem europäischen Kontinent Einhalt gebieten zu können, eine wichtige Rolle. Da diese Interessen sowie weitere politische, ökonomische und gesellschaftliche Motive in der Konstruktion des Schuman-Plans gebündelt wurden, stellte die Montanunion gewissermaßen einen optimalen Kompromiss dar, dem alle Staaten – in einer Koalition der Interessen und angesichts eines Klimas der Verständigungsbereitschaft – zustimmen konnten (Wilkens 2004).

Vor dem Hintergrund dieser Überlegungen können weniger die idealistischen Gemeinschaftsvisionen als vielmehr die nationalen Interessen, die sich in der Konstruktion der EGKS widerspiegelten, als Impulsgeber für die Montanunion ausgemacht werden. Bis zu einem gewissen Grad findet damit die in der wissenschaftlichen Forschung verbreitete „realistische" Grundannahme Bestätigung, die als zentrale Antriebskraft europäischer Einigung die Umsetzung nationalstaatlicher Interessen hervorhebt – selbst wenn damit ein Verlust nationalstaatlicher Souveränität einherging. Die erfolgreiche Zusammenarbeit in den folgenden Jahren und Jahrzehnten trug jedoch entscheidend dazu bei, dass neben die nationalen Interessen auch ein Gemeinschaftsinteresse trat. Diese Gemeinschaftsdoktrin entwickelte eine beträchtliche Eigendynamik und relativierte fortan das Leitbild nationalstaatlicher Autonomie erheblich.

Auswahlbibliografie zu Kapitel 3

Dokumente und Quellen:
Congress of Europe, May 1948, Verbatim Report, Bd. 1–4, Den Haag 1949.
Rede Churchills am 19. September 1946 in Zürich, abgedr. in: Auswärtiges Amt (Hg.): Europa. Dokumente zur Frage der europäischen Einigung, Bonn [2]1953, S. 84–85; in Auszügen auch in: Curt Gasteyger (Hg.): Europa von der Spaltung zur Einigung. Darstellung und Dokumentation 1945 bis 2000, Bonn 2001, S. 43–44.
Hertensteiner Programm der europäischen Föderalisten, September 1946, abgedr. in: Curt Gasteyger (Hg.): Europa von der Spaltung zur Einigung. Darstellung und Dokumentation 1945 bis 2000, Bonn 2001, S. 44–45.
Monnet, Jean: Erinnerungen eines Europäers, München/Wien 1978.
Rundfunkansprache von Ministerpräsident Karl Arnold am 1. Januar 1949 (Auszug), abgedr. in: Ursula Rombeck-Jaschinski: Keimzelle eines neuen Europa? Das Ruhrgebiet und die Montanunion, in: Nordrhein-Westfalen. Ein Land in seiner Geschichte. Aspekte und Konturen 1946–1996, Münster 1996, S. 182–187.
* Schuman, Robert: Erklärung über eine Montanunion, abgedr. in: Walter Lipgens (Hg.): 45 Jahre Ringen um die Europäische Verfassung: Dokumente 1939–1984. Von den Schriften der Widerstandsbewegung bis zum Vertragsentwurf des Europäischen Parlaments, Bonn 1986, S. 293–295; auch in: Europa-Archiv 11 (1950), S. 3091–3092.
Rede des amerikanischen Außenministers Marshall vom 5. Juni 1947 an der Harvard-Universität (Auszug), abgedr. in: Curt Gasteyger (Hg.): Europa von der Spaltung zur Einigung. Darstellung und Dokumentation 1945 bis 2000, Bonn 2001, S. 66–68; auch in: Europa-Archiv 2 (1947), S. 821.

Darstellungen und Literatur:
Alter, Peter: Winston Churchill (1874–1965). Leben und Überleben, Stuttgart (u.a.) 2006.

Bossuat, Gérard: L'Europe occidentale à l'heure américaine. Le Plan Marshall et l'unité européenne, Brüssel 1992.

Calmes, Christian: Le plan Schuman, un plan aux origines multiples, Luxemburg 1991.

Cornides, Wilhelm: Das Projekt einer Europäischen Versammlung. Drei Elemente der europäischen Einigungsbewegung, in: Europa-Archiv 7 (1949), S. 2011–2024.

Diebold, William: The Schuman-Plan: A Study in Economic Cooperation, New York [2]1959.

Düwell, Kurt: Karl Arnold – „Vater der Montanunion"? Gedanken an Rhein und Ruhr zur europäischen Wirtschaftsintegration (1948–1953), in: Manfred Rasch/Kurt Düwell (Hg.): Anfänge und Auswirkungen der Montanunion auf Europa. Die Stahlindustrie in Politik und Wirtschaft, Essen 2007, S. 133–147.

Gerbet, Pierre: Les origines du plan Schuman. Le choix de la méthode communautaire par le gouvernement français, in: Raymond Poidevin (Hg.): Histoire des Débuts de la Construction Européenne (Mars 1948–Mai 1950), Brüssel (u.a.) 1986, S. 199–222.

* Gillingham, John: Coal, steel, and the rebirth of Europe, 1945–1955. The Germans and French from Ruhr conflict to economic community, Cambridge 1991.

* Giering, Claus: Europa zwischen Zweckverband und Superstaat. Die Entwicklung der politikwissenschaftlichen Integrationstheorie im Prozess der europäischen Integration, Bonn 1997.

Haberl, Othmar Nikola/Niethammer, Lutz (Hrsg.): Der Marshall-Plan und die europäische Linke, Frankfurt am Main 1986.

Hahn, Carl Horst: Der Schuman-Plan: Eine Untersuchung im besonderen Hinblick auf die deutsch-französische Stahlindustrie, München 1953.

Haussmann, Frederick: Der Schuman-Plan im europäischen Zwielicht. Ein Beitrag zu den Grundproblemen und zur Weiterentwicklung des Schuman-Planes, München/Berlin 1952.

Herbst, Ludolf: Die zeitgenössische Integrationstheorie und die Anfänge der europäischen Einigung 1947–1950, in: Vierteljahresheft für Zeitgeschichte 2 (1986), S. 161–205.

Herbst, Ludolf/Bührer, Werner/Sowade, Hanno (Hg.): Vom Marshall-Plan zur EWG. Die Eingliederung der Bundesrepublik Deutschland in die Westliche Welt, München 1990.

Hogan, Michael: The Marshall Plan. America, Britain and the Reconstruction of Western Europe, 1947–1952, Cambridge (u.a.) 1987.

Holtz, Uwe (Hg.): 50 Jahre Europarat, Baden-Baden 2000.

* Kipping, Matthias: Zwischen Kartellen und Konkurrenz. Der Schuman-Plan und die Ursprünge der europäischen Einigung 1944–1952, Berlin 1996.

Lappenküper, Ulrich: Der Schuman-Plan. Mühsamer Durchbruch zur deutsch-französischen Verständigung, in: Vierteljahreshefte für Zeitgeschichte 3 (1994), S. 403–445.

Loth, Wilfried: Die Teilung der Welt, Geschichte des Kalten Krieges 1941–1955, München [10]2000.

Loth, Wilfried (Hg.): Die Anfänge der europäischen Integration 1945–1950, Bonn 1990.

* Loth, Wilfried: Der Weg nach Europa. Geschichte der europäischen Integration 1939–1957, Göttingen [3]1996.

Lüders, Carsten: Das Ruhrkontrollsystem. Entstehung und Entwicklung im Rahmen der Westintegration Westdeutschlands 1947–1953, Frankfurt am Main/New York 1988.

Lundestad, Geir: The United States and Europe since 1945. From „Empire" by Invitation to Transatlantic Drift, Oxford 2003.

Maier, Charles S./Bischof, Günter (Hg.): Deutschland und der Marshall-Plan, Baden-Baden 1992.

Merkel, Wolfgang: Die Europäische Integration und das Elend der Theorie, in: Geschichte und Gesellschaft 25 (1999), S. 302–338.

Milward, Alan: The Reconstruction of Western Europe 1945–1951, London (u.a.) 1984.

Monnet, Jean: Erinnerungen eines Europäers, München/Wien 1978.

Morgan, Roger: Weltreich und Europa: Winston Churchill, Duncan Sandys, Harold Macmillan, in: Thomas Jansen/Dieter Mahncke (Hg.): Persönlichkeiten der Europäischen Integration. Vierzehn biographische Essays, Bonn 1981, S. 125–146.

* Niess, Frank: Die europäische Idee. Aus dem Geist des Widerstands, Frankfurt am Main 2001.

Neuss, Beate: Geburtshelfer Europas? Die Rolle der Vereinigten Staaten im europäischen Integrationsprozeß 1945–1958, Baden-Baden 2000.

Posselt, Martin: Richard Coudenhove-Kalergi und die Europäische Parlamentarier Union. Die parlamentarische Bewegung für eine „Europäische Konstituante" (1946–1952), 2. Bde., (Diss.), Graz 1987.

Post, Oswald: Zwischen Sicherheit und Wiederaufbau. Die Ruhrfrage in der alliierten Diskussion 1945–1949, Gießen 1986.

Rittberger, Berthold: Which Institutions for Post-War Europe? Explaining the Institutional Design of Europe's First Community, in: Journal of European Public Policy 5 (2001), S. 673–708.

Rombeck-Jaschinski, Ursula: Nordrhein-Westfalen, die Ruhr und Europa. Föderalismus und Europapolitik 1945–1955, Essen 1990.

Rosengarten, Monika: Großbritannien und der Schuman-Plan: Politische und wirtschaftliche Faktoren in der britischen Haltung zum Schuman-Plan und zur Europäischen Gemeinschaft für Kohle und Stahl 1950–1954, Frankfurt am Main (u.a.) 1997.

* Schneider, Heinrich: Leitbilder der Europapolitik 1. Der Weg zur Integration, Bonn 1977.

* Schwabe, Klaus (Hg.): Die Anfänge des Schuman-Plans 1950/51. The Beginnings of the Schuman-Plan, Baden-Baden (u.a.) 1988.

Spierenburg, Dirk/Poidevin, Raymond: The History of the High Authority of the European Coal and Steel Community. Supranationality in Operation, London 1994.

Vermeulen, Caroline: Le Collège d'Europe à l'ère des pionniers (1950–1960), Brüssel (u.a.) 2000.

* Wessels, Wolfgang: Jean Monnet – Mensch und Methode, Überschätzt und überholt?, Wien 2001.
* Wilkens, Andreas (Hg.): Le Plan Schuman dans l'Histoire. Intérêts nationaux et projet européen, Brüssel 2004.

Anmerkungen zu Kapitel 3

1 Auch die Truman-Administration beharrte zunächst auf dem Ziel einer globalen Friedensordnung. Ein Wandel erfolgte erst, als Truman sich zunehmend zum Befürworter der Einigung Europas entwickelte. Als endgültiger Wendepunkt gilt die Bekanntmachung der „Truman-Doktrin" am 12. März 1947.

2 Das Subsidiaritätsprinzip regelt die Zuständigkeitsverteilung zwischen einzelnen Ebenen nach dem Prinzip der Erforderlichkeit und Wirksamkeit auf der niedrigstmöglichen Ebene.

3 Duncan Sandys (1908–1987) war nach einer Tätigkeit im diplomatischen Dienst, die ihn u.a in die britische Botschaft in Berlin (1930–1933) geführt hatte, 1935 ins Parlament gewählt worden war. Nach seiner Heirat mit Diana Churchill unterstützte er mit Nachdruck die Politik seines Schwiegervaters. Bei der konservativen Wahlniederlage 1945 verlor er sein Parlamentsmandat und wandte sich in der Folge verstärkt der europäischen Bewegung zu.

4 Zu dieser Entwicklung trug maßgeblich bei, dass auch in der amerikanischen Öffentlichkeit die Idee eines vereinten Europas zunehmend auf positive Resonanz stieß.

5 Die USA und Kanada erhielten den Status eines assoziierten Mitglieds.

6 Der Brüsseler Pakt fußte auf dem am 4. März 1947 unterzeichneten Dünkirchener Vertrag zwischen Frankreich und Großbritannien.

7 Die Angaben zur exakten Teilnehmerzahl schwanken. Laut Teilnehmerliste waren es 719 Delegierte und 46 Beobachter.

8 In Wiesbaden wurde 1949 der Deutsche Rat der Europäischen Bewegung, die heutige Europäische Bewegung Deutschland, gegründet, der auch die föderalistische Europa-Union angehört.

9 Zu den Gründerstaaten zählten Belgien, Dänemark, Frankreich, Irland, Italien, Luxemburg, die Niederlande, Norwegen, Schweden und das Vereinigte Königreich. Die Bundesrepublik und das Saarland gehörten dem Europarat zunächst als assoziierte Mitglieder an. Im Jahr 2007 gehören dem Europarat 46 Länder an.

10 Mit der Europäischen Kommission für Menschenrechte und dem – im Jahre 1959 geschaffenen und in seiner heutigen Form als ständiges Gericht seit 1998 existierenden – Europäischen Gerichtshof für Menschenrechte bildet die EMRK ein eigenständiges Rechtssystem.

11 Bereits am 5. September 1944 war auf Betreiben von Paul-Henri Spaak im Londoner Exil eine Zollunion zwischen Belgien, den Niederlanden und Luxemburg vereinbart worden.

12 Angesichts der herausragenden Rolle, die Kohle als Primärenergieträger zukam – an Erdöl oder gar Atomenergie war bis in die 1950er Jahre hinein noch nicht zu denken – und aufgrund der Bedeutung der Stahlindustrie für die Waffenherstellung, galt das Revier in der nationalen und internationalen Wahrnehmung als industrielles Kraftzentrum Deutschlands.

13 Das Saargebiet war 1947 aus der französischen Besatzungszone ausgegliedert worden.
14 Wiederholt waren von französischer Seite aus auch Überlegungen angestellt worden, die deutsche Stahlproduktion aus dem Ruhrgebiet nach Lothringen zu verlagern.
15 Bereits Ende Mai 1950 lagen positive Reaktionen aus Belgien, den Niederlanden, Luxemburg und Italien vor. Schon am 20. Juni 1950 nahmen die sechs Staaten in Paris Verhandlungen auf.
16 Die Bezeichnung der Mitgliedstaaten als „Herren der Verträge“ wurde erst später, im Kontext des Maastrichter Vertrags, durch das Urteil des Bundesverfassungsgerichts über die Verfassungsbeschwerden gegen den Vertrag von Maastricht vom 12. Oktober 1993, geprägt.
17 Im Bundestag stimmten in namentlicher Abstimmung 233 Abgeordnete für den EGKS-Vertrag. Die 148 Gegenstimmen kamen von der SPD, der KPD und einigen fraktionslosen Abgeordneten.
18 Der 1888 geborene Jean Monnet stammte aus der südwestfranzösischen Stadt Cognac, wo er zunächst für das alteingesessene elterliche Handelshaus tätig war. Während des Ersten Weltkriegs arbeitete er in London im Amt für zivile Versorgung. Nach 1919 wurde er stellvertretender Generalsekretär des Völkerbundes, kehrte aber von 1923 an in das Familienunternehmen zurück. Nach 1938 war er in verschiedenen Funktionen für die französische Regierung tätig, u.a. in den USA. Im Oktober 1945 trat Monnet erneut in den französischen Regierungsdienst, um als Leiter eines neueingerichteten Planungsamtes die wirtschaftliche Modernisierung voranzutreiben.

4. Von der Montanunion bis zu den Römischen Verträgen (1952–1957): Zwischen politischen Motiven und ökonomischer Integrationsdynamik

Mit dem EGKS-Vertrag überführte zum ersten Mal in der europäischen Geschichte ein Vertragswerk Politikbereiche, die als strategisch wichtige Industriezweige im Zentrum nationalstaatlicher Souveränität gestanden hatten, in eine supranationale Verantwortlichkeit. Damit unterschied sich die Konstruktion der Montanunion substanziell von OEEC und Europarat, bei denen keine Kompetenzen auf die europäische Ebene übertragen worden waren. In der Präambel der EGKS hatte man in Anlehnung an den Schuman-Plan deutlich hervorgehoben, dass die Montanunion nur „den ersten Grundstein für eine weitere und vertiefte Gemeinschaft unter Völkern" darstellten sollte. Bereits während der Verhandlungen über die EGKS hatten die unterschiedlichsten Akteure dafür plädiert, den sektoral begrenzten Zusammenschluss um weitere Politikfelder zu ergänzen.

Es zeichnete sich jedoch bald ab, dass der Gedanke einer weitergehenden politischen Vergemeinschaftung an Grenzen stieß. Mit dem Scheitern der französischen Initiative einer Europäischen Verteidigungsgemeinschaft im Jahr 1954 erhielten die Integrationsbemühungen einen herben Rückschlag. Überwunden wurde diese erste große Krise der europäischen Einigung nur durch die Bereitschaft der sechs EGKS-Staaten, die sektorale und die wirtschaftliche Zusammenarbeit zu vertiefen. Die Römischen Verträge setzten 1958 sowohl die Europäische Wirtschaftsgemeinschaft als auch die Europäische Atomgemeinschaft in Kraft. Die beiden neuen Vertragswerke verliehen dem Integrationsprozess neue Dynamik und legten zugleich den Schwerpunkt der Einigungsaktivitäten dauerhaft auf die ökonomische Integration.

Den Ausgangspunkt dieses Kapitels bilden die Grundstrukturen der Europäischen Gemeinschaft für Kohle und Stahl, die bis heute das institutionelle Gerüst der Europäischen Union prägen. Daran schließen sich die letztlich ergebnislosen Versuche an, die Montanunion um eine Verteidigungsgemeinschaft und eine Politische Gemeinschaft zu ergänzen. Der zweite Teil des Kapitels widmet sich den erfolgreicheren Bemühungen, die Zusammenarbeit der europäischen Staaten nach 1955 auf dem Pfad der Wirtschaftsintegration auszubauen. Deutlich wird in diesem Zusammenhang, dass nicht allein ökonomische Zielsetzungen für die Vertiefung ausschlaggebend waren, sondern stets auch politische Motive Pate standen.

Institutionen der Montanunion: Supranationale Rechtsetzung auf europäischer Ebene

Trotz der kaum zu überschätzenden Bedeutung der Montanunion für die europäische Einigung als Fundament weiterer Verflechtung darf nicht übersehen werden, dass zu Beginn der 1950er Jahre noch der Gedanke dominierte, den Europarat in Straßburg zu einem „Europäischen Bundespakt" auszubauen. Erwartet wurde, dass der von zunächst zehn Staaten getragene Europarat den maßgeblichen Rahmen für die weitere politische Einigung des Kontinents bildete. Nicht zuletzt vor diesem Hintergrund war auch in der Bundesrepublik der innenpolitische Widerstand gegen den Beitritt zum Europarat stärker ausgeprägt als gegen eine Mitgliedschaft in der Montanunion, fürchtete man doch mit dem Beitritt zum Europarat die deutsch-deutsche Teilung zu zementieren. Spätestens aber der Rücktritt von Paul-Henri Spaak als Präsident der Beratenden Versammlung des Europarats am 11. Dezember 1951 war ein deutliches Signal, dass der Europarat nicht in der Lage war, die hohen, in ihn gesetzten Erwartungen zu erfüllen. Seinen Rücktritt begründete Spaak mit der großen Enttäuschung über die zaghafte Politik der Versammlung. Zugleich protestierte er aber auch gegen die britisch-skandinavische Haltung, jedwede supranationale Entwicklung abzulehnen.

Da alle Regierungen bzw. alle nationalen Parlamente den Vorschlägen des Europarats zustimmen mussten, bevor sie gültiges Gesetz wurden, war der Grad an politischer Übereinstimmung im Europarat gering und die Anzahl verbindlicher Beschlüsse weit hinter den Vorstellungen der integrationsfreundlichen Staaten zurück geblieben. Der Europarat entwickelte in der Folge zwar durch Konventionen in Bereichen wie Menschenrechte oder Kultur wesentliche Grundlagen für ein europäisches Rechts- und Wertefundament – am wichtigsten war die „Europäische Konvention zum Schutze der Menschenrechte und Grundfreiheiten", die am 3. September 1953 in Kraft trat und verbindliche Entscheidungen über Klagen gegen Menschenrechtsverletzungen erlaubte (Grabenwarter 2005). Zur wirtschaftlichen und politischen Einigung des Kontinents trug der Europarat jedoch nur mittelbar bei.

Zentral für das Verständnis der europäischen Integration ist, dass der Europarat – und mit ihm die Europäische Menschenrechtskonvention und der auf sie zurückgehende Europäische Gerichtshof für Menschenrechte – trotz aller Namensähnlichkeit mit den Institutionen der Europäischen Union in rechtlicher Hinsicht eigene Gebilde darstellen. Infolgedessen wird dieser Strang europäischer Kooperation im Rahmen unserer Darstellung auch nur insoweit verfolgt, wie er unmittelbare Auswirkungen auf die Geschichte der Europäischen Union hat. Diese beschränken sich weitgehend auf symbolische Akte, so etwa die Entscheidung, dass die Gemeinsame Versammlung der Montanunion zunächst im selben Gebäude wie die Beratende Versammlung des Europarats tagte oder den weit später, im Juni 1985, getroffenen Beschluss, die blaue Flagge mit dem goldenen Sternenkreis, die bereits seit November 1955 Banner des Europarats war, zur Flagge der Europäischen Gemeinschaft zu machen.

Die mit dem EGKS-Vertrag etablierten Organe sind von außerordentlicher Bedeutung, da sie bis in die Gegenwart das institutionelle Grundgerüst der Europäischen Union bilden. Auch einige der aktuellen Probleme gehen auf die historischen Entscheidungen bei der Gründung der Montanunion zurück, so etwa die Debatte über den Sitz der Institutionen und die Frage nach den internen Strukturen der Hohen Behörde. Kurz vor In-Kraft-Treten des EGKS-Vertrags war es nochmals zu einem Verhandlungsmarathon gekommen, da man sich nicht auf einen Sitz der neuen Organe, insbesondere den der Hohen Behörde, hatte einigen können. Erst in letzter Sekunde, nach fast 24-stündigem zähem Ringen, war im Morgengrauen des 23. Juli 1952 die Entscheidung für Luxemburg gefallen, wo die Hohe Behörde ihr Domizil im Gebäude der ehemaligen luxemburgischen Eisenbahndirektion am Place Metz erhielt. Französischen Forderungen Rechnung tragend – aber auch als Zeichen der deutsch-französischen Aussöhnung – hatte man sich darüber hinaus auf Straßburg als vorläufigen Sitz für das Parlament der Montanunion verständigt. Dort stellte die Versammlung des Europarats ihr Gebäude in der Rue Beaumont der Gemeinsamen Versammlung zur Verfügung.[1] Damit hatte die Aufteilung der europäischen Institutionen auf mehrere Städte, die bis heute anhält, bereits in der Montanunion ihren Ursprung.

Den institutionellen Mittelpunkt des EGKS-Vertrags bildete die Hohe Behörde (Haute Autorité), das Exekutivorgan der Montanunion. Sie begann ihre Arbeit am 10. August 1952 und setzte sich an der Spitze aus neun Vertretern zusammen. Acht ihrer – für eine Amtsperiode von sechs Jahren amtierenden – Mitglieder wurden von den beteiligten Staaten bestimmt, ein Mitglied wurde von der Hohen Behörde selbst bestimmt. Zu ihrem Präsidenten wurde mit Jean Monnet der Initiator des Plans zur Montanunion gewählt.[2] Organisiert war die Hohe Behörde als Kollegialorgan (Spierenburg/Poidevin 1994: 49–57).

Auch wenn der Vertrag vorsah, dass Beschlüsse der Hohen Behörde in der Regel mit der Mehrheit der Stimmen gefasst werden, legten Monnet und seine Nachfolger Wert darauf, Entscheidungen im Konsens zu treffen. Der administrative Unterbau war zunächst sehr überschaubar. In den einzelnen Gliederungen wie der Marktabteilung, der Transportabteilung, der Abteilung für Arbeitsfragen, der Statistischen Abteilung oder dem Sprachendienst arbeiteten zu Beginn lediglich rund 140 Bedienstete. Hierbei stellten die 44 Deutschen nach den 53 Luxemburgern die größte Gruppe. Bis 1955 stieg der Personalbestand auf 685 Bedienstete an (Bühlbäcker 2007: 276–280). Im Hinblick auf die innere Organisation der Hohen Behörde wurde nach einem fast zweijährigen Diskussionsprozess vereinbart, dass die Direktoren der einzelnen Abteilungen für das ordnungsgemäße Arbeiten der Verwaltung zuständig waren, was den Abteilungen eine gewisse Unabhängigkeit von den Mitgliedern der Hohen Behörde sicherte und einen Gegensatz zu dem in der bundesrepublikanischen Exekutive vertrauten Ressortprinzip darstellte.

Die Kompetenzen der Hohen Behörde waren weit reichend. Ihre Aufgabe war es, an Stelle der einzelnen nationalen Regierungen, die Kohle- und Stahlpolitik in die Hand zu nehmen. In diesem Sinne hatte ihre Arbeit bereits zu Beginn den Charakter einer europäischen Regierung im Detail – sie bildete gewissermaßen ein europäisches Ministerium für Kohle und Stahl. Dem Vertrag zufolge konnte die Hohe Behörde ihre Tätigkeit „in voller Unabhängigkeit im allgemeinen Interesse der Gemeinschaft" (Art. 9 EGKS-V) ausüben und unterlag dabei keinerlei Weisungen der Mitgliedstaaten. Ihre Beschlüsse konnten in Form von Entscheidungen, Empfehlungen und Stellungnahmen gefasst werden, wobei die von der Hohen Behörde getroffenen Entscheidungen in allen Mitgliedstaaten direkt wirksam und bindend waren. Die Hohe Behörde wurde zudem ermächtigt, Rechtsakte mit unmittelbarer Wirkung für einzelne Unternehmen festzulegen, um so die Kontrolle von Kartellen und Unternehmenszusammenschlüssen prüfen und ggf. auch sanktionieren zu können. In diesen Regelungen kam das supranationale Prinzip weitgehend zum Tragen.

Als zweites Organ der EGKS trat am 8. September 1952 – unter dem Vorsitz von Konrad Adenauer in seiner Eigenschaft als Außenminister der Bundesrepublik – der „Besondere Ministerrat" zusammen. Der Vorsitz in diesem Organ, der bereits damals unter der informellen Bezeichnung Präsidentschaft agierte, wechselte alle drei Monate.[3] Der Ministerrat setzte sich aus einem Vertreter je Mitgliedstaat zusammen und diente vor allem der Abstimmung zwischen der Hohen Behörde und den nationalen Regierungen. Als Brücke zur Wirtschaftspolitik der Mitgliedstaaten verfügte er über eingeschränkte Kontroll- und Überwachungsrechte; in einzelnen Fällen konnte der Ministerrat auch durch einstimmigen Beschluss Maßnahmen der Hohen Behörde aufheben oder diese zur Durchführung bestimmter Maßnahmen anhalten. Die Entscheidungen des Besonderen Ministerrats wurden in der Regel mit der Mehrheit der

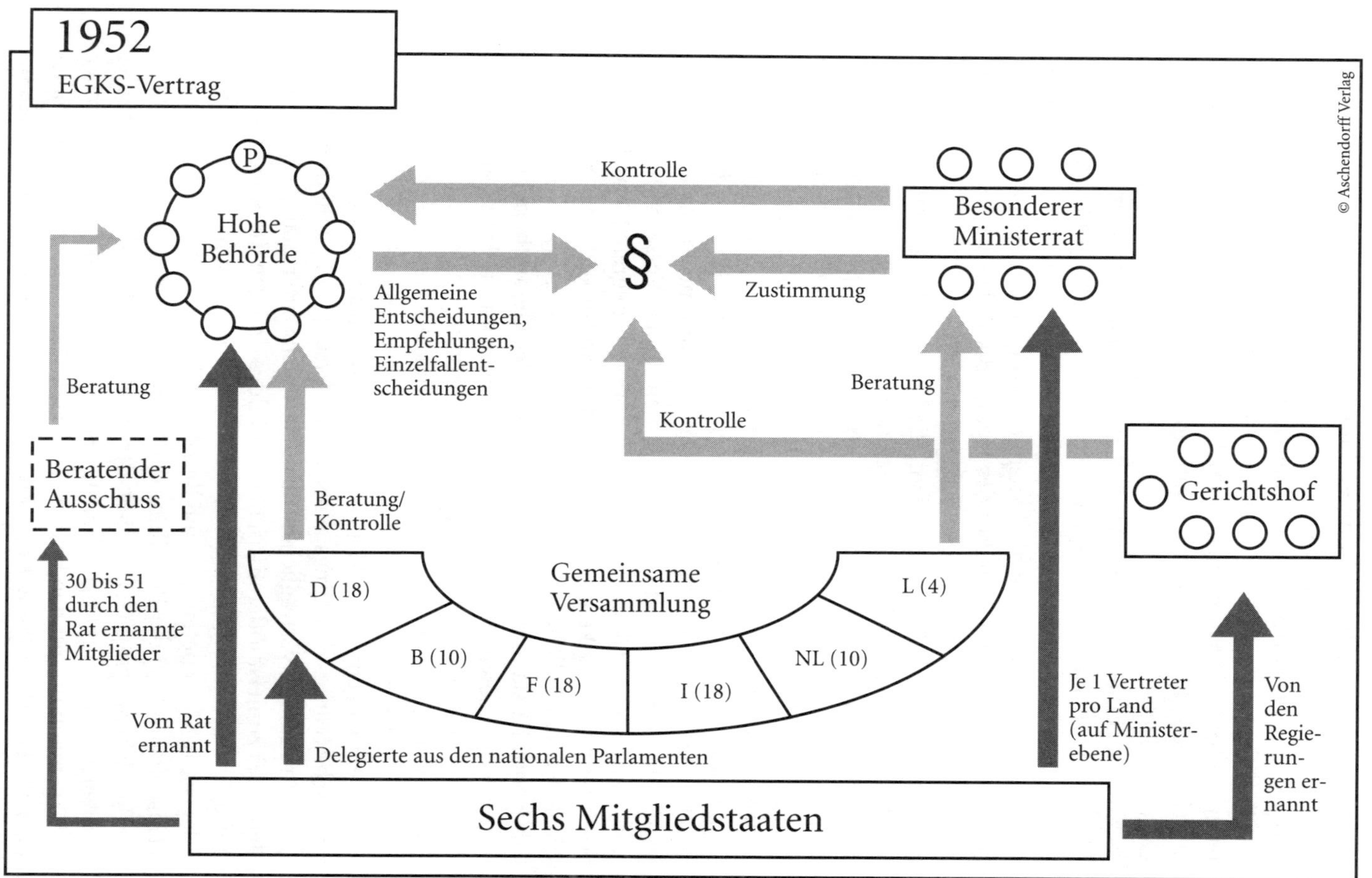
1952
EGKS-Vertrag
Hohe Behörde
P
Kontrolle
Besonderer Ministerrat
§
Allgemeine Entscheidungen, Empfehlungen, Einzelfallentscheidungen
Zustimmung
Beratung
Beratung
Kontrolle
Beratender Ausschuss
Beratung/Kontrolle
Gerichtshof
Gemeinsame Versammlung
D (18)
B (10)
F (18)
I (18)
NL (10)
L (4)
30 bis 51 durch den Rat ernannte Mitglieder
Vom Rat ernannt
Delegierte aus den nationalen Parlamenten
Je 1 Vertreter pro Land (auf Ministerebene)
Von den Regierungen ernannt
Sechs Mitgliedstaaten
© Aschendorff Verlag

Stimmen getroffen. In bestimmten Teilbereichen wurde jedoch auch mit einer qualifizierten Mehrheit oder einstimmig entschieden. In diesem Zusammenhang wurden die Stimmen der einzelnen Staaten im Hinblick auf Bevölkerungszahl bzw. Wirtschaftskraft gewichtet. Gerade mit den letztgenannten Bestimmungen erhielt das grundsätzlich supranationale Prinzip der EGKS zugunsten intergouvernementaler Regelungen ein Gegengewicht.

Zwei Tage nach dem Ministerrat trat erstmals das „Parlament" der Montanunion zusammen – die Gemeinsame Versammlung. Sie war ebenso wie der Ministerrat erst im Verlauf der EGKS-Verhandlungen auf französische Initiative hin konzipiert worden, um ein parlamentarisches Kontrollorgan gegenüber der Hohen Behörde zu etablieren (Rittberger 2005: 79). Die deutsche Delegation hatte sich dabei nicht mit ihrem Vorschlag durchsetzen können, die Versammlung direkt vom Volk wählen zu lassen. Die 78 Abgeordneten wurden infolgedessen von ihren nationalen Parlamenten nach Straßburg entsendet. Mit dieser Regelung wurde das Prinzip des Doppelmandats etabliert – die Tätigkeit in der Versammlung war an ein nationales Mandat gekoppelt. Zum ersten Vorsitzenden wurde Paul-Henri Spaak gewählt, der nach seinem Rücktritt vom Vorsitz des Europarats mit diesem symbolträchtigen Akt deutlich machte, welchen Weg die europäische Einigung nunmehr eingeschlagen hatte.[4] Die Kompetenzen der Gemeinsamen Versammlung waren auf beratende und kontrollierende Funktionen begrenzt, da sie in der Rechtsetzung über kein (Mit-)Entscheidungsrecht verfügte. Aber selbst die Kontrollmöglichkeiten waren kaum ausgeprägt. Zur institutionellen Kontrolle standen mit der Erörterung des Gesamtberichts der Hohen Behörde sowie der Möglichkeit, Anfragen an die Hohe Behörde zu richten, nur schwache Instrumente zur Verfügung. Allein das Recht, der Hohen Behörde – im Kontext der Erörterung des Gesamtberichts – mit Zweidrittelmehrheit das Misstrauen auszusprechen und so ihren Rücktritt zu erzwingen, verlieh der Gemeinsamen Versammlung eine gewisse politische Stärke. Allerdings gab sich die Versammlung von ihrer Gründung an mit den vertraglichen Realitäten nicht zufrieden. Auf dem Boden eines zumeist föderalistischen Leitbildes drangen die Abgeordneten auf eine Ausweitung ihrer Rechte und forderten – zunächst vergeblich – legislative Kompetenzen, eine Beteiligung bei der Verabschiedung des Haushalts und bei der Bestellung der Hohen Behörde.

Der siebenköpfige Gerichtshof, der in Luxemburg über die Einhaltung der Vertragsbestimmungen wachte, nahm seine Tätigkeit im Dezember 1952 gemeinsam mit den beiden Generalanwälten auf, musste aber noch bis zum Februar 1954 auf den Eingang der ersten Rechtssache warten.[5]

Der Gerichtshof sollte garantieren, dass die Institutionen der EGKS ihre Kompetenzen nicht überschritten. Ernannt wurden die Richter von den nationalen Regierungen für eine Dauer von sechs Jahren, dabei wurde alle drei Jahre ein Teil der Richter neu bestellt. Die Richter entschieden über so genannte Nichtigkeitsklagen, mit denen „ein Mitgliedstaat oder der Rat Entscheidungen und Empfehlungen der Hohen Behörde wegen Unzuständigkeit, Verletzung des Vertrags oder irgendeiner bei seiner Durchführung anzuwendenden Rechtsnorm oder wegen Ermessensmissbrauchs" klagte (Art 33 EGKS-V). Auch Unternehmen und Verbände konnten Klage gegen sie betreffende Entscheidungen erheben. Auf Grundlage der „Untätigkeitsklagen" war es den genannten Akteuren zudem möglich, gegen Versäumnisse der Hohen Behörde vorzugehen. Mit diesen rechtlichen Instrumentarien kommt dem Gerichtshof seither eine Doppelrolle zu. Auf der einen Seite agiert er wie ein Verwaltungsgericht, das die Rechtmäßigkeit einzelner Beschlüsse prüft, auf der anderen Seite hat er aber auch den Charakter eines Verfassungsgerichts, das die Institutionen und den Charakter der vertraglichen Grundlagen überwacht. Ergänzt wurden diese vier Kerninstitutionen der Montanunion noch um einen Beratenden Ausschuss, der sich aus 51 Mitgliedern der beteiligten Interessengruppen rekrutierte. In drei Gruppen – Erzeuger, Arbeitnehmer und Verbraucher – beriet er über Probleme der EGKS und unterbreitete der Hohen Behörde Vorschläge, die allerdings für diese keinen bindenden Charakter hatten.

Mit diesen EGKS-Institutionen war das gewaltenteilende institutionelle System etabliert, das bis heute unter den veränderten Bezeichnungen Europäische Kommission (Hohe Behörde), Rat der EU (Besonderer Ministerrat), Europäisches Parlament (Gemeinsame Versammlung) und Europäischer Gerichtshof (Gerichtshof) sowie Europäischer Wirtschafts- und Sozialausschuss (Beratender Ausschuss) das Kerngerüst der Europäischen Union darstellt. Die Kompetenzen und Strukturen dieser Institutionen wurden im Prozess der europäischen Einigung allerdings zum Teil erheblich modifiziert.

Das Hauptziel der Montanunion war ein gemeinsamer Markt für Kohle und Stahl. Mit dem Wegfall der Zölle auf Kohle, Eisenerz und Schrott wurde bereits am 10. Februar 1953 ein erster gemeinsamer Markt eröffnet; ein Vierteljahr später, am 1. Mai 1953, wurde auch für Stahl ein entsprechender Markt etabliert. Weitere Handelserleichterungen wie die Aufhebung der Devisenbeschränkungen kamen hinzu, so dass für die Importe von Montangütern aus EGKS-Staaten fortan keine anderen Preise als für den Inlandsverkauf verrechnet werden durften. Damit konnte die Ruhrkohle in Paris oder Amsterdam zum selben Preis wie in München gekauft werden. Des Weiteren arbeitete die Hohe Behörde darauf hin, dass auch nationale Subventionen und Monopolbildungen in der Schwerindustrie verboten wurden. Da auch alle Mengenbeschränkungen fielen, begann ein freier Wettbewerb im Montanbereich, der zu einer Modernisierung und Ausweitung der Produktion führte. Unternehmen, die im freien Wettbewerb des Marktes nicht mithalten konnten, wurden durch Beihilfen modernisiert. Zur Finanzierung konnte die Hohe Behörde auf eine von ihr erhobene Umlage von 1 % auf den Gesamtumsatz von Kohle und Stahl zurückgreifen.

Wie von Jean Monnet und Robert Schuman im ursprünglichen Plan angedacht, entwickelte die Montanunion eine beträchtliche Dynamik. Um allen beteiligten Staaten gleiche Wettbewerbschancen im Montansektor zu sichern, mussten weitere Stellschrauben justiert werden. Von der Anpassung der Transporttarife bis hin zu Regelungen über die Freizügigkeit der Arbeitnehmer, die Angleichung der Sozialgesetzgebung und die Ausbildung entfaltete die Montanunion genau jene Dynamik, die ein Ausweiten der einmal begonnenen Zusammenarbeit auf andere Gebiete zur Konsequenz hatte.

Zeitlich war der EGKS-Vertrag auf 50 Jahre befristet. Als man anlässlich des Vertragsendes im Jahre 2002 Bilanz zog, fiel diese insgesamt zwar positiv aus, allerdings nicht in allen Bereichen zu gleichen Teilen: Die Montanunion hatte ohne Zweifel die Wirtschaft der beteiligten Staaten belebt und gerade in den ersten beiden Jahrzehnten – getragen von einem kräftigen Wirtschaftswachstum mit einer weltweit steigenden Stahlnachfrage – zur Ausweitung und Modernisierung der Kohle- und Stahlproduktion erheblich beigetragen. Nicht vernachlässigt werden dürfen auch die durch die EGKS initiierten technologischen Innovationen und sozialen Leistungen, nicht zuletzt im Bereich des Wohnungsbaus. Auf der anderen Seite hat die Montanunion jedoch nie eine einheitliche Preispolitik ermöglichen können. Dies zeigte sich vor allem in der Kohlenkrise nach 1957, als nationale Importstopps verhängt und Kohle auch außerhalb des Gemeinsamen Marktes in Drittländern gekauft wurde. Als nach der Stahlkrise zur Mitte der 1970er Jahre beträchtliche Überkapazitäten entstanden, waren auch in diesem Bereich die Schwierigkeiten nicht zu übersehen. Insbesondere die Unterstützungszahlungen der Mitgliedstaaten für „ihre" nationalen Stahlbetriebe standen in den nächsten beiden Jahrzehnten im Widerspruch zum Subventionsverbot des EGKS-Vertrags. Die Billigung dieser nationalen Beihilfen durch die Institutionen der Montanunion führte zu einer nicht unbeträchtlichen Abwertung ihrer Leistungsbilanz.

Erfolgreicher als die wirtschaftliche fällt sicherlich die politische Bilanz aus. Wie in der Zielsetzung des Schuman-Plans vorgesehen, gelang es mit der Montanunion, Europa über die jeweiligen Einzelinteressen im Kohle- und Stahlsektor hinaus zusammenzubringen. Die Gemeinsamkeit der Interessen führte zu gemeinsamer Verantwortung und zur Bereitschaft, enger zu kooperieren. Die Rivalität vergangener Jahrzehnte – insbesondere mit Blick auf das Verhältnis zwischen Deutschland und Frankreich – konnte zugunsten einer weitergehenden Kooperationsbereitschaft, wenn nicht gänzlich überwunden, so doch zumindest deutlich abgebaut werden (Miard-Delacroix/Hudemann 2005). Wegweisend war dabei vor allem die Errichtung eines dem Gemeinschaftsinteresse verpflichteten Institutionen- und Rechtssystems. Die „Herausnahme" spezifischer Produkte aus den nationalen Märkten und ihre Zusammenfassung in einem – von einer supranationalen Gemeinschaft getragenen – Markt mit Sanktionsinstrumentarien führte zur Konstruktion einer ganz neuen Form von Rechtsgemeinschaft. Die einst völlig souveränen Mitgliedstaaten konnten, wenn sie gegen die Bestimmungen des EGKS-Vertrags verstießen, nunmehr in Luxemburg angeklagt werden – und die Staaten akzeptierten die Urteile sowie die daraus resultierenden Sanktionen auch.

Darüber hinaus gilt zu bedenken, dass mit der Montanunion bereits wesentliche Grundprinzipien der heutigen Europäischen Union angelegt worden waren; so etwa die Idee eines gemeinsamen Marktes – basierend auf dem Wettbewerb – das Verbot von Kartellen und letztlich auch der Einsatz flankierender Maßnahmen zur Modernisierung.

Wie stark sich zudem die neuen Institutionen am Gemeinschaftsinteresse orientierten, zeigt das Beispiel der Gemeinsamen Versammlung. Bereits unmittelbar nach ihrer Gründung konstituierten sich im „Montanparlament" transnationale politische Fraktionen (Schierwater 1961: 30–43). Mit ihrer Sitzordnung dokumentierte die Gemeinsame Versammlung ebenfalls eine Orientierung an transnationalen politischen Gesichtspunkten und nicht an nationalen Erwägungen – die Abgeordneten gruppierten sich von Anfang an nach politischen Fraktionen.

Gescheiterte Einigungsprojekte: Europäische Verteidigungsgemeinschaft und Politische Gemeinschaft als Fehlschläge

Bereits während der Verhandlungen über den EGKS-Vertrag waren Forderungen nach einer weitergehenden Zusammenarbeit aufgekommen, die zu Überlegungen führten, den engen sektoralen Rahmen der Montanunion zu Gunsten einer stärker politisch ausgerichteten Integration auszubauen. Die in diesem Zusammenhang angestellten Pläne standen einmal mehr in enger Verbindung mit den internationalen Entwicklungen und der Deutschlandfrage: Mit dem Ausbruch des Koreakriegs im Juni 1950 und dem Einmarsch von der Sowjetunion unterstützter nordkoreanischer Truppen in Südkorea hatte sich der Ost-West-Konflikt weiter verschärft. Da allgemein befürchtet wurde, dass die Auseinandersetzungen auch auf Europa übergreifen könnten, wurde eine europäische Verteidigungskonzeption als dringend notwendig erachtet.

Die US-amerikanische Regierung unter Präsident Truman entschloss sich in dieser Situation zu einer Stärkung ihres militärischen Engagements in Europa und drängte vor allem auf eine Wiederbewaffnung Deutschlands; dies auch, weil sich (West-)Deutschland von den verheerenden Folgen des Krieges erstaunlich rasch erholt und bereits zu Beginn der 1950er Jahre wieder eine beträchtliche Wirtschaftskraft entwickelt hatte. Bundeskanzler Konrad Adenauer befürwortete einen Verteidigungsbeitrag Westdeutschlands, da dieser nicht nur der militärischen Verteidigung des Westens, sondern auch der Rückgewinnung der vollen Souveränität der Bundesrepublik diente. In diesem deutsch-amerikanischen Interessenverbund sah sich Frankreich zunehmend isoliert und befürchtete einerseits neue Großmachtsambitionen Deutschlands, andererseits aber auch eine Festigung der amerikanischen Vorherrschaft in Europa. Für Frankreich stellte sich infolgedessen die Frage, wie westliche Truppen durch deutsche Kräfte verstärkt werden konnten, ohne dabei eigene Sicherheitsinteressen zu gefährden oder Deutschland die vollständige militärische Souveränität zu gewähren. Unter diesem Druck entstand die Idee, die europäische Zusammenarbeit im Montansektor um ein Pendant im militärischen Bereich zu ergänzen.

Bereits am 24. Oktober 1950 hatte der französische Regierungschef René Pleven in der französischen Nationalversammlung einen Rahmenplan für eine Europäische Verteidigungsgemeinschaft vorgestellt, der abermals auf Entwürfe von Jean Monnet zurückging.[6] Die Initiative des französischen Premierministers, die als Pleven-Plan in die Geschichte einging, führte am 27. Mai 1952, noch vor In-Kraft-Treten des EGKS-Vertrags, zur Unterzeichnung eines weiteren Vertragsgebildes: der Europäischen Verteidigungsgemeinschaft (EVG). Wie der Montanunion sollte auch der Verteidigungsgemeinschaft eine Hohe Behörde, in diesem Fall „Kommissariat" genannt, vorstehen. In Art. 3 verpflichtete der Vertrag die beteiligten Staaten auf eine Beistandspflicht. Die ebenfalls auf 50 Jahre angelegte EVG sah eine europäische Armee von 40 Divisionen – darunter 12 Divisionen aus der Bundesrepublik – und ein Aufrüstungsprogramm mit gemeinsamem Budget vor. Wichtige Kompetenzen wie Rekrutierung, Ausbildung und Ernennung der Soldaten sollten in der

EVG aber den Nationalstaaten vorbehalten bleiben. Deutschland sollte dem Plan zufolge zudem weder eigene Truppen außerhalb der „Europaarmee" erhalten, noch Mitglied der NATO werden.

Nicht zuletzt angesichts dieser Regelung – aber auch aufgrund der Parallelstrukturen zur NATO – bestanden erhebliche Vorbehalte gegenüber der Europäischen Verteidigungsgemeinschaft. Dennoch votierte die Bundesrepublik mit den Stimmen der Regierungsmehrheit für den Plan und ließ sich auch durch die umstrittene, insbesondere von Adenauer als Störmanöver betrachtete Stalin-Note vom 10. März 1952 nicht von ihrer grundsätzlichen Haltung abbringen.[7] Der Hinweis, dass die Bundesrepublik in der Verteidigungsgemeinschaft grundsätzlich gleichberechtigt sei, tat ihr Übriges, um Adenauer in seiner Zustimmung zu bestärken. Vor allem auf Jean Monnet war es zurückzuführen, dass auch General Eisenhower, seinerzeit Oberbefehlshaber der NATO-Streitkräfte in Europa, von den EVG-Plänen überzeugt wurde und auch die USA die Idee der Verteidigungsgemeinschaft unterstützten (Schröder 1994: 210–218).

Die EVG zielte aber nicht allein auf eine Verteidigungszweckgemeinschaft, sondern sie bildete auch den Ausgangspunkt für Debatten über einen weiteren Ausbau des politisch-institutionellen Rahmens der europäischen Verträge. Mit der Initiative zur Verteidigungsgemeinschaft gingen Überlegungen einher, europäische Institutionen mit erheblichen Kompetenzen auszustatten. Auf Initiative des italienischen Ministerpräsidenten Alcide de Gasperi beschloss der Besondere Ministerrat der Montanunion am 10. September 1952, die erweiterte Versammlung der EGKS – d.h. die um jeweils drei Abgeordnete des Europarats aus Deutschland, Frankreich und Italien vergrößerte Gemeinsame Versammlung – solle binnen eines halben Jahres die vertraglichen Grundlagen einer künftigen Europäischen Politischen Gemeinschaft (EPG) ausarbeiten. Angestrebt wurde eine Konstruktion, in der die EGKS die erste Säule und die EVG die zweite Säule eines künftigen europäischen Einigungsgebildes darstellen sollten. Gewissermaßen als Dach dieser beiden Säulen war dann die Europäische Politische Gemeinschaft gedacht. Der politische Rahmen des „Dachs" sollte von Dauer sein. Im Gegensatz zur Montanunion und Verteidigungsgemeinschaft wurde die EPG nicht zeitlich befristet, sondern als „unauflösliche" Konstruktion (Art. 1 EPG-Vertragsentwurf) konzipiert (zit. n. Loth 2002: 73–105).

Am 10. März 1953 verabschiedete die erweiterte EGKS-Versammlung mit einer Zweidrittel-Mehrheit den Entwurf für die EPG. Die von einem Ausschuss unter Leitung von Heinrich von Brentano (Vorsitzender der CDU/CSU-Fraktion im Bundestag) ausgearbeitete Satzung sah vor, dass innerhalb von zwei Jahren die Europäische Politische Gemeinschaft zusammen mit der EGKS und der EVG zu einer „Rechtseinheit" zusammengefügt werden (Art. 5 EPG-Vertragsentwurf) und mit dem Ziel einer „Koordinierung der Außenpolitik" sowie des „fortschreitenden Ausbau[s] eines gemeinsamen Marktes" fortentwickelt werden sollte (Art. 2 EPG-Vertragsentwurf).[8] Als zentrale Organe der EPG waren ein Parlament mit zwei Kammern – darunter eine Völkerkammer mit direkt gewählten Abgeordneten und ein Senat mit Vertretern der nationalen Parlamente, ein Exekutivrat, ein Rat der nationalen Minister, ein Gerichtshof sowie ein Wirtschafts- und Sozialrat – vorgesehen. Gesetze und Empfehlungen bedurften dem EPG-Vertragsentwurf zufolge der einfachen Mehrheit in beiden Kammern, womit die parlamentarischen Rechte gegenüber dem EGKS-Vertrag deutlich gestärkt worden wären. Dass der Entwurf des Vertragstextes erneut supranationale und intergouvernementale Ansätze miteinander verknüpfte, unterstreicht auch der vorgesehene Umfang und die Art der Einnahmen: Finanziert werden sollte die EPG sowohl aus Beiträgen der Mitgliedstaaten als auch aus Eigenmitteln.

Die weiteren Beratungen machten jedoch deutlich, dass Überlegungen derartiger Reichweite zunehmend schwerer einzulösen waren, da sich vor allem in Frankreich eine immer größere Skepsis abzeichnete. Mehrere aufeinander folgende französische Regierungen konnten sich nicht entschließen, den EVG-Vertrag der Nationalversammlung vorzulegen, da Kommunisten und Gaullisten sowie Teile der Radikalen und Sozialisten in der Assemblée Nationale dem Konzept aus den unterschiedlichsten innen- und außenpolitischen Gründen ablehnend gegenüber standen. Hierzu zählten u.a. die französische Niederlage im Indochina-Konflikt, die wachsende Furcht vor einem erneuten deutschen Übergewicht, der zunehmende Einfluss de Gaulles und die Spannungen in Algerien, aber auch die Entspannungsvorschläge Moskaus nach Stalins Tod und die Ankündigung der USA, sich aufgrund des Kriegsendes in Korea nach In-Kraft-Treten der EVG aus Europa zurückzuziehen.

Während die anderen Staaten nach zum Teil heftigen Kontroversen – in Deutschland führte die Ratifizierung zu einer erbitterten Grundsatzdebatte zwischen Regierung und Opposition über die Prioritätenfolge von Wiedervereinigung und Westintegration – den EVG-Vertrag ratifizierten, verschlechterte sich das politische Klima in Frankreich drastisch. Am 30. August 1954 scheiterte die EVG schließlich endgültig in der Nationalversammlung, die im Sinne des EVG-skeptischen Ministerpräsidenten Mendès-France entschied, gar nicht erst über den Vertrag abzustimmen, sondern die Verhandlungen auf unbestimmte Zeit zu vertagen. Mit diesem Entschluss erlitt die europäische Integration gleich einen doppelten Rückschlag, denn beide, in enger Wechselbeziehung miteinander stehenden Projekte – Verteidigungs- und Politische Gemeinschaft – waren damit erledigt. Das Scheitern von EVG und EPG führte den europäischen Einigungsprozess in eine tiefe Krise, da es nun schien, dass man sich selbst im Kreis der sechs integrationsfreundlichen Staaten nicht auf gemeinsame Einigungskonzepte verständigen konnte.

In dieser Situation galt es zunächst, für die sicherheitspolitischen Probleme Westeuropas und die Frage der Wiederbewaffnung der Bundesrepublik eine Lösung zu finden. Auf Initiative von Amerikanern und Briten wurde die Aufnahme Westdeutschlands in die NATO durchgesetzt, die der Bundesrepublik weitaus größere Freiheiten bei der Wiederbewaffnung erlaubte als es in der EVG der Fall gewesen wäre. Mit den „Pariser Verträgen", die im Oktober 1954 abgeschlossen wurden und am 5. Mai 1955 in Kraft traten, wurde die Bundesrepublik Mitglied der NATO (Thoß 1990: 475–500). Zugleich wurde im Rahmen der Pariser Verträge durch eine Änderung des Deutschlandvertrags auch der Besatzungsstatus der Bundesrepublik beendet. Schließlich wurde parallel zum Beitritt zum nordatlantischen Verteidigungsbündnis auch der oben bereits erwähnte „Brüsseler Pakt" aus dem Jahr 1948 ergänzt.

Von Bedeutung war im „Protokoll zur Änderung und Ergänzung des Brüsseler Vertrages" vor allem Art. 2, da mit diesem Passus auch die ursprüngliche Intention des Vertrags geändert wurde: Statt „alle Maßnahmen zu ergreifen, die im Fall der Wiederaufnahme einer deutschen Angriffspolitik als notwendig erachtet werden", wurde nunmehr mit neuem Wortlaut das Ziel erhoben, „die Einheit Europas zu fördern und seiner fortschreitenden Integrierung Antrieb zu geben".[9] Mit dieser Änderung war der Bundesrepublik auch der Beitritt zum Brüsseler Vertrag möglich, der in der neuen Form den Namen Westeuropäische Union (WEU) erhielt und als kollektiver Beistandspakt unter Einbeziehung Großbritanniens primär den Interessen Frankreichs entgegen kam.[10] Wie verwoben die einzelnen Verhandlungspunkte zu diesem Zeitpunkt miteinander waren, zeigt auch der Umstand, dass in bilateralen Gesprächen zwischen Frankreich und Deutschland während der Pariser Konferenzen auch die noch ungelöste Saarfrage behandelt wurde, die immer noch als Problem zwischen beiden Staaten im Raume stand, da Frankreich lange Zeit nicht bereit war, das unter seiner Oberhoheit stehende wichtige Kohle- und Stahlrevier zu räumen (Hudemann/Poidevin 1995). In Paris verständigte man sich schließlich auf eine Volksabstimmung über ein Autonomiestatut des Saarlandes. Da die Bevölkerung des Saarlandes dieses Statut jedoch im Rahmen des Referendums mit deutlicher Mehrheit ablehnte, wurde auf der Grundlage des Luxemburger Saarvertrags vom 27. Oktober 1956 vereinbart, dass das Saarland zum 1. Januar 1957 politisch und zum 1. Januar 1960 auch wirtschaftlich wieder in die Bundesrepublik Deutschland eingegliedert wird.

Die hier nur in aller Kürze skizzierten sicherheitspolitischen Entwicklungen hatten zur Folge, dass ein regionales europäisches Sicherheitsbündnis vorerst gescheitert war und gemeinsame Verteidigungsanstrengungen fortan im NATO-Kontext behandelt wurden. Im Rahmen der europäischen Einigung spielten sicherheitspolitische Fragen in den nächsten Jahrzehnten kaum mehr eine Rolle, auch weil der Verbund der Defensivallianz WEU angesichts der dominanten militärischen Kapazitäten der NATO kaum Aktivitäten entwickelte. Zugleich stellte man im Rahmen der EGKS-Staaten die politische Kooperation hinter die wirtschaftliche zurück, was vor allem deutlich wurde, als erste Initiativen folgten, die durch das Scheitern der Europäischen Verteidigungsgemeinschaft hervorgerufene Krise zu überwinden.

Neue Anläufe zur europäischen Zusammenarbeit: Von „Messina" nach „Rom"

Bei der Wiederbelebung der europäischen Einigungsbemühungen nach dem Scheitern der Europäischen Verteidigungsgemeinschaft, zeitgenössisch als „relance européenne" bezeichnet, spielten – neben dem unermüdlichen „Netzwerker" Jean Monnet – vor allem die kleinen Mitgliedstaaten Niederlande und Belgien und ihre Außenminister eine wichtige Rolle. Über die weitere Vorgehensweise herrschte unter den sechs EGKS-Staaten zunächst kein Einvernehmen: Auf der einen Seite wurde die Ansicht vertreten, dass nach dem Scheitern einer umfassenden politischen Gemeinschaft nunmehr weitere Teilintegrationsschritte notwendig seien, mit denen – als Korrelat zur erfolgreichen Montanunion – neue Einigungsperspektiven eröffnet werden könnten. Auf der anderen Seite wurde aber auch deutliche Skepsis gegenüber einer weiteren Teilintegration mit planwirtschaftlich-interventionistischen Zügen zum Ausdruck gebracht und stärker auf das Ziel einer gesamtwirtschaftlichen Einigung gesetzt (Bührer 1993: 75–90). Während Frankreich und die Hohe Behörde im Sinne des ersten Ansatzes zunächst auf eine Ausweitung der EGKS-Kompetenzen um die Bereiche Verkehr und Energieversorgung sowie auf die sich als Zukunftshoffnung abzeichnende Atomindustrie bedacht waren, legten Staaten wie Deutschland oder die Niederlande stärkeres Augenmerk auf gesamtwirtschaftliche Fragen.

Der Prozess, der letztlich in die Römischen Verträge mündete, setzte bereits unmittelbar nach dem Scheitern der EVG ein und ist auf das

Engste mit den Außenministern der Niederlande und Belgiens, Johan Willem Beyen und Paul-Henri Spaak, verbunden. Insbesondere die niederländische Regierung gehörte zu den entschiedensten Befürwortern einer stärkeren wirtschaftlichen Integration in Form eines „Gemeinsamen Marktes"; dies nicht zuletzt, weil durch die formelle Unabhängigkeit der größten niederländischen Kolonie Indonesien im Dezember 1949 wichtige Absatzmärkte weggebrochen waren. Beyen, nach dem Zweiten Weltkrieg zunächst Direktor des Internationalen Währungsfonds und seit 1952 mit Joseph Luns einer der beiden bis 1956 gemeinsam amtierenden Außenminister der Niederlande, hatte bereits im Londoner Exil Konzepte für eine europäische Freihandelspolitik bzw. eine europäische Wirtschaftsgemeinschaft vorgestellt. Kurz nach seinem Amtsantritt hatte er in der niederländischen Regierung diesen Ansatz erneut aufgegriffen und als so genannten „Beyen-Plan" in die EVG-Debatte eingebracht. Im Sinne einer weit gefassten Definition von Sicherheit erhob er das Ziel, die ökonomische Leistungsfähigkeit des Westens zu stärken und den wirtschaftlichen Wettbewerb beim Wiederaufbau Europas gegen den Ostblock zu gewinnen (Griffiths/Milward 1986: 596–621).

Nach dem Scheitern der Europäischen Verteidigungsgemeinschaft schlug Beyen – in einer Neuauflage seiner Überlegungen – zusammen mit seinem belgischen Amtskollegen Spaak und dem luxemburgischen Ministerpräsidenten und Außenminister Joseph Bech in einem gemeinsamen Memorandum im April 1955 die Bildung einer „supranationalen Gemeinschaft" vor, die über den Weg einer Zollunion schließlich zur „Verwirklichung einer Wirtschaftsunion" fortschreiten sollte (Griffiths 2000: 95–118). Beyens Ansicht zufolge war dieser Schritt notwendig, da die „Integration in Sektoren nicht im gleichen Maße dazu bei[trage], das Gefühl der Einheit und Solidarität zu stärken, wie das bei einer allgemeinen wirtschaftlichen Integration der Fall wäre" (zit. n. Schneider/Ullner 1981: 396). Bedeutend an dem Benelux-Memorandum war insbesondere die Festlegung konkreter und verbindlicher Etappenziele, um das Ziel der Wirtschaftsunion schrittweise zu erreichen. Die Überlegungen der drei Benelux-Staaten bildeten schließlich den Ausgangspunkt für die Verhandlungen, die zur Gründung der Europäischen Wirtschaftsgemeinschaft führten.

Vor allem aufgrund des beharrlichen Engagements und taktischen Geschicks von Paul-Henri Spaak, seit April 1954 erneut Außenminister Belgiens, konnten auch die drei großen Mitgliedstaaten für eine Debatte über das Memorandum gewonnen werden, das auf einer Konferenz in Messina eingehender diskutiert wurde.[11] Unterstützung erhielt dieser neue Anlauf zur Vertiefung der europäischen Einigung aber auch von

Führende Europapolitiker der ersten Generation. Oben links: Konrad Adenauer (1876–1967), oben rechts: Jean Monnet (1888–1979), unten links: Alcide De Gasperi (1881–1954), unten rechts: Robert Schuman (1886–1963).

den Europaverbänden und von Jean Monnet, der nach seiner Rücktrittsankündigung vom November 1954 nicht mehr als Präsident der Hohen Behörde zur Verfügung stand. Fortan konzentrierte sich Monnet auf den Aufbau eines „Aktionskomitees für die Vereinigten Staaten von Europa", mit dem er seit 1955 darauf bedacht war, vor allem auf nationalstaatlicher Ebene Parlamente, Parteien und Verbände für die Zustimmung zu den Europaplänen zu gewinnen. Darüber hinaus trat er im Rahmen seines eng geknüpften Netzwerkes persönlicher Verbindungen mit Ideen und Impulsen für die Vertiefung der sektoralen europäischen Einigung hervor, präsentierte sich aber zurückhaltender hinsichtlich der Ansätze zur gesamtwirtschaftlichen Integration (Lieshout 1999: 157–159).

Die Konferenz im sizilianischen Messina, die vom 1. bis zum 3. Juni 1955 stattfand, wurde von den Außenministern der EGKS-Mitgliedstaaten bestritten, nur die Bundesrepublik ließ sich vom Staatsekretär und Europaexperten Walter Hallstein vertreten, da Adenauer von der Konferenz keine neuen Impulse erwartete. Daneben hatte auch Großbritannien einen Beamten aus dem Außenhandelsministerium entsendet, allerdings ohne Verhandlungsvollmacht. Beschlossen wurde in Messina, nachdem man sich bis zum Abend des zweiten Verhandlungstages auf keine Ergebnisse hatte verständigen können, eine neue Initiative zur wirtschaftlichen, atomaren und verkehrstechnischen Integration. Zur Konkretisierung dieser Überlegungen wurde ein Ausschuss von Regierungssachverständigen unter Vorsitz von Paul-Henri Spaak eingesetzt (Küsters 1982: 119–132).

In der Integrationsgeschichte wird „Messina" wesentliche Bedeutung beigemessen, da der Europagedanke hier neu belebt wurde und von der Konferenz wesentliche Anstöße zur Weiterentwicklung der europäischen Einigung ausgingen. Diese Erfolge waren zunächst jedoch nicht abzusehen, hatte Frankreichs Außenminister Antoine Pinay in Messina sich doch ausgesprochen zurückhaltend gegenüber der Idee einer Wirtschaftsgemeinschaft gegeben und die Bundesrepublik nur wenig Interesse an einer Modifizierung des institutionellen Gefüges gezeigt. Vor allem auf Paul-Henri Spaak war es zurückzuführen, dass aus dem in Messina eingesetzten Ausschuss mehr als eine Studienkommission wurde. Die dem Treffen in Messina folgenden Verhandlungen und Ausarbeitungen erstreckten sich über 21 Monate. Sie fanden im kleinen Kreis, weitgehend unbeachtet von Medien und Öffentlichkeit, im Schloss Val Duchesse bei Brüssel statt und teilten sich in eine erste Phase bis zum Frühsommer 1956, in welcher der Sachverständigenbericht erarbeitet wurde, und eine zweite Phase bis März 1957, in der konkrete Vertragsformulierungen ausgearbeitet wurden. Der britische Vertreter machte in diesem Rahmen deutlich, dass das Vereinigte Königreich nicht beabsichtige, sich an der geplanten Vertiefung der Gemeinschaft zu beteiligen und seine Zukunft an der Spitze des Commonwealth sehe. Darüber hinaus brachte die britische Seite erhebliche Zweifel zum Ausdruck, dass die angestellten Pläne tragfähig seien und von den beteiligten Staaten jemals ratifiziert würden (Kaiser 1996: 58–67).

Der Bericht der in Messina eingesetzten Sachverständigen, an dem von deutscher Seite aus vor allem Hans von der Groeben als Ministerialdirigent im Wirtschaftsministerium mitwirkte (von der Groeben 1987: 116–120), wurde am 21. April 1956 den Außenministern übergeben. Der so genannte Spaak-Bericht empfahl sowohl die Gründung einer Europäischen Wirtschaftsgemeinschaft als auch einer Europäischen Atomgemeinschaft und präzisierte Ziele, Aufgaben und Organisationsformen der beiden ins Auge gefassten Gemeinschaften. Begründet wurde die Option für eine Wirtschafts- und eine Atomgemeinschaft mit dem Argument, dass nur ein großer gemeinsamer Markt in der Lage sei, die Stellung Europas zwischen den großen Blöcken im internationalen System zu behaupten. Der Spaak-Bericht untermauerte diese Überlegungen mit verschiedenen Beispielen. So wurde u.a. konstatiert, dass kein europäisches Land in der Lage sei, ohne fremde Hilfe größere Verkehrsflugzeuge für den sich immer stärker abzeichnenden Wettbewerb im Luftverkehr zu entwickeln, so dass dieser Markt allein Amerikanern und Sowjets überlassen werden müsste, wenn Europa nicht wirtschaftlich kooperiere.

Auch die Rolle der Atomenergie fand im Spaak-Bericht Berücksichtigung. Da zur Mitte der 1950er Jahre mit Blick auf den beständig wachsenden Energiebedarf allgemein von einem bevorstehenden nuklearen Zeitalter – im Sinne einer neuen industriellen Revolution – ausgegangen und die friedliche Nutzung der Atomenergie geradezu als Patentlösung für die energiepolitischen Versorgungsprobleme betrachtet wurde, hatte Louis Armand die Idee eines Atompools aufgebracht und angeregt, auch in diesem Bereich enger zu kooperieren. Dies um so mehr, weil die USA und die Sowjetunion in diesem Bereich den Europäern technisch weit überlegen waren. Die französische Regierung, für die die Atomgemeinschaft infolge des Technologiewettstreits mit den USA ein besonderes Anliegen darstellte, hatte während der Verhandlungen auch für eine militärische Nutzung plädiert, dieses Ansinnen war aber von den anderen Staaten zurückgewiesen worden (Weilemann 1983: 103–114).

Eine Außenministerkonferenz Ende Mai 1956 in Venedig billigte die Überlegungen des Spaak-Berichts, so dass am 26. Juni 1956, im Rahmen einer zweiten Verhandlungsphase in Val Duchesse, in konkrete Verhandlungen über die Ausgestaltung der Verträge eingetreten werden konnte. Mit dieser zweiten Regierungskonferenz der Integrationsgeschichte kehrte man zurück zum Prinzip der Verhandlungen einer begrenzten

Anzahl von hohen Beamten und politischen Vertrauten der einzelnen nationalen Regierungen. Diese Methode hatte auch bereits im Juni 1950 bei den Verhandlungen über den Schuman-Plan Pate gestanden, während die EVG-Verträge von einem Ausschuss der erweiterten EGKS-Versammlung ausgearbeitet worden waren.

Immer wieder gerieten die Verhandlungen in Val Duchesse jedoch ins Stocken. Vor allem die unterschiedlichen Wirtschafts- und Sozialstrukturen in den einzelnen Mitgliedstaaten stellten die Verhandlungsdelegationen vor beträchtliche Probleme. Während die Bundesrepublik im Atombereich eine Kooperation mit den technisch führenden Amerikanern und Briten bevorzugte und vor allem ihr Interesse am Gemeinsamen Markt, am Abbau von Zöllen und an einer Liberalisierung des Handels bekundete, setzten die Franzosen viel stärkere Hoffnungen in eine dirigistische Atomgemeinschaft. Den deutschen Marktkonzepten begegnete die vom Planungsdenken geprägte französische Wirtschaft mit ihren nationalisierten Unternehmen, Preisfestsetzungen und Wechselkurskontrollen hingegen mit Misstrauen. Frankreichs Industrie sah sich noch nicht gewappnet, um im Wettbewerb mit der deutschen Konkurrenz bestehen zu können.

Aber nicht nur zwischen den Staaten, sondern auch innerhalb der einzelnen Regierungen bestanden zum Teil erhebliche Meinungsverschiedenheiten. So gelang es Bundeskanzler Adenauer erst nach langen Gesprächen und unter Rückgriff auf seine Richtlinienkompetenz, den für einen stärkeren Ausbau der OEEC und Freihandelszonen plädierenden Wirtschaftsminister Erhard vom Konzept des Gemeinsamen Marktes zu überzeugen (Krüger 2003: 375–376). Und auch Atomminister Strauß hatte zunächst nur wenig Bereitschaft gezeigt, dem Appell des neuen Außenministers Heinrich von Brentano zu folgen und in Fragen der Kernenergie mit Frankreich zu kooperieren. Erst als auch die USA auf die Zustimmung zur Atomgemeinschaft drängte, ließ sich Strauß schließlich in den Konsens des Bundeskabinetts einbinden. In Frankreich hatte der neue Regierungschef Guy Mollet an der Spitze einer Minderheitsregierung mit ähnlichen Problemen zu kämpfen (Palayrat 2001: 105–150).

Die Verknüpfung des Gemeinsamen Marktes und der Atomgemeinschaft im Sinne eines Verhandlungspakets trug wesentlich zur Zustimmung zu beiden Projekten bei. Während die deutsche Industrie einen Zugang zum französischen Markt erhielt, wurde der französischen Landwirtschaft der deutsche Markt erschlossen. Und auch die kleinen Staaten sahen ihre Interessen gewahrt, da das vorgesehene System der qualifizierten Mehrheitsentscheidungen ihnen einen über ihre Wirtschafts- und Bevölkerungsstärke hinaus gehenden Einfluss garantierte.

Nachdem eine Expertenkommission unter der Leitung von Karl Carstens und Robert Marjolin zahllose Einzelfragen geklärte hatte – unter anderem die Einbeziehung der französischen Überseegebiete in Form einer Assoziierung und die Regelung des deutsch-deutschen Interzonenhandels – konnten die Verträge über Euratom und den Gemeinsamen Markt schließlich am 25. März 1957 in Rom unterschrieben werden.[12]

Dass sich nach schleppendem Beginn letztlich alle EGKS-Staaten auf die Römischen Verträge verständigten, war neben den Koppelungseffekten einmal mehr auf die Rahmenbedingungen des internationalen Systems zurückzuführen. Während die Niederschlagung der Freiheitsbewegung in Ungarn den sowjetischen Hegemonialanspruch und die kommunistische Bedrohung unter Beweis gestellt hatte, dokumentierte die Suezkrise – Ägypten hatte nach dem Abzug der britischen Truppen die Suezkanalgesellschaft einseitig nationalisiert, woraufhin ein militärischer Interventionsversuch Großbritanniens und Frankreichs an der sowjetischen Drohung mit Atomraketen und an einem amerikanischen Ultimatum scheiterte – dass Frankreich und Großbritannien keinen Weltmachtrang mehr besaßen. Um so mehr war Frankreich daran gelegen, den Weg europäischer Kooperation auszubauen, hierbei zunehmend auf eine rüstungspolitische Kooperation zu setzen und letztlich auch die ungeliebte Wirtschaftsgemeinschaft in Kauf zu nehmen (Loth 2007: 313–319).

Die Römischen Verträge: Zollunion und wirtschaftliche Kooperation als Wegmarken europäischer Einigung

War die Unterzeichnung des EGKS-Vertrags 1951 noch von einem verhaltenen Medienecho begleitet gewesen, wurde die Paraphierung der Römischen Verträge am 25. März 1957 zum historischen Moment der europäischen Geschichte gekürt, der mit großer Aufmerksamkeit verfolgt wurde. Für die Bundesrepublik nahmen Konrad Adenauer und Staatssekretär Walter Hallstein an dem zwölf Meter langen Tisch im Saal der Horatier und Curatier im Konservatorenpalast Platz. Dem französischen Diplomaten und Historiker Maurice Faure zufolge, der als einer der beiden französischen Unterzeichnenden direkt neben Adenauer saß, hatten sich mehr als 500 Fotografen und Journalisten auf dem Kapitol, mitten in Rom, eingefunden, aus dem auch das Fernsehen live übertrug.

Abermals war bis zur letzten Minute verhandelt worden, so dass keine gebundenen Verträge, sondern nur lose Papierstapel unterzeichnet wurden. Dem italienischen Protokollchef zufolge waren insgesamt 94 Unterschriften notwendig, bis alle Verträge und Zusatzprotokolle unterzeichnet waren. Nach dem symbolträchtigen Akt der Paraphierung bekundeten die versammelten Politiker, dass man zuversichtlich sei, nach dem Misserfolg der EVG nunmehr Europa auf den Weg gebracht zu haben, dass die europäische Einigung aber auch in Zukunft weiter ausgebaut werden müsse. Am deutlichsten brachte dies der luxemburgische Ministerpräsident und Außenminister Joseph Bech zum Ausdruck, indem er den Ausspruch des Römers Cato über die Zerstörung Karthagos zur Formel „Ceterum censeo, Europam esse construendam" (Im Übrigen meine ich, dass Europa gebaut werden muss) abwandelte.

Die Ratifizierung der Römischen Verträge umschloss sowohl den Vertrag über die Europäische Wirtschaftsgemeinschaft als auch den Vertrag über die Europäische Atomgemeinschaft. Dieses Verhandlungspaket war gezielt als Junktim geschnürt worden, um die verschiedenen Einzelinteressen der Regierungen miteinander zu verknüpfen und ein späteres Scheitern in den nationalen Parlamenten zu vermeiden – letztlich eine erfolgreiche Strategie. Im Gegensatz zu den Schwierigkeiten beim EVG-Vertrag verlief die Ratifizierung der Römischen Verträge in den einzelnen Mitgliedstaaten zügig und weitgehend problemlos. Selbst die SPD, die in den zurückliegenden Jahren noch alle Europapläne – vom Europarat über die Montanunion bis zur EVG – abgelehnt hatte, da sie ihrer Ansicht nach die deutsche Teilung zementierten, stimmten den Römischen Verträgen zu.[13] Jean Monnets Aktionskomitee hatte auch hier wesentliche Überzeugungsarbeit geleistet.

Die beiden neuen, am 1. Januar 1958 in Kraft getretenen Gemeinschaften waren zunächst auf die sechs Gründerstaaten der Montanunion beschränkt, eröffneten aber jedem europäischen Staat eine Option zur Mitgliedschaft. Die wirtschaftlichen Ziele der Römischen Verträge wurden in Art. 2 des EWG-Vertrags bestimmt: Durch die „Errichtung eines gemeinsamen Marktes und die schrittweise Annäherung der Wirtschaftspolitik der Mitgliedstaaten" beabsichtigte die Gemeinschaft „eine harmonische Entwicklung der Wirtschaft innerhalb der gesamten Gemeinschaft, eine beständige und ausgeglichene Wirtschaftsausweitung, eine erhöhte Stabilität, eine beschleunigte Hebung der Lebensstandards und engere Beziehungen zwischen den Mitgliedstaaten zu fördern". Art. 3 EWG-V präzisierte diese Zielsetzungen dahingehend, dass eine „Abschaffung der Zölle und mengenmäßigen Beschränkungen bei der Ein- und Ausfuhr von Waren sowie aller sonstigen Maßnahmen gleicher Wirkung zwischen den Mitgliedstaaten" angestrebt wird. Als Maßnahmen zu diesem Ziel wurde in Art. 3 EWG-V „die Einführung eines gemeinsamen Zolltarifs und einer gemeinsamen Handelspolitik gegenüber dritten Ländern" vorgesehen sowie eine „Beseitigung der Hindernisse für den freien Personen-, Dienstleistungs- und Kapitalverkehr zwischen den Mitgliedstaaten". Die zu diesem Zweck zu schaffende Zollunion, die in drei Stufen, in einem Zeitraum von grundsätzlich 12, höchstens aber 15 Jahren gebildet werden sollte, stellte den eigentlichen Kern des EWG-Vertrags dar. Kennzeichen einer derartigen Zollunion ist der Abbau von Binnenzöllen und ein gemeinsamer Außenzoll.

Gegenüber den vergleichsweise eng auf den Montanbereich begrenzten Regelungen des EGKS-Vertrags eröffnete der EWG-Vertrag neue Spielräume. Indem sich die Mitgliedstaaten auf gemeinsame Regeln, Normen und Bedingungen für die Wirtschaft, auf die Beseitigung von Hindernissen für den Personen-, Dienstleistungs- und Kapitalverkehr sowie auf die Übertragung von neuen Politikfeldern auf die europäische Ebene verpflichteten, leisteten sie einer stärkeren Koordinierung und Harmonisierung der nationalen Volkswirtschaften Vorschub. Darüber trug der EWG-Vertrag auch zur Strukturförderung benachteiligter Gebiete bei, denn er hielt die Unterzeichnerstaaten an, „den Abstand zwischen einzelnen Gebieten und den Rückstand weniger begünstigter Gebiete [zu] verringern" (Präambel EWG-V).

Französischen Forderungen folgend war auch die Agrarpolitik in die Europäische Wirtschaftsgemeinschaft einbezogen worden. Dieser Gedanke knüpfte ebenfalls an Vorentwürfe an. Bereits zum Ende der 1940er Jahre hatte man in Europa Überlegungen über eine gemeinsame Agrarpolitik angestellt, um die Nahrungsmittelknappheit einzudämmen und weitere Absatzmärkte zu erschließen. Der im Wesentlichen von Frankreich initiierte „Pool Vert" sah einen begrenzten Markt für landwirtschaftliche Produkte zwischen den sechs Ländern der späteren Montanunion vor (Thiemeyer 1999: 31–126). Obgleich sich vor allem der niederländische Landwirtschaftsminister Sicco Mansholt, der die Überschüsse der günstig produzierenden holländischen Bauern im Blick hatte, aktiv für eine gemeinsame Agrarpolitik engagierte, war eine sektorale Integration im Agrarmarkt jedoch nicht zustande gekommen und die Initiative im Sande verlaufen. Dies war nicht zuletzt auf den Widerstand einzelner Agrarverbände zurückzuführen, lag aber auch in dem Umstand begründet, dass die Interessen der beteiligten Staaten zu diesem Zeitpunkt allzu weit auseinander klafften und die Nahrungsmittelproduktion – infolge der Lebensmittelknappheit und Hungerkrisen nach dem Weltkrieg – als eine zentrale nationale Aufgabe betrachtet wurde.

Gegen den Widerstand der anderen Staaten gelang es Frankreich dann aber in den EWG-Verhandlungen, die Agrarpolitik – die in Messina zunächst gar nicht zur Diskussion gestanden hatte – zum Gegenstand der Römischen Verträge zu machen. Angesichts der erheblichen Interessengegensätze blieb die konkrete Ausgestaltung einer gemeinsamen Agrarpolitik indes späteren Verhandlungen vorbehalten. Art. 38 EWG-V betonte lediglich allgemein das Ziel der Einbeziehung der Landwirtschaft in den Gemeinsamen Markt, und auch die Instrumente und Mechanismen der Agrarpolitik wurden nur vage formuliert. Einvernehmen herrschte lediglich darüber, dass in diesem Rahmen u.a. eine Steigerung der landwirtschaftlichen Produktivität durch technische Fortschritte, eine Stabilisierung der Märkte, eine Sicherstellung der Versorgung und ein angemessenes Niveau der Verbraucherpreise erreicht werden sollte. Die Franzosen setzten dabei gezielt auf eine dem Interventionismus und Protektionismus Raum bietende Ausgestaltung der Agrarpolitik, die nicht zuletzt dem stark vom Agrarsektor abhängigen Frankreich zugute kommen sollte.

Ebenso wie die Wirtschaftsgemeinschaft wurde auch die Europäische Atomgemeinschaft als supranational ausgerichtetes Vertragswerk mit eigener Rechtspersönlichkeit und Sitz in Brüssel errichtet. Die Kernenergie war in der Präambel des Euratom-Vertrags als „unentbehrliche Hilfsquelle für die Entwicklung und Belebung der Wirtschaft und für den friedlichen Fortschritt" definiert worden. Übergeordnetes Ziel des Euratom-Vertrags war die zivile Nutzung der Atomenergie. Beabsichtigt wurde, zunächst die gemeinsamen Forschungsanstrengungen zu intensivieren, um sich dann die Ergebnisse für den Aufbau einer zivilen Kernkraftindustrie zunutze zu machen. Daneben war im Euratom-Vertrag auch die Sicherung der Versorgung mit Kernbrennstoffen geregelt. Hierzu wurde eine autonome Agentur eingerichtet, die von der Euratom-Kommission als oberstem Exekutivorgan beaufsichtigt und für das alleinige Eigentumsrecht an spaltbaren Materialien sowie die Versorgung der Mitgliedstaaten mit den Ausgangsstoffen vorgesehen wurde.

Auch im Bereich des Euratom-Vertrags war man auf einen Gemeinsamen Markt bedacht, der für alle Güter und Dienstleistungen dieses Sektors entstehen sollte. Es zeichnete sich jedoch relativ bald ab, dass dieses Ziel zu ehrgeizig gesteckt war. Es gelang der Euratom-Kommission in den folgenden Jahren nicht, zu verhindern, dass Atomkraftwerke weiter in nationaler Regie betrieben und Brennstäbe national bezogen wurden. Infolgedessen entstand auch weder eine europäische Atomindustrie noch ein gemeinsamer Atommarkt. Im Hinblick auf die Forschungspolitik liefert Euratom hingegen wesentliche Impulse. Die Europäische Atomgemeinschaft gilt als Ausgangspunkt einer europäischen Forschungs- und Technologiepolitik.

Als Sitz für EWG und Euratom hatten sich die Mitgliedstaaten der beiden Gemeinschaften auf Brüssel verständigt, womit zu Luxemburg, dem

Sitz der EGKS, und Straßburg, dem Sitz der Gemeinsamen Versammlung, ein dritter Tagungsort hinzugekommen war. Sowohl die Wirtschaftsgemeinschaft als auch die Atomgemeinschaft basierten auf dem institutionellen Gerüst der Montanunion. Obgleich lediglich der mit beratenden Kompetenzen eingerichtete Wirtschafts- und Sozialausschuss als Institution neu war, unterschied sich die institutionelle Ausgestaltung gegenüber dem EGKS-Vertrag aber in einigen Details grundlegend, da die Kompetenzen der Institutionen in den Römischen Verträgen anders verteilt wurden: Für jede der beiden neuen Gemeinschaften wurde eine Kommission mit vierjähriger Amtsdauer eingerichtet, die dem Aufbau der Hohen Behörde der Montanunion entsprach. Den beiden Kommissionen der Römischen Verträge gehörten zunächst jeweils neun Mitglieder an.[14] Unterhalb des Kollegiums der Kommissare formierte sich eine Verwaltung, die von den einen als Eurokratie bald heftig angefeindet wurde (Spinelli 1966), während andere sie für zu klein dimensioniert hielten, um die Überwachung eines zusammenwachsenden Marktes zu garantieren.[15] Gegenüber der Hohen Behörde differierten die Kompetenzen der neuen Kommissionen erheblich, da die EWG- und Euratom-Kommissionen zwar über ein Initiativmonopol für Rechtsakte verfügten, sie jedoch selbst nur begrenzte Entscheidungsrechte im Rahmen der Durchführungsmaßnahmen von einzelnen Beschlüssen erhielten. Zudem wurden den Kommissionen zusätzliche Ausschüsse mit nationalen Beamten an die Seite gestellt. Diese so genannten Komitologie-Ausschüsse überwachten die Tätigkeit bei den Durchführungsbeschlüssen (Pedler/Schaefer 1996).

Demgegenüber wurde der Besondere Ministerrat, der nun mit dem offiziellen Kurztitel „Rat“ in die Vertragstexte einging, inoffiziell aber weiterhin als Ministerrat bezeichnet wurde, aufgewertet. Der Rat avancierte insbesondere in der EWG zum eigentlichen Entscheidungsgremium, da er alleine über die Rechtsakte der Gemeinschaft entschied. Französischen Vorbehalten folgend hatte man im Ministerrat zunächst das Prinzip der Einstimmigkeit eingeführt. Es war aber in bestimmten Bereichen vorgesehen, nach einer Übergangszeit von vier bis sechs Jahren auf ein System der Mehrheitsentscheidungen überzugehen – eine Regelung, die noch beträchtliches Konfliktpotenzial für die Zukunft bergen sollte.

Der Rat setzt sich seit seiner Gründung aus je einem Repräsentanten der Regierungen der Mitgliedstaaten zusammen. Mit den Römischen Verträgen begann indes eine Ausdifferenzierung der Ratsstruktur. Tagte der Rat anfänglich nur in der Zusammensetzung der Außenminister, entschloss man sich alsbald auch in der Zusammensetzung der nationalen Landwirtschaftsminister bzw. der Wirtschafts- oder Verkehrsminister

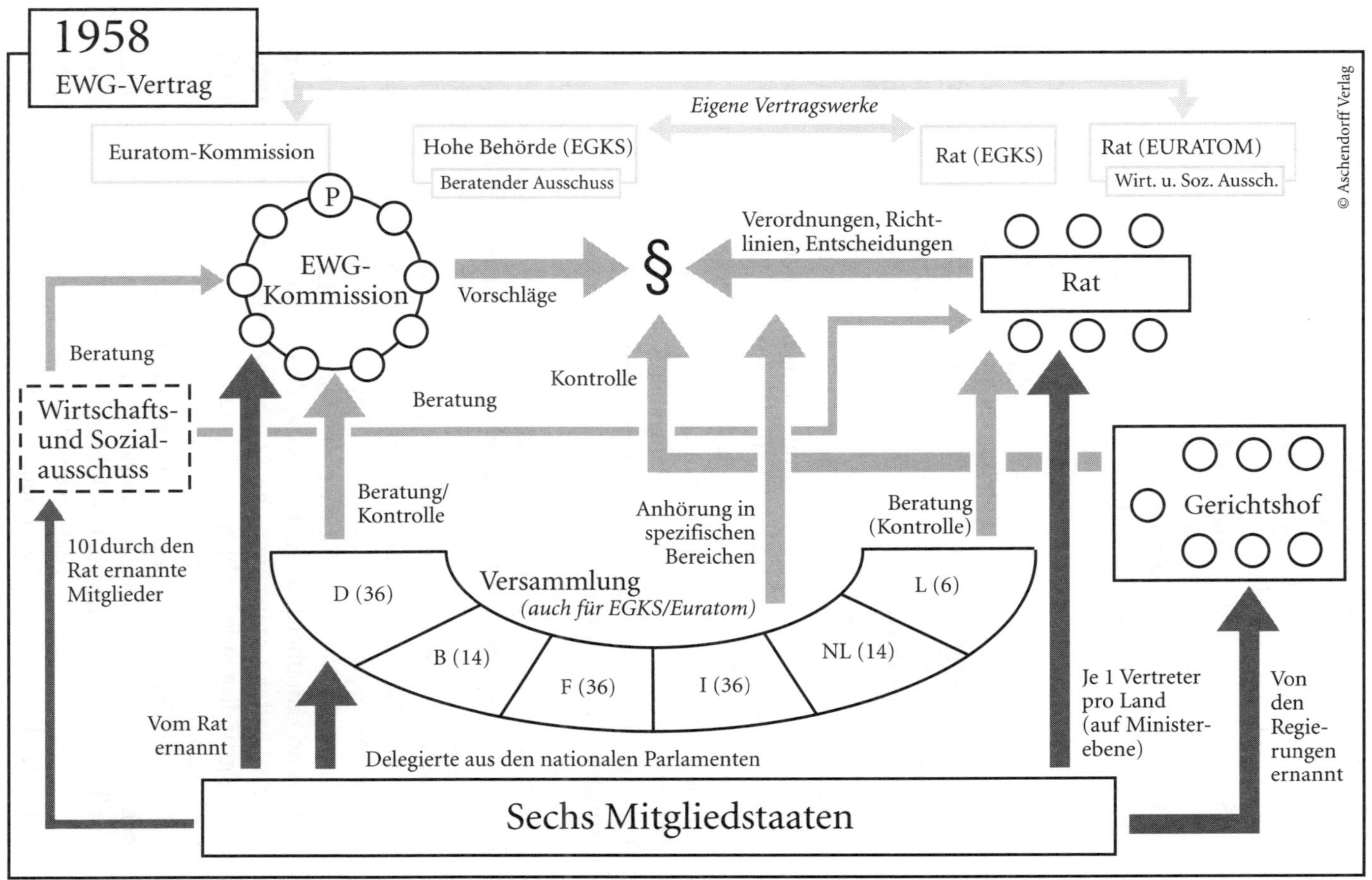

1958
EWG-Vertrag
Eigene Vertragswerke
Euratom-Kommission
Hohe Behörde (EGKS)
Beratender Ausschuss
Rat (EGKS)
Rat (EURATOM)
Wirt. u. Soz. Aussch.
© Aschendorff Verlag
P
EWG-Kommission
Vorschläge
§
Verordnungen, Richtlinien, Entscheidungen
Rat
Beratung
Wirtschafts- und Sozialausschuss
Beratung
Kontrolle
Beratung/Kontrolle
Anhörung in spezifischen Bereichen
Beratung (Kontrolle)
Gerichtshof
101durch den Rat ernannte Mitglieder
Versammlung
(auch für EGKS/Euratom)
D (36)
B (14)
F (36)
I (36)
NL (14)
L (6)
Vom Rat ernannt
Delegierte aus den nationalen Parlamenten
Je 1 Vertreter pro Land (auf Ministerebene)
Von den Regierungen ernannt
Sechs Mitgliedstaaten

zusammenzutreten. Mit dieser Entscheidung zeichnete sich aus Sicht der Nationalstaaten erstmals deutlicher ab, dass Europapolitik nicht mehr ausschließlich nur als klassische Außenpolitik betrachtet wurde. Unterstützt wurden die einzelnen Ratsformationen durch ein neu eingerichtetes Sekretariat und durch einen Ausschuss der Ständigen Vertreter, der die Aufgabe erhielt, die Entscheidungen des Rats vorzubereiten. Da die im EGKS-Vertrag vorgesehene dreimonatige Präsidentschaft kaum politische Gestaltungsoptionen erlaubte, wurde die Amtszeit des Vorsitzes zudem auf sechs Monate ausgedehnt.

Im Gegensatz zu Rat und Kommission, die in jedem Vertrag zunächst ein eigenständiges Organ bildeten, war die (parlamentarische) Versammlung für alle drei Verträge zuständig. Vor allem auf deutsches und italienisches Betreiben wurden die Kompetenzen der Versammlung, die nun auch nur noch unter der Kurzbezeichnung „Versammlung" firmierte, leicht gestärkt (Thiemeyer 2005: 105–125). Sie behielt das Recht eines Misstrauensvotums gegenüber der Hohen Behörde – bzw. jetzt auch gegenüber der EWG- und der Euratom-Kommission – das nun auch nicht mehr auf die Erörterung des Gesamtberichts begrenzt war. Zudem wurde die Versammlung mit dem Recht ausgestattet, Änderungsvorschläge zum Haushalt einzubringen (Art. 203.3). Darüber hinaus konnte die Versammlung im Rahmen eines nicht verpflichtenden, „fakultativen" Anhörungsrechts in die Entscheidung über Rechtsakte einbezogen werden und Stellung beziehen, selbst dann, wenn die Verträge keine Parlamentsbeteiligung vorsahen.

Neben diesen Verfahrensregelungen boten noch zwei weitere Entscheidungen Potenzial für eine Aufwertung der Versammlung. Mit den Römischen Verträgen wurde vorgesehen, die Versammlung künftig im Rahmen einer – auf einheitlichem Wahlrecht basierenden – Direktwahl zu bestellen. Dieser Beschluss versprach der Versammlung eine deutlich höhere Wahrnehmung in der Öffentlichkeit, kam jedoch zunächst nicht zum Tragen, da es mehr als zwei Jahrzehnte dauerte, bis die Mitgliedstaaten sich auf ein Wahlrecht für die ersten Direktwahlen verständigten. Erschwerend kam überdies hinzu, dass die Versammlung für die einzelnen Gemeinschaften unterschiedliche Sitzungsperioden zu bestreiten hatte, so dass grundlegende Probleme und Fragen nicht miteinander verknüpft werden konnten und die öffentliche Wahrnehmung begrenzt blieb.

Als im März 1958 die 142 Parlamentarier der drei europäischen Gemeinschaften EGKS, EWG und Euratom zur konstituierenden Sitzung in Straßburg zusammentraten, beschlossen sie – im Hinblick auf den eigenen ambitionierten Anspruch – vom Wortlaut der Verträge abzuweichen und sich „Europäisches Parlament" zu nennen. In der deutschen und niederländischen Amtssprache wurde dies sofort umgesetzt, in den beiden romanischen Amtsprachen erst 1962.[16] Obwohl die Vorgehensweise des Parlaments allgemein akzeptiert wurde, beharrte der Rat – im Gegensatz zu den Kommissionen und zum Gerichtshof – sowohl in seinen mündlichen Erklärungen wie auch im Schriftverkehr auf der Bezeichnung „Versammlung". Zur vertragsrechtlich verbindlichen Anerkennung der Umbenennung kam es erst mit der Einheitlichen Europäischen Akte 1987.

In den Römischen Verträgen wurde auch der Gerichtshof, der wie die Versammlung für alle drei Verträge zuständig war, als Organ berücksichtigt. Gerade weil in den Römischen Verträgen manches offen gelassen und auch nicht allzu viel Zeit auf die Prüfung und Redaktion der Vertragstexte verwandt worden war, blieb vieles der Auslegung des Gerichtshofs überlassen, der mit seiner Rechtsprechung in den folgenden Jahren für Präzisierungen und Interpretationen sorgte.

Die Verknüpfung supranationaler und intergouvermentaler Elemente, die sich im institutionellen Rahmen von EWG und Euratom zeigte, spiegelte sich auch in der Finanzierung der neuen Gemeinschaften wider. Hatte die Montanunion bereits über eigene Einnahmen in Form der Umlage auf die Kohle- und Stahlproduktion verfügt, so sahen die Römischen Verträge lediglich Finanzbeiträge der Mitgliedstaaten vor, verzichteten aber auf Eigenmittel der Gemeinschaften.

Vertiefungsschritte der europäischen Einigung: Sachlogik oder Außendruck?

Mit EGKS, EWG und Euratom existierten seit 1958 drei europäische Gemeinschaften, die für fast 160 Millionen Menschen verbindliche Entscheidungen trafen. Mit den beiden neu hinzugekommenen Vertragswerken hatten die sechs beteiligten Staaten eine neue Ära europäischer Zusammenarbeit eingeläutet, zugleich aber auch die Zeitphase immer neuer Versuche und Anfänge, Europa zu integrieren, vorerst abgeschlossen.

Die Römischen Verträge weiteten die bisherige sektorale Integration des Montanbereichs erheblich aus. Während der Euratom-Vertrag einen weiteren sektoralen Bereich ergänzte, zielte der EWG-Vertrag auf eine umfassendere und übersektorale Zusammenarbeit, die – trotz der Konzentration auf die Wirtschaft – angesichts ihres Umfangs und der abermaligen Übertragung von nationalen Hoheitsbefugnissen auf die europäische Ebene letztlich auch politischen Charakter hatte. Obgleich die Römischen Verträge zunächst nur einen Notbehelf in einem europapolitischen Wiederbelebungsversuch darstellten, entwickelten sie doch rasch eine ganz eigene Dynamik. Ähnlich der Präambel der EGKS betonte auch diejenige der EWG den Prozesscharakter der europäischen Einigung mit der Absichtserklärung, die „Grundlage für einen immer engeren Zusammenschluss der europäischen Völker" zu schaffen.

Mit den drei rechtlich nebeneinander bestehenden Gemeinschaften war ein Zusammenschluss etabliert worden, der so eng miteinander verzahnt war, dass sich ohne Weiteres kein Teil aus dem Ganzen herauslösen ließ. Nicht zuletzt aus diesem Grund hatte man in den Verträgen wohl auch keinen Mechanismus für einen Austritt vorgesehen. Darüber hinaus wohnte dem neuen Gebilde aber auch jene systeminhärente Entwicklungslogik inne, die eine dynamische Ausweitung nicht nur ermöglichte, sondern den Prozesscharakter geradezu zwingend nahe legte.

Als entscheidender Impuls für die Vertiefung der Gemeinschaft wird – im Sinne der „Methode Monnet" – vielfach eine spezifische Verselbständigungsdynamik unterstellt. Ein Souveränitätstransfer erfolgt nach dieser Logik nicht primär durch rechtliche Schritte, sondern vielmehr durch gemeinsame Funktionswahrnehmung. Demnach verschieben sich mit der erfolgreichen Integration eines Sektors, wie etwa der Montanindustrie, auch die Aktivitäten verschiedener politischer, wirtschaftlicher und sozialer Kräfte von der nationalen auf die europäische Ebene. Diesem Integrationssog, so die Annahme von Forschern wie David Mitrany oder Ernst B. Haas, konnten sich die am Integrationsprozess beteiligten Staaten, selbst wenn sie wollten, auf Dauer nicht entziehen, da sie sonst mit Wohlstandsverlusten zu rechnen hatten. Als Folge der sich daraus ergebenden Vertiefung der Einigung wurden immer mehr Entscheidungen auf europäischer Ebene getroffen.

Walter Hallstein, der nicht nur als Präsident der EWG-Kommission, sondern auch als Wissenschaftler den Integrationsprozess prägte, entwickelte aus der Erfahrung der Römischen Verträge den Begriff der „Sachlogik". Diesem Ansatz zufolge zieht die regionale Integration eines Sektors die Integration weiterer Sektoren nach sich oder – wie Hallstein es formulierte – eine „psychologische Kettenreaktion der Integration[, die] nicht an den Grenzen der Wirtschafts- und Sozialpolitik" haltmacht. Er erläuterte hierzu: „Vieles wird zu entwickeln sein, aber wenig zu erfinden. (...) Notwendig entsteht aus einem gemeinsamen Zolltarif eine gemeinsame Handelspolitik, denn man kann den Außenzoll nur gemeinsam verwalten". Zugleich räumte Hallstein aber auch ein, dass es, „um den freien Warenverkehr für Industrie- und Agrarprodukte herzustellen", keineswegs genügte, „bloß die Grenzen zu öffnen. Es bedarf dazu vielmehr umfangreicher gemeinsamer Überbauten, die wesentliche Stücke der Steuerpolitik, der Budgetpolitik, der Konjunkturpolitik und der Währungspolitik umfassen" (Hallstein 1969: 25, 8, 20, 24).

Die Entwicklung der europäischen Einigung in den 1950er Jahren zeigt jedoch, dass die Vertiefungsprozesse nicht nur von einer als zwingend empfundenen Sachlogik abhingen. Für das Voranschreiten, aber auch für den Stillstand des Integrationsprozesses sind vielmehr die unterschiedlichsten, ineinander greifenden und sich gegenseitig verstärkenden Faktoren innen- und außenpolitischer Provenienz verantwortlich. Zu diesen Faktoren zählen unter anderem die von den Mitgliedstaaten vertretenen politischen Positionen, die ökonomischen und sozialen Rahmenbedingungen und nicht zuletzt auch das internationale Umfeld. Dennoch bleibt das Konzept der Sachlogik ein wichtiges Instrument für das Verständnis der Antriebskräfte des Integrationsgeschehens.

Auswahlbibliografie zu Kapitel 4

Dokumente und Quellen:

Ad-hoc-Versammlung. Entwurf eines Vertrages über die Satzung der Europäischen Gemeinschaft (10. März 1953), abgedr. in: Wilfried Loth (Hg.): Entwürfe einer europäischen Verfassung. Eine historische Bilanz, Bonn 2002.

Gemeinsamer Markt und Euratom. Vertragswerk vom 25. März 1957 mit Kommentar, hg. von Hermann Berié und Rudolf Miller, Herne 1957.

Hallstein, Walter: Der unvollendete Bundesstaat. Europäische Erfahrungen und Erkenntnisse, Düsseldorf/Wien 1969.

Spaak-Bericht: Der Gemeinsame Markt – Bedingungen und erforderliche Maßnahmen und Organe, abgedr. in: Walter Lipgens (Hg.): 45 Jahre Ringen um die Europäische Verfassung. Dokumente 1939–1984. Von den Schriften der Widerstandsbewegung bis zum Vertragsentwurf des Europäischen Parlaments, Bonn 1986, S. 390–395.

Darstellungen und Literatur:

Bühlbäcker, Bernd: Europa im Aufbau. Personal und Personalpolitik deutscher Parteien und Verbände in der Montanunion 1949–1958, Essen 2007.

Bührer, Werner: Die Montanunion – ein Fehlschlag? Deutsche Lehren aus der EGKS und die Gründung der EWG, in: Gilbert Trausch (Hg.): Die Europäische Integration vom Schuman-Plan bis zu den Verträgen von Rom. The European Integration from the Schuman-Plan to the Treaties of Rome. Pläne und Initiativen, Enttäuschungen und Misserfolge. Projects and Initiatives, Dissapointments and Failures, Baden-Baden (u.a.) 1993, S. 75–90.

Grabenwarter, Christoph: Europäische Menschenrechtskonvention, München ^{2}2005.

Griffiths, Richard T./Milward, Alan S.: The Beyen Plan and the European Political Community, in: Werner Maihofer (Hg.). Noi si mura. Selected Working Papers of the European University Institute, Florenz 1986, S. 595–621.

Griffiths, Richard T.: Europe's First Constitution. The European Political Community, 1952–1954, London 2000.

Groeben, Hans von der: Politische und wirtschaftliche Motive im Gleichklang – Die Vertragsverhandlungen aus Sicht eines Beteiligten, in: integration 3 (1987), S. 116–120.

Hudemann, Rainer/Poidevin, Raymond (Hg.): Die Saar 1945–1955. Ein Problem der europäischen Geschichte, München [2]1995.

Jansen, Hans Heinrich: Großbritannien, das Scheitern der EVG und der NATO-Beitritt der Bundesrepublik Deutschland, Bochum 1992.

Kaiser, Wolfram: Großbritannien und die Europäische Wirtschaftsgemeinschaft 1955–1961. Von Messina nach Canossa, Berlin 1996.

Krüger, Dieter: Sicherheit durch Integration? Die wirtschaftliche und politische Zusammenarbeit Westeuropas 1947–1957/78, München 2003.

* Küsters, Hanns Jürgen: Die Gründung der Europäischen Wirtschaftsgemeinschaft, Baden-Baden 1982 (überarb. Auflage: ders.: Fondements de la Communauté Économique Européenne, Luxembourg/Bruxelles 1990).

Lieshout, Robert H.: The Struggle for the Organization of Europe. The Foundations of the European Union, Cheltenham (u.a.) 1999.

Loth, Wilfried: Guy Mollet und die Entstehung der Römischen Verträge 1956/57, in: integration 3 (2007), S. 313–319.

Miard-Delacroix, Hélène/Hudemann, Rainer (Hg.): Wandel und Integration. Deutschfranzösische Annäherungen der fünfziger Jahre – Mutations et intégration. Les rapprochements franco-allemands dans les années cinquante, München 2005.

Militärgeschichtliches Forschungsamt (Hg.): Anfänge westdeutscher Sicherheitspolitik 1945–1956, 4 Bde., München (u.a.) 1982, 1990, 1993, 1997.

Noack, Paul: Das Scheitern der Europäischen Verteidigungsgemeinschaft. Entscheidungsprozesse vor und nach dem 30. August 1954, Düsseldorf 1977.

Palayrat, Jean-Marie: Les décideurs français et allemands face aux questions institutionnelles dans la négociation des traités de Rome, in: Marie-Thérèse Bitsch (Hg.): Le couple France-Allemagne et les institutions européennes, Brüssel 2001, S. 101–150.

Pedler, Robin H./Schaefer, Guenther F. (Hg.): Shaping European Law and Policy. The Role of Committees and Comitology in the Political Process, Maastricht 1996.

* Spierenburg, Dirk/Poidevin, Raymond: The History of the High Authority of the European Coal and Steel Community. Supranationality in Operation, London 1994.

* Rittberger, Berthold: Building Europe's Parliament. Democratic Representation beyond the Nation State, Oxford 2005.

Schneider; Beate/Ullner, Rudolf: Europäer aus Tradition: Jan Willem Beyen und Joseph Luns, in: Thomas Jansen/Dieter Mahncke (Hg.): Persönlichkeiten der Europäischen Integration, Bonn 1981, S. 379–410.

Schneider; Beate: Propagandist und Staatsmann: Paul-Henri Spaak, in: Thomas

Jansen/Dieter Mahncke (Hg.): Persönlichkeiten der Europäischen Integration, Bonn 1981, S. 379–410.
Schierwater, Hans-Viktor: Parlament und Hohe Behörde der Montanunion, Heidelberg 1961.
Schröder, Holger: Jean Monnet und die amerikanische Unterstützung für die europäische Integration 1950–1957, Frankfurt am Main (u.a.) 1994.
Serra, Enrico (Hg.): Il Rilancio dell'Europa e i Trattati di Roma. La Relance Européenne et les Traités de Rome. The Relaunching of Europe and the Treaties of Rome, Brüssel (u.a.) 1989.
* Spierenburg, Dirk/Poidevin, Raymond: The History of the High Authority of the European Coal and Steel Community. Supranationality in Operation, London 1994.
Spinelli, Altiero: The Eurocrats, Conflict and Crisis in the European Community, Baltimore 1966.
Steininger, Rolf: Das Scheitern der EVG und der Beitritt der Bundesrepublik zur NATO, in: Aus Politik und Zeitgeschichte 17 (1985), S. 3–18.
Thiemeyer, Guido: Vom „Pool Vert" zur Europäischen Wirtschaftsgemeinschaft. Europäische Integration, Kalter Krieg und die Anfänge der Gemeinsamen Europäischen Agrarpolitik 1950–1957, München 1999.
Thiemeyer: Guido: Die Ursachen des Demokratiedefizits der Europäischen Union aus geschichtswissenschaftlicher Perspektive, in: ders./Hartmut Ullrich (Hg.): Europäische Perspektiven der Demokratie. Historische Prämissen und aktuelle Wandlungsprozesse in der EU und ausgewählten Nationalstaaten, Frankfurt am Main (u.a.) 2005, S. 105–125.
Thoß, Bruno: Sicherheits- und deutschlandpolitische Komponenten der europäischen Integration zwischen EVG und EWG 1954–1957, in: Ludolf Herbst/Werner Bührer/Hanno Sowade (Hg.): Vom Marshallplan zur EWG: Die Eingliederung der Bundesrepublik Deutschland in die westliche Welt, München 1990, S. 475–500.
* Trausch, Gilbert (Hg.): Die Europäische Integration vom Schuman-Plan bis zu den Verträgen von Rom. The European Integration from the Schuman-Plan to the Treaties of Rome. Pläne und Initiativen, Enttäuschungen und Misserfolge. Projects and Initiatives, Disappointments and Failures, Baden-Baden (u.a.) 1993.
Volkmann, Hans-Erich/Schwengler, Walter (Hg.): Die Europäische Verteidigungsgemeinschaft. Stand und Probleme der Forschung, Boppard am Rhein 1985.
Weilemann, Peter: Die Anfänge der Europäischen Atomgemeinschaft. Zur Gründungsgeschichte von Euratom 1955–1957, Baden-Baden 1983.
Wilkens, Andreas (Hg.): Interessen verbinden. Jean Monnet und die europäische Integration der Bundesrepublik Deutschland, Bonn 1999.

Anmerkungen zu Kapitel 4

1 Die wissenschaftlichen Dienste der Gemeinsamen Versammlungen wurden hingegen in Luxemburg angesiedelt.

2 Vizepräsidenten wurden der Deutsche Franz Etzel und der Belgier Albert Coppé. Der Gewerkschafter Heinz Potthoff wurde als zweites deutsches Mitglied berufen.

3 Bei der Feststellung der Reihenfolge wurden die französischen Länderbezeichnungen zugrunde gelegt: Allemagne, Belgique, France, Italie, Luxembourg, Pays-Bas.

4 Deutschland, Frankreich und Italien waren mit je 18 Delegierten, Belgien und die Niederlande mit zehn, Luxemburg mit vier Vertretern in der Gemeinsamen Versammlung vertreten.

5 Die Generalanwälte unterstützen – im Gegensatz zu Staatsanwälten in nationalen Rechtssystemen – die Richter in ihrer Tätigkeit. Eine ihrer Hauptaufgaben besteht in den Schlussanträgen zu den einzelnen Rechtssachen.

6 Auch Winston Churchill hatte sich am 11. August 1950 bereits für eine Europaarmee ausgesprochen.

7 Die seitens der historischen Forschung kontrovers diskutierte Stalin-Note rekurriert auf die Offerte Stalins gegenüber den Westmächten, in Verhandlungen über eine deutsche Wiedervereinigung als neutraler Staat einzutreten. Vgl. hierzu Jürgen Zarusky (Hg.): Die Stalin-Note vom 10. März 1952. Neue Quellen und Analyse, München 2002.

8 In diesem Zusammenhang wurden die Bestimmungen der EMRK zum integralen Bestandteil des Vertrags gemacht (Art. 3), womit auch ein deutlicher Bezug zum Europarat hergestellt wurde.

9 Zit. nach Europa Archiv 23 (1954), S. 7127.

10 Die Sowjetunion reagierte auf die Pariser Verträge mit der Gründung des Warschauer Pakts.

11 Nicht durchsetzen konnte sich der französische Außenminister Antoine Pinay hingegen mit seinem Vorschlag eines intergouvernementalen „Conseil Fédéral Européen" als ständige diplomatische Konferenz der Mitgliedstaaten.

12 Das „Protokoll über den innerdeutschen Handel und die damit zusammenhängenden Fragen" gewährten der DDR letztlich eine „heimliche" Mitgliedschaft im europäischen Handel und damit erhebliche wirtschaftliche Vorteile. Vgl. Detlef Nakath: Die DDR – „heimliches Mitglied" der Europäischen Gemeinschaft? Zur Entwicklung des innerdeutschen Handels vor dem Hintergrund der westeuropäischen Integration, in: Franz Knipping/Matthias Schönwald (Hg.): Aufbruch zum Europa der zweiten Generation. Die europäische Einigung 1969–1984, Trier 2004, S. 451–473.

13 Im Bundestag stimmten allein FDP und der Gesamtdeutsche Block/Bund der Heimatvertriebenen und Entrechteten nicht für die Römischen Verträge.

14 In den nachfolgenden Jahren änderte sich mit jedem Erweiterungsschritt die Anzahl der Kommissionsmitglieder. Nach der Norderweiterung 1973 zählte die Kommission 13 Mitglieder, 1981/86 nach der Süderweiterung 17 Mitglieder, und 1995 gehörten der Europäischen Kommission schließlich 20 Mitglieder an. Eine Ausnahme bildete die Kommission von Jean Rey (1967–70), die erste nach dem Fusionsvertrag amtierende Kommission, die 14 Mitglieder hatte.

15 Zu Beginn des Jahres 1963 waren 2.300 Planstellen in der EWG-Kommission vorgesehen, von denen 400 nicht besetzt waren. In der wichtigen Generaldirektion Landwirtschaft arbeiteten etwa 220 Beschäftigte.

16 In der französischen und italienischen Amtssprache kam dies erst vier Jahre später – seit der März-Session 1962 – zum Tragen. Hierzu hatte u.a. das Argument beigetragen, dass in der romanischen Kultur „Parlamente" als einseitige Adelsgerichte in negativer Erinnerung verhaftet waren.

5. Von der Wirtschaftsgemeinschaft bis zur Gründung des Europäischen Rats (1958–1974): Aufbaujahre mit widersprüchlichen Vorzeichen

Nach In-Kraft-Treten der Römischen Verträge zeichneten sich im Bereich der wirtschaftlichen Integration rasch Erfolge ab. Die Perspektive einer Zollunion und erste Schritte in Richtung eines Gemeinsamen Marktes lieferten Impulse für einen sprunghaften Anstieg des Handels und trugen zu einem sichtbaren Wirtschaftswachstum in den sechs EWG-Staaten bei. Die Europäische Wirtschaftsgemeinschaft erwies sich damit als deutlich attraktiver als das „Konkurrenzprojekt" der 1960 gegründeten European Free Trade Association (EFTA), mit der sieben Staaten um Großbritannien auf eine Freihandelszone hinarbeiteten. Ausgehend von Gegensätzen im Bereich der kostenintensiven Agrarpolitik traten zur Mitte der 1960er Jahre jedoch in der EWG unverkennbare Spannungen auf. Das Scheitern der Fouchet-Pläne für eine politische Union, die französische „Politik des leeren Stuhles" sowie das Veto Frankreichs gegen einen EWG-Beitritt Großbritanniens sind dabei nur die prominentesten Beispiele für die vielfältigen Krisensymptome, die in den ersten Abschnitten dieses Kapitels unter den Überschriften „Vertrauens-, Verfassungs- und Beitrittskrise" eingehender beleuchtet werden.

In Darstellungen zur europäischen Integrationsgeschichte wird der hier behandelte Zeitabschnitt oftmals als Krisenzeitraum charakterisiert, der von einem Dauerkonflikt zwischen Nationalstaat und Gemeinschaftsidee überschattet war. Mit dieser im Kern durchaus treffenden Zuschreibung wird jedoch übersehen, dass die 1960er Jahre nicht nur von Krisen durchzogen wurden. Sowohl die Rechtsprechung des Gerichtshofs und der 1967 die Institutionen der einzelnen Gemeinschaften zusammenführende Fusionsvertrag, als auch die schneller als vertraglich vereinbarte Realisierung der Zollunion im Jahre 1968 und die Ausstattung der Gemeinschaft mit Eigenmitteln verdeutlichen, dass in dieser Zeitphase substanzielle Vertiefungsschritte erfolgten. Zudem steht am Ende des hier behandelten Zeitabschnitts mit den Beitritten von Dänemark, Großbritannien und Irland die erste Erweiterung der Gemeinschaft im Jahre 1973.

Sowohl für die Erweiterung als auch für die Vertiefung der Gemeinschaft kommt den im zweiten Teil des Kapitels näher berücksichtigten Konferenzen von Den Haag (1969) und Paris (1972) besondere Bedeutung zu. Die beiden Gipfel leiteten eine Phase der Vertiefung bestehender bzw. der Vergemeinschaftung neuer Politikfelder ein. Darüber hinaus nahmen sie im Hinblick auf die institutionelle Ausgestaltung der Gemeinschaft eine Sonderstellung ein. In Den Haag und Paris traten die Staats- und Regierungschefs der Mitgliedstaaten erstmals als konstitutionelle Architekten und moderierende Leitliniengeber der Gemeinschaft in jener institutionellen Form in Erscheinung, die in der Folge unter der Bezeichnung „Europäischer Rat" die weitere Entwicklung der europäischen Integration entscheidend prägte.

Leitbilder französischer und britischer Europapolitik: Das Europa der Vaterländer und die Freihandelszone EFTA

Aufgrund des in den Römischen Verträgen vereinbarten Stufenplans konnte die EWG bereits in den Anfangsjahren beträchtliche Fortschritte vermelden: Schon nach einem Jahr senkte die Gemeinschaft die Binnenzölle um 10 % und leitete Schritte in Richtung eines gemeinsamen Außenzolls ein. Diese Maßnahmen wirkten sich sowohl auf den innergemeinschaftlichen Handel als auch auf den Außenhandel mit Drittstaaten positiv aus. Aufkeimende Hoffnungen, dass nach den turbulenten Gründungsjahren nunmehr ein beständiger und komplikationsfreier Aufbau der Gemeinschaft bevorstehe, sollten sich aber schon bald zerschlagen. Zurückzuführen war dies vor allem auf das zunehmende Spannungsverhältnis zwischen nationalstaatlichen Interessen und weiterer Vergemeinschaftung.

Eine hervorgehobene Stellung kam hierbei Frankreich zu. Insbesondere die Suezkrise und die Erosion des französischen Kolonialreichs hatten dazu geführt, dass französische Großmachtansprüche – in einer sich immer deutlicher herausbildenden bipolaren Struktur des internationalen Systems – zunehmend in Zweifel gezogen wurden. Frankreich stand jedoch nicht nur außenpolitisch vor einer Neuorientierung. Da sich die strukturellen Probleme des Landes ebenfalls zuspitzten, stieg auch innerhalb der französischen Grenzen der Reformdruck. Die hohen Militärausgaben im Zuge des ungelösten Algerienkonflikts führten zu negativen Zahlungsbilanzen, hoher Inflation und einer wachsenden Staatsverschuldung. Angesichts zersplitterter Mehrheitsverhältnisse im Parlament, einer weitgehend machtlosen Exekutive und fast bürgerkriegsähnlicher Zustände im Land, drohten sich die Spannungen schließlich im Jahr 1958, auf dem Höhepunkt der Algerienkrise, zu entladen. Mit der Ernennung von Charles de Gaulle zum Regierungschef und der Übertragung außerordentlicher Vollmachten an die Regierung konnte im Mai 1958 ein Militärputsch gerade noch abgewendet werden.

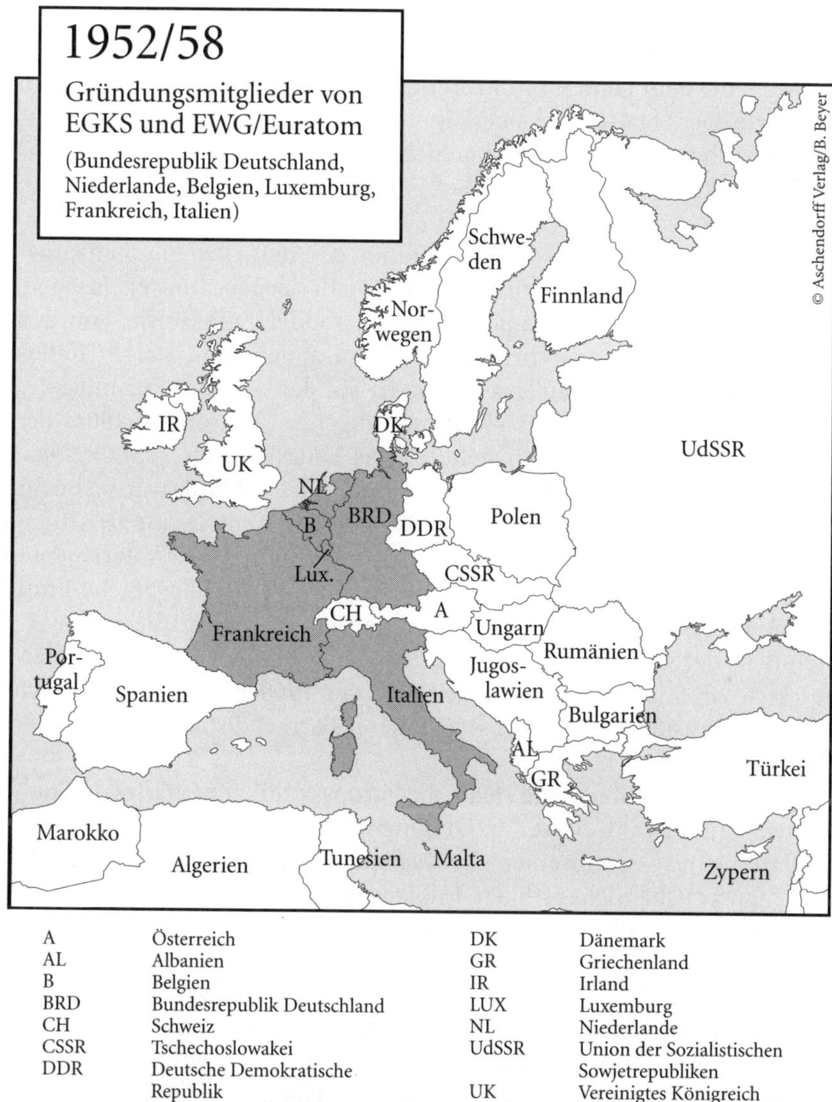

A	Österreich	DK	Dänemark
AL	Albanien	GR	Griechenland
B	Belgien	IR	Irland
BRD	Bundesrepublik Deutschland	LUX	Luxemburg
CH	Schweiz	NL	Niederlande
CSSR	Tschechoslowakei	UdSSR	Union der Sozialistischen Sowjetrepubliken
DDR	Deutsche Demokratische Republik	UK	Vereinigtes Königreich

Der charismatische de Gaulle erhob als „Held" des französischen Widerstands für sich den Anspruch, über den Parteien zu stehen. Mit der Ausarbeitung einer neuen – die Exekutive stärkenden – Verfassung stellte er Frankreichs politisches System auf ein völlig neues Fundament und sich selbst an die Spitze der Fünften Republik. Insbesondere in der Außen- und Sicherheitspolitik räumte die neue Verfassung dem französischen Staatspräsidenten außerordentliche Kompetenzen ein, was alsbald in der Europapolitik deutlich zum Ausdruck kommen sollte.

Das politische Kernziel von Charles de Gaulle bestand von Anfang an in der Absicht, Frankreich in jene weltpolitische Stellung zurückzubringen, die dem Land im Konzert der Großmächte seiner Ansicht nach gebührte. Der Staatspräsident erkannte dabei aber durchaus an, dass eine solche Stellung aus ökonomischer Sicht ohne die Einbettung Frankreichs in die Strukturen der Europäischen Wirtschaftsgemeinschaft unmöglich zu erreichen war (Loth/Picht 1991: 7–18).

Seine anfänglich noch auf Kooperation mit den Gemeinschaftsorganen ausgerichtete Politik konnte jedoch nicht darüber hinwegtäuschen, dass sich die neuen europapolitischen Leitbilder Frankreichs von den Vorstellungen der anderen Mitgliedstaaten zunehmend stärker unterschieden. Charles de Gaulle setzte weder auf den – in der Präambel des EWG-Vertrags geforderten – „immer engeren Zusammenschluss der europäischen Völker", noch teilte er das Leitbild eines supranational organisierten Europas. Die Zielvorstellung seiner Politik war vielmehr der Erhalt und Ausbau der nationalen Souveränität sowie eine zwischenstaatliche Kooperation nach dem Prinzip des „Europas der Vaterländer". Dieses Schlagwort, das von de Gaulle in einer Fernsehansprache Ende Mai 1960 erstmals im Sinne eines organisierten, regelmäßigen Einvernehmens der verantwortlichen Regierungen gebraucht wurde, avancierte rasch zu einem politischen Reizwort der 1960er Jahre, so dass sich der Staatspräsident später selbst von dieser Formel distanzierte (Kramer 2003: 166).

Vor diesem Hintergrund stellte die Europapolitik für Charles de Gaulle stets einen Drahtseilakt dar. Ohne wirtschaftliches Wachstum, wie es Zollunion und Gemeinsamer Markt versprachen, ließen sich französische Machtansprüche nicht erfüllen. Infolgedessen bemühte er sich, im ökonomischen Bereich eine gedeihliche Zusammenarbeit zu ermöglichen, um auf diesem Wege die Prosperität der französischen Volkswirtschaft zu stärken. Zugleich setzte de Gaulle zur Sicherung der Führungsrolle Frankreichs aber auch auf feste Verbindungslinien mit Westdeutschland. Dabei entwickelte de Gaulle ein enges Vertrauensverhältnis zu Bundeskanzler Konrad Adenauer, das von mehreren Generationen französischer Staats- und deutscher Regierungschefs fortgeführt wurde (Lappenküper 2001: 1201–1232).

Wie stark die französische Europapolitik von nationalen Interessen geleitet wurde, zeigt das Beispiel der Agrarpolitik, die zu einem der umstrittensten Themen der europäischen Einigung werden sollte. Bereits auf der ersten Agrarkonferenz der Gemeinschaft in Stresa im Juli 1958 wurden eigentlich unvereinbare Leitsätze vereinbart, als man die Entscheidung traf, die Agrarpreise oberhalb des Weltmarktniveaus anzusiedeln, zugleich aber eine Überproduktion zu vermeiden. Als 1961 die erste Stufe der Übergangszeit zur Zollunion zu Ende ging, betonte Frankreich, dass man nur dann bereit sei, den Eintritt in die nächste Stufe zu akzeptieren, wenn Agrarerzeugnisse ebenso wie Industriegüter behandelt würden. Dies bedeutete nichts anderes als eine vollständige Einbeziehung der Landwirtschaft in den Gemeinsamen Markt. Die französische Haltung war vor allem darauf zurückzuführen, dass man als traditionelles Agrarexportland mit niedrigem Preisniveau von den Vorteilen des Gemeinsamen Marktes und steigenden Exporten profitieren wollte. Auch die Niederlande verfügten über eine preisgünstige Produktion und eine hohe Exportrate. Die Landwirte der Bundesrepublik und Italiens hingegen, die angesichts eines hohen – weit über den Weltmarktpreisen liegenden – nationalen Preisniveaus und kontigentierter Agrarimporte bisher von den getrennten Marktordnungen profitiert hatten, sahen sich bedroht und protestierten.

Nach langen und zähen Verhandlungen verständigte man sich schließlich am 14. Januar 1962 auf die ersten vier gemeinsamen Marktordnungen und die Einrichtung eines so genannten „Europäischen Ausrichtungs- und Garantiefonds für die Landwirtschaft" (EAGFL), der die festgesetzten Hochpreise und die Abnahmegarantien für die Erzeuger finanzierte. Mit dieser Maßnahme wurde das bereits vor der Einführung der Gemeinsamen Agrarpolitik in den einzelnen Mitgliedstaaten verbreitete Prinzip, den Landwirten ein „angemessenes" Einkommen zu gewährleisten, auf europäischer Ebene fortgeschrieben. Damit hatte sich nach langen Verhandlungsrunden die französische Position durchgesetzt. Um den formellen Anschein eines fristgerechten Ergebnisses zu wahren, war es jedoch notwendig geworden, die Uhr an der Jahreswende bis zum 14. Januar 1962 „anzuhalten" – eine Prozedur, auf die in den folgenden Jahren immer wieder zurückgegriffen wurde. Letztlich stellte auch die hier getroffene Lösung ein Verhandlungspaket dar. Die Bundesrepublik hatte ihrerseits Zugeständnisse nur in der Aussicht auf ein weiteres Voranschreiten der wirtschaftlichen Integration, und damit der Chance, künftig mehr Industriegüter in den EWG-Markt zu exportieren, gemacht.

Durch den Gemeinsamen Agrarmarkt wurde die Markt- und Preispolitik für landwirtschaftliche Erzeugnisse auf die europäische Ebene übertragen. Das zentrale Steuerungsinstrument war ein einheitliches Preissystem, das sich an den Wechselkursen der Mitgliedstaaten orientierte. Dieses Preissystem bestand aus drei Grundpreisen: Der Richtpreis gab die generelle Preisvorstellung der Gemeinschaft für die einzelnen Agrarprodukte vor. Der um etwa 5 bis 10 % niedriger liegende jährlich festgesetzte Interventionspreis galt als Grenzwert, zu dem die Gemeinschaft überschüssige Produkte aufkaufte. Der Schwellenpreis sorgte schließlich durch Abschöpfungen bei Importen an den Außengrenzen der Gemeinschaft für eine Abschottung des Gemeinsamen Agrarmarktes nach außen. Hierbei wurde die Differenz zwischen hohen Inlandspreisen und niedrigen Weltmarktpreisen „abgeschöpft", indem Erzeuger aus Nicht-EWG-Staaten, die Agrargüter in die Gemeinschaft exportieren wollten, die Differenz zwischen Weltmarktpreis und Schwellenpreis als eine Art Zoll an die Gemeinschaft abführten.

Durch das Prinzip der Preis- und Abnahmegarantien erhielten die Landwirte der Wirtschaftsgemeinschaft faktisch eine Absatzgarantie für ihre Produkte. Unabhängig von der tatsächlichen Nachfrage lieferten die Garantiepreise Anreize, immer mehr zu produzieren. Die damit zusammenhängende Debatte über die Richt- und Interventionspreise sowie die hierauf zurückgehende Überproduktion sollten die Gemeinschaft mehrere Jahrzehnte in Atem halten – vor allem in den 1970er Jahren, als eine gigantische Überproduktion nicht mehr zu vermeiden war.

Französische Führungsansprüche hatten sich aber nicht nur sektoral in der Agrarpolitik, sondern gesamtwirtschaftlich auch schon 1958 gezeigt, als Charles de Gaulle, im Verbund mit Konrad Adenauer, den Vorschlag einer großen europäischen Freihandelszone abblockte. Diese Haltung richtete sich in erster Linie gegen die Politik Großbritanniens. Auf britische Initiative hatte der Ministerrat der OEEC, der Organisation for European Economic Cooperation, bereits im Oktober 1957 vorgeschlagen, eine westeuropäische Freihandelszone einzurichten, die parallel zu den weitergehenden Zollunionsplänen der Römischen Verträge etabliert werden sollte. Ebenso wie Frankreich orientierte sich auch Großbritannien primär an nationalen Interessen. Da die supranationale Ausrichtung der EWG den britischen Leitbildern widersprach, trat man für eine europäische Freihandelszone ein, die den einzelnen Staaten unverändert eine eigenständige Außenhandelspolitik beließ, zugleich aber den Zugang zu den europäischen Märkten eröffnete. Großbritannien war insbesondere daran gelegen, zu niedrigen Zöllen aus dem Commonwealth zu importieren, was in einer Zollunion, in der sich der Außenzoll nach dem Durchschnitt der Außenzölle aller Mitglieder richtete, aber nicht möglich war. Unter Leitung des britischen Ministers Reginald Maudling wurde ein Ausschuss errichtet, der die Gründung der Freihandelszone voranbringen sollte. Da Frankreich diesen Plänen auf Betreiben de Gaulles jedoch eine klare Absage erteilte, wurden die Verhandlungen abgebrochen. Das Projekt einer umfassenden westeuropäischen Wirtschaftskooperation galt damit als gescheitert (Ellison 2000: 198–220).

Um sich dennoch einen Zugang zum europäischen Markt zu verschaffen, unternahm die britische Seite Ende 1958 Anstrengungen für eine „kleine" Freihandelszone von sieben Ländern. Nach lediglich einem halben Jahr Verhandlungszeit wurde – unter britischer Federführung – gemeinsam mit Dänemark, Norwegen, Österreich, Portugal, der Schweiz und Schweden im Juli 1959 die Entscheidung zur Gründung der European Free Trade Association getroffen.[1] Im Mai 1960 trat der EFTA-Vertrag in Kraft, der sich sowohl hinsichtlich der Organisationsstrukturen als auch seiner Zielsetzung beträchtlich von der EWG unterschied. Dies zeigte sich bereits daran, dass die EFTA von Anfang an als Organisation auf Zeit konzipiert war. Ein Austritt war mit einer Frist von einem Jahr möglich. Der britischen Haltung folgend, wurde auch kein supranationales Gebilde geschaffen. Die Institutionen der EFTA wurden lediglich mit einem Minimum an eigenständigen Kompetenzen ausgestattet, das Sekretariat in Genf fiel ebenfalls durch seine Bescheidenheit auf. Einziges Entscheidungsorgan war der EFTA-Rat, der regelmäßig auf Minister- oder Beamtenebene zusammentrat und die Führung der Organisation bildete. Eine Kommission oder eine parlamentarische Versammlung wurden im EFTA-Rahmen nicht eingerichtet. Lediglich ein Gerichtshof in Luxemburg wurde eingesetzt, der mit dem Gerichtshof der Gemeinschaften vergleichbar war.

Auch die Zielsetzungen unterschieden sich. Da den Nationalstaaten im Rahmen der EFTA die volle politische Handlungsfreiheit erhalten bleiben sollte, wurden nur die Binnenzölle abgebaut, während auf die Errichtung eines gemeinsamen Außenzolls verzichtet wurde. Anders als im Fall der EWG strebte man innerhalb der EFTA auch keine Harmonisierung der nationalen Steuer- und Sozialsysteme an. Zudem sah man davon ab, eine Institutionalisierung der politischen Kooperation sowie eine Einbeziehung von Landwirtschaft und Fischerei anzustreben (Kaiser 1997: 7–33).

Mit den EFTA-Plänen hatte Großbritannien auf die Gründung der EWG und den gescheiterten Brückenschlag zu deren sechs Mitgliedstaaten reagiert. Infolgedessen standen sich in Westeuropa fortan zwei Wirtschaftszusammenschlüsse gegenüber. Aber auch in Osteuropa reagierte man auf die EWG: Der 1949 – als sozialistisches Gegengewicht zum Marshall-Plan und zur OEEC – in Moskau gegründete Rat für gegenseitige Wirtschaftshilfe (RGW, engl. COMECON) verabschiedete am 14. Dezember 1959 ein Statut, das Ziele, Prinzipien und Kompetenzen der Organisation fixierte und somit auch den RGW auf ein dauerhaftes Fundament stellte. Verbindungslinien zwischen EWG und RGW gab es zunächst jedoch nur auf niedrigem Niveau (Schulz 1977).

Die Fouchet-Pläne und das erneute Scheitern politischer Integrationsschritte: Die „Vertrauenskrise"

Dass den wirtschaftlichen Erfolgen der Gemeinschaft kein Äquivalent auf politischer Ebene gegenüberstand, hatte immer wieder zu Forderungen nach einer politischen Integration geführt. Der im Jahr 1954 mit dem Scheitern der Europäischen Verteidigungsgemeinschaft und der Politischen Gemeinschaft eingestellte Versuch, die wirtschaftspolitische Integration um Elemente einer politischen Einigung zu ergänzen, wurde zunächst aber nur zögerlich wieder aufgenommen. Forderungen nach einer Vergemeinschaftung der Außenpolitik waren kaum mit den von einzelnen Mitgliedstaaten bezogenen Positionen in Einklang zu bringen. Insbesondere das Staatsverständnis von Charles de Gaulle, in dessen Augen es „nichts wirksames außerhalb oder über dem Staat geben könne", war mit einer Vergemeinschaftung der politischen Zusammenarbeit unvereinbar (zit. n. Lipgens 1986: 377). Zugleich sah der französische Staatspräsident aber auch die Chancen, die sich aus einer stärkeren politischen Koordinierung eröffnen würden. Nachdem im Juni 1960 deutsch-französische Sondierungsgespräche in Rambouillet bei Paris stattgefunden hatten, verständigten sich die EWG-Mitgliedstaaten auf die Einsetzung einer Studienkommission, die Vorschläge für eine politische Union erarbeiten sollte. Erneut traten dabei aber Gegensätze zwischen den intergouvernementalen Vorstellungen Frankreichs und den supranationalen Zielsetzungen der anderen fünf Mitgliedstaaten zutage. Einvernehmen herrschte allein darüber, dass man eine Organisation anstrebte, die grundsätzlich alle politischen Fragen regelte (Deighton/Milward 1999).

Der aus einer weiteren Kommission hervorgegangene Fouchet-Plan für eine „Union der Staaten" – benannt nach seinem Initiator, dem französischen Diplomaten Christian Fouchet – spiegelte im Wesentlichen die gaullistische Vorstellung einer organisierten Regierungskooperation wider: Im Rahmen regelmäßiger Treffen eines Rats der Staats- und Regierungschefs sollten die nationalen Außen- und Verteidigungspolitiken koordiniert werden. Darüber hinaus sah der Plan auch eine erweiterte Zusammenarbeit in kulturellen Fragen vor. Die periodischen Treffen der Staats- und Regierungschefs sollten durch eine ständige Kommission, zusammengesetzt aus ranghohen nationalen Beamten, vorbereitet werden. Dem ebenfalls vorgesehenen Parlament war nur eine beratende Funktion zugedacht worden. Bei allen Entscheidungen sollte das Einstimmigkeitsprinzip gelten. In diesen Regelungen kam das intergouvernementale Prinzip zum Tragen, während sich die supranationale Dimension auf technische Aspekte reduzierte. Vor allem die Niederlande und Belgien äußerten Vorbehalte gegenüber diesem „Rückfall" in eine zwischenstaatliche Kooperationsphase, da man langfristig eine Entwertung der Gemeinschaftsinstitutionen befürchtete. Zudem traf de Gaulles Gedanke eines von den USA unabhängigen Europas, das letztlich auch Großbritannien ausschloss, nicht die Zustimmung der kleinen Mitgliedstaaten. Die Bundesrepublik zeigte sich hingegen zum Entgegenkommen bereit – eine Haltung, die vor allem mit der pro-westdeutschen Position des französischen Präsidenten in der Frage des Berlinstatus zu erklären ist.

Aufgrund der erheblichen Bedenken in einem Großteil der EWG-Staaten wurden Änderungen am Fouchet-Plan gefordert. Die im November 1962 vorgelegte modifizierte Version des Fouchet-Plans trug de Gaulles Leitbild eines „Europas der Vaterländer" jedoch noch stärker Rechnung. Eine Verklammerung mit der NATO und eine Beteiligung Großbritanniens wurden in diesem zweiten Fouchet-Plan ebenso strikt abgelehnt wie die Vertiefung der wirtschaftlichen Zusammenarbeit innerhalb der Gemeinschaft. Es zeichnete sich ab, dass die Franzosen weitaus weniger kooperationsbereit waren als angenommen und das ungeklärte Verhältnis zwischen einem europäischen und einem atlantischen Europa den Hauptstreitpunkt des Konflikts bildete. Angesichts dieser Konstellation scheiterten die Fouchet-Pläne – trotz zahlreicher erzielter Kompromisse – schließlich am Veto Belgiens und der Niederlande, die eine Beteiligung Großbritanniens zur Bedingung weiterer Verhandlungen machten. Die belgische und die niederländische Regierung brachten beträchtliche Sorgen vor einer deutsch-französischen Dominanz zum Ausdruck und interpretierten die französischen Pläne zudem als Versuch, die Kompetenzen der bestehenden supranationalen Institutionen einzuschränken und eine Vertiefung der Gemeinschaft abzuwenden (Kramer 2003: 110–118).

Charles de Gaulle reagierte gekränkt auf die Ablehnung seiner Europapolitik und trat fortan verstärkt für eine bilaterale politische Zusammenarbeit mit der Bundesrepublik ein. Nur wenige Monate später unterzeichneten Charles de Gaulle und Konrad Adenauer am 22. Januar 1963 einen „Französisch-deutschen Freundschaftsvertrag". Der so genannte Elysée-Vertrag sah unter anderem regelmäßige Konsultationen zwischen den Regierungen sowie eine Abstimmung in außenpolitischen Fragen, aber auch einen verstärkten Austausch in kulturellen und jugendpolitischen Angelegenheiten vor. Gerade dieser letztere Aspekt ebnete den Weg für ein verbessertes Zusammenleben der beiden Nachbarländer. Rasch entstanden zahlreiche Partnerschaften von Städten und Vereinen; ein umfangreicher Jugend- und Studierendenaustausch wurde etabliert

– Maßnahmen, die allesamt halfen, noch vorhandene Vorbehalte zwischen den ehemaligen „Erbfeinden" weiter abzubauen. Zu der von de Gaulle angestrebten – und von den anderen EWG-Staaten beargwöhnten – politischen Doppelallianz entwickelte sich der deutsch-französische Vertrag jedoch nicht, weil der Bundestag dem Vertrag eine Präambel voranstellte, die Westdeutschlands Einbindung in multilaterale Strukturen und die Bedeutung des Verhältnisses zu den USA betonte (Defrance/Pfeil 2005).

Mit dem abermaligen Scheitern von Plänen zu einer politischen Union war die Gemeinschaft der Sechs in eine ernste politische Schieflage geraten, die den Auftakt zu einer ganzen Serie von Krisenerscheinungen markierte und sich vollends zur „Vertrauenskrise" auswuchs, als auch die Beitrittsverhandlungen mit Großbritannien scheiterten.

Das Scheitern von Verhandlungen mit Großbritannien: Die „Beitrittskrise"

Die Erfolge der wirtschaftlichen Integration hatten nicht nur die Debatte über die politische Union angefacht, sondern auch die Attraktivität der EWG für diejenigen Staaten erhöht, die bisher außerhalb der Gemeinschaft standen. Dies galt insbesondere für Großbritannien. Ein unbefriedigendes Wirtschaftswachstum und die sich andeutende stärkere politische Zusammenarbeit der EWG-Länder – mit der drohenden Gefahr einer britischen Isolation in Europa – hatten zu einer Neubewertung der Europapolitik im Vereinigten Königreich geführt. Diese mündete schließlich in ein verstärktes Interesse der konservativen Regierung unter Harold Macmillan an einem Beitritt zur EWG. Aufgrund der wirtschaftlichen Erfolge der Sechsergemeinschaft beantragten neben dem Vereinigten Königreich im Jahr 1961 auch Dänemark, das infolge seiner Agrarexporte eng mit der britischen Wirtschaft verflochten war, sowie das – nicht zur EFTA gehörende – Irland, der Gemeinschaft beizutreten. Ein Jahr später schloss sich Norwegen diesem Ansinnen an. Damit war der EFTA faktisch der Boden unter den Füßen entzogen. Mit Großbritanniens Wechsel in die EWG drohte der Hauptabnehmer der skandinavischen Exporte wegzubrechen und die EFTA zu einem wirtschaftlichen Zwerg zu schrumpfen.[2]

Dem Beitrittsantrag Großbritanniens lag jedoch keine vollständige Kehrtwende in der Außen- und Europapolitik zugrunde. Da man sich auf der Insel mit einer Vielzahl schwerwiegender Probleme konfrontiert sah, rückten die politischen und wirtschaftlichen Realitäten ins Blickfeld.

So musste man in Großbritannien ernüchtert konstatieren, dass sich das französische und deutsche Bruttosozialprodukt zwischen 1957 und 1962 fast verdoppelt hatte, während die eigene Wirtschaftskraft nur um etwa ein Drittel gestiegen war. Erschwerend kam noch hinzu, dass der britische Vormachtsanspruch in Europa durch eine politisch geschlossen auftretende EWG in Gefahr zu geraten drohte. Selbst die Stellung im Commonwealth schien gefährdet, da Mitgliedstaaten wie Kanada, Australien oder Neuseeland sich zunehmend an den USA orientierten und zugleich in den afrikanischen Commonwealth-Ländern immer stärkere Unabhängigkeitsforderungen aufkamen. Angesichts dieser Konstellation, die durch ein schwaches Pfund und die verschleppte Modernisierung der britischen Wirtschaft noch weiter verschärft wurde, kann der Beitrittsantrag Großbritanniens primär als Ausweg aus einer nationalen Krisensituation verstanden werden, in der die EWG-Mitgliedschaft als wirtschaftlicher Rettungsanker betrachtet wurde.

Am 8. November 1961 begannen die Beitrittsverhandlungen Großbritanniens mit der Gemeinschaft. Unter den Mitgliedstaaten der EWG hatte das britische Beitrittsgesuch zunächst überwältigende Zustimmung hervorgerufen. Der euphorischen Reaktion folgte jedoch die Ernüchterung auf dem Fuß, als die Regierung Macmillan mit Blick auf die Stellung Großbritanniens als Mitglied des Commonwealth Sonderregelungen und sogar Änderungen an den Gemeinschaftsverträgen forderte. Die Mitgliedstaaten beharrten jedoch darauf, dass das geltende Gemeinschaftsrecht in seiner Gesamtheit übernommen werden müsse. Etwaige Anpassungen waren nach Ansicht der Sechs nur durch Übergangsbestimmungen, jedoch nicht durch eine Änderung des Gemeinschaftsrechts möglich. Es zeichnete sich rasch ab, dass vor allem die französische Regierung nicht willens war, die geforderten Konzessionen zu gewähren. De Gaulle erklärte, dass die Aufnahme Großbritanniens in die Gemeinschaft unter diesen Umständen nicht zu verkraften sei und legte in einer Aufsehen erregenden Pressekonferenz sein Veto gegen Großbritanniens Beitritt ein. Obwohl Italien, die Niederlande und Belgien diese Ansicht nicht teilten, wurden am 29. Januar 1963 die Beitrittsverhandlungen offiziell abgebrochen. Zu diesem Entschluss hatte wohl auch die Haltung Adenauers beigetragen, der einen Bruch mit Frankreich wegen des britischen Beitritts vermeiden wollte und primär darauf setzte, den Elysée-Vertrag unter Dach und Fach zu bringen (Hölscher 1994: 9–44). Obgleich sich de Gaulles Veto nur gegen das Vereinigte Königreich richtete, waren auch die anderen Kandidatenstaaten nicht mehr an einer Fortführung der Verhandlungen interessiert.

Die Gründe für Charles de Gaulles Ablehnung gegenüber einem britischen Beitritt erschöpften sich aber nicht in der Kritik an einer mangelhaften britischen Europagesinnung oder der Furcht vor wettbewerbsverzerrenden Ausnahmeregelungen für den Handel mit agrarischen Produkten. Vielmehr spielten machtpolitische Erwägungen eine entscheidende Rolle: Der französische Staatspräsident stand dem vom neuen amerikanischen Präsidenten John F. Kennedy initiierten und von Großbritannien mitgetragenen Konzept des „grand design" ablehnend gegenüber. Dieses sah zwar primär ein politisch, militärisch und wirtschaftlich gestärktes Westeuropa vor, doch erforderte die hiermit in Verbindung stehende Strategie der „flexible response" im Falle einer sowjetischen Aggression eine uneingeschränkte Kontrolle der USA über alle westlichen Kernwaffen. Eine militärische Abhängigkeit Frankreichs von den USA im Bereich der Kernwaffen war für de Gaulle jedoch unannehmbar. Seit Beginn seiner Amtszeit hatte er das Ziel einer nationalen „force de frappe" – einer eigenen Atomstreitmacht – gegen innerfranzösischen wie internationalen Widerstand verfolgt. Bereits im Februar 1960 hatte der erste französische Atomversuch stattgefunden. De Gaulles Leitbild einer „Grande Nation", die in der Lage war, militärisch eigenständig zu handeln, war nicht in Einklang zu bringen mit einem weiteren Zuwachs amerikanischen Einflusses, wie er bei einem Beitritt Großbritanniens unvermeidlich gewesen wäre.

Die Beitrittskrise gewann noch an Schärfe, als im November 1967 der hartnäckige Widerstand Charles de Gaulles gegen Großbritannien zur Ablehnung eines zweiten britischen Antrags führte. Die notorischen wirtschaftlichen Probleme Großbritanniens hatten den neuen Labour-Premier Harold Wilson nach langem Zögern veranlasst, im Mai 1967 gemeinsam mit Irland ein weiteres Beitrittsgesuch zu stellen. Im Gefolge dieses Antrags erneuerten auch Dänemark und Norwegen ihre Beitrittsambitionen. Aufgrund massiver Vorbehalte, die nur notdürftig damit begründet wurden, dass Großbritannien wirtschaftlich noch nicht für eine Mitgliedschaft reif sei und der Beitritt des Königreichs den Charakter der Gemeinschaft grundlegend ändere, legte Frankreich abermals sein Veto gegen den britischen Beitritt ein. Motiviert war die französische Haltung einmal mehr durch die Skepsis gegenüber den „besonderen Beziehungen" zwischen Großbritannien und den USA. Die Briten wurden vom französischen Staatspräsidenten geradezu als „trojanisches Pferd" der Amerikaner gefürchtet, das dafür sorgen würde, dass amerikanische Interessen auf dem europäischen Kontinent stärker zum Zuge kämen. Da Frankreich gezielt auf eine unabhängig von den Vereinigten Staaten geführte Politik setzte, wollte man den Einfluss der transatlantischen Führungsmacht USA reduzieren und auch der NATO nicht zu viel Raum in Europa zugestehen.[3] Das zweite französische Veto, das gegen den Willen der anderen fünf Mitgliedstaaten der Gemeinschaft eingelegt wurde, führte innerhalb der Gemeinschaft zu anhaltenden gegenseitigen Schuldzuweisungen und verhärteten Fronten, die sich zeitweilig in einer Blockadepolitik Italiens, Belgiens und der Niederlande gegen französische Initiativen niederschlugen.

Zwischen supranationaler Ausgestaltung der Gemeinschaft und der Politik des leeren Stuhls: Die „Verfassungskrise"

Während die Auseinandersetzungen über den Beitritt Großbritanniens dem Bild einer allgemeinen Krisenstimmung in der Gemeinschaft Vorschub leisteten, fielen – von der Öffentlichkeit weitgehend unbemerkt – wegweisende rechtliche Entscheidungen auf europäischer Ebene, die für die Festigung des supranationalen Charakters der Gemeinschaft zentrale Bedeutung hatten. Getroffen wurden sie in zwei Urteilen aus den Jahren 1963 und 1964 vom Gerichtshof, dem bis dahin nur wenig Beachtung geschenkt und keine politische Bedeutung zugeschrieben worden war.

Anlässlich der Rechtssache „van Gend & Loos" (EuGH Rs. 26/62 Slg. 1963) ging der Gerichtshof auf die Eigenständigkeit des europäischen Rechts ein und betonte die „unmittelbare Wirkung" des Gemeinschaftsrechts. Im konkreten Fall hatte das niederländische Transportunternehmen „van Gend & Loos" vor einem nationalen Gericht gegen die Zollverwaltung der Niederlande geklagt, die für die Einfuhr chemischer Erzeugnisse aus Deutschland einen, gegenüber früheren Importen, erhöhten Zoll erhob. Das Unternehmen berief sich dabei auf Art. 12 des EWG-Vertrags, der neue bzw. die Erhöhung alter Zölle innerhalb des Gemeinsamen Marktes untersagte. Das niederländische Gericht rief den Gerichtshof der Gemeinschaften an, der die inhaltliche und rechtliche Tragweite der Vorschrift des EWG-Vertrags präzisieren sollte. Der Gerichtshof nahm das Urteil zum Anlass, um einige Grundfestlegungen zur Rechtsnatur der Europäischen Wirtschaftsgemeinschaft zu treffen. Es wurde hervorgehoben, dass die entsprechenden europäischen Rechtsakte direkt gelten, da „der Vertrag mehr ist als ein Abkommen, das nur wechselseitige Verpflichtungen zwischen den vertragschließenden Staaten begründet. (...) Aus alledem ist zu schließen, dass die Gemeinschaft eine neue Rechtsordnung des Völkerrechts darstellt, zu deren Gunsten die Staaten, wenn auch in begrenztem Rahmen, ihre Souveränität eingeschränkt haben (...)."

Ein Jahr später wurde diese Analyse durch den Rechtsstreit „Costa/ E.N.E.L." hinsichtlich des Verhältnisses von nationalem und europäischem Recht vertieft (EuGH Rs.6/64 Slg.1964, S. 1215 ff.). Bereits im Jahr 1962 hatte die italienische Regierung die Stromerzeugung verstaatlicht und alle Anlagen auf die Elektrizitätswerke E.N.E.L. übertragen. Der Rechtsanwalt Flaminio Costa, Aktionär einer verstaatlichten Gesellschaft, fühlte sich um seine Dividende betrogen und weigerte sich in der Folge, anfallende Stromrechnungen zu begleichen, da die Verstaatlichung Bestimmungen des EWG-Vertrags verletze. Das mit der Sache befasste Gericht in Mailand rief den Gerichtshof der Gemeinschaften zur Auslegung des Falls an, während die italienische Regierung den Standpunkt vertrat, dieser sei gar nicht berechtigt, derartige nationale Angelegenheiten zu behandeln. Der Gerichtshof bekräftigte in dem Urteil seine Kompetenz, auch nationale Gesetze auf Basis des Gemeinschaftsrechts zu prüfen, und führte erläuternd aus, dass „die Mitgliedstaaten ihre Souveränitätsrechte beschränkt und so einen Rechtskörper geschaffen haben, der für ihre Angehörigen und sie selbst verbindlich ist. (...) Die Staaten haben dadurch, dass sie nach Maßgabe der Bestimmungen des Vertrages Rechte und Pflichten, die bis dahin ihren inneren Rechtsordnungen unterworfen waren, der Regelung durch die Gemeinschaftsrechtsordnung vorbehalten haben, eine endgültige Beschränkung ihrer Hoheitsrechte bewirkt, die durch spätere einseitige, mit dem Gemeinschaftsbegriff unvereinbare Maßnahmen nicht rückgängig gemacht werden kann." Es würde darüber hinaus – so der Gerichtshof – eine Gefahr für die Vertragsziele bedeuten, falls das Gemeinschaftsrecht von einem Staat zum anderen unterschiedliche Bedeutung haben würde.

Mit beiden Urteilen verlieh der Gerichtshof dem Gedanken der Supranationalität wesentlichen Auftrieb, denn er betonte, dass das Gemeinschaftsrecht jedem entgegenstehenden Recht der Mitgliedstaaten voranging. Die Urteile trugen damit erheblich zur Etablierung der Eigenständigkeit und zum Vorrang des Gemeinschaftsrechts bei und entwickelten es im Sinne einer „stillen Revolution" grundlegend weiter (Weiler 1994: 510–534).

Mit den Grundsatzurteilen des Gerichtshofs wurde erneut untermauert, dass die Befugnis der Gemeinschaften zum Erlass von Rechtsakten eine ihrer wesentlichen Eigenschaften ist. Die drei Gemeinschaften erfüllen damit das wesentliche Kriterium, das in Anknüpfung an sozialwissenschaftliche Arbeiten zur Charakterisierung eines „politischen Systems" herangezogen wird: die Organe von EGKS, EWG und Euratom sind in unterschiedlicher Form und abgestufter Intensität an der Herstellung allgemeinverbindlicher Entscheidungen beteiligt. Allerdings un-

Rechtsakte der europäischen Gemeinschaften

Europäische Gemeinschaft für Kohle und Stahl	Europäische (Wirtschafts-) Gemeinschaft	Rechts- wirkung
Allgemeine Entscheidungen	Verordnungen	Unmittelbare Geltung
Empfehlungen	Richtlinien	Verbindliche Zielsetzung, Umsetzung in nationales Recht obliegt Mitgliedstaaten
(individuelle) Entscheidungen	Entscheidungen	Unmittelbare Geltung für Adressatenkreis
Stellungnahmen	Empfehlungen/ Stellungnahmen	Unverbindliche Äußerungen

terscheiden sich die einzelnen Typen von Rechtsakten in den bis dahin geltenden Verträgen beträchtlich. Während im Rahmen der EGKS die Hohe Behörde „allgemeine Entscheidungen“, „Empfehlungen“, „Einzelfallentscheidungen“ und „Stellungnahmen“ verabschieden kann, kommt dem Rat und/oder der EWG-Kommission und der Euratom-Kommission im Rahmen der Römischen Verträge hingegen die Aufgabe zu, „Verordnungen“, „Richtlinien“, „Entscheidungen“, „Empfehlungen“ und „Stellungnahmen“ zu erlassen. Diese Rechtshandlungen unterscheiden sich vor allem durch den Grad ihrer rechtlichen Verbindlichkeit:

Erlassen die Organe eine Verordnung, dann besitzen die Mitgliedstaaten keinerlei Spielraum in der Umsetzung, da die Verordnung unmittelbar anzuwenden ist. Eine Verordnung hat den Rang eines allgemein und unmittelbar geltenden Gesetzes für alle Mitgliedstaaten sowie natürliche und juristische Personen. Mit diesem Instrument kann am tiefsten von Gemeinschaftsseite aus in die nationale Rechtsordnung eingegriffen werden. Den Verordnungen entsprechen in der EGKS die allgemeinen Entscheidungen. Ein Sonderfall stellen die Verordnungen der Kommission im Rahmen der Ausübung ihrer Durchführungszuständigkeiten dar. Nach Artikel 155 bzw. Artikel 145 hat die Kommission eine Durchführungsbefugnis zum Erlass von Maßnahmen, die ihr vom Rat übertragen werden.

Verabschieden die Organe eine Richtlinie, dann bleibt den Mitgliedstaaten die Wahl und Form der Mittel zur Umsetzung überlassen, jedoch wird das Ergebnis der mit der Richtlinie gekennzeichneten Maßnahme verbindlich vorgeschrieben. Die Mitgliedstaaten müssen in der Umsetzung so vorgehen, dass das vorgegebene Ergebnis der Richtlinie tatsächlich erreicht wird. Richtlinien entfalten ihre unmittelbare Wirkung erst dann, wenn sie den Zeitraum der Umsetzung befristen und einzelne Mitgliedstaaten die Richtlinie noch nicht umgesetzt haben. Generelles Ziel der Richtlinie ist es, den Mitgliedstaaten die Möglichkeit zu geben, bei der Ausgestaltung des Rechtes nationale Besonderheiten zu berücksichtigen, dennoch aber eine Rechtsangleichung vorzunehmen. Entsprechendes wie für die Richtlinie gilt für die an die Mitgliedstaaten gerichtete EGKS-Empfehlung.

Entscheidungen sind als Mittel zur Regelung von Einzelfällen mit Verwaltungsakten im nationalen Recht vergleichbar. Sie können sich an Einzelne oder an eine begrenzte Zahl konkret zu bezeichnender natürlicher und juristischer Personen richten. Sie unterscheiden sich durch diese individuelle Bindung wesentlich von den Verordnungen, denn Entscheidungen sind nur für die genannten Adressaten verbindlich. Die namentliche Nennung ist dabei nicht explizit notwendig, es muss sich lediglich um einen abgrenzbaren Kreis oder auch einen Mitgliedstaat handeln. Entscheidungen gelten im Unterschied zur Richtlinie unmittelbar. Kennzeichnend ist insbesondere ihr Exekutivcharakter. Ein typischer Anwendungsbereich für Entscheidungen ist beispielsweise die Ermächtigung von Mitgliedstaaten zum Erlass von Schutzmaßnahmen oder Ausnahmebestimmungen zu zuvor erlassenen Verordnungen oder Richtlinien.

Empfehlungen und Stellungnahmen haben keine verbindliche Wirkung. Zweck dieser Handlungstypen ist es, den Adressaten – generell allen Mitgliedstaaten, manchmal aber auch nur einzelnen – ein bestimmtes Verhalten nahezulegen, ohne sie rechtlich zu binden.

Neben der Präzisierung des supranationalen Charakters der Gemeinschaft gewann zur Mitte der 1960er Jahre auch das institutionelle Geflecht weiter an Kontur. Aufbauend auf einer Initiative des niederländischen Außenministers Joseph Luns aus dem Jahr 1961, die das Ziel einer Stärkung der Gemeinschaftsorgane verfolgte, wurde im April 1965 der so genannte Fusionsvertrag beschlossen. Ziel dieses Vertrags war es, die zu diesem Zeitpunkt noch nicht zusammengelegten Organe der drei Gemeinschaften mit Wirkung zum 1. Juli 1967 zu vereinigen; die drei Gemeinschaften an sich sollten jedoch weiter rechtlich selbstständig bestehen bleiben. Vorgesehen war, dass ebenso wie Parlament und Gerichtshof auch die beiden Kommissionen von EWG und Euratom bzw. die Hohe Behörde der EGKS einerseits und die verschiedenen Ministerräte andererseits künftig nur noch durch eine einzige Institution repräsentiert werden.[4] In Art. 4 des Fusionsvertrags wurde zudem der Ausschuss der Ständigen Vertreter (COREPER), der in der Ratsstruktur bereits agierte, in den Römischen Verträgen aber nicht erwähnt war, formell als zweite hierarchische Ebene etabliert. Die Ständigen Vertreter, in der Regel hohe nationale Diplomaten im Botschafterrang, haben seitdem die Aufgabe, „die Arbeiten des Rats vorzubereiten und die ihm vom Rat übertragenen Aufträge auszuführen". De facto übt der Ausschuss damit eine zentrale „Koordinierungs- und Scharnierfunktion" aus, da er nicht nur das Bindeglied zu den nationalen Hauptstädten verkörperte, sondern auch in Brüssel und Luxemburg die Kontinuität der Beratungen des Ministerrats gewährleistet (Sasse 1975: 183). Es bürgerte sich die Praxis ein, dass rund 90 % aller Ratsentscheidungen vorab von den Ständigen Vertretern ausgehandelt und dann nur noch formell – als Paket von „A-Punkten" ohne Diskussion – durch die Minister beschlossen wurden.

Mit den Änderungen des Fusionsvertrags wurden auch die Haushaltspläne der drei Gemeinschaften zusammengefasst und erneut die Bezeichnung der Organe geändert. Offiziell hieß der Rat nun „Rat der Europäischen Gemeinschaften". Die Kommission und der Gerichtshof erhielten entsprechende Namensergänzungen. Unter den Gemeinschaften hatte sich die EWG zweifelsohne als Kern der Integration herausgeschält, während Euratom und EGKS im Lauf der Zeit immer weiter in den Hintergrund traten; dies nicht nur wegen ihrer engeren sektoralen Ausrichtung, sondern vor allem, weil die Annahme der Energie- und Rohstoffknappheit, die diesen Verträgen zugrunde lag, bei weitem nicht im angenommenen Ausmaß zum Tragen gekommen war. Im Gegenteil: Statt einer Mangellage bestand aufgrund billiger Importkohle sowie Erdöl und Atomenergie sogar ein Überangebot.

Dem Fusionsvertrag wird seitens der Forschung im Vergleich zu den vorangegangenen „großen" Vertragsschritten nur eine untergeordnete, eher technische Bedeutung zugeschrieben. Für das öffentliche Bewusstsein hatte er jedoch erhebliche Konsequenzen: Auch wenn die drei Gemeinschaften weiterhin vertragsrechtlich getrennt voneinander blieben, setzte sich in zunehmendem Maße nach In-Kraft-Treten des Fusionsvertrags im allgemeinen Sprachgebrauch die Bezeichnung „Europäische Gemeinschaft" (EG) für die Gesamtheit der europäischen Einigungsverträge und -projekte durch. Damit verstärkte sich nicht zuletzt auch der symbolische Gehalt der europäischen Integration.

Konnten die Rechtsprechung des Gerichtshofs und der Fusionsvertrag als Schritte zur Vertiefung der Gemeinschaft betrachtet werden, so zeichneten sich mit den Ereignissen des Sommers 1965 neuerliche Krisensymptome ab. Anlässlich des Eintritts in die dritte Stufe der Übergangszeit der Römischen Verträge und mit Blick auf Gespräche über die künftige Agrarfinanzierung hatte die Kommission am 31. März 1965 weitere Vorschläge zu einer Vertiefung der Gemeinschaft im Sinne einer Stärkung der Gemeinschaftsinstitutionen vorgelegt. Die Kommission forderte eigene Einkünfte der EWG durch Abschöpfungen und Zölle sowie eine Stärkung der Haushaltskompetenzen des Parlaments. Eine solche Entwicklung war jedoch nicht im Sinne Frankreichs, das vehementen Widerspruch erhob. Die Franzosen weigerten sich, dass von der Kommission vorgelegte Konzept auch nur ansatzweise in Erwägung zu ziehen, geschweige denn eingehender zu erörtern. In ihren Augen sollten sich die anstehenden Beratungen ausschließlich auf die Finanzierung der Gemeinsamen Agrarpolitik und die bisher nur vorläufig geregelte Frage der landwirtschaftlichen Ausgleichszahlungen beschränken, deren Lösung im unmittelbaren Interesse Frankreichs lag. Trotz des Entgegenkommens der anderen Mitgliedstaaten, die sich zu einer Abschwächung der Kommissionsvorschläge bereit erklärten, war unter diesen Umständen ein Eklat absehbar.

Entgegen des ansonsten üblichen Prozedere, die Uhr symbolisch „anzuhalten", wenn noch kein Konsens der Mitgliedstaaten erreicht war, brach die französische Delegation unter Außenminister Couve de Murville die Gespräche in der Nacht vom 30. Juni auf den 1. Juli 1965 einseitig ab und erklärte deren Scheitern. Kurz darauf wurde der Ständige Vertreter Frankreichs bei der Gemeinschaft abberufen. Am 6. Juli 1965 teilte Frankreich den anderen EGW-Staaten mit, dass man vorläufig nicht mehr an den Sitzungen des Rats teilnehmen werde. In der Folge lähmte Frankreich die Arbeit der Gemeinschaft durch einen Verzicht auf jedwede Mitarbeit im Ministerrat. Bei zukunftsgerichteten Projekten verweigerte man auch die Mitarbeit in den Ausschüssen und Arbeitsgruppen des Rats, während französische Regierungsvertreter an Ausschusssitzungen, die laufenden Aufgaben dienten, weiterhin teilnahmen. Mit diesem Verhalten, das als „Politik des leeren Stuhls" bekannt geworden ist, löste Charles de Gaulle die bis dahin schwerste konstitutionelle Krise der Sechsergemeinschaft aus – die so genannte „Verfassungskrise".

Führte man zunächst einen Vertragsbruch der fünf Partnerstaaten, mit denen eine Regelung der Agrarfinanzierung bis zum Ablauf der Frist am 30. Juni 1965 vereinbart war, als Grund für den Rückzug aus den Gremien an, so wurde spätestens auf der Pressekonferenz von Charles de Gaulle am 9. September 1965 das Kernmotiv der französischen Blockadehaltung deutlich: Unter allen Umständen wollte Frankreich die Einführung von qualifizierten Mehrheitsentscheidungen im Ministerrat – und damit potenziellen Überstimmungsmöglichkeiten -, wie sie von den Römischen Verträgen ab dem 1. Januar 1966 vorgesehen waren, verhindern. Da Charles de Gaulle nicht bereit war, etwaige Entscheidungen über seinen Kopf hinweg zu dulden, was bei Mehrheitsentscheidungen, die 12 von 17 Stimmen erforderten, unvermeidlich gewesen wäre, forcierte er den Eklat.[5] Die Blockadepolitik sollte ihm zudem Spielraum für einen Vorstoß gegenüber der Kommission verschaffen, die de Gaulle auf den Status eines weitgehend technischen Organs begrenzen wollte. Hierbei spielte die Entwicklung der vergangenen Jahre, in denen sich die EWG-Kommission als Motor der Integration mit supranationalen Ideen hervorgetan hatte, eine wesentliche Rolle. Verkörpert wurde diese Konfliktlinie durch den Gegensatz zwischen Charles de Gaulle und Walter Hallstein (Loth 1995: 171–188). Während der französische Staatspräsident auf dem Prinzip des „Europas der Vaterländer" beharrte, in dem die Kompetenzen der supranationalen Organe nur soweit ausgedehnt wurden, dass sie die Realisierung des Gemeinsamen Marktes gerade noch ermöglichten, beabsichtigte der „Europa-Doktrinär" Walter Hallstein – als solchen bezeichnete der „Spiegel" den Kommissionspräsidenten in einer Titelgeschichte im April 1960 – die Gemeinschaft langfristig in Richtung eines Bundesstaates zu entwikkeln.

In den anderen Mitgliedstaaten zeigte man sich über die unnachgiebige Haltung Frankreichs verärgert. Es herrschte die Auffassung, dass die weitere Einbeziehung der Franzosen in den europäischen Integrationsprozess zwar eine unabdingbare Voraussetzung für die Zukunft der Gemeinschaft darstellt. Zugleich lehnte man aber eine Aufweichung der einmal beschlossenen Verfahrensregeln ab und wollte Frankreich zur Rückkehr an den Verhandlungstisch bewegen. Dies gelang schließlich, als der innenpolitische Druck auf de Gaulle zunahm: Vor allem die Landwirtschafts- und Industrieverbände protestierten gegen den Boykott des Rats, der den Fortbestand der EWG in Frage stellte. De Gaulles schlechtes Abschneiden bei den Präsidentschaftswahlen im Dezember 1965 zeigte, dass ein erheblicher Teil der Bevölkerung nicht willens war, die Politik ihres Präsidenten zu unterstützen.[6] So erklärte sich de Gaulle schließlich bereit, an der für Januar 1966 in Luxemburg anberaumten Ratssitzung wieder teilzunehmen.

Nach äußerst harten Verhandlungen, die letztlich die divergierenden Positionen erneut widerspiegelten, einigte man sich auf mehrere Kompromisse: Die Vorschläge der Kommission zur Agrarfinanzierung wurden stillschweigend fallen gelassen, und ein neuer Zeitplan zur Schaffung der Zollunion wurde ausgearbeitet. Weitaus wichtiger aber war der Kompromiss über die künftige Handhabung von Mehrheitsentscheidungen. Zwar blieben die vertraglichen Bestimmungen hinsichtlich der Mehrheitsentscheidungen unangetastet, doch setzte Frankreich einen informellen Zusatz durch, der den Mitgliedstaaten immer dann ein Veto zubilligte, wenn ein Land besondere nationale Interessen bedroht sah. In dem so genannten Luxemburger Kompromiss vom 27. Januar 1966 wurde vereinbart, dass in kontroversen Angelegenheiten immer der Konsens gesucht werden sollte. Falls dies nicht gelang, verfügten die Mitgliedstaaten fortan über ein Vetorecht, das sie geltend machen konnten, sofern wichtige nationale Interessen berührt waren. Da letztere aber nicht näher definiert wurden, hatte man mit der Regelung, dass „die Erörterung fortgesetzt werden muss, bis ein einstimmiges Einvernehmen erzielt worden ist", de facto die Beibehaltung der Einstimmigkeitserfordernis festgeschrieben (zit. n. Lipgens 1986: 485–487). De Gaulle hatte damit sein Ziel im Kern erreicht, während die fünf anderen Staaten zwar ihr Gesicht wahrten, jedoch von ihrem Standpunkt abrücken mussten, um die Funktionsfähigkeit – ja die Existenz – der Gemeinschaft nicht zu gefährden.

Der Luxemburger Kompromiss überdeckte im Januar 1966 nur notdürftig, dass die Bereitschaft zur Aufgabe nationaler Partikularinteressen unter den Mitgliedstaaten abgenommen hatte. Auch wenn dieser Kompromiss in keinem Vertragswerk rechtlich fixiert wurde, kamen in der Folge Mehrheitsentscheidungen nur noch selten zustande – ein wesentlicher Grund dafür, dass die weitere Verwirklichung des Gemeinsamen Marktes ins Stocken geriet und die Vertiefung der Gemeinschaft an Dynamik verlor. Zugleich veränderte sich das institutionelle Gleichgewicht. Die Rolle der Kommission wurde zurückgedrängt, während der Ministerrat zur maßgeblichen Institution der Gemeinschaft avancierte. Schließlich zeigte der Luxemburger Kompromiss auch Auswirkungen auf das Meinungsbild in der Bevölkerung. Die Europaeuphorie, die vor allem unter der jüngeren Generation geherrscht hatte, wich der Erkenntnis, dass der europäische Einigungsprozess sich nur in einem stetigen und mühsamen Aushandeln von Kompromissen realisieren ließ.

Der Haager Gipfel 1969: Überwindung der Krisensymptome und Durchbruch zur ersten (Nord-)Erweiterung

Als sich in der zweiten Hälfte der 1960er Jahre die Rahmenbedingungen der Weltwirtschaft verschlechterten und keine hohen Wachstumsraten mehr erzielt wurden, zeigte sich noch eindringlicher, wie schwierig die Entscheidungsfindung und Zusammenarbeit auf europäischer Ebene geworden war. Ende der 1960er Jahre kam es zu einer ernsthaften

Währungskrise in der westlichen Welt. Das britische Pfund musste nach heftigen Spekulationen 1967 abgewertet werden, und auch der französische Franc geriet unter erheblichen Druck. Diese Entwicklung brachte wiederum das mühsam ausgehandelte System der gemeinschaftlichen Agrarpreise, welches auf festen Wechselkursen beruhte, ins Wanken, so dass sich der Problemdruck weiter erhöhte, aber auch eine gewisse Ratlosigkeit um sich griff. Während am Anstieg des Sozialprodukts, der Angleichung der Lebensverhältnisse und am Abbau der Binnenzölle erfolgreich gearbeitet worden war, blieb die Etablierung eines Gemeinsamen Marktes, die Entwicklung der vorgesehenen Sozialpolitik, die Koordination der Wirtschaftspolitik und die Reform des Agrarbereichs eine Baustelle.

Vor allem die Agrarpolitik stellte einen ständigen Konfliktherd dar: Obwohl zum Ende der 1960er Jahre für Agrarerzeugnisse ein binnenmarktähnlicher Zustand erreichte wurde, hatten die ursprünglichen Ziele wie Produktivitätssteigerung, Stabilisierung des Marktes und angemessene Verbraucherpreise zu einer Überproduktion, zu erhöhten Preisen und zu einer Abschottung gegenüber Drittländern geführt. Verschiedene Reformvorstöße wie der Mansholt-Plan, der 1968 vom Vizepräsidenten der Kommission, Sicco Mansholt, mit dem Ziel einer Verringerung der Beschäftigten in der Landwirtschaft und der Stärkung der Großbetriebe eingebracht wurde, halfen nicht aus der Misere heraus. Reformen schienen in dieser Konstellation mit den verantwortlichen Akteuren nicht möglich – wobei der Blick vor allem auf Charles de Gaulle gerichtet war.

Bereits bei den Pariser Maiunruhen 1968 hatte sich ein Ende der Ära de Gaulle abgezeichnet. Letztlich trat der Staatspräsident nach einem von ihm selbst initiierten, aber gescheiterten Referendum über die Regionalisierung Frankreichs am 28. April 1969 zurück. Sein Nachfolger wurde der frühere gaullistische Ministerpräsident Georges Pompidou. Nur wenige Monate später kam es auch in Deutschland zum Regierungswechsel. Die von CDU/CSU und SPD gebildete Große Koalition unter Kurt Georg Kiesinger wurde im Oktober 1969 durch das überraschend geschmiedete Bündnis von Liberalen und Sozialdemokraten mit Willy Brandt als Kanzler ersetzt. Die Regierungswechsel führten in beiden Staaten zu einer umfassenden Neubesetzung von Ämtern und Ministerien. Die neuen Minister gingen ihre Aufgaben mit Elan an und zeigten sich entschlossen, überfällige, lange aufgeschobene Reformschritte auf europäischer Ebene einzuleiten. Der neue französische Staatspräsident Georges Pompidou propagierte zwar Kontinuität in der Außenpolitik und betonte weiterhin das Primat des Nationalstaats, setzte sich jedoch zugleich für neue Impulse ein. Seine Zustimmung zur Vertiefung und zur Erweiterung der Gemeinschaft sollte das Land aus der von de Gaulle verursachten politischen Isolation herausführen und das Vertrauen in die französische Europapolitik wieder herstellen.

Schon die Bestellung der neuen Regierung verdeutlicht die veränderte französische Haltung in der Europapolitik. Sowohl der neue Premier Jacques Chaban-Delmas wie auch sein Außenminister Maurice Schumann zählten zum „Europaflügel" der Gaullisten. Mit Finanzminister Valéry Giscard d'Estaing und Justizminister René Pleven verfügte das Kabinett zudem über zwei weitere Minister in zentralen Ressorts, die bereits durch ihre Mitgliedschaft in Jean Monnets „Aktionskomitee für die Vereinigten Staaten von Europa" ihre Aufgeschlossenheit für die europäische Integration demonstriert hatten. In der Bundesrepublik nahm die Große Koalition unter Kurt Georg Kiesinger Abstand von der Politik des „Atlantikers" Ludwig Erhard und setzte auf eine Neuorientierung auch in europäischen Fragen (Türk 2006: 17–28). Namentlich Willy Brandt – zunächst als Außenminister, dann als erster sozialdemokratischer Kanzler der Bundesrepublik – trat nach dem Regierungswechsel dafür ein, eine eigenständigere Außenpolitik zu betreiben, die in der „neuen Ostpolitik" ihren Niederschlag fand. Zugleich profilierte sich Brandt aber auch als pragmatischer Europapolitiker und legte in seiner Regierungserklärung vom 28. Oktober 1969 einen entsprechenden Akzent auf die Weiterentwicklung der Europäischen Gemeinschaft.

Weiterhin übten aber auch die Rahmenbedingungen der internationalen Politik Einfluss auf den weiteren Gang der Integration aus. Die teilweise konträren Interessenlagen der Staats- und Regierungschefs – insbesondere Brandts und Pompidous – spiegelten sich vor allem in Frankreichs Sorgen vor einem politischen Einflussverlust in Europa wider, der u.a. aus dem Vorschlag des belgischen Außenministers Pierre Harmel, die Westeuropäische Union (WEU) für Konsultationen der EWG-Mitgliedstaaten zu öffnen, drohte.[7] Stärker noch fürchtete Frankreich eine Abkoppelung Deutschlands vom Westen – oder wie es damals hieß: eine „Finnlandisierung" der Bundesrepublik –, die Frankreich auf die Alternative begrenzte, sich hinter den USA und Großbritannien einzureihen oder die sowjetische Hegemonie in Europa anzuerkennen. Um diesen Bedenken entgegenzuwirken, legte die Regierung Brandt Wert darauf, der Europapolitik als Gegenstück zur neuen Ostpolitik ein stärkeres Gewicht zu verleihen. Unumstrittenes Fundament der neuen deutschen Ostpolitik sollte die feste Einbindung der Bundesrepublik in den Westen und die europäische Gemeinschaftsarchitektur sein; dies umso mehr, weil der sowjetische Einmarsch in die Tschechoslowakei 1968 noch im-

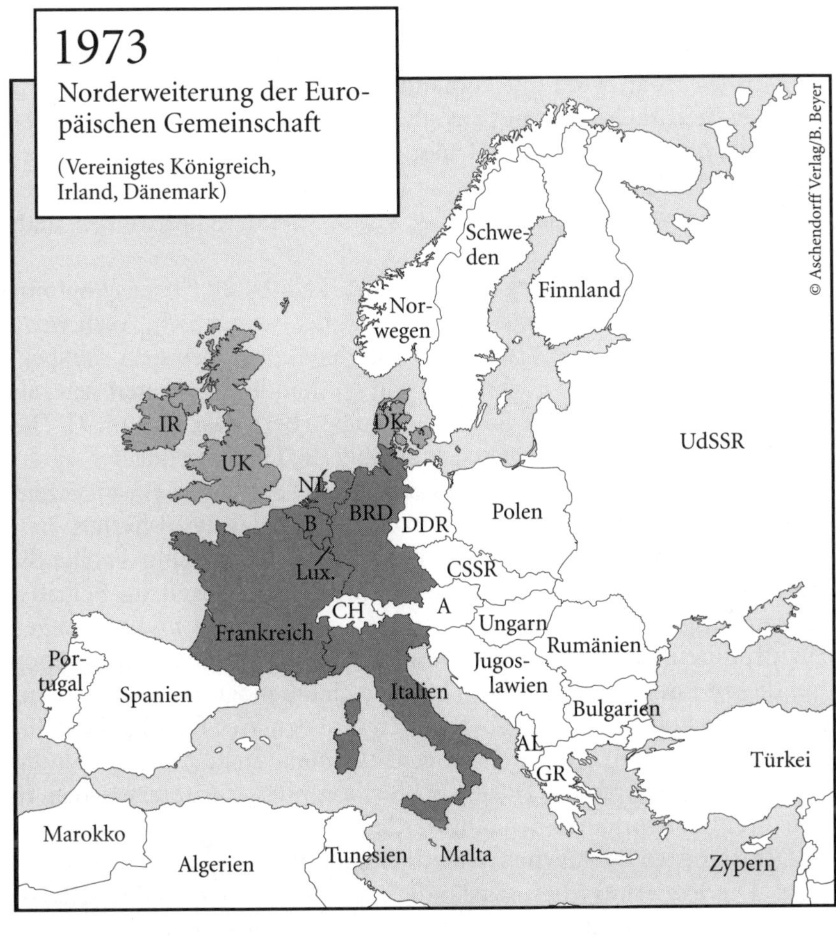

A	Österreich	DK	Dänemark
AL	Albanien	GR	Griechenland
B	Belgien	IR	Irland
BRD	Bundesrepublik Deutschland	LUX	Luxemburg
CH	Schweiz	NL	Niederlande
CSSR	Tschechoslowakei	UdSSR	Union der Sozialistischen Sowjetrepubliken
DDR	Deutsche Demokratische Republik	UK	Vereinigtes Königreich

mer Nachwirkung zeigte. Diese Haltung führte zu einer zweiten „relance européenne“, mit der ein Gegengewicht zur neuen deutschen Ostpolitik gefunden wurde.

In dieser Situation entschlossen sich die Staats- und Regierungschefs – zurückgehend auf eine Initiative des französischen Außenministers Maurice Schumann vom Juli 1969 – zu einem offiziellen Gipfeltreffen in Den Haag am 1. und 2. Dezember 1969. Es war erst das vierte Mal überhaupt, dass man sich formell als Gremium der Staats- und Regierungschefs der Sechsergemeinschaft konstituierte. Zuvor hatte es Treffen in Paris (Februar 1961) mit Verhandlungen über eine politische Union und den Beitritt Großbritanniens sowie in Bonn (Juli 1961) mit weiteren Debatten über eine politische Union gegeben. Schließlich hatte in Rom (Juni 1967) anlässlich der Jahresfeier der Unterzeichnung der Römischen Verträge ein weiteres, politisch aber unbedeutendes Gipfeltreffen stattgefunden.

Angesichts der vorausgegangenen, unverkennbaren Krisensymptome waren die Erwartungen an den Haager Gipfel beträchtlich. Auch wenn nicht alle Probleme gelöst wurden, schuf der Gipfel doch neue Perspektiven, wobei erneut das Schnüren von Verhandlungspaketen zentrale Bedeutung hatte: So wurde Frankreich zugesichert, dass bis zum 31. Dezember 1969 die anstehende Regelung über die Finanzierung der Agrarpolitik getroffen wird. Ermöglicht werden sollte dies durch ein auf Eigeneinnahmen der Gemeinschaft gestütztes Budget, das die bisherigen Beiträge der Mitgliedstaaten ersetzte. Ein späterer Ratsbeschluss sollte die Agrarabschöpfung regeln.[8] Frankreich versprach im Gegenzug, Beitrittsverhandlungen mit Großbritannien, Dänemark, Irland und Norwegen zuzustimmen. Einem Worte Willy Brandts zufolge trug das Gipfeltreffen mit diesen Entscheidungen dazu bei, den „lähmenden Stillstand der europäischen Entwicklung zu überwinden und den Weg freizumachen für den Ausbau und für die Erweiterung der Gemeinschaft".[9] Dieses Diktum wird vor allem durch das Haager Schlusskommuniqué unterstrichen, in dem drei Großvorhaben benannt werden.

Den stärksten öffentlichen Widerhall fand die Beilegung der Beitrittskrise. Die Regierungschefs verständigten sich in Ziffer 13 des Schlusskommuniqués auf die zügige Eröffnung von Beitrittsverhandlungen mit den Bewerberstaaten. Bereits eine Woche nach Ende des Gipfels begannen die Vorbereitungen für die Verhandlungen, und am 30. Juni 1970 wurden die Beitrittsgespräche offiziell in Luxemburg aufgenommen. Nicht zuletzt, weil auf britischer Seite mit dem Konservativen Edward Heath wenige Wochen zuvor ein entschiedener Europabefürworter zum Premierminister gewählt worden war, der kaum Interesse an „Sonderbeziehungen" zu den USA bekundete, sondern seine Bereitschaft zu Verhandlungen auf Grundlage der bestehenden Verträge zum Ausdruck brachte, schritten die Verhandlungen rasch voran. Dem Karlspreis-Träger Heath, der bereits 1961 als Chefunterhändler von Macmillan bei den Beitrittsverhandlungen fungiert hatte, kam bei dem innenpolitisch heftig umstrittenen Beitritt die vergleichsweise günstige wirtschaftliche Lage Großbritanniens dieser Jahre zugute, die die finanzielle Belastung leichter tragbar erscheinen ließ.

Im Rahmen der Beitrittsverhandlungen traf sich Heath mehrfach mit Pompidou zu vertraulichen Gesprächen. Dabei gelang es ihm, nicht nur den französischen Staatspräsidenten zu überzeugen, sondern auch Übergangsfristen für den Handel mit den Commonwealth-Staaten und eine „Sicherheitsklausel" für den Fall „unerträglicher Finanzprobleme" auszuhandeln. Bereits am 22. Januar 1972 unterzeichneten alle vier Staaten im Palais d'Egmont in Brüssel den Beitrittsvertrag. Knapp ein Jahr später, am 1. Januar 1973, war aus der Sechsergemeinschaft offiziell eine Neunergemeinschaft geworden. Dass mit Norwegen der vierte Beitrittskandidat nicht der Gemeinschaft beitrat, war darauf zurückzuführen, dass die in der Beitrittsfrage zutiefst gespaltene norwegische Bevölkerung sich in einem Referendum im September 1972 gegen die Mitgliedschaft entschieden hatte.[10] Während die industrialisierten Gebiete Norwegens den Beitritt befürworteten, lehnten ihn die von der Landwirtschaft und der Fischerei geprägten Regionen mehrheitlich ab.

Die Gemeinschaft der Neun umfasste zum Jahresbeginn 1973 rund 255 Millionen Menschen und zählte mehr Einwohner als die USA. Alle Planspiele einer dauerhaften „karolingischen" Gemeinschaft der sechs Gründungsstaaten waren damit endgültig ad acta gelegt. Durch die Einbindung Großbritanniens wurde auch – ungeachtet ständig schwelender Konflikte in den folgenden Jahrzehnten – das insulare britische Sonderbewusstsein zugunsten der Gemeinschaftsdoktrin abgeschwächt. Aber auch die Staaten, die nicht der Gemeinschaft beitraten, wurden näher an die EWG herangeführt. In den Jahren 1972/73 wurden mit den restlichen EFTA-Staaten Freihandelsabkommen abgeschlossen und von 1977 an im Handel zwischen EWG und EFTA Regelungen über die Zollfreiheit gewerblicher Produkte – jedoch nicht der Agrargüter – vereinbart.

Das zweite auf dem Haager Gipfel behandelte Großvorhaben betraf die Überlegungen zu einer Wirtschafts- und Währungsunion: In Ziffer 8 der Haager Abschlusserklärung bekräftigten die Staats- und Regierungschefs „ihren Willen, den für die Stärkung der Gemeinschaften und für ihre Entwicklung zur Wirtschaftsunion erforderlichen weiteren Ausbau beschleunigt voranzutreiben." Anknüpfend an ein Memorandum des französischen Kommissars Raymond Barre vom Juli 1969, das den Abbau von Wechselkursschwankungen vorsah, waren die Regierungschefs übereingekommen, im Ministerrat einen Stufenplan auszuarbeiten, der langfristig sowohl in eine Wirtschafts- als auch in eine Währungsunion münden sollte. In diesem Kontext wurde kurz darauf, im Februar 1970, zunächst ein Abkommen über einen kurzfristigen Währungsbeistand beschlossen.

Unter dem Vorsitz des luxemburgischen Premiers und Finanzministers Pierre Werner trat eine Kommission zusammen, die im Oktober

1970 ihren Bericht vorlegte, in dem sie drei Stufen zur Herstellung einer Wirtschafts- und Währungsunion bis zum Ende des Jahrzehnts vorschlug (abgedr. in Lipgens 1986: 532–536). Angestrebt wurde zunächst eine Annäherung, in einem weiteren Schritt dann eine endgültige Festlegung der Wechselkurse der Mitgliedstaaten sowie schließlich ein gemeinschaftliches Zentralbanksystem bis Ende 1980. Auch wenn diese ehrgeizige Ziel- und Zeitplanung sich in der späteren politischen Praxis als nicht realisierbar erweisen sollte, schienen die Vorzeichen zunächst günstig: Anfang des Jahres 1971 beschloss der Ministerrat den Eintritt in die erste Stufe, die eine verringerte „Bandbreite“ der Wechselkursschwankungen vorsah (Wilkens 2004: 217–244).

Neben der Wirtschafts- und Währungsunion sowie der Erweiterung wurde auf dem Haager Gipfel – als drittes Großvorhaben – auch die engere politische Zusammenarbeit konkretisiert. Damit wurde die politische Dimension der Gemeinschaft ins Blickfeld gerückt, an die man sich seit dem Scheitern der Fouchet-Pläne nicht mehr heran gewagt hatte. In Ziffer 15 des Haager Schlusskommuniqués bekräftigten die Staats- und Regierungschefs ihren Willen zur politischen Einigung. Es wurde in der Folge beschlossen, eine Kommission unter Leitung des hochrangigen belgischen Beamten Étienne Davignon einzusetzen, die – als Pendant zum Werner-Plan – ebenfalls einen Bericht vorlegte. Dieser schlug einen regelmäßigen Konsultationsmechanismus der Mitgliedstaaten in außenpolitischen Fragen vor. Als Kernelement der Zusammenarbeit war eine gegenseitige Unterrichtung mit dem Ziel einer Harmonisierung der Standpunkte in außenpolitischen Fragen vorgesehen. Daran konnte sich ein gemeinsames Vorgehen der Mitgliedstaaten anschließen. Obgleich die Vorlage Davignons äußerst vage und zurückhaltend formuliert war, bildete dieser Bericht das Grundgerüst für die Europäische Politische Zusammenarbeit (EPZ), die am 27. Oktober 1970 von den Außenministern auf dem Luxemburger Gipfel vereinbart wurde. In der Folge führte die EPZ dann zu einem verstärktem Austausch von Informationen und zu einer verbesserten Kooperation. Vereinbart wurde, dass sich die Außenminister der Mitgliedstaaten zweimal jährlich, die Direktoren der Außenministerien viermal jährlich treffen sollten – die erste dieser Zusammenkünfte fand 1970 in München statt. Wie alle weiteren Treffen erfolgte aber auch dieses Treffen außerhalb des rechtlichen und institutionellen Rahmens der bestehenden Verträge nach intergouvernementalen Verfahren, d. h. ohne eine eigenständige Rolle supranationaler Organe. In die Verträge aufgenommen wurde diese Form der Kooperation erst 1987 mit der Einheitlichen Europäischen Akte.

Zu den drei wegweisenden Beschlüssen des Haager Gipfels traten weitere Resolutionen wie der bereits erwähnte Beschluss über eine neue

Finanzstruktur der Gemeinschaft und die damit verbundene Entscheidung für eine Stärkung der Haushaltsbefugnisse des Europäischen Parlaments. Im Hinblick auf die ebenfalls angestellten Überlegungen zu einer Direktwahl des Europäischen Parlaments – wie sie in Art. 138 des EWG-Vertrags vorgesehen waren – erzielten die Staats- und Regierungschefs hingegen keine Fortschritte.

Ingesamt betrachtet wurde mit den Haager Beschlüssen eine neue qualitative Phase in der europäischen Einigung eingeleitet. Die bereits im Vorfeld des Haager Gipfels in Redebeiträgen insbesondere von Georges Pompidou und Willy Brandt entwickelte Dreierstrategie der Gemeinschaft – Erweiterung, Vertiefung und Vollendung – setzte neue Akzente, welche die Entwicklung der europäischen Einigung bis heute wesentlich prägen: die „Erweiterung“ um das Vereinigte Königreich, Dänemark und Irland, die „Vertiefung“ in Gestalt neuer „vergemeinschafteter“ Politikbereiche und die Wirtschafts- und Währungsunion sowie die „Vollendung“ der Gemeinschaft in Form der Finanzierung der Agrarpolitik über ein auf Eigeneinnahmen der EG gestütztes Budget.

Die Pariser Gipfelkonferenz 1972: Wegmarke zur Europäischen Union

Nach dem Erfolg der Haager Konferenz und mit Blick auf die Forderung, die institutionellen Strukturen der Gemeinschaft als Grundlage für eine erfolgreiche Wirtschafts- und Währungsunion zu verbessern, schlug Georges Pompidou kurz darauf ein weiteres Gipfeltreffen vor – diesmal unter Einbeziehung der Beitrittskandidaten. Angesichts der unterschiedlichen Interessenlagen geriet das Gipfeltreffen, das vom 19. bis 21. Oktober 1972 in Paris stattfand, zu einer echten Zerreißprobe für die sechs alten und die drei neuen Mitglieder. Die divergierenden Prioritäten trugen dazu bei, dass auf diesem Gipfel keine Beschlüsse gefasst, sondern nur Absichtserklärungen bekundet und Termine festgesetzt wurden, bis zu denen der Ministerrat Beschlüsse fassen sollte.

So wurde der bereits in Den Haag vereinbarte Gedanke der Wirtschafts- und Währungsunion konkretisiert. In Ziffer 1 der Pariser Schlusserklärung hieß es: „Die Staats- und Regierungschefs bekräftigen den Willen der Mitgliedstaaten und der erweiterten europäischen Gemeinschaften, die Wirtschafts- und Währungsunion so zu verwirklichen, dass Erreichtes nicht aufgegeben wird (…). Im Laufe des Jahres 1973 werden die Beschlüsse gefasst werden, die notwendig sind, um den Übergang zur zweiten Stufe der Wirtschafts- und Währungsunion am 1. Januar 1974 zu verwirklichen, damit die Union spätestens am 31. Dezember 1980 vollendet ist“ (zit. n. Lipgens 1986: 502–506). Eng verbunden mit dieser Vereinbarung war auch die in Paris bekundete Absicht, eine engere Koordinierung der Wirtschaftspolitik anzustreben.

Jenseits dieses Großvorhabens wurden auch weitere grundlegende Ziele in Paris angesprochen. Besondere Bedeutung kam der unter Ziffer 16 getroffenen Entscheidung zu, „die Gesamtheit der Beziehungen der Mitgliedstaaten (...) vor dem Ende dieses Jahrzehnts in eine Europäische Union umzuwandeln“. Mit dieser Zielformulierung, die erstmals die Bezeichnung „Europäische Union“ an das Ende einer Erklärung stellte, brachte man die Entschlossenheit zum Ausdruck, einen über die wirtschaftliche Zusammenarbeit hinausgehenden politischen Zusammenschluss anzustreben. Damit war jedoch noch keine nähere Festlegung über die Ausgestaltung der europäischen Integration verbunden. Der Begriff „Union“ wies zwar darauf hin, dass weiterhin die Einzelstaaten Träger des Zusammenschlusses sind, ließ jedoch den Grad der Zusammenarbeit bewusst im Ungewissen. Zugleich erregte der Begriff aber Aufsehen und deutete an, dass die Union an Kontur gewann.

Die Konkretisierung dieser Überlegungen sollte erneut durch einen Bericht erfolgen, der bis Ende 1975 erarbeitet und einer späteren Gipfelkonferenz unterbreitet werden sollte. Mit der Erstellung des Reports wurde zwei Jahre später, auf einem weiteren Gipfeltreffen der Staats- und Regierungschefs, Leo Tindemans beauftragt. Der belgische Ministerpräsident sollte eine Bestandsaufnahme des europäischen Einigungsprozesses vornehmen und Perspektiven für die Ausformung einer Europäischen Union entwickeln.

Der von Tindemans schließlich an der Jahreswende 1975/1976 – nach ausführlichen Gesprächen mit den Regierungen der neun Mitgliedstaaten und nach Stellungnahmen der Gemeinschaftsorgane – präsentierte Bericht legte sich nicht auf eine konkrete Finalität fest, sondern betrachtete die Europäische Union als offenen Prozess. Für Tindemans persönlich stand indes fest, dass wir „einen energischen Versuch machen (...), einen bedeutenden Sprung nach vorn“ wagen müssen. Europa sei ein unvollendetes Bauwerk, das fertig gestellt werden müsse, weil es sonst verfalle. Obwohl seiner Ansicht nach dabei nur eine supranationale Lösung in Frage kam, da „ein Zurückkehren zu intergouvernementalen Methoden der Zusammenarbeit (...) keine Lösung für die Probleme Europas“ bringe, plädierte er im Sinne der politischen Realitäten für einen evolutionären Ansatz der kleinen Schritte (zit. n. Schneider/Wessels 1977: 242, 277).

Neu am Tindemans-Bericht war, dass er ein Europa der unterschiedlichen Geschwindigkeiten zur Diskussion stellte, da man kein „glaubwürdiges Aktionsprogramm" aufstellen könne, „wenn man davon ausgeht, dass es absolut erforderlich ist, dass in allen Fällen alle Etappen von allen Staaten zum gleichen Zeitpunkt zurückgelegt sein müssen". In institutioneller Sicht hob Tindemans die Notwendigkeit direkter Wahlen zum Europäischen Parlament hervor, zugleich setzte er aber auf eine Stärkung der Rolle der Staats- und Regierungschefs. Mehrheitsbeschlüsse sollten seiner Ansicht nach zum Regelfall werden. Als eines der wichtigsten Projekte betonte Tindemans die Verwirklichung der Wirtschafts- und Währungsunion, die dem Bericht zufolge den „Kern der inneren Entwicklung der Union" darstellen musste. Darüber hinaus griff der Bericht auf die bereits 1969 in Den Haag erörterten Prioritäten zurück und betonte die Notwendigkeit eines geschlossenen Auftretens nach außen. Der Bericht ging in diesem Zusammenhang sogar deutlich über die bisherigen Überlegungen hinaus und erklärte, dass die „Europäische Union (...) so lange unvollständig [bleibe], wie sie keine gemeinsame Verteidigungspolitik besitzt" (zit. n. Schneider/Wessels 1977: 261, 259, 256). Den Regierungen gingen diese Überlegungen zur Mitte der 1970er Jahre aber deutlich zu weit. Nachdem sich der Europäische Rat auf allen Treffen bis zum Den Haager Gipfel 1976 zumindest pro forma mit dem Tindemans-Bericht beschäftigt hatte, wurde dieser anschließend ohne unmittelbare Ergebnisse ad acta gelegt.

Aber auch wenn der Tindemans-Bericht nicht als konkrete Handlungsanleitung wahrgenommen wurde, so prägte er doch indirekt den weiteren Integrationsprozess (Nielsen-Siekora 2006: 289–293). Das Schlagwort „Europäische Union", das auf der Pariser Gipfelkonferenz 1972 erstmals als Vorgabe formuliert wurde, war als Zielvorstellung der europäischen Einigung bewusst unscharf und mehrdeutig formuliert worden. Es regte aber zu weiteren Überlegungen an, wie auch ein von der Kommission unter der Präsidentschaft von François-Xavier Ortoli im Juni 1975 vorgelegter „Bericht über die Europäische Union" verdeutlichte. Das Konzept „Europäische Union" eröffnete den Staats- und Regierungschefs die Möglichkeit, indirekt und inkrementalistisch auf Grundlage der Beschlüsse der Gipfelkonferenz und der Vorlagen verschiedener Berichte fundamentale Weichenstellungen für die Zukunft vorzunehmen, ohne bindende Entscheidungen über die Finalität des Integrationsprozesses zu treffen. Vor allem auf französischer Seite wollte man sich weder auf eine Föderation noch auf eine Konföderation festlegen lassen.

Zurück zur Pariser Gipfelkonferenz im Jahr 1972: Neben den grundsätzlichen Überlegungen zur Europäischen Union wurde mit den Ziffern 5 bis 9 der Gipfelerklärung auch die Behandlung weiterer sektoraler Politikfelder auf europäischer Ebene angelegt, darunter die Regional-,

Sozial-, Industrie-, Wissenschafts- und Technologiepolitik sowie die Umwelt- und Energiepolitik. Es sollte zwar noch mehr als eineinhalb Dekaden dauern, bis diese Politikbereiche in der Einheitlichen Europäischen Akte oder im Maastrichter Vertragswerk rechtlich in eigene Kapitel gefasst und in teilweise neuartige Verfahren überführt wurden. Angestoßen wurden die Prozesse aber bereits durch die Schlussfolgerungen des Pariser Gipfels 1972.

Letztlich haben die Staats- und Regierungschefs auf der Pariser Gipfelkonferenz zahlreiche Prozesse in die Wege geleitet, die in der Folge ihre Eigendynamik entfalteten. Zumindest in langfristiger Hinsicht stellte die Verständigung auf eine Europäische Union dabei den wegweisenden Meilenstein dar. Für den weiteren Verlauf der Integration dürfte indes zunächst noch entscheidender gewesen sein, dass die Staats- und Regierungschefs mit ihren Gipfeltreffen immer stärker selbst in das Geschehen eingriffen.

Der Pariser Gipfel 1974: Die Institutionalisierung des Europäischen Rats

Weder der EGKS-Vertrag noch die Römischen Verträge hatten zunächst regelmäßige Treffen der Staats- und Regierungschefs vorgesehen. Die Kommission, der (Minister-)Rat und das Europäische Parlament bildeten zusammen mit dem Gerichtshof den institutionellen Kern der Gemeinschaft. Seitens der Nationalstaaten wurde Europapolitik, als Teil der nationalen Außenpolitik, weitgehend dem Verantwortungsbereich der Außenminister zugeschrieben, wenngleich – je nach Mitgliedstaat und Problemfeld – auch die Wirtschafts- und Finanzminister sowie die Agrarminister eine führende Rolle spielten (Sasse: 1975: 19–75). Immer stärker kristallisierte sich aber die Notwendigkeit eines regelmäßigen Meinungsaustausches der Staats- und Regierungschefs heraus, um Probleme zu lösen, für die Rat und Kommission keine Lösungen fanden. Darüber hinaus beabsichtigte man angesichts zunehmender Konfliktherde in der Europapolitik, der Gemeinschaft eine längerfristige strategische Perspektive zu geben. Vor allem die Kommission scheute nach den Auseinandersetzungen um die „Politik des leeren Stuhls“ und nach Hallsteins Demission immer häufiger die Auseinandersetzung mit dem Ministerrat, in dem wiederum angesichts der Verteilungskämpfe in der Agrarpolitik zusehends nationalstaatliche Interessen dominierten. Infolgedessen erschien es notwendig, ein übergeordnetes Entscheidungsgremium zu etablieren, das bestehende Einzelkonflikte löste und der

Gemeinschaft neue Impulse verlieh. Dies galt um so vordringlicher, da Etappenziele wie die Errichtung gemeinsamer Institutionen, die Vergemeinschaftung zentraler Politikfelder oder der Abbau der Zollgrenzen bereits erreicht waren und es als notwendig betrachtet wurde, dass sich die europäische Einigung nunmehr auch politisch weiterentwickle.

In dieser Situation erwies sich einmal mehr Jean Monnet als Ideengeber für vertiefende Integrationsschritte. Als Präsident des „Aktionskomitees für die Vereinigten Staaten von Europa" hatte er seit 1955 beharrlich für die europäische Einigung geworben. Im August 1973 forcierte Monnet den Gedanken, die Gipfeltreffen der Staats- und Regierungschefs als feste Einrichtung zu etablieren. Der inzwischen 85-Jährige schlug vor, dass die Staats- und Regierungschefs „sich als provisorische europäische Regierung (...) konstituieren". Diese Regierung sollte „einen eigenen administrativen Apparat" erhalten und einen „Sekretär" bestellen. Mindestens dreimal jährlich sollte sich die Regierung treffen, um in einem vertraulichen – mithin in einem nicht-öffentlichen – Rahmen zu beraten, wesentliche Schritte für „das Projekt der europäischen Union" festlegen und die „Ausführung des Programms" der Pariser Konferenz von 1972 überwachen (zit. n. Loth 2002: 111f). In der Folge traf sich Jean Monnet mit Willy Brandt, Edward Heath und Georges Pompidou mit dem Ziel, die drei Staats- und Regierungschefs von seinem Vorschlag zu überzeugen. Entscheidend für Monnet war dabei weniger die Bezeichnung der neuen Institution, sondern der Umstand, dass die Staats- und Regierungschefs „das Prinzip übernommen hatten und den Prozess in die Wege leiteten. Der Rest würde folgen" – merkte Monnet lakonisch in seinen Erinnerungen an (Monnet 1978: 643f).

Mit seiner Initiative hatte Jean Monnet einen günstigen Zeitpunkt getroffen. Im Rahmen von bi- und multilateralen Treffen der Staats- und Regierungschefs – so etwa den von Willy Brandt initiierten „Kamingesprächen" – war bereits mehrfach der Gedanke erörtert worden, die Aufgabe der Koordinierung und Überwachung, vor allem aber die Verleihung neuer politischer Impulse der Gemeinschaft, nicht länger den Außenministern und der Kommission zu überlassen. Obwohl die kleineren Staaten zunächst Befürchtungen hegten, nach einer Institutionalisierung der Gipfelkonferenzen durch ein Direktorium der Großen an den Rand gedrängt zu werden, und zudem – wie in den Niederlanden – nicht alle Regierungschefs uneingeschränkte Entscheidungskompetenzen in außenpolitischen Fragen besaßen, schien ein regelmäßiges Treffen der politisch wichtigsten Repräsentanten der Mitgliedstaaten unabdingbar. In diesem Sinne hatte Pompidou schon bei der Initiative für den Haager Gipfel auf einer Pressekonferenz am 10. Juli 1969 erklärt, „dass es nützlich wäre, wenn die wichtigsten verantwortlichen Staats- und Regierungschefs in nicht allzu ferner Zeit und in ziemlichen kurzen Abständen ohne feste Tagesordnung, also sehr frei, zusammenkommen würden, um alle offenen Fragen gemeinsam zu erörtern und zuerst schnellstens die Vollendung der Gemeinschaft, so wie sie ist, voranzubringen, und dann die Fortschritte der Gemeinschaft auf anderen Gebieten" (zit. n. Siegler 1973: 62).

Eine Entscheidung ließ zunächst aber noch auf sich warten. Auf dem so genannten Krisengipfel in Kopenhagen, der im Dezember 1973 nach dem vierten israelisch-arabischen Krieg (Jom-Kippur-Krieg) und vor dem Hintergrund drastisch gestiegener Rohölpreise unter teilweise chaotischen Bedingungen stattfand, konnte man sich noch nicht auf eine Regelung verständigen. Ein Jahr später indes – nach abermals fast zeitgleichem Wechsel der Regierungsspitze in Deutschland und Frankreich – leitete das neue deutsch-französische „Tandem" Valéry Giscard d'Estaing und Helmut Schmidt die Etablierung der Treffen der Staats- und Regierungschefs als institutionalisierte Gipfelkonferenzen ein. Die eng miteinander kooperierenden Politiker galten als Pragmatiker, die zuvor als Finanzminister bereits eingehende Erfahrungen auf europapolitischen Terrain gesammelt hatten, den Organen der Europäischen Gemeinschaft aber auch mit einer gewissen Skepsis gegenüber standen. Mit Treffen auf persönlicher Ebene beabsichtigten sie, den stockenden Gesprächen neuen Schwung zu verleihen.[11]

Auf dem Gipfeltreffen im Dezember 1974 in Paris wurde formell beschlossen, dass die Staats- und Regierungschefs „dreimal jährlich und jedes Mal, wenn dies notwendig erscheint, zusammen mit den Außenministern als Rat der Gemeinschaft und im Rahmen der politischen Zusammenarbeit zusammentraten" (zit. n. Bulletin der Europäischen Gemeinschaft 12 (1974): 7ff). Als Bezeichnung setzte sich – in Abgrenzung zu den Aktivitäten des (Minister-)Rats – der Name „Europäischer Rat" durch, der seitdem als Synonym für die institutionalisierten Gipfeltreffen steht. Die Namensähnlichkeit führt bis heute immer wieder zu Verwechslungen zwischen dem (Minister-)Rat einerseits und dem Europäischen Rat (der Staats- und Regierungschefs) andererseits. Verstärkt werden die Irritationen zusätzlich noch durch die begriffliche Nähe zu dem mit der Gemeinschaft vertragsrechtlich nicht verbundenen Europarat.

Der Europäische Rat setzte sich aus den Staats- und Regierungschefs der Mitgliedstaaten, ihren Außenministern sowie dem Kommissionspräsidenten und einem weiteren Mitglied der Kommission zusammen. Bis sich diese Konstellation herausbildete, verging indes einige Zeit, in der vor allem die Kommissionsmitglieder um Zugang und Gehör kämpfen mussten. Schmidt und Giscard d'Estaing hatten als Initiatoren des Europäischen Rats bewusst versucht, eine zu große Teilnehmerzahl zu vermeiden und für Treffen im kleinen Kreis, hinter verschlossenen Türen mit vertraulichem Charakter plädiert. Kernziel des Europäischen Rats sollte es sein, die Probleme bei der Ausarbeitung politisch kohärenter Ziele und der Koordinierung der außen- und integrationspolitischen Zusammenarbeit der Mitgliedstaaten zu überwinden. Infolgedessen verständigte man sich darauf, einen „informellen Gedankenaustausch" durchzuführen, „Richtlinien für künftige Maßnahmen festzulegen", „öffentliche Erklärungen herauszugeben", jenseits von technischen Detailfragen „zu Beschlüssen zu gelangen" und „Fragen zu regeln, die bei Beratungen auf niedriger Ebene offen geblieben sind" (Wessels 1980: 135ff).

Auch wenn der Europäische Rat zunächst nur als eine Art Ergänzung des Institutionengefüges gedacht war, übernahm er infolge der Autorität der Regierungschefs und aufgrund der Bandbreite der von ihm behandelten Themen alsbald eine Führungsrolle in der Europapolitik. De facto löste er die Kommission als „Motor der Gemeinschaft" ab, stufte diese jedoch nicht zu einem „Expertensekretariat" herab. Das wechselseitige Verhältnis entwickelte sich nicht dualistisch, sondern vielmehr partnerschaftlich und eröffnete der Kommission selbst neue Handlungsspielräume. Der (Minister-)Rat wurde angesichts der faktischen Richtlinienkompetenz des Europäischen Rats in seinem Aktionsradius ebenfalls eingeschränkt. Allerdings wertete der Europäische Rat auch den (Minister-)Rat im politischen Leben der Gemeinschaft nicht ab, sondern verzahnte ihn effektiver, indem der Europäische Rat die bisweilen willkürliche Trennung von Themen durch seine Koordinationsrolle überwand.

Aufgrund des ambitionierten Aufgabenkatalogs des Europäischen Rats blieb es nicht bei dem kleinen informellen Gremium, das Schmidt und Giscard d'Estaing ursprünglich vorschwebte. Marcell von Donat, der als ranghoher Kommissionsbeamter an zahlreichen Gipfeltreffen des Europäischen Rats teilgenommen und eine der wenigen Publikationen über die institutionalisierten Gipfeltreffen verfasst hat, beschreibt mit subtiler Kritik das sich ausweitende Umfeld des Europäischen Rats in Form von sieben konzentrischen Ringen (von Donat 1987: 14–24): Der innere Kreis der Staats- und Regierungschefs, Außenminister und Kommissionsmitglieder wird während der Sitzungen um einen zweiten Ring ergänzt, den eine eng begrenzte Anzahl von Beamten aus dem Land der Präsidentschaft, wenige hohe Beamte des Generalssekretariats des Rats und seit 1983 auch der Generalsekretär der Kommission bilden. Dem schließen sich in einem dritten Kreis die Dolmetscher an, die bei der

Gründung des Europäischen Rats die Beratungen in zunächst vier, zu Beginn des 21. Jahrhunderts aber in 23 Amtssprachen (2007) übersetzen.[12] Eine besondere Rolle kommt den Mitgliedern der Antici-Gruppe zu, benannt nach dem italienischen Beamten Paolo Massimo Antici, die sich in der Regel aus einem hohen nationalen Beamten je Staat zusammensetzt, und als vierter Kreis die Brücke zu den hinter den Kulissen arbeitenden nationalen Delegationen bildet. In den ersten Jahren schoben die Staats- und Regierungschefs noch Zettel mit Botschaften unter den Türen durch. Seit 1979 haben die Antici-Beamten aber Zutritt zum Tagungsraum und fungieren so als direkte „Boten" zwischen den Staats- und Regierungschefs und den außerhalb des Sitzungssaals wartenden nationalen Expertenstäben. Diese nationalen Delegationen bilden in Verbindung mit den Beamten des Generalssekretariats den fünften Kreis. Die Hauptaufgabe der Delegationen besteht darin, stets die notwendigen Informationen für die verhandelnden Politiker des Europäischen Rats parat zu haben, aber auch Übersetzungs- und Redaktionsarbeiten vorzunehmen. In Marcell von Donats Beschreibung bilden die Journalisten und Kamerateams, die mit großem Aufwand von den Sitzungen des Europäischen Rats berichten, den sechsten Ring. Und schließlich sind auch die Sicherheitsbeamten als äußerster Ring von Bedeutung. Angesichts der beträchtlichen Zahl von Staats- und Regierungschefs verlaufen die Sitzungen des Europäischen Rats stets unter höchstem Sicherheitsaufwand.

Bereits auf einem der ersten Gipfel beklagte Helmut Schmidt angesichts zahlreicher Journalisten die fehlende „Intimität" des Europäischen Rats. Allein das gemeinsame Abendessen wurde von den Staats- und Regierungschefs, auch gegenüber ihren Außenministern, als letzte Bastion eines vertraulichen und geschlossenen Zusammenkommens verteidigt. Der offizielle Startschuss für den Europäischen Rat war die Sitzung im März 1975 im Dubliner Schloss, tatsächlich aber hatten die Staats- und Regierungschefs bereits in Den Haag 1969 wesentliche Gestaltungsfunktionen übernommen und auf dem Pariser Gipfel 1972 für die erweiterte Gemeinschaft der Neun ein umfangreiches Arbeitsprogramm festgelegt.[13]

Bemerkenswert an der Etablierung des Europäischen Rats ist seine – fehlende – rechtliche Verankerung. Die neue Institution war nicht durch eine vertragsrechtliche, von den Parlamenten der Mitgliedstaaten ratifizierte Vereinbarung, sondern durch die bloße Willensbekundung der Staats- und Regierungschefs geschaffen worden. Damit hatten sich die Gipfelkonferenzen in Form des Europäischen Rats gewissermaßen selbst institutionalisiert. Dies hatte aber wiederum zur Folge, dass der Europäische Rat – im engeren rechtlichen Sinne – kein Organ der Gemeinschaft darstellt. Gestützt auf die Regierungsvereinbarung der Gipfelkonferenz von

Paris 1974 dauerte es bis zur Einheitlichen Europäischen Akte (1987), bis der Europäische Rat erstmals in einem rechtlich verbindlichen Text – aber weiterhin außerhalb des EWG-Vertrags – erwähnt wurde.[14] Diese Stellung jenseits der Gemeinschaftsverträge ist vor allem deswegen von Bedeutung, weil der Europäische Rat sich damit als Institution gezielt außerhalb einer möglichen Verfahrenskontrolle durch den Gerichtshof bewegte.

Nachdem die Staats- und Regierungschefs einmal direkte Verantwortung für die europäischen Gemeinschaften übernommen hatten, sahen sie in ihren Zusammentreffen eine wichtige politische Arena. Das neu konstituierte Gremium übernahm wesentliche Funktionen der Gipfelkonferenzen und agierte fortan als konstitutioneller Architekt, als Leitliniengeber und als Entscheidungsproduzent (Wessels 1980: 274–300). Durch seine Grundsatzentscheidungen in Form der – als Schlusserklärung der (Rats-)Präsidentschaft – einstimmig verabschiedeten Verhandlungspakete, denen eine zumeist anhaltende Konsenssuche vorausgegangen war, avancierte der Europäische Rat zum informellen Leitungs- und Lenkungsgremium. Als solches rückte er bisweilen in die Rolle einer kollektiven europäischen Regierung – ähnlich wie es Jean Monnet im August 1973 in seinem Vorschlag für eine „provisorische europäische Regierung" formuliert hatte.

Auf Seiten der Föderalisten beobachtete man diese Entwicklung zunächst mit Skepsis, befürchtete man mit der „Wanderung über europäische Gipfel" (Reichenbach/Emmerling/Staudenmayer/Schmidt 1999) und der neuen Institution doch eine endgültige Hinwendung zum intergouvernementalen Prinzip, die der Europäische Rat von seiner Struktur auch verkörperte. Diese Befürchtungen erwiesen sich jedoch weitgehend als unbegründet, da der Europäische Rat in den folgenden Jahrzehnten keine ausschließlich nationalstaatlich orientierte Politik betrieb. Er verstand sich von Beginn an nicht als Konkurrenz, sondern vielmehr als komplementäres Gegenstück zu den Gemeinschaftsinstitutionen, denen er loyal verbunden war. Zudem kamen sich die Staats- und Regierungschefs durch regelmäßige Kontakte auch persönlich näher. Dies erleichterte den Gedankenaustausch, trug zu einer größeren Berechenbarkeit bei und mündete schließlich in ein stärker partnerschaftliches Handeln. Nicht zuletzt die Fähigkeit der Gemeinschaft, an kritischen Wegmarken der Integrationsentwicklung auf Krisen zu reagieren, nahm deutlich zu. Vor allem in den 1980er und 90er Jahren legte der Europäische Rat mit der Einberufung von Regierungskonferenzen die Fundamente für die Vertiefung der bisherigen Gemeinschaftsarchitektur.

Eine besondere Rolle kam in diesem Zusammenhang der „Präsidentschaft" zu. Diese vertragsrechtlich nicht vorgesehene Bezeichnung rekurriert auf den halbjährlich rotierenden Vorsitz im Rat, der in den Gründungsjahren der Gemeinschaft zunächst – jenseits der Sitzungsleitung – keine hervorgehobene Bedeutung besessen hatte. Mit der 1974 in Paris festgelegten Sprecherrolle der Präsidentschaft und der 1977 getroffenen Vereinbarung, dass die jeweilige Präsidentschaft sowohl die Agenda für den Europäischen Rat vorzubereiten, als auch die Ergebnisse der Gipfeltreffen in Schlussfolgerungen zusammenzufassen habe, ging jedoch eine deutliche Aufwertung der Präsidentschaft einher (Hummer/Obwexer 1999: 417). Die halbjährlich wechselnde Präsidentschaft des Europäischen Rats – der im Gegensatz zu Institutionen wie dem Europäischen Parlament oder der Kommission durch keinen festen Ort und auch durch keine einzelne Führungspersönlichkeit verkörpert wurde – verstärkte die Dynamik des Integrationsprozesses. Galt es zunächst nur für den organisatorischen Ablauf der Arbeitsprozesse und die Repräsentation nach Außen zu sorgen, trat die jeweilige Präsidentschaft in der Folge immer stärker in einer politischen Rolle und mit einem eigenen Programm auf den Plan. Damit entwickelte sich die Präsidentschaft zum Impulsgeber politischer Initiativen, der auch Verhandlungspakete zwischen den Staaten herstellte und als Scharnier zwischen den einzelnen Organen wirkte (Hayes-Renshaw/Wallace 133–161).

Spannungslinien der Integration: Rückkehr zum Nationalstaat oder Vertiefung der europäischen Einigung“?

Zahlreiche politische Beobachter charakterisierten den in diesem Kapitel behandelten Zeitabschnitt als Konflikt beladene Phase der Desintegration oder „Re-Nationalisierung“. Das Verhältnis zwischen Nationalstaaten und Gemeinschaft wurde dabei als ebenso konfliktreich beschrieben wie das Verhältnis der europäischen Staaten untereinander. Manche Zeitgenossen äußerten sogar Befürchtungen, die Gemeinschaft stehe vor dem Scheitern – Eindrücke, die mit Blick auf die Kette von Vertrauens-, Erweiterungs- und Verfassungskrise kaum von der Hand zu weisen sind. Verortet man diesen Zeitabschnitt jedoch in einer dynamischen Langzeitperspektive, so wird deutlich, dass auch in dieser Phase der europäischen Einigung zentrale Schritte zur Vertiefung – und Erweiterung – eingeleitet wurden. Vor allem der Haager Dreischritt „Erweiterung, Vertiefung und Vollendung“ hat den weiteren Ausbau von der Gemeinschaft zur Union wesentlich geprägt, wenngleich manche Stimmen aus der Wissenschaft betonen, dass dieser Prozess bereits vor der Haager Konferenz 1969 begonnen habe (van der Harst 2003: 5–11).

Kaum umstritten ist aber, dass die Haager Konferenz der Staats- und Regierungschefs eine zentrale Wegmarke der Integrationsgeschichte darstellt: In Den Haag wurde die kaum zu übersehende Spannung zwischen Vertiefung und Erweiterung zugunsten ihrer gegenseitigen Verkoppelung überwunden. Darüber hinaus öffneten die Gipfelkonferenzen mit den Beschlüssen zur WWU und EPZ den Einstieg in zwei Großvorhaben, welche die Entwicklung der europäischen Einigung in den nächsten Jahrzehnten wesentlich prägten. Diese Projekte – beide nicht in den Römischen Verträgen vorgesehen – wiesen in Anlage und Ausgestaltung wesentliche Unterschiede zur bisherigen Integrationsmethode auf, die als Stilelemente charakteristisch für eine veränderte Form europäischer Einigung sind.

Das Beispiel der Europäischen Politischen Zusammenarbeit verdeutlicht am auffälligsten die neue, vorsichtige und ergebnisoffenere Herangehensweise der Staats- und Regierungschefs. Nach dem Scheitern der EVG und EPG in den 1950er Jahren sowie den Misserfolgen der Fouchet-Pläne, die zumindest teilweise auch durch gegensätzliche Konzepte europäischer Einigung bedingt waren, verständigten sich die Staats- und Regierungschefs nun auf weniger ehrgeizig formulierte Zielvorstellungen und Verfahren. Die EPZ wurde bewusst intergouvernemental angelegt, aber ohne den umfassenden Anspruch der Fouchet-Pläne. Mit dieser neuen Form zwischenstaatlicher Kooperation verringerte sich zwar das Tempo europäischer Zusammenarbeit, Fortschritte wurden aber unvermindert erzielt. Durch die EPZ gewann die Gemeinschaft allmählich Kontur als Akteur im internationalen System, so dass sie – trotz aller vertragsrechtlichen Grenzen hinsichtlich ihrer äußeren Wirkungsmöglichkeiten – als Partner im diplomatischen Alltagsgeschäft wahrgenommen wurde. Die Erfolge, die aus dieser Integrationsmethode resultierten, waren damit vor allem langfristiger Natur.

Alle drei hier geschilderten Krisen – die Vertrauens-, die Beitritts- und die Verfassungskrise – verdeutlichen, dass nationale Interessen in den 1960er Jahren zunehmend stärker betont und dabei Konflikte oder sogar Blockaden nicht gescheut wurden – selbst wenn damit bestehende vertragsrechtliche Regelungen gebrochen wurden. Es scheint, dass das die europäische Einigung stets prägende Spannungsverhältnis zwischen Nationalstaat und Gemeinschaft in den 1960er Jahren an Bedeutung zunahm und die Balance zwischen beiden Polen neu austariert wurde. Der Widerstand gegen eine weitere Abtretung von Souveränitätsrechten an die Gemeinschaft bzw. die Bereitschaft, eine europäische Rechtsetzung in bereits abgetretenen Kompetenzbereichen zu akzeptieren, folgte dabei einer wirkungsmächtigen Logik: Die fortschreitende Internationalisierung der Wirtschaft – sei es im Rahmen der EWG oder in anderen internationalen Zusammenhängen – konnte für die Nationalstaaten nur solange als sinnvoll betrachtet werden, wie diese Prozesse einerseits Erfolg zeigten und andererseits durch staatliche Eingriffe steuerbar oder zumindest beeinflussbar blieben.

In dem Augenblick aber, in dem diese Prozesse durch eine Verschlechterung der wirtschaftlichen Lage in Frage gestellt wurden und zugleich der Vorrang des Nationalstaates etwa durch die Urteile des Gerichtshofs empfindliche Kratzer erhielt, konnte diese Logik zu wachsender Uneinigkeit und Konkurrenz führen. Dies wurde in den 1960er Jahren besonders offenkundig, als eine charismatische Persönlichkeit wie Charles de Gaulle – über dessen Charakterisierung als Nationalist, Zweckeuropäer oder verkappter Supranationalist die Forschung bis heute streitet – der Europapolitik seinen Stempel aufdrückte. Fortschritte waren infolgedessen häufig nur noch durch Verhandlungspakete zu erzielen, in denen Nachteile für einzelne Nationalstaaten in einem Bereich durch Vorteile in einem anderen Bereich aufgewogen wurden. Die formelle Übertragung weiterer Souveränitätsrechte geriet vor diesem Hintergrund hingegen zur Hemmschwelle, so dass sich zwischen der Idee des Nationalstaats sowie dem Konzept der Vergemeinschaftung tiefe Gräben auftaten – und in bestimmten krisenhaften Situationen sich die Spannungen sogar entluden. Dennoch darf nicht übersehen werden, dass die Mitgliedstaaten auch in konfliktträchtigen Zeiten ein hohes Maß an Kompromiss- und Verhandlungsbereitschaft unter Beweis stellten. Vor allem auf der Arbeitsebene wurde die Tragfähigkeit der europäischen Kooperation auch in dieser Zeitphase weiter zementiert (Ludlow 2006: 213–218).

Mit der zunehmenden Bedeutung von Verhandlungspaketen erhöhte sich auch der Einfluss der Staats- und Regierungschefs im Europäischen Rat, die erst in dieser Konstellation sichtbar auf der europäischen Ebene in Erscheinung traten. Da in erster Linie die nationalen Staats- und Regierungschefs über das Wissen und die Kompetenz verfügten, politikfeldübergreifende Kompromisse zu schmieden, erschien es geradezu unvermeidlich, dass die Notwendigkeit zunehmender Koppelungseffekte auch eine veränderte Machtbalance der europäischen Akteure nach sich zog. Keine andere Institution sollte die europäische Einigung in den folgenden Jahrzehnten so nachhaltig prägen wie der Europäische Rat. Das institutionalisierte Treffen der Staats- und Regierungschefs stellt bis heute einen zentralen Schlüssel und Erklärungsansatz des europäischen Integrationsprozesses dar.

Auswahlbibliografie zu Kapitel 5

Dokumente und Quellen:

Bericht der Außenminister der Mitgliedstaaten der Europäischen Gemeinschaft an die Staats- bzw. Regierungschefs vom 20. Juli 1970 betr. mögliche Fortschritte auf dem Gebiet der politischen Einigung [Davignon-Bericht], in: Europa-Archiv 22 (1970), S. D 520–525.

Haager Gipfelkonferenz der Sechs. Schlußkommuniqué, abgedr. in: Walter Lipgens (Hg.): 45 Jahre Ringen um die Europäische Verfassung. Dokumente 1939–1984. Von den Schriften der Widerstandsbewegung bis zum Vertragsentwurf des Europäischen Parlaments, Bonn 1986, S. 502–506.

Ministerrat der EWG: Luxemburger Erklärung [Luxemburger Kompromiss], abgedr. in: Walter Lipgens (Hg.): 45 Jahre Ringen um die Europäische Verfassung. Dokumente 1939–1984. Von den Schriften der Widerstandsbewegung bis zum Vertragsentwurf des Europäischen Parlaments, Bonn 1986, S. 485–487.

Pariser Gipfelerklärung der Neun am 19./20.10.1972; Reden und Wortlaut der Schlusserklärung, abgedr. in: Heinrich Siegler (Hg.): Europäische politische Einigung II, Dokumentation von Vorschlägen und Stellungnahmen 1968–1973, Bonn (u.a.) 1973, S. 284–293.

Pressekonferenz von Georges Pompidou am 10. Juli 1969, abgedr. in: Heinrich Siegler (Hg.): Europäische politische Einigung II, Dokumentation von Vorschlägen und Stellungnahmen 1968–1973, Bonn (u.a.) 1973, S. 62f.

Tindemans-Bericht über die Europäische Union, abgedr. in: Heinrich Schneider/Wolfgang Wessels (Hg.): Auf dem Weg zur Europäischen Union? Diskussionsbeiträge zum Tindemans-Bericht, Bonn 1977, S. 239–288.

Werner-Bericht: Die stufenweise Verwirklichung der Wirtschafts- und Währungsunion, abgedr. in: Walter Lipgens (Hg.): 45 Jahre Ringen um die Europäische Verfassung. Dokumente 1939–1984. Von den Schriften der Widerstandsbewegung bis zum Vertragsentwurf des Europäischen Parlaments, Bonn 1986, S. 532–535.

Darstellungen und Literatur:

Allen, David/Wallace, William (Hg.): Die Europäische Politische Zusammenarbeit. Modell für eine europäische Außenpolitik?, Bonn 1976.

Defrance, Corinne/Pfeil, Ulrich (Hg.): Der Élyséevertrag und die deutsch-französischen Beziehungen 1945–1963–2003, München (u.a.) 2005.

Deighton, Anne/Milward, Alan S. (Hg.): Widening, Deepening and Acceleration. The European Economic Community 1957–1963, Baden-Baden (u.a.) 1999.

Donat, Marcell von: Das ist der Gipfel! Die EG-Regierungschefs unter sich, Baden-Baden 1987.

Ellison, James: Threatening Europe. Britain and the Creation of the European Community, 1955–1958, Houndmills (u.a.) 2000.

* Groeben, Hans von der: Aufbaujahre der Europäischen Gemeinschaft. Das Ringen um den gemeinsamen Markt und die politische Union (1958–1966), Baden-Baden 1982.

Hayes-Renshaw, Fiona/Wallace, Helen: The Council of Ministers, Houndmills ²2006.

Hölscher, Wolfgang: Krisenmanagement in Sachen EWG. Das Scheitern des Beitritts Großbritanniens und die deutsch-französischen Beziehungen, in: Rainer A. Blasius (Hg.): Von Adenauer zu Erhard. Studien zur Auswärtigen Politik der Bundesrepublik Deutschland 1963, München 1994, S. 9–44.

Hummer, Waldemar/Obwexer, Waldemar: Die „EU-Präsidentschaft". Entwicklung, Rechtsgrundlagen, Funktionen und Aufgaben sowie künftige Ausgestaltung der „Präsidentschaft" des Rates der Europäischen Union, in: Europarecht 4 (1999), S. 409–451.

Kaiser, Wolfram: Challenge to the Community: The Creation, Crisis and Consolidation of the European Free Trade Association, 1958–72, in: Journal of European Integration History 1 (1997), S. 7–33.

Köhler, Klaus/Scharrer, Hans-Eckart (Hg.): Die Europäische Gemeinschaft in der Krise, Hamburg 1974.

Kramer, Esther: Europäisches oder atlantisches Europa? Kontinuität und Wandel in den Verhandlungen über eine politische Union 1958–1970, Baden-Baden 2003.

Lappenküper, Ulrich: Die deutsch-französischen Beziehungen 1949–1963. Von der „Erbfeindschaft" zur „Entente élementaire", 2 Bde., München 2001.

Loth, Wilfried/Picht, Robert (Hg.): De Gaulle, Deutschland und Europa, Opladen 1991.

Loth, Wilfried: Hallstein und de Gaulle. Die verhängnisvolle Konfrontation, in: Wilfried Loth/William Wallace/Wolfgang Wessels (Hg.): Walter Hallstein. Der vergessene Europäer?, Bonn 1995, S. 171–188.

* Loth, Wilfried (Hg.): Crises and Compromises. The European Project 1963–1969, Baden-Baden/Brüssel 2001.

Lucas, Hans-Dieter: Europa vom Atlantik bis zum Ural? Europapolitik und Europadenken im Frankreich der Ära De Gaulle (1958–1969), Bonn 1992.

* Ludlow, N. Piers: The European Community and the Crises of the 1960s. Negotiating the Gaullist challenge, London/New York 2006.

Mittag, Jürgen/Wessels, Wolfgang: Die Gipfelkonferenzen von Den Haag (1969) und Paris (1972). Meilensteine für Entwicklungstrends der Europäischen Union?, in: Franz Knipping/Matthias Schönwald (Hg.): Aufbruch zum Europa der zweiten Generation. Die europäische Einigung 1969–1984, Trier 2004, S. 3–27.

Nielsen-Sikora, Jürgen: Europa im Umbruch: Der Tindemans-Bericht von 1975, in: Historische Mitteilungen (HMRG) 19 (2006), S. 277–296.

Palayret, Jean-Marie/Wallace, Helen/Winand, Pascaline (Hg.): Visions, Votes and Vetoes. The Empty Chair Crises and the Luxembourg Compromise Forty Years On, Brüssel (u.a.) 2006.

Reichenbach, Horst/Emmerling, Thea/Staudenmayer, Dirk/Schmidt, Sönke: Integration: Wanderung über europäische Gipfel, Baden-Baden 1999.

Ruane, Kevin: The Rise and Fall of the European Defence Community. Anglo-American Relations and the Crises of European Defence, 1950–55, Basingstoke 2000.

Sasse, Christoph: Regierungen, Parlamente, Ministerrat. Entscheidungsprozesse in der Europäischen Gemeinschaft, Bonn 1975.

Schmidt, Gustav (Hg.): Großbritannien und Europa – Großbritannien in Europa. Sicherheitsbelange und Wirtschaftsfragen in der britischen Europapolitik

nach dem Zweiten Weltkrieg, Bochum 1989.
Schulz, Eberhard (Hg.): Die Ostbeziehungen der Europäischen Gemeinschaft. Von nationalstaatlicher Politik zu gemeinsamer Verantwortung, München/Wien 1977.
Türk, Henning: Die Europapolitik der Großen Koalition 1966–1969, München 2006.
Vaisse, Maurice: La Grandeur. Politique étrangère du général de Gaulle (1958–1969), Paris 1998.
Van der Harst, Jan: The 1969 Hague Summit: a New Start for Europe, in: Journal of European Integration History 2 (2003), S. 5–11.
Volle, Angelika: Großbritannien und der europäische Einigungsprozess, Bonn 1989.
Weiler, Joseph H.H.: A Quiet Revolution. The European Court of Justice and its Interlocutors, in: Comparative Political Studies 26 (1994), S. 510–534.
* Wessels, Wolfgang: Der Europäische Rat. Stabilisierung statt Integration? Geschichte, Entwicklung und Zukunft der EG-Gipfelkonferenzen, Bonn 1980.
Wilkens, Andreas: Der Werner-Plan. Währung, Politik und Europa 1968–1971, in: Franz Knipping/Matthias Schönwald (Hg.): Aufbruch zum Europa der zweiten Generation. Die europäische Einigung 1969–1984, Trier 2004, S. 217–244.

Anmerkungen zu Kapitel 5

1 Der EFTA-Vertrag galt auch für Liechtenstein, da das Fürstentum mit der Schweiz seit März 1923 durch eine Zollunion verbunden war.

2 Die politisch nicht gebundenen EFTA-Staaten Schweiz, Österreich und Schweden richteten 1961 einen Antrag auf ein Assoziationsabkommen an die Gemeinschaft.

3 Vor diesem Hintergrund zog sich Frankreich im Jahr 1966 auch aus den militärischen Kommandostrukturen der NATO zurück.

4 Obwohl der Wirtschafts- und Sozialausschuss der Römischen Verträge zur gemeinsamen Institution aller drei Verträge gemacht wurde, blieb der beratende Ausschuss des EGKS-Vertrags weiterhin als eigenständige Institution bestehen.

5 Vorgesehen waren im Vertrag für die großen Staaten (Deutschland, Frankreich und Italien) jeweils vier Stimmen, für die „mittleren“ Staaten (Belgien und Niederlande) je zwei Stimmen sowie für Luxemburg eine Stimme. Sofern Beschlüsse nicht auf einem Vorschlag der Kommission basierten, war zusätzlich die Zustimmung von zwei Dritteln der Mitgliedstaaten notwendig.

6 De Gaulle gewann die erste Direktwahl des Staatspräsidenten in der V. Republik mit 55,2 % der Stimmen in der Stichwahl gegen seinen Kontrahenten François Mitterand.

7 Entsprechende Vorschläge waren auch bereits in Zusammenhang mit den Fouchet-Plänen erörtert worden.

8 Es wurde beschlossen, dass Einnahmen aus dem gemeinsamen Zolltarif völlig sowie die Abschöpfungsbeiträge aus landwirtschaftlichen Einfuhren aus Drittländern sowie 1% der Einnahmen aus der Mehrwertsteuer als Finanzgrundlage festgeschrieben wurden.

9 Stenographische Berichte des Deutschen Bundestags, Sechste Wahlperiode, 3. Dezember 1969, S. 591–593.

10 Während mit deutlicher Mehrheit in Referenden in Dänemark (56,6 %) und Irland (83,0 %) für den Beitritt votiert wurde, stimmte die norwegische Bevölkerung mit 53,49 % der Stimmen gegen den Beitritt. In Großbritannien wurde im Gefolge eines Regierungswechsels nachträglich eine Volksabstimmung für 1975 anberaumt, in der sich 67,3 % für einen Verbleib in der Gemeinschaft aussprachen. In Frankreich hatte zuvor – im Jahre 1972 – eine Mehrheit von 68,0 % der Norderweiterung zugestimmt.

11 Bei einem Kamingespräch zwischen Schmidt und Giscard d'Estaing in Rambouillet 1975 wurden auch die Weltwirtschaftsgipfel der G6 (heute G7/8) vereinbart.

12 In der EU des 21. Jahrhunderts werden Englisch und Französisch als vorherrschende Arbeitssprachen verwendet, darüber hinaus gilt auch Deutsch als anerkannte, aber nicht unumstrittene Arbeitssprache.

13 Auf der Internetseite des Autors findet sich als Anlage zu diesem Band eine Liste mit allen Gipfeltreffen des Europäischen Rats sowie der dort behandelten Themen.

14 Der Europäische Rat wurde vor der Einheitlichen Europäischen Akte in insgesamt drei Texten näher definiert: dem Pressekommuniqué des Pariser Gipfels (1974); der „Londoner Erklärung über den Europäischen Rat" (1977) und der „Feierlichen Deklaration zur Europäischen Union" von Stuttgart (1983).

6. Von der „Eurosklerose" bis zur Einheitlichen Europäischen Akte (1975–1987): Gratwanderung zwischen Krise und Reform

Die mit den Gipfeltreffen in Den Haag und Paris ausgelöste Debatte über eine Vergemeinschaftung weiterer Politikfelder hatte ebenso wie die Gründung des Europäischen Rats dazu beigetragen, dass die Bürger in den 1970er Jahren europapolitischen Themen zunehmendes Interesse entgegenbrachten. Die gesteigerte Aufmerksamkeit legte indes auch ein Demokratieproblem offen, kannte die Europäische Gemeinschaft doch bis zu diesem Zeitpunkt keinerlei Formen direkter Bürgerbeteiligung. Die Staats- und Regierungschefs reagierten hierauf zunächst mit einer behutsamen Kompetenzausweitung des Europäischen Parlaments sowie mit dem Entschluss zu dessen Direktwahl. Darüber hinaus wurden aber auch Überlegungen angestellt, das „Europa der Bürger" zu stärken. Zu diesem Zweck besann man sich zunehmend auf das gemeinsame europäische kulturelle Erbe und eine gemeinsame europäische Identität, indem verbindende Traditionslinien und Wertvorstellungen betont oder überhaupt erst konstruiert wurden.

Jenseits dieser legitimatorischen Zielsetzungen lagen die Schwerpunkte der europäischen Einigung aber auch in den 1970er und 80er Jahren weiterhin auf dem Ausbau der wirtschaftlichen Zusammenarbeit. Dabei stellten vor allem die Verteilungskämpfe in der Agrar- und Haushaltspolitik die Gemeinschaft vor beträchtliche Probleme. Wiederholt gelang es den Mitgliedstaaten nur mit Mühe, sich auf finanzielle Rahmenbedingungen zu verständigen. Erst mit den Beschlüssen zum Binnenmarkt und zur Wirtschafts- und Währungsunion in den 1980er Jahren wurden im Bereich der Wirtschaftsintegration neue Zielsetzungen abgesteckt.

Trotz erheblich differierender europapolitischer Leitbilder strebten die Mitgliedstaaten an, die Gemeinschaft in Richtung einer stärker politisch konturierten Europäischen Union auszubauen. Mehrere Anläufe zu einer Revision der Römischen Verträge mit der Absicht, neue Politikfelder und institutionelle Reformen rechtlich zu verankern, endeten jedoch ergebnislos. Sowohl die 1981 von Regierungsseite aus entwickelte „Europa-Initiative" als auch der Vertragsentwurf des Europäischen Parlaments aus dem Jahr 1984 zielten auf die Gründung der Europäischen Union, scheiterten jedoch an den Interessensgegensätzen der Mitgliedstaaten. Erst nach der Überwindung der dringendsten Haushalts- und Agrarprobleme auf dem Gipfeltreffen des Europäischen Rats in Fontainebleau 1984 öffnete sich ein Zeitkorridor zur Vertragsrevision, in dem wirtschaftspolitische Zielsetzungen – insbesondere im Hinblick auf den Binnenmarkt – mit institutionellen Reformen verknüpft wurden. Nach spannungsgeladenen Jahren wurde im Dezember 1985 auf dem Luxemburger Gipfel die Einheitliche Europäische Akte beschlossen, die 1987 in Kraft trat. Diese Vertragsrevision ergänzte nicht nur den EWG-Vertrag erheblich, sondern führte auch neue Bestimmungen im Bereich der Außen- und Sicherheitspolitik ein.

Auch in dem hier behandelten Zeitabschnitt spiegelten sich erneut die Wechselwirkungen von Vertiefung und Erweiterung wider. Parallel zur Ausarbeitung der Einheitlichen Europäischen Akte erfolgte die Aufnahme von Spanien und Portugal in die Gemeinschaft. Damit wurde der bereits 1981 – mit dem Beitritt Griechenlands – begonnene Süderweiterungsprozess abgeschlossen, der die Neuner-Gemeinschaft der 1970er Jahre zu einer zwölf Staaten Europas zählenden Europäischen Gemeinschaft erweiterte.

Demokratieprobleme: Die Debatte um die Kompetenzausweitung und Direktwahl des Europäischen Parlaments

Schon bei der Gründung der Montanunion hatte man die fehlende demokratische Grundlage der Gemeinschaft und ihrer Organe kritisch beargwöhnt. Nach der Ausweitung der Handlungsfelder durch die Römischen Verträge und den weitreichenden Absichtserklärungen der Gipfeltreffen in Den Haag und Paris hatte sich die Skepsis weiter verstärkt. Dabei schälten sich zwei Hauptkritikpunkte heraus: Während die einen in struktureller Hinsicht einen demokratischen Kern und eine Identitätsbildung in der Europäischen Gemeinschaft vermissten, monierten andere aus institutioneller Perspektive, dass die europäischen Organe keine direkte politische Unterstützung seitens der Bürger bezogen.

Es wurde vor allem darauf hingewiesen, dass politische Entscheidungen auf europäischer Ebene vom (Minister-)Rat getroffen werden, der durch kein politisches Votum der Bevölkerung direkt bestätigt wurde und bis heute auch keiner direkten Kontrolle der nationalen Parlamente unterliegt. Das bereits in den 1970er Jahren aufkommende Schlagwort „Demokratiedefizit" rekurrierte infolgedessen primär darauf, dass nationalstaatliche Kompetenzen, die zuvor durch unmittelbar demokratisch legitimierte Institutionen der Mitgliedstaaten – insbesondere die nationalen Parlamente – ausgeübt worden waren, an europäische Institutionen abgegeben wurden, die – wie der (Minister-)Rat – keinerlei direkte Legitimitätsquelle besaßen. Darüber hinaus wurde beanstandet, dass die Entscheidungsprozeduren auf europäischer Ebene, die zumeist auf nicht-öffentlichen Verhandlungen zwischen den Regierungen der Mitgliedstaaten im Rat basierten, wenig bürgernah und kaum transparent waren.

Die Versammlung, die seit den Römischen Verträgen unter der (Selbst-) Bezeichnung Europäisches Parlament firmierte, hatte nur begrenzt dazu beitragen können, demokratische Defizite der Gemeinschaft zu reduzieren. Nach dem Idealmodell parlamentarischer Systeme besitzt in repräsentativen Demokratien eine direkt gewählte Volksvertretung das Recht, die Regierung zu wählen, Gesetze einzubringen und zu verabschieden sowie die Regierung zu kontrollieren und zu stürzen. Obgleich die Europäische Gemeinschaft nicht den Prinzipien eines parlamentarischen Systems folgt, wurden vergleichbare Ansprüche auch auf das Europäische Parlament projiziert. Dementsprechend trug die Entsendung von Deputierten aus den einzelnen nationalen Parlamenten nach Straßburg ebenso zum Bild des Demokratiedefizits bei wie die begrenzten rechtlichen EP-Befugnisse. Die fehlenden Legislativkompetenzen wurden vielfach – so u.a. in dem Bericht einer Expertengruppe unter dem Vorsitz des französischen Juristen Georges Vedel – als zentrales Defizit betrachtet. Im Vedel-Bericht wurde hieraus die Schlussfolgerung abgeleitet, dass eine mit Nachdruck vertretene „Stärkung der Rolle des [Europäischen] Parlaments nicht nur eine Art demokratisches Vakuum ausfüllt, sondern auch bestimmte Lücken beim wirksamen Funktionieren der Gemeinschaft schließt" (zit. n. Siegler 1973: 225).

Das wichtigste Instrument in der Alltagsarbeit des Europäischen Parlaments bildeten Anfragen an die Kommission bzw. die Hohe Behörde und an den Rat. Hierbei bestimmte letzterer aber selbst das Ausmaß, in dem er Informationen erteilte und bereit war, sich einer Kontrolle zu unterwerfen. Aus Mangel an Alternativen machte das Europäische Parlament von dem Recht auf Anfragen zunehmend regeren Gebrauch. Daneben nutzte es die Möglichkeit, die Aktionsprogramme der Kommission eingehender zu erörtern. Schließlich ging das Parlament in den 1970er Jahren auch immer häufiger dazu über, politisch brisante Themen im Straßburger Plenum zu diskutieren. So nahm es etwa den Dioxin-Skandal in Seveso im Juli 1976 zum Anlass, einen Untersuchungsausschuss einzurichten, der Berichte vorlegte und konkrete Forderungen erhob. Die Ausschusssekretariate des Europäischen Parlaments vermerkten sorgfältig, inwieweit Änderungsvorschläge des Parlaments in Rechtsakte der Gemeinschaft übernommen wurden.

Die Möglichkeit, der Kommission als Kollegium das Misstrauensvotum auszusprechen und sie damit zum Rücktritt zu zwingen – das formell stärkste Kontrollrecht des Europäischen Parlaments -, wurde in den

1970er Jahren insgesamt viermal erprobt, ohne dass das Parlament mit diesen Verfahren größere Aufmerksamkeit erzielen konnte. Die beiden Anträge vom Dezember 1972 und 1976, in denen es um grundsätzliche Fragen der Kontrollrechte des Parlaments ging, wurden nach dem Einlenken der Kommission vom Parlament wieder zurückgezogen. Die Anträge vom Juni 1976 und März 1977 hingegen, in denen Agrarfragen den Anlass für das Misstrauensvotum gaben, fanden im Europäischen Parlament selbst keine Mehrheit.

Bis zu Beginn der 1970er Jahre verfügte das EP über keine legislativen Kompetenzen, sondern besaß lediglich in spezifischen Politikfeldern ein Anhörungsrecht bei der Rechtsetzung. Im so genannten Anhörungs- oder Konsultationsverfahren, das in einigen Politikfeldern bis heute gilt, darf das Parlament zu den von der Kommission initiierten Rechtsakten zwar Stellung beziehen und bekunden, ob es einen Vorschlag billigt oder ablehnt. Die Entscheidung über den Rechtsakt verbleibt jedoch letztlich beim Rat. Eine Ausweitung des Anhörungsrechts erfolgte erst, als am 21. April 1970, anknüpfend an das Schlusskommuniqué des Haager Gipfels, die Gemeinschaft mit dem so genannten Eigenmittelentscheid des Rats ein eigenes Budget erhielt.[1] Nach der vertraglichen Ratifizierung dieser Regelung durch die Mitgliedstaaten wurde dem Europäischen Parlament zugebilligt, über den Haushalt der Gemeinschaft mitzuentscheiden. Dabei wurde allerdings innerhalb des Haushalts differenziert: Während dem Rat bei so genannten obligatorischen Ausgaben – also solchen Budgetposten, die direkt aus den Verträgen ableitbar sind, wie etwa die gemeinsame Agrarpolitik – das letzte Wort zustand, erhielt das EP das endgültige Entscheidungsrecht über den Bereich der nicht-obligatorischen Ausgaben, wozu etwa Gelder für Projekte und Programme zählen. Damit hatte das Parlament zwar einen Einstieg in die seit langem geforderten legislativen Kompetenzen im Haushaltsbereich erhalten; in den 1970er Jahren machte der Zuständigkeitsbereich des Europäischen Parlaments zeitweilig dennoch nur 5 bis 10 % der Gesamtausgaben der Gemeinschaft aus. Erst mit dem Rückgang der Agrarausgaben in den 1980er und 90er Jahren stieg der im Verfügungsbereich des Parlaments liegende Budgetanteil auf über 40 %.

Durch den im Juli 1975 ratifizierten und 1977 in Kraft getretenen „Vertrag zur Änderung bestimmter Finanzvorschriften der Verträge zur Gründung der Europäischen Gemeinschaften" wurde mit dem Rechnungshof nicht nur ein neues Organ eingesetzt, sondern auch die Kompetenzen des Europäischen Parlaments wurden abermals gestärkt. Nunmehr erhielt das Europäische Parlament auch das Recht, aus wichtigen Gründen den Gesamthaushalt – also auch die obligatorischen Ausgaben

– mit der Mehrheit der Stimmen seiner Mitglieder und mit zwei Dritteln der abgegebenen Stimmen abzulehnen sowie die Vorlage eines neuen Entwurfs zu verlangen. Durch diese Regelung gewann das EP nunmehr Einfluss auf die Höhe der Gesamtausgaben und deren Verteilung. Zudem wurde ihm die volle haushaltspolitische Kontrolle gegenüber der Kommission übertragen, so dass allein das Europäische Parlament das Recht erhielt, der Kommission die Entlastung für ihre Haushaltsführung zu erteilen – oder zu verweigern. Mit diesen haushaltsrechtlichen Regelungen der 1970er Jahre wurde – ähnlich wie bei den nationalen Parlamenten Europas in den zurückliegenden Jahrhunderten – auf europäischer Ebene dem Einstieg in eine parlamentarische Legislativkompetenz der Weg gebahnt.

Weitaus stärkere Aufmerksamkeit als die schrittweise Ausweitung der Haushaltsrechte des Europäischen Parlaments fand in der Öffentlichkeit die Entscheidung zu seiner Direktwahl. Als wichtiges Argument für die Direktwahl galt die Notwendigkeit, der neuen intergouvernementalen Institution des Europäischen Rats, die allen Ansprüchen von Demokratie und Transparenz zuwiderlief und auch den sozialen Akteuren der Nationalstaaten kaum Einflussnahme auf die europäische Politikgestaltung erlaubte, ein demokratisches und bürgernahes Pendant gegenüberzustellen. Darüber hinaus beendete man mit der Direktwahlentscheidung eine jahrzehntelange Debatte, die bis in die Anfänge der europäischen Integration zurückreichte. Bereits auf dem Haager Kongress 1948 und in den Beratungen der erweiterten Versammlung über eine Europäische Politische Gemeinschaft 1952 hatte man Vorschläge für eine Direktwahl des parlamentarischen Gremiums entwickelt. In den Römischen Verträgen waren schließlich sogar konkrete vertragliche Bestimmungen zur Direktwahl verankert worden, die jedoch nicht umgesetzt wurden, da sie an einen einstimmigen Beschluss des Rats gebunden waren.

Die Diskussion über die Direktwahl wurde seit den 1960er Jahren im Kern von zwei Sichtweisen geprägt: Während intergouvernementale oder stark auf die Exekutive orientierte Staaten wie Großbritannien oder Frankreich fürchteten, ein durch die Direktwahl gestärktes Parlament würde die Vormachtstellung nationaler Entscheidungsfindung untergraben, befürworteten Italien, die Niederlande sowie Belgien ein stärkeres Europäisches Parlament. Die Bundesrepublik hatte sich in dieser Frage zunächst zurückgehalten, da Konrad Adenauer anfänglich die Ansicht vertrat, aufgrund der mangelnden Vorbereitung der Bürger seien Direktwahlen noch nicht an der Zeit. Die Regierungen Kiesinger und Brandt bekundeten später hingegen ihre Unterstützung für die Direktwahl. Das Europäische Parlament erarbeitete selbst wiederholt konkrete Vorschläge für Direktwahlen, die jedoch ohne Ergebnis blieben, da die Entwürfe von den Außenministern im Rat entweder ignoriert oder abgelehnt wurden. So fiel die Entscheidung erst auf dem Pariser Gipfel 1974, auf dem der neu ins Amt gekommene französische Staatspräsident Valéry Giscard d'Estaing den französischen Widerstand gegen eine Direktwahl aufgab (Brunn 2004: 47–72).

Angesichts zäher Diskussionen über die Sitzverteilung und die Größe des Parlaments dauerte es aber weitere zwei Jahre, bis der formelle Entschluss des Ministerrats zum Gesetz über die Wahl zum Europäischen Parlament im September 1976 verabschiedet wurde. Ursprünglich für 1978 vorgesehen, wurden die ersten Direktwahlen aufgrund anhaltender Kontroversen über Detailfragen schließlich vom 7. bis zum 10. Juni 1979 abgehalten.[2] Eine schwer zu überwindende Hürde der Direktwahl stellte das in den Römischen Verträgen geforderte einheitliche Wahlsystem dar. Der vom Europäischen Parlament ernannte Berichterstatter beabsichtigte dieses Problem zu umgehen, indem er vorschlug, bei der ersten Wahl jedem Staat zu erlauben, sein eigenes, aus den nationalen Wahlen vertrautes System anzuwenden. Erst das gewählte Parlament sollte dann einen Vorschlag für ein einheitliches Wahlsystem unterbreiten – dieses konnte angesichts divergierender Vorstellungen der Mitgliedstaaten bis heute jedoch nicht umgesetzt werden.

Der Entwurf sah zudem vor, dass die Amtszeit fünf Jahre betragen sollte und die Abgeordneten gleichzeitig Mitglieder der nationalen Parlamente sein konnten – jedoch nicht Mitglieder einer Regierung oder der Kommission. Der Rat folgte dem Vorschlag und legte die Zahl der Abgeordneten auf 410 Mandate fest.

Bereits bei den ersten Direktwahlen im Juni 1979 zeichnete sich ab, dass innenpolitische Themen den Wahlkampf in den seinerzeit neun Mitgliedstaaten beherrschten. Obgleich es den meisten Parteien gelang, sich mit ihren Schwesterparteien aus den anderen EG-Staaten vor dem Urnengang auf gemeinsame programmatische Erklärungen – so genannte Wahlplattformen – zu einigen (Bangemann/Bieber/Klepsch/Seefeld 1978), wurde deutlich, dass die Bürger die Europawahlen größtenteils als nationale Testläufe betrachteten und von europäischen Themen kaum Notiz nahmen. Dass statt eines europäischen Wahlkampfs neun nationale Wahlkämpfe mit jeweils spezifischen Themen geführt wurden, war auch darauf zurückzuführen, dass die nationalen Parteien sich kaum bemühten, den Bürgern „Europa" zu vermitteln, sondern auf innenpolitische Themen setzten. Die Gründe hierfür sind strukturell bedingt: Da die Konzeption und operative Durchführung der Wahlkämpfe zu Europawahlen nationalen Parteien obliegt und die Nominierung der Kandidaten über nationale Listen erfolgt, standen bisher primär innerstaatliche Themen im Vordergrund.

Diese Rahmenbedingungen zeigten auch Auswirkung auf den Grad transnationaler Parteienkooperation. Politische Parteien mit ähnlicher ideologischer Ausrichtung hatten schon vor dem Zweiten Weltkrieg lose im europäischen Rahmen miteinander kooperiert. Mit der Entstehung moderner Massenparteien entwickelten sich erste Kontakt- und Kooperationsstrukturen, die vor allem im Spektrum der international orientierten sozialistischen bzw. sozialdemokratischen Parteien zum Ausdruck kamen. Mit dem Ende der faschistischen Herrschaft in Europa, die für zahlreiche Parteien aufgrund von Verfolgung, Unterdrückung oder Exil kaum freie Betätigungsmöglichkeiten erlaubt hatte, eröffneten sich neue Möglichkeiten transnationaler Parteienkooperation auf europäischer Ebene. Zum Nukleus der Parteienzusammenarbeit avancierte die Europäische Gemeinschaft für Kohle und Stahl. In den Mitgliedstaaten der Montanunion suchten die ideologisch und programmatisch einander nahe stehenden Schwesterparteien frühzeitig eine lockere, unverbindliche Zusammenarbeit. Dreh- und Angelpunkt dieser Kooperation wurde die Gemeinsame Versammlung der EGKS, in deren Rahmen sich Verbindungsbüros der Parteienfamilien etablierten. In der Folge entwickelten sich dauerhafte Kooperationsstrukturen, die programmatisch eine zunehmende – wenngleich nicht ausschließliche – Fokussierung auf den europäischen Einigungsprozess nach sich zogen. Im Vorfeld der ersten Direktwahl zum Europäischen Parlament 1979 wuchs das Interesse der großen ideologischen Parteienfamilien, die Wahl durch grenzüberschreitende Organisationsstrukturen vorzubereiten. Der Bildung des „Bundes der Sozialdemokratischen Parteien der EG" im Jahre 1974 folgte im März 1976 die Gründung der „Föderation der Liberalen und Demokratischen Parteien der EG" und im April 1976 die Etablierung der „Europäischen Volkspartei" als Bündnis von Parteien mit christlich-konservativer Ausrichtung. Obwohl der Grad an Kooperation im Vorfeld der Direktwahl deutlich anstieg, entsprachen die Kompetenzen der europäischen Parteiorganisationen aber nicht denjenigen von Parteien in den Wettbewerbsdemokratien der einzelnen Mitgliedstaaten (Mittag 2006: 13–60).

Anstelle von 198 Delegierten aus den nationalen Parlamenten zogen 1979 erstmals 410 direkt gewählte Abgeordnete in das Straßburger Parlamentsgebäude ein.[3] Gestärkt durch ihre demokratische Legitimation pochten die neuen MdEP auf eine Ausweitung ihrer Kompetenzen. Schon nach wenigen Monaten brachten sie ihre Entschlossenheit zum Ausdruck, als sie den Gemeinschaftshaushalt für das Jahr 1980 nach einer Auseinandersetzung mit dem Rat über die Mittelverteilung zwischen

Struktur- und Agrarpolitik durchfallen ließen. Die Gemeinschaft musste infolgedessen bis Juli 1980 mit einem Nothaushalt wirtschaften (Läufer 1981: 153–162). Diese Botschaft verhallte bei den Wählern jedoch ungehört. Die Öffentlichkeitswirkung des Europäischen Parlaments blieb auch in der Folge begrenzt, da die politischen Debatten im Plenum – angesichts fehlender Legislativkompetenzen – kaum Bürger mobilisierten und die Meinungsbildungs- und Entscheidungsprozesse sich unverändert im nationalen Kommunikationsraum abspielten.

Um aus diesem Abseits herauszukommen und in die Rolle eines Sprachrohrs der Gemeinschaft hineinzuwachsen, legte das Europäische Parlament am Ende seiner ersten Wahlperiode einen eigenen, weitreichenden Entwurf für einen „Vertrag zur Gründung der Europäischen Union" vor (abgedr. in Lipgens 1984: 711–736). Ausgearbeitet worden war dieser Entwurf von einem institutionellen Ausschuss (Club crocodile) unter der Leitung von Altiero Spinelli – jenem Politiker, der in dem Manifest von Vetontene bereits 1941 den Gedanken eines föderalistischen Zusammenschlusses in Europa verteidigt hatte und der in den 1950er und 60er Jahren in den Europagruppen für die Mobilisierung einer europäischen Öffentlichkeit eingetreten war, aber nie zum Träger des Aachener Karlspreises auserkoren wurde. Der im Februar 1984 eingebrachte Entwurf des Europäischen Parlaments war keine Ergänzung der bereits bestehenden Verträge, sondern ein neuer, eigenständiger Vertrag mit grundlegend föderalistischem Charakter, der das seit dem Pariser Gipfel 1972 wiederholt zum Leitbild erhobene Ziel der Europäischen Union betonte. Die Kommission sollte dem Vertragsentwurf zufolge zur Exekutive der Union werden, während Rat und Parlament gleichberechtigt die Legislative bilden sollten. Vorgesehen war ferner, dass die Entscheidungen im Rat nur noch in wenigen Fällen einstimmig getroffen werden konnten. Während die Wirtschafts- und Währungspolitik gänzlich vergemeinschaftet werden sollte, beließ der Vertragsentwurf – den politischen Realitäten Rechnung tragend – die Außen- und Verteidigungspolitik im Bereich der intergouvernementalen Kooperation (Nickel 1985: 11–27).

Trotz der großen Zustimmung im Europäischen Parlament, das den Entwurf mit 237 gegen 31 Stimmen bei 43 Enthaltungen billigte, und der Unterstützung zahlreicher nationaler Parlamente blieb der Vertragsentwurf ohne unmittelbare Folgen. Die Staats- und Regierungschefs verfolgten andere Pläne. Für die weitere Diskussion über die Vertiefung der Gemeinschaft stellte der EP-Entwurf jedoch eine wichtige Referenz dar.

Identitätsstiftung für ein Europa der Bürger: Vom Eurobarometer bis zur Kulturhauptstadt Europas

Jenseits von Direktwahlen und der Aufwertung des Europäischen Parlaments wurden in den 1970er und 80er Jahren zunehmend Überlegungen angestellt, wie die europäische Einigung den Bürgern Europas näher gebracht werden könnte. Hinter diesen Gedanken stand das erklärte Ziel, die Zustimmung zu den Prinzipien und Institutionen der europäischen Gemeinschaften zu stärken. Nachdem der „große Wurf" der politischen Einigung 1954 gescheitert war, hatte sich die europäische Integration primär auf wirtschaftlichem Gebiet entwickelt. Lange Zeit hatten sich infolgedessen vor allem Landwirte und Wirtschaftsverbände für die Gemeinschaft engagiert, während die Integration „von oben" auf nur geringen Widerhall in der Bevölkerung stieß. Themen wie der Abbau von Handelshemmnissen und die Marktregulierung fesselten die Menschen in Europa weitaus geringer als die Grundsatzdebatten der 1940er und 50er Jahre über die Zukunft des europäischen Kontinents. Die 1960er Jahre standen europapolitisch weitgehend im Zeichen technokratischer Lösungen, während gesellschaftliche Diskussionen über das europäische Einigungsprojekt kaum geführt wurden, so dass auch keine nachhaltige Identifizierung der Bürger mit den europäischen Institutionen erfolgte – sofern diese den Bürgern überhaupt bekannt waren.

Diese Grundstimmung spiegelte sich auch in den nachlassenden Aktivitäten und zurückgehenden Mitgliedszahlen der Europaverbände wider, die den Integrationsgedanken stets rhetorisch und argumentativ unterstützt hatten. Zu deren Bedeutungsrückgang seit Mitte der 1950er Jahre hatten aber auch „hausgemachte" Probleme beigetragen. Insbesondere die Spaltung der Union Européenne des Fédéralists, die als wichtigster föderalistischer Dachverband zuvor rund 80.000 Mitglieder aus nationalen Europaverbänden vereinigte, bildete einen Ausgangspunkt für den Rückgang von Europaaktivitäten der Zivilgesellschaft. In der UEF war 1955 eine seit längerem schwelende Debatte über die Frage ausgebrochen, ob man für eine föderalistisch ausgerichtete, von einer europäischen „Konstituante" zu erarbeitende Verfassung der „Vereinigten Staaten von Europa" im Sinne Altiero Spinellis eintreten sollte. Dem stand die Alternative entgegen, entlang der Konzeption Jean Monnets auf dem Weg der evolutionären Integration, wie sie mit der Montanunion und dem Gemeinsamen Markt eingeschlagen worden war, das mittelfristige Ziel einer föderativen Gemeinschaft anzustreben. Über diese erheblichen Interessengegensätze war die UEF im Juni 1956 zerbrochen, wobei die Europa-Union, der einflussreichste Europaverband der Bundesrepublik, unter ihren Präsidenten Ernst Friedlaender und Friedrich Carl von Oppenheim, mehrheitlich der gemäßigten Position zuneigte. Als sich 17 Jahre später, im April 1973, die beiden – aus der Teilung der UEF hervorgegangenen – föderalistischen Dachverbände „Aktion Europäischer Föderalisten" (AEF) und „Mouvement Fédéraliste Européen" (MFE) vereinigten, hatte man zwar die organisatorische Geschlossenheit wieder hergestellt, konnte jedoch längst nicht mehr im öffentlichen Bewusstsein an die Bedeutung der 1940er und 50er Jahre anknüpfen.

Zu dem Bedeutungsverlust der Europaverbände trug auch die „Alltagspolitik" der 1960er und 1970er Jahre bei, in der die ursprüngliche Vision des Europagedankens sich in den Details der Agrarmarktordnung verlor. Laut Meinungsumfragen bestand stets eine tiefe Kluft zwischen den proeuropäischen Eliten aus Wirtschaft, Verwaltung, Politik und der breiten Bevölkerung. Vor diesem Hintergrund wurde das viel diskutierte Demokratieproblem der Gemeinschaft nicht allein mit institutionellen Regelungen und der Rolle des Europäischen Parlaments, sondern auch mit den Gegensätzen zwischen nationalstaatlichen Eliten und der Bevölkerung in Fragen der europäischen Einigung begründet, die sich in unterschiedlichen Prioritäten und Wahrnehmungen ausdrückten.

Zur Erklärung – und Relativierung – dieser Beobachtung wurde zu Beginn der 1970er Jahre die Theorie des „permissiven Konsenses" entwickelt. Diesem Ansatz zufolge herrschte bei der Bevölkerung eine diffuse, aber beständige Akzeptanz für die europäische Integration (Inglehart 1970: 160–191). Sicher war man sich dessen jedoch nicht. Um näheren Aufschluss über die Einstellung der Bürger zu erhalten, machte es sich die Kommission zur Aufgabe, Daten über die Akzeptanz der europäischen Einigung zu erheben. Dies geschah durch die Einführung einer EG-weiten Meinungsumfrage, des so genannten Eurobarometers. Ausgehend von der ersten Untersuchung im Auftrag der Kommission 1970 und einer weiteren Pilotstudie 1973, wurde das Eurobarometer von 1974 an zur festen Einrichtung, mit der bis heute in halbjährlichem Turnus (Frühjahr und Herbst) die „Unterstützung" der europäischen Einigung durch die Bürger abgefragt wird (Kruke 2006: 405–431).[4]

Als ein Ergebnis dieser Meinungsforschung wurde kritisch festgehalten, dass bisher kein europäischer Willensbildungsprozess mit europaweiten Parteien, Verbänden und Massenmedien in Gang gekommen sei und sich infolgedessen auch keine europäische Öffentlichkeit und kein europäisches Bewusstsein bzw. keine europäische Identität herausgebildet hätten. Die Gründung der (westeuropäischen) European Broadcasting Union 1950 und des Eurovisions-Netzwerks 1954 bescherte den europäischen Staaten zwar gelegentlich gemeinsame Live-Übertragungen von

Wahlbeteiligung bei Europawahlen und Fraktionsbildung im Europäischen Parlament seit 1979

Fraktion	1979	Fraktion	1984	Fraktion	1989	Fraktion	1994	Fraktion	1999	Fraktion	2004
SOZ	112	SOZ	130	SOZ	180	SPE	198	SPE	180	SPE	200
EVP	108	EVP	110	EVP	121	EVP	157	EVP-ED	233	EVP-ED	268
ED	64	ED	50	ED	34						
EDF	22	SdED	29	SdED	20	SdED	26				
						Forza Eur.	27				
LDR	40	LDR	31	ELDR	49	ELDR	43	ELDR	50	ALDE	88
COM	44	COM	41	GUE	28	GUE	28	GUE/NGL	42	GUE/NGL	41
				CG	13						
CDI	11	REG	20	REG	13			TUA*	(18)		
						REA	19	Grüne/EFA	48	Grüne/EFA	42
				V	30	V	23				
		ER	16	DR	17						
						EdN	19				
								UEdN	30	UEN	27
								EDD	16	Ind-Dem	33
NI	9	NI	7	NI	12	NI	27	NI	9 (+18)	NI	33
Mandate	*410*		*434*		*518*		*567*		*626*		*732*
Wahlbeteiligung (%)	*63,0*		*61,0*		*58,5*		*56,8*		*49,8*		*45,6*

Quelle: Fraktionszusammensetzung gemäß deren Konstituierung in der ersten Sitzung der jeweiligen Legislaturperiode (20.7.1979, 27.7.1984, 28.7.1989, 25.7.1994, 23.7.1999, 23.7.2004); Bulletin der Europäischen Gemeinschaften; Bulletin der EU.

* Bereits am 14. September 1999 wegen „fehlender politischer Zugehörigkeit" (Art. 29 (1) der EP-Geschäftsordnung) durch das Plenum wieder aufgelöst.

Abkürzungen

ALDE	Allianz der Liberalen und Demokraten für Europa
CDI	Fraktion der technischen Koordinierung und Verteidigung der unabhängigen Gruppen und Abgeordneten
CG	Vereinigte Linke
COM	Fraktion der Kommunisten und Nahestehenden
DR	Technische Fraktion der Europäischen Rechten
ED	Fraktion der Europäischen Demokraten (Konservative Fraktion)
EDD	Fraktion Europa der Demokratien und Unterschiede
EDF	Fraktion der Europäischen Demokraten für den Fortschritt
EdN	Fraktion Europa der Nationen
ELDR	Fraktion der Liberalen, Demokraten und Reformer
ER	Fraktion der Europäischen Rechten
EVP	Fraktion der Europäischen Volkspartei (Christlich-demokratische Fraktion)
EVP-ED	Fraktion der Europäischen Volkspartei (Christdemokraten) und europäische Demokraten
Grüne/EFA	Fraktion der Grünen/Europäische Freie Allianz
GUE (1989)	Fraktion der Vereinigten Europäischen Linken
GUE (1994)	Konföderale Fraktion der Vereinigten Europäischen Linken
GUE/NGL	Konföderale Fraktion der Vereinigten Europäischen Linken/ Nordische Grüne Liste
Ind-Dem	Fraktion Unabhängigkeit und Demokratie
LDR	Liberale und Demokratische Fraktion
NI	Fraktionslose
REA	Fraktion der Radikalen Europäischen Allianz
REG	Regenbogenfraktion
SdED	Fraktion Sammlungsbewegung der Europäischen Demokraten
SOZ	Sozialistische Fraktion
SPE	Fraktion der Sozialdemokratischen Partei Europas
TUA	Technische Fraktion der unabhängigen Abgeordneten/ gemischte Fraktion
UEdN	Fraktion der Unabhängigen für das Europa der Nationen
UEN	Union für das Europa der Nationen
V	Fraktion DIE GRÜNEN im Europäischen Parlament

Fußball-Europapokalspielen oder Musikwettbewerben wie dem Eurovision Song Contest – die „Aufmerksamkeitsstrukturen" orientierten sich jedoch weiterhin am Nationalstaat. Da die Demokratiefähigkeit der EG immer häufiger in Verbindung mit einer homogenen – aufgrund von gemeinsamer Geschichte, Erfahrung, Sprache und Kultur als solches zu identifizierenden – kollektiven Identität gestellt wurde, nahmen die Anstrengungen zu, diese Identität zu forcieren.

Erste Schritte in diese Richtung hatte bereits eine Gipfelkonferenz der Außenminister 1973 in Kopenhagen erörtert, auf der ein „Dokument über die europäische Identität" verabschiedet worden war, das die Beziehung der Gemeinschaft gegenüber den übrigen Ländern der Welt thematisierte, aber auch den inneren Zusammenhalt und den „dynamische[n] Charakter des europäischen Einigungswerkes" berücksichtigte. Explizit betont wurde „das gemeinsame Erbe, die eigenen Interessen, die besonderen Verpflichtungen (…) und der „Stand des Einigungsprozesses" der Gemeinschaft (zit. n. Casteyger 2000: 284–286). Nachdem in politischen Diskussionen immer häufiger das Defizit gemeinsamer europäischer Werte beklagt worden war, begannen sich neben den Außenministern auch die Staats- und Regierungschefs im Dezember 1973 in Kopenhagen, auf einem ihrer ersten offiziellen Gipfeltreffen überhaupt, mit der europäischen Identität zu befassen (Constantinesco 1998: 435–447). 1974 schrieb der ehemalige Kommissionspräsident Sicco Mansholt in einer Publikation: „Der Bürger (...) wendet sich ab und lässt mit einer gewissen Abneigung die Institutionen in ihrem Saft schmoren. (...) Es ist höchste Zeit, dass wir wählen zwischen dem Europa der Unternehmen, des Handels, des Marktes einerseits und dem sozialen Europa, dem menschlichen Europa andererseits" (Mansholt 1974: 37).

Ein Jahr später war es der bereits erwähnte Bericht des belgischen Ministerpräsidenten Leo Tindemans zur „Europäischen Union", der in Umrissen das Thema „Europa der Bürger" skizzierte und „äußere Zeichen, die im täglichen Leben greifbare Wirklichkeit sind", als verbindende Elemente der europäischen Völker anmahnte. Tindemans Bericht zufolge musste „den Europäern von morgen (...) die europäische Realität als eine persönliche und konkrete Erfahrung vor Augen geführt werden, und es muss ihnen eine gründliche Kenntnis unserer Sprachen und unserer Kultur vermittelt werden, denn hieraus wächst das gemeinsame Erbe, das eben die Europäische Union schützen muss". Auch wenn die im Tindemans-Bericht enthaltenen Vorschläge zum „Europa der Bürger" nur zögerlich umgesetzt wurden, berührten sie doch zentrale Herausforderungen, so beispielsweise die ebenfalls angesprochene „heikle Frage der Gleichwertigkeit der Studienabschlüsse und der Studienzeiten, die das

Haupthindernis für die Verflechtung der Bildungssysteme ist" (zit. n. Schneider/Wessels 1977: 272, 275).

Mit dem „Europa der Bürger" und dem „gemeinsamen europäischen Erbe" wurden Schlagworte proklamiert, die für mehrere Generationen von Politikern den Stoff für Sonntagsreden bilden sollten. Immer stärker suchte man nun nach europäischen Gemeinsamkeiten und wurde hierbei vor allem in den gemeinsamen historischen und kulturellen Fundamenten fündig, die zu Beginn dieses Buchs eingehender beschrieben und problematisiert wurden. Anfang der 1980er Jahre setzte in diesem Zusammenhang auch die Genscher-Colombo-Initiative neue Impulse, die 1981 vom deutschen und vom italienischen Außenminister primär mit dem Ziel auf den Weg gebracht worden war, die politische Zusammenarbeit zu stärken. Ihre konsensfähigen Elemente gingen in die „Feierliche Deklaration zur Europäischen Union" des Europäischen Rats ein, die am Ende der deutschen Ratspräsidentschaft 1983 in Stuttgart verabschiedet wurde. Diese rechtlich unverbindliche Erklärung wiederholte nicht nur in ihrer Präambel die Absicht, „die Gesamtheit der Beziehungen zwischen [den] Staaten in eine Europäische Union umzuwandeln", sondern betonte auch die Forderung, voranzuschreiten „im Bewusstsein einer Schicksalsgemeinschaft und in dem Willen, die europäische Identität zu behaupten" (Art. 1.1.). Besondere Bedeutung maß man dabei der kulturellen Zusammenarbeit bei, „um das Bewusstsein eines gemeinsamen kulturellen Erbes als Teil der europäischen Identität zu festigen" (Art. 1.4.3) (zit. n. Lipgens 1986: 681–687).

Die entscheidende Dynamisierung der Idee eines „Europas der Bürger" erfolgte – nach der enttäuschenden und nur von geringem öffentlichen Interesse begleiteten zweiten Direktwahl zum Europäischen Parlament – durch den Europäischen Rat in Fontainebleau im Juni 1984. Die Staats- und Regierungschefs setzten hier den so genannten Adonnino-Ausschuss mit dem Ziel ein, Maßnahmen zu erarbeiten, die die „Identität der Gemeinschaft gegenüber den europäischen Bürgern und der Welt" stärkten (zit. n. Europa-Archiv 1984: D 442). In den beiden Berichten des Ad-hoc-Ausschusses wurden zahlreiche gemeinschaftsstiftende Faktoren aufgelistet, darunter u.a. einheitliche europäische Reisepässe und Führerscheine, eine weitergehende Anerkennung von Diplomen und Nachweisen der Berufsbefähigung, konsularische Hilfe bei jeder Vertretung eines Mitgliedstaats oder der Ausbau der Städtepartnerschaften. Viele dieser Überlegungen waren bereits jahrzehntelang diskutiert worden, wurden aber, wie die gemeinsamen burgundroten europäischen Reisepässe, die am 1. Januar 1985 erstmals ausgegeben wurden, erst jetzt realisiert.

Neben konkreten Vorschlägen regte der Adonnino-Ausschuss grundlegend an, sich die Kultur zur europäischen Repräsentation und Identifikation zunutze zu machen. Die Entwicklung der europäischen Nationalstaaten im 19. und 20. Jahrhundert hatte gezeigt, dass aus kulturellen Ausdrucksformen nationale Symbole werden können und dass Kultur zugleich auch Ausdruck der gemeinsamen Geschichte sein kann. Da die Europäische Gemeinschaft aber kaum über symbolische Identifikationsangebote verfügte, die mit denjenigen der Nationalstaaten vergleichbar waren – und die Bürger zu Beginn der 1980er Jahren mit Europa vor allem die Vernichtung von Lebensmittelüberschüssen assoziierten – mussten positive Symbole regelrecht erst konstruiert werden. Konkret fassbar werden sollte die Europäische Gemeinschaft für die „Bürger" vor allem durch in Nationalstaaten übliche Symbole wie Flagge, Hymne und Feiertag(e).

Das älteste Symbol, die aus der Antike bekannte Europa mit dem Stier, hatte seit dem 16. Jahrhundert zwar sinnbildlich auf dem europäischen Kontinent Verbreitung gefunden, stand jedoch in erster Linie für allgemeine Werte wie Fruchtbarkeit oder Glück und war infolgedessen nur begrenzt als Symbol für eine politische Ordnung zu nutzen. Die Karikaturisten gingen allerdings in den 1970er Jahren in zunehmendem Maße dazu über, Kritik an der Europäischen Gemeinschaft allegorisch durch die Verfremdung der Europa auf dem Stier darzustellen. Das heute mit Abstand bekannteste Europasymbol – die blaue Fahne mit den zwölf gelben fünfzackigen Sternen – hat eine längere Geschichte, wird aber erst seit 1986 von allen europäischen Einrichtungen als gemeinsames Zeichen verwendet. Bereits mehr als drei Jahrzehnte zuvor hatte sich im Dezember 1955 die Beratende Versammlung des Europarats für das Sternenbanner als Flagge entschieden.

Zuvor hatten noch andere Entwürfe im Raum gestanden: Der Pionier des Europagedankens in der Zwischenkriegszeit, Richard Coudenhove-Kalergi, hatte bereits 1923 auf dem Umschlag seines Pan-Europa-Buches mit dem Sonnenkreuz (ein rotes Kreuz auf goldener Sonne) ein erstes Symbol der Europabewegung abgedruckt, das für Humanität und Vernunft stehen sollte. Nicht zuletzt aufgrund seines eindeutig christlichen Bezugs blieb das Sonnenkreuz aber umstritten. Im Mai 1948 wehte während des Haager Europa-Kongresses – auf Duncan Sandys Initiative zurückgehend – erstmals das „E" der Europäischen Bewegung als Symbol auf den Flaggen. Zunächst auf roter Fahne und seit 1949 dann als grünes „E" auf weißem Grund beanspruchte es, das künftige Europasymbol darzustellen. Der Europarat, die erste europäische Organisation der Nachkriegszeit, konnte sich aber weder mit Coudenhove-Kalergis noch mit Sandys Vorschlag anfreunden. Im Generalsekretariat des Europarats stellte man in der Folge Alternativüberlegungen an, zu denen auch erstmals die Idee eines Kreises von goldenen Sternen auf blauem Hintergrund gehörte.[5] Die ursprüngliche Überlegung, mit der Anzahl der Sterne die Mitgliedstaaten zu symbolisieren, bereitete den Verantwortlichen aber Kopfzerbrechen. Vor allem aufgrund der ungewissen Zukunft des Saarlands, das 1951 gemeinsam mit der Bundesrepublik Mitglied des Europarats geworden war, entschied man sich schließlich für die feste Zahl von zwölf Sternen, die „Vollkommenheit und Vollständigkeit" symbolisierten, aber auch christliche Anlehnungen an die zwölf Apostel und die zwölf Stämme Israels/Jakobs erlaubten.

In Abgrenzung zu dieser Entscheidung des Europarats debattierten die drei europäischen Gemeinschaften über eine ganze Reihe alternativer Flaggen und Embleme. So hatte die EGKS zunächst eine waagerecht schwarz-blau geteilte Fahne mit je drei goldenen Sternen in jedem Feld geführt. Nach Gründung von EWG und Euratom hisste man eine Flagge mit einem Kreis von sechs Sternen auf blauem Hintergrund. Durchsetzen konnten sich diese Ideen aber ebenso wenig wie zahlreiche weitere Vorstöße.[6] Zielführender war schließlich die Initiative des Europäischen Parlaments, das unter der Federführung des Europaabgeordneten und ehemaligen Bundestagspräsidenten Kai-Uwe von Hassel 1983 dafür plädierte, die Flagge des Europarats auch für die Europäische Gemeinschaft zu übernehmen. Dem stimmten auch die anderen Institutionen zu, so dass am 29. Mai 1986 das Banner mit den zwölf Sternen in einer feierlichen Zeremonie als offizielles Flaggensymbol der Europäischen Gemeinschaft vor dem Gebäude der Kommission in Brüssel eingeweiht wurde. Seitdem behauptet sich die Flagge als bekanntestes Erkennungsmerkmal Europas. Hierzu trug auch bei, dass man an den Binnengrenzen der Gemeinschaft sowie an Flughäfen und Häfen die Zollschilder durch den Sternenkranz auf blauem Grund ersetzte (Göldner 1988: 123–172).

Die Diskussion um die Europafahne spiegelt aber nur eine der zahlreichen Symbolaktivitäten dieser Jahre wider. Zeitgleich wurde auch über einen Feiertag und eine Europahymne debattiert. Da die aus transnationalen Fernsehübertragungen bekannte Eurovisionsmelodie keine Zustimmung gefunden hatte, war es im Jahr 1972 erneut der Europarat, der mit Beethovens „Ode an die Freude" den entscheidenden Entschluss fasste. Die Europäische Gemeinschaft griff diese Idee auf, so dass die Entscheidung des Jahres 1986, das Thema und die Takte 140–187 aus dem vierten Satz von Ludwig van Beethovens Neunter Symphonie als offizielle Hymne der Gemeinschaft vorzusehen, lediglich eine bereits eingeübte Praxis bestätigte. Mit dem 9. Mai – dem Tag, an dem Robert Schuman den Plan für die Montanunion vorgestellt hatte – wurde auf dem Mailänder Gipfeltreffen des Europäischen Rats 1985 auch ein „Europatag" vereinbart, der seit 1986 in zahlreichen Veranstaltungen begangen wird, jedoch trotz eines Votums des Europäischen Rats nicht europaweit als Feiertag etabliert wurde.[7]

Der Gedanke, dass neben Symbolen auch die Kultur einen wichtigen Beitrag zur Integration Europas leisten könnte, fand vor allem nach der Stuttgarter Erklärung im Jahr 1983 Beachtung. Von den Aktivitäten im Kulturbereich soll an dieser Stelle stellvertretend die Kulturhauptstadtinitiative beleuchtet werden, die auf die griechische Kulturministerin Melina Mercouri zurückgeht: Auf dem ersten (informellen) Treffen der EG-Kulturminister im November 1983 schlug Mercouri die Einführung einer seinerzeit von ihr als „Kulturstadt Europas" betitelten Veranstaltung vor (Gesamtbericht über die Tätigkeiten der Europäischen Gemeinschaften 1984: 264). Jährlich sollte eine Kultur(haupt)stadt mit dem Ziel benannt werden, die gemeinsame europäische Kultur stärker in das Blickfeld des öffentlichen Interesses zu rücken. Die jeweilige Preisträgerin erhielt den Auftrag, einen lebendigen Dialog zwischen den Kulturen Europas zu schaffen – zugleich zielte die Initiative aber auch auf die Mobilisierung der Bürger und die Stärkung der europäischen Identität. In der ersten Entschließung hieß es dementsprechend: „Zwar wird das Projekt in Angriff genommen, um die Völker der Mitgliedstaaten einander näher zu bringen, doch sollten dabei auch weitgehende kulturelle Affinitäten in Europa berücksichtigt werden."[8] Charakteristisch für die Integrationsgeschichte ist, dass die Entscheidung über die Idee der Kulturstadt zunächst nicht auf Grundlage der europäischen Verträge erfolgte. Da die EG keine Kompetenzen in kulturpolitischen Angelegenheiten besaß, entschieden die im Rat vereinigten Regierungsmitglieder nicht als Organ der Gemeinschaft, sondern als „Konferenz" der einzelnen Mitgliedstaaten – nach dem Prinzip der so genannten gemischten Formel. Damit wurde das Prozedere zunächst rein intergouvernemental, ohne Beteiligung der Gemeinschaftsorgane, organisiert; erst zum Ende der 1990er Jahre wurde das zwischenstaatliche Auswahlverfahren zur Kulturstadt in ein gemeinschaftliches Prozedere umgewandelt.

Die Idee der Kulturstadt Europas entwickelte sich rasch zu einem Selbstläufer und stellt heute eine der attraktivsten Veranstaltungen der Gemeinschaft dar. Hatte sich die Symbolpolitik der Gemeinschaft zunächst eng an die Traditionen der Nationalstaaten angelehnt, so wiesen die weiteren Überlegungen der 1980er Jahre auch neue Facetten auf, etwa in Form des Gedankens, den Zugang zu Kultur und Bildung zu „demokratisieren". Zu diesem Zweck wurden zahlreiche Programme aufgelegt, mit denen die Gemeinschaft die grenzüberschreitende Mobilität von Schülern, Studierenden, Arbeitnehmern und Dozenten unterstützt (Schmuck 2000: 33–49).

Auseinandersetzungen um Butterberge und Milchseen: Die Haushalts- und Agrarpolitik der Gemeinschaft

Die Debatten über das Europa der Bürger verliefen zwar nicht ohne Reibungen, letztlich erfolgte die Umsetzung dieser Politik aber weitgehend einvernehmlich – ganz im Gegensatz zur Kooperation in anderen Feldern der Gemeinschaftspolitik. Als größtes Sorgenkind erwies sich weiterhin die Agrarpolitik, die in den 1970er und 80er Jahren vor allem unter zwei Kernproblemen litt: der Überproduktion und der Kostenexplosion. Die Grundlage der gemeinsamen Agrarpolitik bildete ein System fester Abnahmegarantien, das – den ursprünglichen Plänen zufolge – die dauerhafte Versorgung Europas sichern und zugleich den Landwirten ein stabiles Einkommen garantieren sollte. Die Orientierung an diesen beiden Prinzipien führte in den 1970er Jahren jedoch zu enormen Überschüssen wie das Beispiel der Butterproduktion zeigte. Trotz der Beteiligung der Landwirte an den durch die Überproduktion verursachten Kosten und der wiederholten Abgabe von verbilligter Butter an karitative Einrichtungen türmte sich in den EG-Staaten ein immer größerer Lagerbestand an Butter auf – hatte man doch die Möglichkeiten zur Produktivitätssteigerung im Agrarbereich drastisch unterschätzt. Im Frühjahr 1986 erreichte dieser Berg mit weit über einer Million Tonnen Butter eine Größenordnung, die den jährlichen Gesamtverbrauch der Gemeinschaftsbevölkerung überstieg. Da sich bei anderen Agrarerzeugnissen wie Wein und Milch ähnliche Entwicklungen zeigten, wurde die Überproduktion bald zum Sinnbild einer verfehlten Agrarpolitik der Gemeinschaft.

Der Europäische Ausrichtungs- und Garantiefonds wurde vor diesem Hintergrund immer stärker in Anspruch genommen, zumal die Lage durch die Wechselkursschwankungen der 1970er Jahre noch verschärft wurde. Bei schwankenden Wechselkursen konnte auch der Gemeinsame Agrarmarkt nicht mehr funktionieren, da er auf Währungsaufwertungen im jeweiligen Land mit fallenden Agrarpreisen, auf Währungsabwertungen hingegen mit steigenden Preisen reagierte. Um die Lebensmittelpreise stabil zu halten, musste auf Kosten der Gemeinschaft ein Währungsausgleich eingeführt werden.[9] Damit stiegen die Agrarkosten nochmals an. Im Haushaltsjahr 1980 machte die Agrarpolitik allein fast 15 Milliarden Euro und damit rund 75 % des Gesamthaushalts der Gemeinschaft

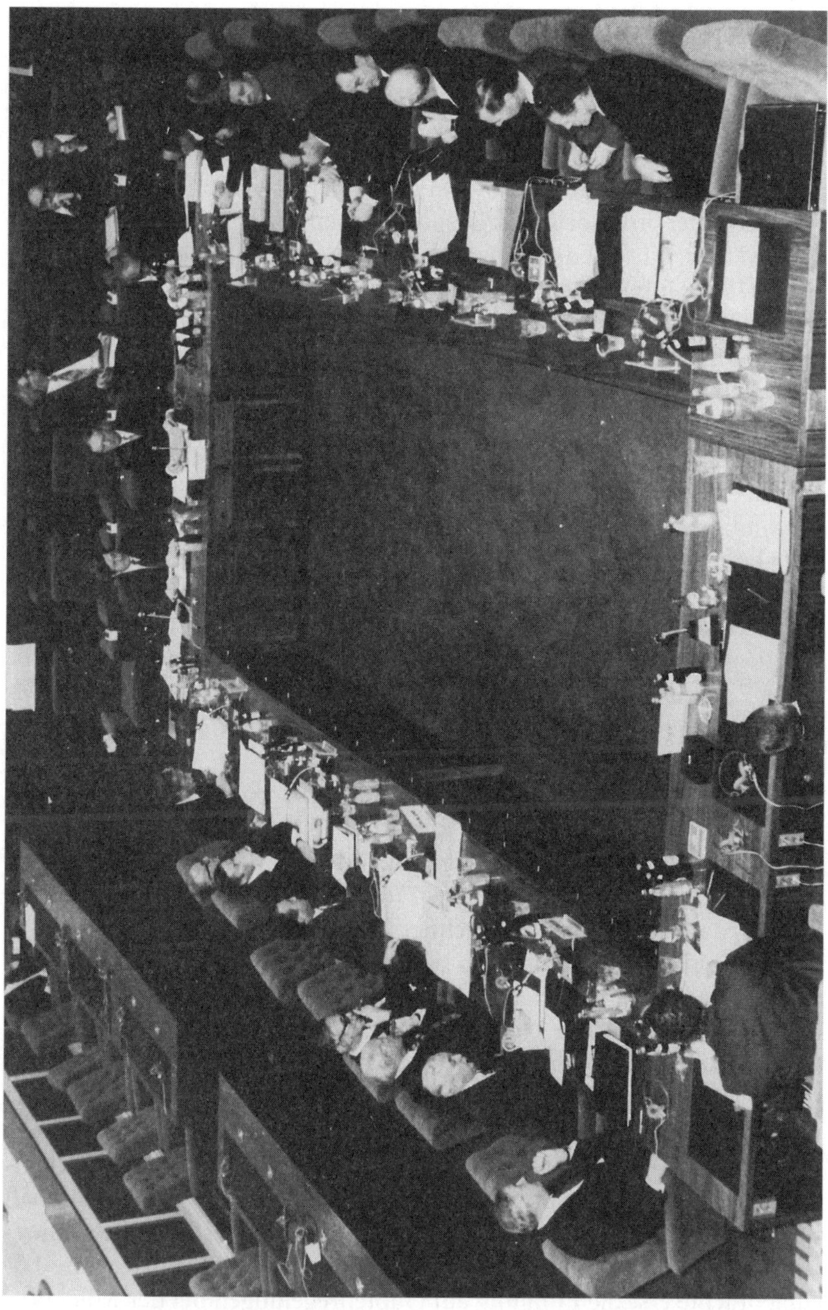

Tagung des Europäischen Rats am 10./11. März 1975 in Dublin.

von umgerechnet knapp 20 Milliarden Euro aus. Mit dieser Kostenexplosion geriet die Gemeinschaft an den Rand der Zahlungsunfähigkeit. Vor dem Hintergrund des drohenden finanziellen Kollapses wurde eine Reformdebatte über die künftigen Agrar- und Haushaltstrukturen unausweichlich.

Während die Gemeinschaft ihren Finanzbedarf bis Ende 1970 – im Rahmen einer provisorischen Lösung – durch nationale Beiträge gedeckt hatte, verfügte sie seit dem 1. Januar 1971 über Eigenmittel. Diese setzten sich 1975 aus insgesamt drei Posten zusammen: erstens, aus den Agrarabschöpfungen für Drittstaatenerzeugnisse und eine Zuckerabgabe; zweitens, aus den an den Außengrenzen der Gemeinschaft erhobenen Zöllen im Warenverkehr mit Drittstaaten und, schließlich, aus einem Anteil von maximal 1 % (bis 1985) des nationalen Mehrwertsteueraufkommens. Angesichts ständig steigender Agrarkosten verengte sich der Spielraum der Eigenmittel jedoch immer stärker. Hatte das Gemeinschaftsbudget 1968 umgerechnet noch ca. 3,9 Milliarden Euro betragen, so waren es 1975 bereits rund 11,7 Milliarden Euro. In aller Schärfe trat die Problematik zutage, als die 1979 gewählte britische Premierministerin Margaret Thatcher deutlich machte, dass sie nicht bereit sei, den Beitragsanteil Großbritanniens zu erhöhen und vielmehr eine Reduzierung der britischen Zahlungen forderte – eine Position, die auch auf dem zweiten Ölpreisschock und einem Konjunktureinbruch zum Ende der 1970er Jahre gründete.

Auf dem Straßburger Gipfeltreffen des Europäischen Rats im Juni 1979 erhob die „eiserne Lady" kurz nach ihrem Amtsantritt erstmals die – später zum geflügelten Wort gewordene – Forderung „I want my money back" (Thatcher 1993: 744–776). Die Premierministerin machte geltend, dass die Briten umgerechnet über vier Milliarden Euro mehr in die Brüsseler Kassen zahlten als sie erhielten und betonte, das Großbritannien das drittärmste Land der Gemeinschaft sei. Die hohen Nettobeiträge waren in erster Linie darauf zurückzuführen, dass die britische Landwirtschaft relativ klein war und wenige Überschüsse erzeugte; infolgedessen profitierte sie auch kaum von der europäischen Agrarpolitik. Gleichzeitig musste Großbritannien aber, aufgrund seines beträchtlichen Handelsanteils mit Staaten außerhalb der Gemeinschaft, hohe Zolleinnahmen nach Brüssel abführen. Fünf Jahre lang stritt die Gemeinschaft über die von Großbritannien geforderte Beitragsentlastung, die schließlich zu einer Blockade der gemeinsamen Agrarpolitik führte. Eine Lösung brachte erst die Einigung auf Quotenregelungen bei der Milchproduktion in Verbindung mit der Erhöhung des an die EG abzuführenden Mehrwertsteueranteils von 1,0 auf 1,4 %. Damit war auch der Weg frei für eine Regelung des britischen Finanzbeitrags zur Gemeinschaft. Auf dem Gipfeltreffen in Fontainebleau am 25. und 26. Juni 1984 gelang es dem neuen französischen Staatspräsidenten, François Mitterand, einen Kompromiss zustande zu bringen, der den Briten künftig einen „Rabatt" von 34 % einräumte. Dieser Kompromiss besänftigte zwar vorübergehend die Konflikte über Agrar- und Haushaltsfragen, bereinigte sie aber keineswegs dauerhaft.

Drei Jahre später geriet die Gemeinschaft infolge der Agrarpolitik und des chronisch defizitären Haushalts erneut an den Rand einer Krise. Die britische Premierministerin wollte 1987 ihre Zustimmung zu der bereits 1984 vereinbarten Aufstockung der nationalen Mehrwertsteueranteilabgaben zugunsten der EG-Finanzen nicht ohne die gleichzeitige Zusicherung einer Begrenzung der Agrarausgaben erteilen. Erneut folgten hartnäckige Verhandlungen. Nachdem die Staats- und Regierungschefs im Juni 1987 das Gipfeltreffen in Brüssel noch ohne Ergebnis verlassen hatten, fanden sie acht Monate später, im Februar 1988, auf einem Sondergipfel in Brüssel zu einer Kompromisslösung. Hier wurde unter deutscher Ratspräsidentschaft das so genannte Delors-1-Paket vereinbart.

Dieser, auf die neue Kommission unter dem französischen Kommissionspräsidenten Jacques Delors zurückgehende Plan, sah eine Reform des EG-Finanzsystems durch eine weitere Begrenzung der Agrarausgaben, eine erhebliche Aufstockung der Strukturmittel für die weniger entwickelten Regionen und neue Regelungen der Haushaltsführung vor. Ein zentraler Eckpunkt des Delors-1-Pakets war die Erhöhung der finanziellen Ressourcen der Gemeinschaft auf maximal 1,2 % des nationalen Bruttosozialprodukts (BSP). Daneben verständigten sich die Kommission, der Rat und das Europäische Parlament darauf, sich jeweils im Voraus über die Haushaltsprioritäten eines Zeitraums von mindestens fünf Jahren zu einigen.[10] Im Rahmen dieser so genannten Finanziellen Vorausschau wurden sowohl der Höchstbetrag als auch die Zusammensetzung der geplanten Ausgaben der Gemeinschaft umrissen.

Eine noch grundlegendere Reform der Agrar- und Haushaltspolitik wurde 1992 mit dem Delors-2-Paket erreicht, als man sich u.a. auf eine Senkung der Preise für wichtige Agrarzeugnisse verständigte, ein durch Prämien gefördertes Stilllegungsprogramm für landwirtschaftliche Flächen auflegte, die Anzahl prämienfähiger Betriebe begrenzte und Vorruhestandsregelungen für Landwirte ab dem 55. Lebensjahr einführte. Die Folge dieser Beschlüsse war eine weitere Verringerung des Agraranteils am Gemeinschaftshaushalt, der zur Mitte der 1990er Jahre „nur" noch bei etwa 40 % lag. Daneben verständigten sich die Mitgliedstaaten im Rahmen des Delors-2-Pakets auf die Finanzielle Vorausschau bis 1999 und änderten die Struktur der Eigenmittel. Fortan sanken die Einnahmen aus den Mehrwertsteuerabgaben, während der Anteil aus den BSP-Abgaben stieg. Vorgesehen wurde bis zum Jahre 1999 ein Anstieg auf 1,27 % des Bruttosozialprodukts.

Die zweite (Süd-)Erweiterungsrunde: Der Beitritt Griechenlands, Spaniens und Portugals

Die Spannungen in der Agrar- und Haushaltspolitik hatten auch Auswirkungen auf die Erweiterung der Gemeinschaft, die sich in den 1970er und 1980er Jahren auf Südeuropa konzentrierte. Die vorwiegend blockfreien Staaten Nordeuropas unternahmen in diesem Zeitabschnitt hingegen keine ernsthafteren Beitrittsanstrengungen. Dieser Umstand war nicht zuletzt auf den KSZE-Prozess zurückzuführen, der eine Phase des „Tauwetters" in Europa eingeleitet und die bündnisfreien Staaten veranlasst hatte, nicht auf eine Mitgliedschaft in der (West-)Europäischen Gemeinschaft zu setzen.

Eine Mitgliedschaft der Staaten der iberischen Halbinsel hatte jahrzehntelang nicht zur Diskussion gestanden, da Portugal und Spanien bis zur Mitte der 1970er Jahre autoritär regiert wurden. Griechenland hatte zwar auf eine Mitgliedschaft in der Gemeinschaft hingearbeitet und 1961 ein Assoziierungsabkommen unterzeichnet, war aber lange Zeit mit Ausnahmegesetzen regiert worden, bevor eine Militärjunta 1967 die Macht übernahm. Ein demokratischer Wandel galt in allen drei Staaten als unabdingbare Voraussetzung für die Aufnahme in die Gemeinschaft. Während in Portugal die „Nelkenrevolution" im April 1974 zum Sturz der autoritären Regierung von Salazar bzw. Caetano führte, und in Griechenland die Verschärfung des Zypernkonflikts und die Studentenrevolte im Juli 1974 zum Zusammenbruch der Obristen-Militärdiktatur beitrugen, eröffnete in Spanien der Tod Francos am 20. November 1975 die Möglichkeit zu demokratischen Reformen (Merkel 1990: S. 3–10).[11]

Zwei Tage nach dem Tode Francos bestieg der noch vom Diktator auserkorene Juan Carlos den Thron Spaniens und leitete eine schrittweise Demokratisierung des Landes ein. Im Juni 1977 fanden die ersten freien Parlamentswahlen statt, und bereits einen Monat später stellte der spanische Außenminister Marcelino Oreja einen Antrag auf Mitgliedschaft in der Europäischen Gemeinschaft. Dem spanischen Beitrittsantrag lagen ganz ähnliche Motive zugrunde wie dem im Juni 1975 eingereichten Beitragsgesuch Griechenlands und dem im März 1977 gestellten Antrag Portugals. Alle drei Staaten hatten zur Mitte der 1970er Jahre kaum An-

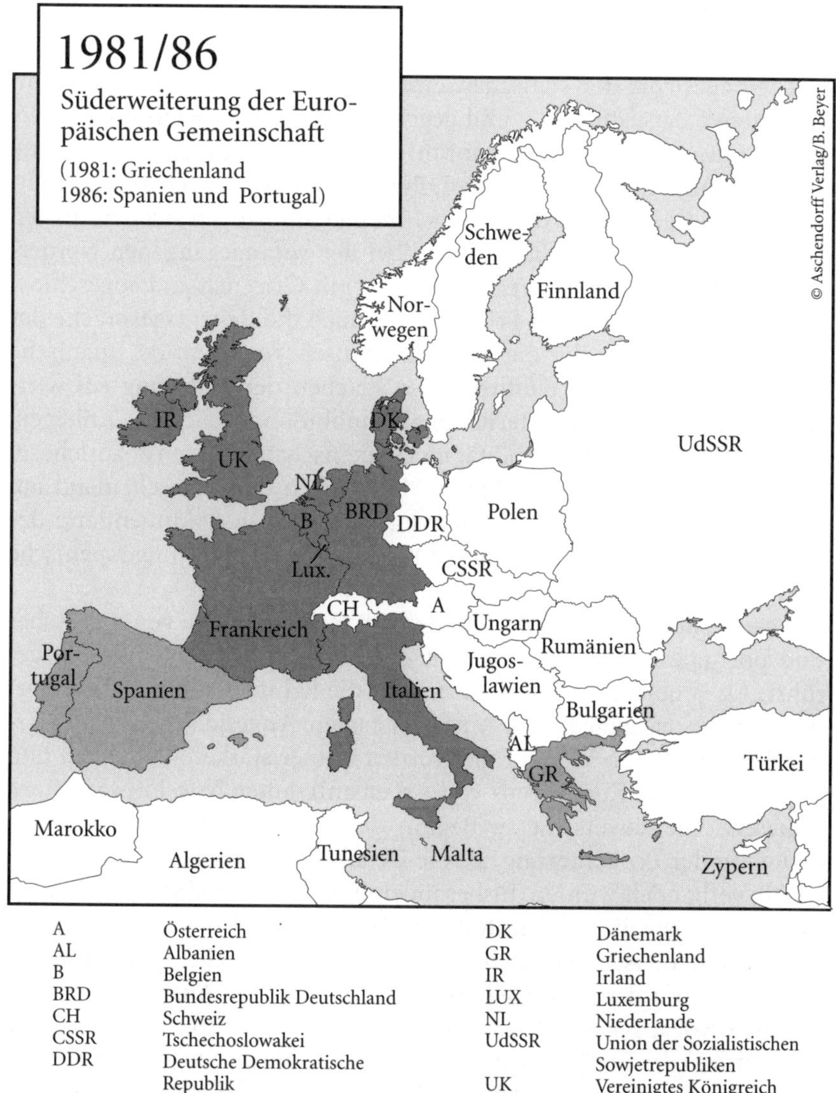

schluss an das internationale System und versprachen sich von einer Mitgliedschaft in der EG die Überwindung ihrer internationalen Randstellung und eine „Rückkehr“ nach Europa. Sowohl Griechenland als auch Spanien und Portugal waren zudem als junge Demokratien politisch keineswegs konsolidiert. Sie betrachteten den EG-Beitritt infolgedessen als flankierende Maßnahme zur Etablierung demokratischer Strukturen. Schließlich sahen sich alle drei Staaten nach dem Ende der Diktaturen auch mit erheblichen wirtschaftlichen Problemen konfrontiert, weswegen beträchtliche Hoffnungen auf die Gemeinschaftshilfe zur Modernisierung der Wirtschaft gesetzt wurden.

Die angesichts der kritischen Finanzlage der Gemeinschaft nur mit verhaltener Begeisterung – und gegen das Votum der Kommission, die sich für eine langfristige Heranführungsstrategie ausgesprochen hatte – aufgenommenen Beitrittsverhandlungen mit dem potenziellen „Nehmerland" Griechenland dauerten 34 Monate und zogen sich damit weit länger hin als die Unterhandlungen bei der vorangegangenen Norderweiterung. Noch ehe die Verhandlungen mit Griechenland abgeschlossen wurden, begannen im Februar 1979 auch die Beitrittsgespräche der EG mit den Staaten der iberischen Halbinsel. Vor allem der spanische Beitrittsantrag machte deutlich, dass – neben der Hoffnung auf wirtschaftliche Vorteile und internationale Einbindung – auch das Anliegen, die nationale politische Stabilität im Gemeinschaftsrahmen abzusichern, eine zentrale Rolle spielte. Einen Monat nach dem Griechenland am 1. Januar 1981 offiziell EG-Mitglied geworden war, dokumentierte der Putschversuch vom 23. Februar 1981 in Madrid, dass die junge spanische Demokratie noch auf wackligen Füßen stand.

Ungeachtet dessen wurden die Beitrittsverhandlungen von spanischer und portugiesischer Seite aus mit erheblichem Selbstbewusstsein geführt. Als problematisch erwies sich für die EG insbesondere das extreme Wohlfahrtsgefälle zu den Anwärterstaaten. Angesichts steigender Arbeitslosenzahlen in Westeuropa wurden immer stärkere Bedenken und Sorgen vor einer Konkurrenz von Arbeitsmigranten bzw. Einwanderern geäußert. Die Zuversicht zu Beginn der Beitrittsverhandlungen wich endgültig der Ernüchterung, als die Details der Wirtschafts- und Agrarpolitik verhandelt wurden. Insbesondere Frankreich und Italien machten Bedenken gegen die sich am Horizont abzeichnende Konkurrenz in Landwirtschaft und Fischerei geltend und forderten zahlreiche Übergangsregelungen. Da mit der Süderweiterung ein sprunghafter Anstieg der bereits vor dem Kollaps stehenden Gemeinschaftsausgaben drohte und weitere Korrekturen des EG-Haushalts unabdingbar schienen, zogen sich die Beitrittsverhandlungen in die Länge. Mit einer Zeitdauer von über fünf Jahren waren die Beitrittsgespräche mit Portugal und Spanien die bis dahin längsten in der Integrationsgeschichte.

Die lange Verhandlungsdauer war aber auch darauf zurückzuführen, dass die Gemeinschaft zunächst beabsichtigte, ihre internen Probleme zu klären, bevor sie neue Staaten aufnahm. Erschwerend kam noch hinzu, dass das Neumitglied Griechenland unter dem sozialistischen Regierungschef Andreas Papandreou die notwendige Zustimmung zur Aufnahme Spaniens und Portugals von finanziellen Unterstützungsleistungen abhängig machte. In der Folge erhielt die bereits in der Präambel des EWG-Vertrags geforderte Zielsetzung, „den Abstand zwischen einzelnen Gebieten und den Rückstand weniger begünstigter Gebiete [zu] verringern" – die bereits in den 1960er Jahren mit dem Europäischen Sozialfonds (ESF) zur Herausbildung einer europäischen Regionalpolitik geführt und nach der Norderweiterung mit dem Fonds für regionale Entwicklung (EFRE) ein zentrales Steuerungsinstrument erhalten hatte – eine neue Dimension. Erst nachdem Griechenland weitere Strukturhilfen zugesichert und mit den Agrar- und Haushaltskompromissen des Jahres 1984 die Probleme zumindest teilweise reduziert worden waren, stand der feierlichen Unterzeichnung der Beitrittsverträge am 10. Juni 1985 in Madrid und am 12. Juni in Lissabon nichts mehr im Wege. Mit Spaniens und Portugals Beitritt als elftes und zwölftes Mitglied der Gemeinschaft stieg die Bevölkerungszahl der EG am 1. Januar 1986 auf rund 320 Millionen an.

Kurz vor dem Beitritt Spaniens und Portugals hatte die Gemeinschaft hingegen einen Bevölkerungsrückgang um die 60.000 Bewohner Grönlands zu verzeichnen gehabt. Der einzige Fall eines in den Verträgen nicht vorgesehenen „Austritts" aus der Gemeinschaft in der Integrationsgeschichte erfolgte am 1. Februar 1985, als das zu Dänemark gehörende Grönland – das angesichts der zunehmenden Zahl von Fischkuttern aus anderen EG-Staaten in seinen Gewässern und der Nutzung grönländischen Urans für die europäische Atomenergie vor allem die negativen Konsequenzen der Freizügigkeit sah – das Gemeinschaftsgebiet verließ. Rechtlich war dieser „Austritt" nur möglich, weil Grönland nach einem Referendum im Jahr 1979 ein höherer Grad an Autonomie innerhalb Dänemarks gewährt wurde. Als Folge dieser Autonomierechte und nach einem weiteren Referendum im Februar 1982 vereinbarte Dänemark mit der EG eine Herauslösung des grönländischen Territoriums aus der Gemeinschaft.

Grönland besitzt seitdem aus Sicht der Gemeinschaft den Status eines assoziierten Drittstaates und damit ebenso einen Sonderstatus wie die Kleinstaaten Andorra, Monaco, San Marino und der Vatikanstaat, die 2002 sogar den Euro eingeführt haben, aber ebenfalls keine EG- bzw. EU-Staaten sind. Anders verhält es sich mit den französischen Überseedepartements wie Französisch-Guayana oder Réunion. Die „départements d'outre-mer" gelten als integraler Bestandteil Frankreichs und gehören damit auch der Europäischen Gemeinschaft an.[12] Dagegen zählen die französischen Überseeterritorien („territoires d'outre-mer") nicht zum französischen Staatsgebiet, so dass etwa Neukaledonien und Französisch-Polynesien auch nicht zur EG gehören. Entsprechendes gilt für die britischen „overseas territories".[13] Auf Gibraltar wird das Gemeinschaftsrecht hingegen angewendet, auch wenn in Sonderklauseln Ausnahmen beim Binnenmarkt, der gemeinsamen Agrarpolitik und der Fischereipolitik vereinbart wurden.

Verhaltene Profilierung: Außenpolitik und Außenbeziehungen der Gemeinschaft

Dass die europäische Integration nicht nur eine innere Angelegenheit ihrer Mitgliedstaaten darstellte, war schon zu Beginn der 1960er Jahre deutlich geworden, als sich bereits 50 Staaten bei den drei europäischen Gemeinschaften akkreditiert hatten und in Brüssel ständige Missionen unterhielten. Die Gemeinschaft selbst hatte sich hingegen auch nach dem Fusionsvertrag mit ihren Außenbeziehungen weit schwerer getan. Nach dem Scheitern der EVG- und der Fouchet-Pläne war erst auf dem Gipfeltreffen der Staats- und Regierungschefs in Den Haag im Dezember 1969 ein erneuter Anlauf zu einer gemeinsamen Außenpolitik unternommen worden. Der unter der Leitung von Étienne Davignon eingesetzte Ausschuss hatte einen Bericht präsentiert, der im Oktober 1970 auf einem Außenministertreffen in Luxemburg angenommen wurde. Der Davignon-Bericht schlug einen regelmäßigen Informationsaustausch der Außenminister sowie einen permanenten Konsultationsmechanismus vor. Die Leiter der politischen Abteilungen in den Außenministerien sollten zudem ein Politisches Komitee bilden, das vierteljährliche Treffen abhalten sollte.

Diese dritte große außenpolitische Initiative der Integrationsgeschichte führte schließlich zu einer verstärkten politischen Zusammenarbeit in Europa. Bereits im November 1970 fand unter deutscher Ratspräsidentschaft ein erstes Außenministertreffen in München statt, das sich eingehender mit dem Nahost-Konflikt und der Ost-West-Annäherung, die später als KSZE-Prozess in die Geschichte einging, beschäftigte. Die Anfangsschwierigkeiten dieser neuen – unter der Bezeichnung Europäische Politische Zusammenarbeit (EPZ) firmierenden – Kooperation waren aufgrund ihrer außerhalb der Verträge verankerten rechtlichen Stellung jedoch unübersehbar. Aus heutiger Sicht mutet es grotesk an, dass die Außenminister anfänglich an ein und demselben Tag in Europa hin- und herreisten, um sich an einem Ort als Allgemeiner Rat der EG und an einem anderen als EPZ-Konferenz zu versammeln. 1973 wurde in Kopenhagen ein zweiter Bericht über bisherige Ergebnisse und mögliche Verbesserungen der Europäischen Politischen Zusammenarbeit vorgestellt. Vorgesehen wurden nunmehr vierteljährliche Außenministertreffen sowie die Einrichtung einer Gruppe von festen Kontaktpartnern in den Außenministerien, die so genannte Korrespondentengruppe, um die Kommunikation zu verbessern.

Trotz der zahlreichen Bekundungen zur europäischen Identität und zur Zusammenarbeit in internationalen Fragen gestaltete sich die außenpolitische Kooperation jedoch weiterhin schwierig. Im Hinblick auf die internationalen Krisenherde zum Ende der 1970er Jahre in Afghanistan und im Iran, aber auch hinsichtlich der Militärjunta in Polen und dem Apartheidsregime in Südafrika war es der Europäischen Gemeinschaft nicht gelungen, sich auf eine gemeinsame Haltung und Vorgehensweise zu verständigen – dies insbesondere, weil für alle Entscheidungen grundsätzlich ein einstimmiges Votum erforderlich war, das aber in der Außenpolitik kaum erzielt werden konnte.

Insofern schien US-Außenminister Henry Kissinger mit seiner viel zitierten rhetorischen Frage, wen er denn anrufen müsse, wenn er „Europa" sprechen wolle, recht zu haben. Es gab nicht die eine außenpolitische Stimme der Gemeinschaft, sondern einen bisweilen sehr disharmonischen europäischen Chor. Dies stellte auch der dritte EPZ-Bericht fest, der im Oktober 1981 in London verabschiedet wurde. Er räumte ein, dass die Mitgliedstaaten „bei allem bisher Erreichten immer noch weit davon entfernt sind, in der Welt eine ihrem Einfluss insgesamt entsprechende Rolle zu spielen" (zit. n. Europa-Archiv 1982: D 46). Infolgedessen wurden in dem Bericht auch weitere Reformen vorgeschlagen: Um dem jeweiligen Ratsvorsitz Arbeit abzunehmen und die Kooperation zwischen den halbjährigen Ratspräsidentschaften zu erleichtern, wurde eine so genannte Troika – bestehend aus der aktuellen, der vorangegangenen und der nachfolgenden Ratspräsidentschaft – geschaffen. Mit dieser Regelung wollte man die immer stärker an Bedeutung gewinnenden, aber auch mit immer mehr Aufgaben konfrontierten Präsidentschaften entlasten. Je stärker sich der Aktivitätsbereich der Europäischen Gemeinschaft ausweitete, desto größere Ressourcen wurden auch von der Präsidentschaft erwartet. Dies führte dazu, dass während der jeweiligen Präsidentschaft vor allem in den Außenministerien wesentliche Kräfte gebunden waren. Angesichts der Fülle der Aufgaben verzichtete Portugal nach seinem Beitritt 1986 sogar auf die Wahrnehmung der Präsidentschaft.

Dass außenpolitische Reformversuche jedoch auch in den 1980er Jahren ein vermintes Terrain darstellten, zeigte die so genannte Genscher/Colombo-Initiative 1981. Für den Versuch des deutschen und italienischen Außenministers, die Europäische Politische Zusammenarbeit zu stärken und mit der EG zu verknüpfen, ließ sich keine Mehrheit finden, da sich eine ganze Reihe von Mitgliedstaaten gegen eine engere politische Kooperation sträubte. Es blieb bei feierlichen Deklarationen und Willensbekundungen. Die Sensibilität des außen- und sicherheitspolitischen Bereichs zeigte sich auch im Verhältnis zwischen Deutschland und Frankreich. Trotz des steigenden Drucks von außen infolge der sich erneut verschärfenden Ost-West-Beziehungen (NATO-Doppelbeschluss), der Frankreich auch wieder dichter an die NATO heranführte, verebbten selbst bilaterale Anstrengungen wie die deutsch-französische Sicherheitsinitiative im Oktober 1982.

Erst die Einheitliche Europäische Akte (EEA) brachte hier schließlich einen substanziellen Fortschritt, da mit diesem – im folgenden Kapitel näher beschriebenen – Vertragsschritt die außenpolitische Kooperation erstmals eine rechtliche Grundlage erhielt und zudem durch ein ständiges Sekretariat in Brüssel stärker institutionalisiert wurde. Organisiert wurde die EPZ in der Einheitlichen Europäischen Akte auf Grundlage der drei bisherigen Berichte und ergänzender Bestimmungen. Erwähnung fanden in der Einheitlichen Europäischen Akte aber auch die Kommission, die „an der Arbeit der Europäischen Politischen Zusammenarbeit in vollem Umfang" beteiligt wurde und fortan einen Vertreter zu den EPZ-Außenministertreffen entsenden durfte, sowie das Parlament, das „eng an der Europäischen Politischen Zusammenarbeit" beteiligt wurde.

Die externen Beziehungen der Europäischen Gemeinschaft beschränkten sich indes nicht auf die EPZ. Anders aber als in der Außen- und Sicherheitspolitik wurden im Bereich der allgemeinen auswärtigen Beziehungen, insbesondere in der Handels- und Entwicklungspolitik, frühzeitig weit reichende Initiativen der Gemeinschaft ergriffen. Zurückzuführen war dies, wie im Fall der hier näher skizzierten Entwicklungspolitik, auf die bereits in den Römischen Verträgen vereinbarte Assoziierung der Kolonien und Überseegebiete der Mitgliedstaaten. Vor allem Frankreich und Belgien verfolgten die Absicht, die Handelspräferenzen ihrer ehemaligen Kolonialgebiete auf den Gemeinsamen Markt der EWG zu übertragen. Obgleich die EWG über keine expliziten entwicklungspolitischen Kompetenzen verfügte, wurde 1963 mit den assoziierten Staaten Afrikas das Abkommen von Jaunde geschlossen – benannt nach der Hauptstadt Kameruns –, das zum 1. Juli 1964 in Kraft trat. Es sah vor, dass insgesamt 17 assoziierte Staaten sowie Madagaskar finanzielle Mittel aus dem Europäischen Entwicklungsfonds (EEF) erhielten. Gewährt wurden aber auch günstige Kredite der 1958 gegründeten Europäischen Investitionsbank, die als Gemeinschaftsinstitution Projekte fördert, die im Interesse der EWG stehen.

Oben: Das Berlaymont-Gebäude, 1963 bis 1967 erbaut, beherbergt den Sitz der Europäischen Kommission. Unten: Der Rat der Europäischen Union hat seinen Sitz im 1989 bis 1995 erbauten Justus-Lipsius-Gebäude.

Nach dem Beitritt Großbritanniens wurde das Jaunde-Abkommen im Jahr 1975 von dem in der Hauptstadt Togos abgeschlossenen Lomé-Abkommen abgelöst, das den Entwicklungsfonds schrittweise auch auf Staaten des karibischen und pazifischen Raums ausdehnte. Neben finanziellen Transferleistungen räumten die Abkommen von Jaunde und Lomé weitere Handelspräferenzen ein, so etwa die Erlaubnis, tropische Agrarprodukte ohne Zollgrenzen in die Gemeinschaft zu exportieren. In der Folge wurde das Lomé-Abkommen dreimal (1980, 1985 und 1990) überarbeitet und dabei der Zugang von tropischen Produkten zu den Märkten der Europäischen Gemeinschaft weiter erleichtert. Zudem wurden technische und wirtschaftliche Hilfeleistungen gewährt.[14] Im Hinblick auf die außenwirtschaftlichen Interessen der Gemeinschaft blieben jedoch Zielkonflikte mit den entwicklungspolitischen Maßnahmen nicht aus. So sprachen die AKP-Staaten von „Scheinkonzessionen" und monierten, dass ihre Marktzugangsmöglichkeiten unzureichend seien, da ihnen Zollvergünstigungen nur für kurze Zeiträume oder erst nach Vermarktung der europäischen Ernte gewährt würden (Matzke 1980: 19–21). Zielkonflikte machten sich insbesondere auch im Bereich der nahezu vollständig vergemeinschafteten Fischereipolitik bemerkbar. Als zur Mitte der 1970er Jahre immer mehr Küstenstaaten ihre nationalen Wirtschaftszonen ausdehnten, reduzierten sich schlagartig die Möglichkeiten der Fischer aus den Mitgliedstaaten der Gemeinschaft, vor den afrikanischen Küstengewässern zu fischen. Die EG schloss in der Folge zahlreiche Fischereiabkommen, die den hoch effizienten Fischtrawlern aus der Gemeinschaft feste Fangquoten vor den afrikanischen Gewässern sicherte, zugleich aber die lokale Fischwirtschaft in Afrika erheblich schädigte.

Bei ihren entwicklungspolitischen und außenwirtschaftlichen Aktivitäten legte die Gemeinschaft besonderen Wert auf die strategische Kooperation mit anderen länderübergreifenden Zusammenschlüssen. Zu diesem Zweck setzte sie verstärkt auf das Instrument so genannter Gruppendialoge (Regelsberger 1990: 2–26). Seit den 1970er Jahren unterzeichnete die Gemeinschaft zahlreiche vertragliche Abkommen, die u.a. die Kooperation mit den Maghreb-Staaten des nördlichen Afrikas (1976), mit den ASEAN-Staaten in Südostasien (1980), mit dem Andenpakt (1983) und dem Mercosur (1985) in Lateinamerika, mit den mittelamerikanischen Staaten (1985) sowie mit dem Golfkooperationsrat (1988) regelten. Besondere Beachtung schenkte man der Zusammenarbeit mit den Mittelmeeranrainern. Im Rahmen des so genannten Barcelona-Prozesses wurde 1995 eine „Euro-Mediterrane Partnerschaft" vereinbart, die bis 2010 eine Freihandelszone und damit einen einheitlichen

Wirtschaftsraum rund um das Mittelmeer errichten soll, aber auch politische und kulturelle Ziele vorsieht. Die hoch gesteckten Erwartungen erfüllten sich jedoch nur zum Teil. Vor allem in den nicht vergemeinschafteten politischen Bereichen wurden aufgrund der divergierenden Interessen der Mitgliedstaaten nur begrenzte Erfolge erzielt (Jünemann 2005: 7–14).

Anders verhielt es sich in der Handelspolitik. Trotz ihrer zeitweilig beträchtlichen internen Differenzen traten die EWG-Mitgliedstaaten bereits in den 1960er Jahren außenwirtschaftlich immer geschlossener auf – anfänglich vor allem mit dem Ziel, die angestrebte Zollunion bzw. den Gemeinsamen Markt nach außen abzuschotten. So war die EWG bei den GATT-Gesprächen über einen allgemeinen Zollabbau zwischen 1964 und 1969 (Kennedy-Runde) erstmals geschlossen nach außen aufgetreten, als die Kommission im Namen der seinerzeit sechs Mitgliedstaaten verhandelte. Nach dem Übergang der handelspolitischen Kompetenzen der einzelnen Mitgliedstaaten auf die EWG im Jahre 1970 rückte die Gemeinsame Handelspolitik immer stärker in den Mittelpunkt der außenwirtschaftlichen Beziehungen. Im Zusammenspiel von Kommission und Rat wurden für Bereiche wie Aus- und Einfuhren, Schutzmaßnahmen gegen Dumping, mengenmäßige Beschränkungen und Handelssanktionen zahlreiche Regelungen getroffen und Handelsverträge abgeschlossen. Hierbei drängte die Gemeinschaft immer stärker auf die Liberalisierung des weltweiten Handels. Dass zum Ende der 1980er Jahre in Europa kaum noch Raum für nationale Ausnahmeregelungen bestand, war nicht zuletzt auf das Binnenmarktprojekt zurückzuführen.

Die Einheitliche Europäische Akte: Weichenstellung für den Binnenmarkt und die Vertragsreform

Bei der Umsetzung der Bestimmungen der Römischen Verträge hatten sich die Bemühungen zunächst auf die Zollunion konzentriert, während die Weiterentwicklung des Gemeinsamen Marktes zusehends ins Hintertreffen geraten war. Als die Zollunion am 1. Juli 1968 vollendet wurde, lag das Ziel eines Gemeinsamen Marktes – jenseits des bereits mit der Montanunion realisierten Marktes für Kohle und Stahl – noch in weiter Ferne. Die folgenden Jahre brachten kaum Fortschritte: Mit der Verschlechterung der ökonomischen Rahmenbedingungen im Kontext der Ölkrise der 1970er Jahre verlangsamte sich auch die Weiterentwicklung der Wirtschaftsgemeinschaft – und damit das Ausmaß an „negativer" wie „positiver" Integration. Weder der Abbau von nationalen

Handelshemmnissen und von Wettbewerbsbeschränkungen, die grenzüberschreitende wirtschaftliche Aktivitäten behinderten („negative Integration"), noch die Entwicklung von gemeinsamen Regelungen und Institutionen, die zur Verwirklichung des freien Verkehrs von Waren, Personen, Dienstleistungen und Kapital beitrugen („positive Integration"), kamen von der Stelle.

Erst zum Ende der 1970er Jahre zeichneten sich für die Realisierung des Gemeinsamen Marktes wieder Entwicklungsperspektiven ab. In dieser Zeit war es erneut der Gerichtshof der europäischen Gemeinschaften, der – wie bereits in den 1960er Jahren mit seinen das Gemeinschaftsrecht prägenden Urteilen – zur Weiterentwicklung der europäischen Integration erheblich beitrug (Wolf-Niedermaier 1997: 14). Hatte der Gerichtshof zum Ende der 1960er Jahre erst 30 Urteile gesprochen, weitete sich seine Tätigkeit in den 1970er Jahren deutlich aus. 1977 wurde die Schwelle von 100 Urteilen erreicht, 1985 bereits die von 200 Urteilen.

Vor allem die „Cassis-de-Dijon"-Entscheidung aus dem Jahr 1979 entwickelte sich zum tragenden Pfeiler der Binnenmarktkonstruktion. Zurück ging dieser Rechtsstreit auf die Haltung der Bundesmonopolverwaltung für Branntwein, die der Kölner Unternehmensgruppe Rewe die Einfuhr des französischen Johannisbeerlikörs „Cassis de Dijon" verbot, weil dieser nicht den im deutschen Branntweinmonopolgesetz vorgesehenen Mindestalkoholanteil von 25 % enthielt. Die Luxemburger Richter gaben der Klage von Rewe gegen dieses Verbot mit dem Argument statt, dass die deutsche Regelung mit Bestimmungen des EWG-Vertrags (Art. 28) zur Warenverkehrsfreiheit unvereinbar sei. Aus dieser Entscheidung entwickelte sich in der Folge das Prinzip der „gegenseitigen Anerkennung", demzufolge jeder Mitgliedstaat der Gemeinschaft seinen Markt für Produkte aus anderen EG-Staaten öffnen muss, sofern diese im Einklang mit den entsprechenden Vorschriften des Erzeugerstaats stehen. Dieses Urteil war von kaum zu überschätzender Bedeutung: Die gegenseitige Anerkennung stellte gewissermaßen den Durchbruch zum Gemeinsamen Markt dar, da mit dieser Form „negativer Integration" der langwierige Prozess der Harmonisierung einzelstaatlicher Vorschriften erheblich vereinfacht wurde.

Für die Verwirklichung des Gemeinsamen Marktes bedurfte es indes auch Fortschritte bei der „positiven Integration", da beim Gesundheits- oder Verbraucherschutz das Prinzip der gegenseitigen Anerkennung nur bedingt zum Tragen kommen konnte. Das Stocken der „positiven Integration" war nicht zuletzt auf den Luxemburger Kompromiss der 1960er Jahre und die zeitweilige Selbstblockade des wichtigsten Recht setzenden Organs – des Rats – zurückzuführen. Durch die mühsame Kompromisssuche im Rat wurde eine rasche und effiziente Entscheidungsfindung in den Gemeinschaftspolitiken immer wieder verzögert, vor allem als in Großbritannien die europaskeptischen Tories unter Margaret Thatcher an die Regierung kamen und Griechenland 1981 EG-Mitglied wurde.

Eine erste Aufweichung des Luxemburger Kompromisses deutete sich 1982 an, als im Agrarministerrat trotz des Protests von Großbritannien, Griechenland und Dänemark, die der Abstimmung fernblieben, die Festlegung der Agrarpreise mit qualifizierter Mehrheit erfolgte. Der Gemeinschaft kam in dieser Situation die britische Abhängigkeit von der Unterstützung der EG-Mitgliedstaaten bei der militärischen Auseinandersetzung mit Argentinien im Falkland-Krieg zugute (Schönwald 2004: 177–179). Insbesondere die britische Veto-Haltung im Rat wurde in Frage gestellt, da sie weniger auf vitale nationale Interessen als vielmehr auf das den Briten unterstellte Kalkül, eigene Haushaltsforderungen durchzusetzen, zurückgeführt wurde. Die französische Regierung formulierte daraufhin eine deutlicher am Gemeinschaftsinteresse ausgerichtete Interpretation des Luxemburger Kompromisses, indem sie betonte, dass ein Mitgliedstaat zwar sein nationales Interesse einschränkend vorbringen könne, dies jedoch nicht zum Mittel werden dürfe, die Handlungsfähigkeit der Gemeinschaftsprozeduren einzuschränken. Dies hinderte die Bundesregierung jedoch nicht, im Vorfeld wichtiger Landtagswahlen 1984 ihrerseits erstmals ein nationales Veto auf Grundlage des Luxemburger Kompromisses gegen einen Entscheid des Rats zur Senkung der Getreidepreise einzulegen.

Zur treibenden Kraft des Binnenmarkts avancierte zur Mitte der 1980er Jahre schließlich weder Gerichtshof noch Rat, sondern die neue Kommission unter ihrem Präsidenten Jacques Delors. Sie veröffentlichte am 14. Juni 1985 das berühmt gewordene Weißbuch zur „Vollendung des Binnenmarktes", das an den Europäischen Rat gerichtet war. In diesem Weißbuch formulierte die Kommission nicht nur das Ziel, bis 1992 den Binnenmarkt, der als Begriff nunmehr die Bezeichnung Gemeinsamer Markt ersetzte, zu vollenden, sondern es wurden auch 282 konkrete Maßnahmen und Rechtsakte zur schrittweisen Umsetzung des Binnenmarktes vorgeschlagen. Hierbei handelte es sich größtenteils um Harmonisierungsbestimmungen zur Angleichung nationaler Rechts- und Verwaltungsvorschriften, die nicht auf dem Wege der gegenseitigen Anerkennung zu realisieren waren. Das Weißbuch – in dem die Vollendung des Binnenmarkts durch die Chiffre „1992" symbolisiert wurde – entfaltete seine Bedeutung in erster Linie dadurch, dass es den Binnenmarkt zum erreichbaren Nahziel erklärte und erhebliche Erleichterungen sowohl für die Bürger als auch für die europäischen Volkswirtschaften versprach.

Nachdem der Gerichtshof mit seiner „Cassis-de-Dijon"-Entscheidung den Abbau von nationalen Handelshemmnissen erheblich forciert hatte, schien der Binnenmarkt nunmehr greifbar nahe.

In Aussicht gestellt wurde von der Kommission ein Binnenmarkt, der neben der Freiheit des Warenverkehrs auch die Dienstleistungsfreiheit, die Freiheit des Kapitalverkehrs und des Personenverkehrs – mithin die vier zentralen Grundfreiheiten des Binnenmarkts – verwirklichte.[15] Zugleich wurden aber auch eine verbesserte Konkurrenzfähigkeit gegenüber den USA und der florierenden japanischen Industrie auf den Weltmärkten sowie Kooperationserleichterungen im Forschungsbereich als Argument ins Feld geführt. Mit diesen Zielsetzungen hatte die EG ein Thema gefunden, das neue Integrationsperspektiven verhieß und der Vertiefung der Gemeinschaft jene Dynamik verlieh, an der es seit Beginn der 1970er Jahre mangelte.

Der Europäische Rat, der auf seinem Mailänder Gipfeltreffen im Juni 1985 das Weißbuch der Kommission behandelte, griff die bereits seit längerem schwelende Debatte über eine Reform des EWG-Vertrags auf und verknüpfte die Binnenmarktinitiative mit institutionellen Fragen. Überlegungen zu einer Vertragsrevision waren in den frühen 1980er Jahren bereits vom Europäischen Parlament angestellt worden, das mit dem Spinelli-Entwurf einen weit reichenden und an föderalistischen Zielsetzungen orientierten Verfassungsentwurf erarbeitet hatte. Darüber hinaus waren aber auch seitens der Regierungen Vorstöße entwickelt worden. Besondere Bedeutung kam dabei dem deutschen Außenminister Hans-Dietrich Genscher zu, der auf dem Dreikönigstreffen der FDP im Januar 1981 an die bereits zum Ende der 1960er Jahre gesteckten Ziele der Gemeinschaft erinnerte. Genscher erklärte: „Die Antworten auf die großen Herausforderungen unserer Zeit dürfen von den Europäern nicht nur in der unbestreitbar wichtigen Reform des Agrarmarkts, im Streit über Marktordnungen und auch nicht in den Auseinandersetzungen zwischen den Organen der Gemeinschaft gesucht werden. (…) Ist es nicht endlich Zeit für einen Vertrag über die Europäische Union? (…) Ziele einer Europäischen Union müssen sein: die Entwicklung einer gemeinsamen europäischen Außenpolitik, der Ausbau der Gemeinschaftspolitiken entsprechend den Verträgen von Paris und Rom, die Abstimmungen im Bereich der Sicherheitspolitik, die engere Zusammenarbeit im kulturellen Bereich und die Harmonisierung der Gesetzgebung. Diese Forderungen sind alle nicht neu, in vielen Dokumenten sind sie zu finden, aber die Zeit ist reif, sie in die Wirklichkeit umzusetzen" (Genscher 1981).

Genschers italienischer Amtskollege Colombo griff dessen Vorstoß auf und plädierte ebenfalls für eine Verklammerung der EWG-Revision mit der intergouvernemental angelegten Europäischen Politischen Zusammenarbeit. Im November 1981 brachten die italienische und die deutsche Regierung konkrete Vorschläge zur Umsetzung dieser Europa-Initiative ein. Vorgestellt wurden der „Entwurf einer Europäischen Akte" und ein „Dokument zur wirtschaftlichen Integration". Der deutsche Außenminister hatte gezielt die Bezeichnung „Akte" – statt Vertrag – gewählt, da er Verbindungslinien zu der Schlussakte von Helsinki herstellen wollte, die dem KSZE-Prozess zur Sicherheit und Zusammenarbeit in Europa neue Impulse verliehen hatte und zudem eine enge außenpolitische Kooperation der neun EG-Staaten gezeigt hatte. Der Plan von Genscher und Colombo sah vor, bisher nicht in den Verträgen geregelte Bereiche wie etwa die politische Zusammenarbeit und die Kultur gemeinsam mit bisherigen EWG-Regelungen in eine neue vertragsrechtliche Form zu fassen. Zugleich trat er aber auch für das Ziel ein, die Gemeinschaftsebene zu stärken. Vorgesehen waren hierzu effizientere Entscheidungsstrukturen durch eine Stärkung der Führungsrolle des Europäischen Rats, eine Kompetenzausweitung des Europäischen Parlaments und die Abkehr vom Einstimmigkeitsprinzip im Rat.

Obgleich der neue Bundeskanzler Helmut Kohl nach dem Regierungswechsel im Oktober 1982 den Vorstoß des weiter amtierenden Außenministers Genschers aufgriff und stärker noch als sein Amtsvorgänger Helmut Schmidt, der sich insbesondere für die ökonomische Integration engagiert hatte, den Blick auf die politische Einigung lenkte, schlug die Genscher-Colombo-Initiative fehl. Im Rahmen der deutschen Ratspräsidentschaft im ersten Halbjahr 1983 gelang es der Bundesrepublik lediglich, die Zustimmung der anderen Mitgliedstaaten zu einer „Feierlichen Deklaration zur Europäischen Union" zu erhalten. In dieser rechtlich unverbindlichen Erklärung beteuerten die Staats- und Regierungschefs erneut ihre Absicht, die politische Einigung voranzutreiben. Aber auch diese Deklaration führte zu keinen unmittelbaren Aktivitäten, da während der nachfolgenden griechischen Ratspräsidentschaft Reformüberlegungen nicht vertieft wurden, sondern die Staats- und Regierungschefs im Streit über die Begrenzungen der Milchproduktion auseinander gingen und es auf dem Gipfeltreffen in Athen nicht einmal gelang, sich auf ein gemeinsames Abschlusskommuniqué zu verständigen (Gaddum 1994: 222–238).

Vor allem aufgrund der engen deutsch-französischen Kooperation, mit der das neue „Tandem" Kohl/Mitterand an die Zusammenarbeit der Vorgänger Adenauer/de Gaulle, Brandt/Pompidou und Schmidt/Giscard d'Estaing anknüpfte, gestaltete sich die französische Ratspräsidentschaft im ersten Halbjahr 1984 erfolgreicher. Als der Juni-Gipfel des Europäischen Rats in Fontainebleau – nach gezielt gestreuten Indiskretionen über eine mögliche Neugründung der EG ohne Großbritannien – den bereits erwähnten Durchbruch in der Agrarpolitik brachte und damit das britische Junktim zwischen Haushaltsreform und Gemeinschaftsausbau überwand, stand auch die Tür für eine Vertragsrevision wieder offen. Die Neubelebung der Vertragsdebatte war indes nicht allein auf die Geheimdiplomatie der Staats- und Regierungschefs zurückzuführen, sondern auch auf die permanenten Vorstöße der Gemeinschaftsinstitutionen. Nicht zuletzt durch den vorgelegten Verfassungsentwurf des Europäischen Parlaments (Spinelli-Entwurf) und die Binnenmarktinitiative der Kommission hatte sich der Druck auf die Staats- und Regierungschefs erheblich verstärkt.

Der Europäische Rat sah sich in Fontainebleau veranlasst, neben dem Adonnino-Ausschuss für ein „Europa der Bürger" auch einen Ad-hoc-Ausschuss für institutionelle Fragen unter der Leitung des irischen Senators James Dooge einzusetzen. Dieser legte im Juni 1985 seinen Schlussbericht vor, der die Einführung von qualifizierten Mehrheitsabstimmungen im Rat und eine kompetenzielle Stärkung des Europäischen Parlaments vorschlug, aber auch Vorbehalte einzelner Mitgliedstaaten auflistete. Parallel zur Arbeit des Dooge-Komitees verständigten sich Helmut Kohl und François Mitterand auf einen eigenen Vertragsentwurf, der neben weiteren Papieren auf dem Mailänder Gipfel im Juni 1985 kontrovers diskutiert wurde. (Lappenküper 2003: 289–292). Nach scharfer Kritik an dem Konzept von Kohl und Mitterand wurde – gegen den erklärten Willen von Großbritannien, Dänemark und Griechenland – die Einberufung einer Regierungskonferenz mit dem Ziel beschlossen, „konkrete Fortschritte auf dem Weg zur Europäischen Union" herbeizuführen (zit. n. Presse- u. Informationsamt d. Bundesregierung 1992). Damit zeichnete sich erstmals in der Geschichte des Europäischen Rats eine nicht einstimmig getroffene Entscheidung ab.

Während der nachfolgenden luxemburgischen Ratspräsidentschaft stellten die zuvor noch skeptischen Staaten ihre grundlegenden Bedenken jedoch zurück. Auf der bereits Anfang September 1985 eröffneten Regierungskonferenz wurde unter Mitarbeit aller Mitgliedstaaten – einschließlich der beiden Beitrittskandidaten Spanien und Portugal – die Einheitliche Europäische Akte ausgearbeitet, die bereits auf dem Luxemburger Gipfel des Europäischen Rats am 2. und 3. Dezember 1985 zur Diskussion stand. Nach zähen, bis in die späten Abendstunden andauernden Verhandlungen verständigten sich die Staats- und Regierungschefs schließlich auf ein Kompromisspaket, das den Weg zur ersten umfassenden Revision der Römischen Verträge ebnete. Zu den wichtigsten

Ergebnissen des Luxemburger Gipfels zählte die Vereinbarung, bis Ende 1992, entlang der Vorgaben des Weißbuchs der Kommission, den Binnenmarkt zu vollenden (Art 8a EWG-V).

Mit der Einheitlichen Europäischen Akte, die gewissermaßen als Mantelvertrag konzipiert war, wurde sowohl der EWG-Vertrag reformiert als auch der Europäischen Politischen Zusammenarbeit formell eine eigene vertragsrechtliche Grundlage gegeben.[16] Bewusst wurde die EPZ dabei nicht in die bestehenden Verträge integriert, sondern in ein eigenes Dokument mit eigener Präambel gekleidet. Letztlich ist diese Konstruktion Ergebnis der unterschiedlichen Positionen der Mitgliedstaaten, die sich in Luxemburg nicht auf den Schritt zur Europäischen Union verständigen konnten. Stattdessen stellten sie der Vertiefung der Wirtschaftskooperation eigenständige – weitgehend intergouvernementale – Regelungen für die politische Zusammenarbeit zur Seite. Verknüpft wurden die beiden rechtlich getrennten Vertragsabschnitte durch gemeinsame Bestimmungen und eine gemeinsame Organstruktur, die aber im Fall der EPZ den Gerichtshof nicht einbezog, während der Europäische Rat nicht im EWG-Vertrag, sondern nur in den Bestimmungen zur EPZ erwähnt wurde. Ein rechtliches Kontroll- und Sanktionsverfahren – wie es im Gemeinschaftsrecht durch den Gerichtshof angelegt war – war damit für Außenpolitik nicht vorgesehen. Mit dieser Konstruktion deutete sich bereits im Rahmen der Einheitlichen Europäischen Akte an, dass die wirtschaftspolitische Kooperation auch künftig stärker supranationale Züge tragen sollte, die außen- und sicherheitspolitische Zusammenarbeit der EPZ hingegen stärker intergouvernementalen Prinzipien folgte.

Von zentraler Bedeutung bei der Revision des EWG-Vertrags waren die Bestimmungen zu den Mehrheitsentscheidungen. Trotz zahlreicher Fälle, in denen die Einstimmigkeitsregel fortbestand, weitete die Einheitliche Europäische Akte die Anzahl der qualifizierten Mehrheitsentscheidungen im Rat erheblich aus. Als Stärkung der supranationalen Dimension wurde auch der Kompetenzzuwachs des Europäischen Parlaments gewertet. Durch das neue Verfahren der Zusammenarbeit, das auch als Kooperationsverfahren firmierte (Art. 149 EWG-V der EEA), erhielt das Europäische Parlament – das jetzt erstmals auch in den Verträgen als Parlament bezeichnet wurde – erweiterte legislative Kompetenzen. Jenseits der Haushaltspolitik konnte das EP nunmehr auch bei Binnenmarktentscheidungen sowie in Teilbereichen der Regional- und Forschungspolitik an der Rechtsetzung mitwirken.[17] Wie beim bereits lange eingeübten Anhörungsverfahren unterbreitete die Kommission auch beim Verfahren der Zusammenarbeit einen Vorschlag. Hierzu legte der Rat – nach Stellungnahme des Europäischen Parlaments – einen Gemeinsamen Standpunkt fest. In einer zweiten Lesung konnte das Parlament nun den Rechtsakt annehmen, abändern oder ablehnen. Eine Einschränkung erfuhr das Legislativrecht des Europäischen Parlaments jedoch durch den Umstand, dass bei einem einstimmigen Votum des Rats eine Ablehnung des Parlaments ohne rechtliche Wirkung blieb. In diesen Fällen hatte das Votum des Europäischen Parlaments für den Rechtsakt lediglich aufschiebende Wirkung.

Die Einheitliche Europäische Akte gewährte dem Parlament jedoch nicht die erhoffte Beteiligung bei der Bestellung der Kommission. Es blieb bei der zu Beginn der 1980er Jahre informell vereinbarten Regelung, dass der Ratspräsident vor der Ernennung eines neuen Kommissionspräsidenten die Stellungnahmen des Erweiterten Präsidiums des Parlaments einholte. Dieses Verfahren fand dann bei der Verlängerung des Mandats von Jacques Delors 1988 Anwendung. Eine Aufwertung erfuhr das Parlament hingegen durch seine Einbindung in quasi-konstitutionelle Akte. Das Verfahren der Zustimmung erforderte es, dass das EP die Aufnahme neuer Mitglieder und den Abschluss von Assoziierungsabkommen billigte (Art. 237/238 EWG-V). An den eigentlichen Vertragsrevisionen wurde das Europäische Parlament jedoch weiterhin nicht beteiligt.

Schließlich wurden auch weitere Teilbereiche aus wirtschaftsnahen Politikfeldern wie Umwelt-, Sozial-, Forschungs- und Technologiepolitik auf die europäische Ebene übertragen. Die Unterzeichnung der EEA durch acht Außenminister erfolgte am 17. Februar 1986. Dänemark, Italien und Griechenland, die zunächst das Ergebnis eines dänischen Referendums abgewartet hatten, paraphierten die Einheitliche Europäische Akte am 28. Februar 1986. Die zwölf Unterschriften machten den Weg frei für die – nach knapp 30 Jahren – erste einschneidende Änderung des Vertrags zur Gründung der Europäischen Wirtschaftsgemeinschaft. Da das Ratifizierungsverfahren reibungslos verlief, konnte die Einheitliche Europäische Akte am 1. Juli 1987 in Kraft treten.

Von der wissenschaftlichen Forschung wurde die Luxemburger Vertragsreform nicht als Neuanfang gewertet, vor allem weil der wiederholt angekündigte Schritt zur Europäischen Union mit der Einheitlichen Europäischen Akte nicht vollzogen wurde. Stattdessen hatte man „verschiedene Grundmuster der EG-Tradition in dem bereits spätestens seit Anfang der siebziger Jahre abgesteckten Rahmen" variiert (Wessels 1986: 65–79) – mithin die Variante schrittweiser Integration fortgesetzt. Auch wenn vor diesem Hintergrund die Vertragsrevision lediglich als Minimalkonsens interpretiert wurde und der Einheitlichen Europäischen Akte in der wissenschaftlichen Betrachtung bis heute eher begrenzte Aufmerksamkeit zukommt, ist ihre Bedeutung für die Weiterentwicklung der Gemeinschaft nicht zu unterschätzen. Obgleich im Mittelpunkt dieses wichtigsten Vertragsschrittes seit 1958 nicht das Leitbild der Europäischen Union, sondern die Vollendung des Binnenmarktes stand, stellte die EEA den vorläufigen Höhepunkt einer Zeitphase neuer Integrationsdynamik dar. Dies unterstreicht nicht zuletzt die enge Wechselwirkung mit der Reform der Agrar- und Haushaltspolitik sowie die Initiative zur Wirtschafts- und Währungsunion (WWU).

Schritte zur Wirtschafts- und Währungsunion: Zwischen Werner-Plan und Delors-Bericht

Das Wissen, dass unterschiedliche monetäre Systeme und Währungsschwankungen den Handel zwischen Staaten erschweren, gehört seit langem zum Kernbestand der Wirtschaftswissenschaften. Vor diesem Hintergrund wurde die Idee fester Wechselkurse zwischen den europäischen Währungen bzw. das Konzept einer europäischen Wirtschafts- und Währungsunion bereits vor 1945 wiederholt diskutiert, im Gefolge von nationalstaatlichen Interessenkonflikten und Wirtschaftskrisen jedoch auch regelmäßig wieder verworfen. Mit den europäischen Einigungsverträgen rückte die Idee einer gemeinsamen Währung in den 1950er Jahren erneut ins Blickfeld. Die Römischen Verträge sahen zunächst aber nur die Zielvorstellung einer Zollunion und langfristig eines gemeinsamen Marktes mit freiem Personen-, Dienstleistungs- und Kapitalverkehr vor. Auf eine engere währungspolitische Zusammenarbeit wurde hingegen verzichtet, da man in den 1950er Jahren von stabilen Währungen und Wechselkursen ausging. Mit Ausnahme der Gründung eines Währungsausschusses 1958 und eines Ausschusses der Zentralbankgouverneure 1964 blieben die wenigen Initiativen auf dem Gebiet der Währungspolitik erfolglos, so auch der 1962 von Walter Hallstein unternommene Vorstoß, bis Anfang der 1970er Jahre eine dreistufige Währungsunion zu etablieren.

Noch während des Zweiten Weltkriegs hatte im US-amerikanischen Bretton Woods eine Konferenz von 40 Ländern stattgefunden, auf der feste Wechselkurse, basierend auf dem Goldstandard, vereinbart wurden.[18] Der amerikanische Dollar bildete dabei die einzige Währung, die zu einem garantierten Kurs in Gold umgetauscht werden konnte. Währungsfragen spielten vor dem Hintergrund des Bretton Woods-Systems infolgedessen im EWG-Rahmen kaum eine Rolle. In den 1960er Jahren geriet dieses System, in dem der US-Dollar die Funktion einer weltwirtschaftlichen Leitwährung übernahm und ein hohes Maß an innereuropäischer Wechselkursstabilität garantierte, jedoch in eine Krise. Dies zeigte sich insbesondere, als die expansive Geldpolitik der Vereinigten Staaten, die u.a. der Finanzierung des Vietnam-Kriegs diente, in Europa zum Inflationsimport führte. Immer häufiger kam es zu Währungsturbulenzen und fluchtartigen Kapitalbewegungen.

Angesichts dieser Krisenerscheinungen zum Ende der 1960er Jahre, die deutlich machten, dass eine Zollunion allein keinen Schutz vor unangenehmen Währungsüberraschungen bot, hatte sich in Europa die Anzahl derjenigen erhöht, die eine wirtschafts- und währungspolitische Annäherung der EWG-Staaten mit Beifall bedachten. Bereits der so genannte Barre-Bericht der Kommission vom Februar 1967 hatte eine verstärkte Koordinierung der Wirtschaftspolitik, eine Intensivierung der währungspolitischen Kooperation und ein vom US-Dollar unabhängiges Festkurssystem vorgeschlagen. Auf dem Haager Gipfel der Staats- und Regierungschefs 1969 wurde dann die Wirtschafts- und Währungsunion zum konkreten Ziel erhoben. Der in der Folge präsentierte Werner-Plan hatte eine dreistufige Abfolge vorgeschlagen.

Im Kern sah der Plan vor, dass zunächst die Wirtschafts- sowie die Geld- und Kreditpolitik der EWG-Mitgliedstaaten weiter angeglichen und die Schwankungsbreiten zwischen den Währungen reduziert werden. Dem sollten eine völlige Liberalisierung des Kapitalverkehrs und die Einführung eines gemeinschaftlichen Zentralbanksystems sowie als weiterer Schritt schließlich die Festsetzung der Wechselkurse zwischen den Währungen folgen. Als Höhepunkt und Konsequenz dieser Entwicklung war die Einführung einer Gemeinschaftswährung vorgesehen. Offen blieb aber, ob eine zusätzliche Währung eingeführt oder ob die bestehenden Währungen durch eine europäische Einheitswährung ersetzt werden sollten.

Der Gemeinschaft gelang es jedoch nicht, den Zeitplan zur Wirtschafts- und Währungsunion einzuhalten. Der im April 1972 ausgehandelte Europäische Währungsverbund war vor dem Hintergrund neuer währungspolitischer Vereinbarungen im Rahmen des Internationalen Währungsfonds konzipiert worden. Der regionale Verbund, den die sechs EWG-Mitgliedstaaten sowie die seinerzeit vier Beitrittskandidaten Großbritannien, Irland, Dänemark und Norwegen ins Leben riefen, sah vor, dass die Wechselkurse der nationalen Währungen um nicht mehr als 2,25 % (bzw. +/– 1,125 %) voneinander abweichen durften. Dieses System wurde unter der Bezeichnung „Währungsschlange“ bekannt, weil ein bilaterales Interventions- und Beistandssystem der nationalen Zentralbanken aktiv werden sollte, sofern eine Währung drohte, das Ende der Schwankungsbreite zu erreichen bzw. „aus der Schlange“ auszuscheren.

Dieser Ansatz stieß jedoch an politische Grenzen, da der Wechselkurskorridor infolge unterschiedlicher nationaler Wirtschaftsstrategien nicht eingehalten wurde. Einige Staaten nahmen steigende Inflationsraten im Sinne einer antizyklischen Geldpolitik sogar bewusst in Kauf, um ihre Wirtschaft anzukurbeln. Als Großbritannien 1972 den Verbund verließ und in der Folge abwertungsgefährdete Währungen wie der Franc oder die Lira ausschieden und wieder eintraten, zeichnete sich ein Scheitern des Währungsverbunds ab. Spätestens als in der „Schlange“ nur noch Länder vertreten waren, die direkt oder – wie die Benelux-Staaten – indirekt dem Einflussbereich der Bundesbank unterlagen, hatte sich die Währungsschlange als Fehlschlag erwiesen (Krägenau/Wetter 1994: 58–62).

Nach dem Scheitern des für 1974 vorgesehenen Übergangs zur zweiten Stufe des Werner-Plans wurde der Plan schließlich stillschweigend aufgegeben. Das Scheitern wird in erster Linie auf ökonomische Faktoren wie die Erosion des Bretton-Woods-Systems und die Dollarkrise zurückgeführt. Daneben spielte auch die Ölkrise eine wichtige Rolle, da aufgrund drastisch gestiegener Ölpreise sich die wirtschaftliche Lage der westlichen Industriestaaten in den 1970er Jahren verschlechterte, was nicht ohne Konsequenzen für die Stabilität der Devisenmärkte blieb.

Zum Scheitern des Werner-Plans trugen aber auch die unterschiedlichen politischen Prioritäten der Mitgliedstaaten bei: Eine Gruppe von Ländern mit Frankreich und Belgien an der Spitze stellte stets die währungspolitische Koordinierung in den Mittelpunkt. Die möglichst zeitnahe Einführung einer gemeinsamen Währung, so prognostizierte man, würde eine beträchtliche Sogwirkung entfalten und zu einer gemeinsamen Wirtschafts- und Konjunkturpolitik führen (Grundsteintheorie). Die entgegengesetzte Position, die in erster Linie von Deutschland und den Niederlanden vertreten wurde, hatte hingegen eine möglichst hohe Geldwertstabilität zum Ziel. Erst sollte das Fundament der Konjunktur- und Haushaltspolitik harmonisiert werden, bevor als Schlusspunkt eine gemeinschaftliche Währung eingeführt werden sollte (Krönungstheorie). Von der stabilen und erfolgreichen D-Mark – Symbol des Wirtschaftserfolgs nach dem Zweiten Weltkrieg – wollte man sich möglichst spät verabschieden. Die Unvereinbarkeit beider Positionen hatte maßgeblich zum Scheitern der Währungsschlange beigetragen. Trotz der gegensätzlichen Sichtweisen kam es in der zweiten Hälfte der 1970er Jahre aber dennoch unfreiwillig zu einer Annäherung der Wirtschafts- und Finanzpolitik in der Gemeinschaft, da alle Staaten gezwungen waren, das Problem hoher Inflationsraten auf ähnliche Art und Weise zu bekämpfen.

Zum Ende der 1970er Jahre unternahmen Helmut Schmidt und der französische Staatspräsident Valéry Giscard d'Estaing, der stärker als seine Amtsvorgänger auf eine stabilitätsorientierte Geldpolitik setzte, einen neuen Anlauf zur Ordnung der europäischen Währungsverhältnisse. Auf dem Kopenhagener Gipfel im April 1978 schlugen sie ein Europäisches Währungssystem in Form eines regionalen Systems fester, aber anpassungsfähiger Währungsparitäten vor, das an die Stelle des Europäischen Währungsverbundes treten sollte. Sie knüpften damit an Überlegungen von Roy Jenkins an, der als erster britischer Präsident der Kommission in einer Rede vor dem Europäischen Hochschulinstitut am 27. Oktober 1977 die Errichtung einer Währungsunion als Schritt zur Wiedergewinnung der Substanz souveräner Macht Europas bezeichnet hatte.[19] Auf dem Bremer Gipfel des Europäischen Rats im Juli 1978 erhielten Schmidt und Giscard d'Estaing die Zustimmung der anderen Mitgliedstaaten für das Europäische Währungssystem (Ludlow 1982: 122–133).

Das am 13. März 1979 in Kraft getretene Europäische Währungssystem (EWS) basierte auf dem Prinzip eines rechnerischen Leitkurses sowie eines Wechselkurs- und Interventionsmechanismus. Mit dem EWS wurde die Europäische Währungseinheit (ECU) neu eingeführt, die helfen sollte, das Ziel einer Zone weitgehend stabiler Wechselkurse zu schaffen.[20] Die Europäische Währungseinheit stellte einen „Währungskorb" dar, in dem alle am EWS beteiligten Währungen in speziellen Gewichtungen rechnerisch zusammengefasst wurden. Der ECU ergab sich – in Anlehnung an Wirtschaftskraft und Außenhandelsanteile – aus dem gewichteten Durchschnitt der einzelnen Währungen der Mitgliedstaaten. Von den ECU-Leitkursen wurde wiederum ein Raster bilateraler Kurse abgeleitet, wobei die Kursschwankungen zwischen den Währungen eine Bandbreite von +/– 2,25 % nicht überschreiten durften.[21] Überschritt der Wechselkurs die zulässige Bandbreite zwischen zwei Staaten, waren die Zentralbanken der betroffenen Länder verpflichtet, auf dem Devisenmarkt so lange zu intervenieren, bis der Kurs wieder innerhalb des Rasters lag. Eine Änderung der Paritäten im EWS war nur durch einen gemeinsamen Beschluss des Ministerrats möglich.

Obwohl zahlreiche Skeptiker dem EWS bei seinem Inkrafttreten keine großen Erfolgsaussichten einräumten, erwies sich dieses System fester, aber – im Gegensatz zur starren Währungsschlange – anpassungsfähiger Wechselkurse als Erfolg. Nach anfänglich häufigen Änderungen der Leitkurse nahm die Bandbreite der Wechselkurse im EWS innerhalb eines Jahrzehnts erheblich ab. Trotz zeitweiliger Krisenerscheinungen in den Jahren 1986/87 und 1992/93 zeichnete sich mit dem EWS eine dauerhafte Stabilität der Währungen und Preise ab. Durch die Verbindung von restriktiver Geldpolitik und der Konsolidierung der öffentlichen Haushalte konnte vor allem das Schreckgespenst der 1970er Jahre – die Inflation – erfolgreich bekämpft werden.

Vom EWS bis zur Wirtschafts- und Währungsunion war es jedoch noch ein weiter Weg, der zu Beginn der 1980er Jahre wegen der Probleme in der Agrarpolitik zunächst in den Hintergrund rückte. Bei der Verabschiedung des Binnenmarktprogramms im Jahr 1985 konstatierten die Beteiligten, dass ein Binnenmarkt aufgrund der hohen Transaktionskosten des Währungsumtausches und der Wechselkursschwankungen nicht seinen vollen Nutzen entfalten könne. Erst als der konkrete Zeitplan für den Binnenmarkt feststand, und zudem mit der Einheitlichen Europäischen Akte auch die institutionelle Handlungsfähigkeit der Gemeinschaft gestärkt worden war, entschloss man sich infolgedessen, das Projekt Wirtschafts- und Währungsunion erneut in Angriff zu nehmen.

Hierbei kam dem deutsch-französischen Tandem um Helmut Kohl und François Mitterand, das in dieser Zeitphase mit dem Kommissionspräsidenten Delors gleichsam ein Triumvirat bildete, eine wichtige Rolle zu. Während der deutschen Ratspräsidentschaft legte Bundesaußenminister Hans-Dietrich Genscher im Februar 1988 dem Rat ein „Memorandum für die Schaffung eines europäischen Währungsraumes und einer Europäischen Zentralbank" vor. Auf dem Gipfeltreffen des Europäischen Rats im Juni 1988 in Hannover beschlossen die Staats- und Regierungschefs die Einsetzung eines „Ausschusses zur Prüfung der Wirtschafts- und Währungsunion", der sich aus den zwölf Zentralbankpräsidenten und aus fünf Währungssachverständigen zusammensetzte. Geleitet wurde der Ausschuss von Kommissionspräsident Jacques Delors, auf dessen geschickte Verhandlungsführung es zurückzuführen war, dass sich die Zentralbankpräsidenten einigten und im April 1989 ein gemeinsamer Abschlussbericht vorgelegt wurde (abgedr. in Europaarchiv 1989: D 283–304). Welch wichtige Rolle Delors in diesen Jahren zukam, zeigt auch der Umstand, dass auf dem Gipfel in Hannover sein Mandat als Kommissionspräsident verlängert wurde. Damit war Delors der erste Kommissionspräsident seit Walter Hallstein, der sein Amt länger als fünf Jahre ausübte.

In der so genannten Delors-Kommission hatte man sich an den Werner-Plan erinnert, der zwar nicht hinsichtlich der ökonomischen Mechanismen, aber mit dem Ansatz des Stufenplans Pate für den erneuten Anlauf zur WWU stand (Notermans 2001: 329–336). Jacques Delors, der als ehemaliger französischer Finanzminister über weitreichende ökonomische Kenntnisse verfügte und ähnlich wie Jean Monet eine eigenwillige Mischung liberaler, sozialistischer und katholisch-korporatistischer Ansätze miteinander verflocht, hielt sich bei den Debatten im Ausschuss weitgehend zurück, moderierte aber die Unterredungen so geschickt, dass eine Lösung gefunden wurde (Rometsch 1999: 136ff, 246–250).

Die Präsidenten der Hohen Behörde und der Kommission(en)

Präsidenten der Hohen Behörde der EGKS
Monnet, Jean (1899–1979, Frankreich, zuvor Leiter des französischen Planungsamtes und Präsident der Pariser Schuman-Plan-Konferenz) Amtszeit: 1952–1955.
Mayer, René (1895–1972, Frankreich, zuvor (bis 1953) Ministerpräsident), Amtszeit: 1955–1957.
Finet, Paul (1897–1965, Belgien, zuvor Generalsekretär des Internationalen Bundes Freier Gewerkschaften), Amtszeit: 1958–1959.
Malvestiti, Piero (1899–1964, Italien, zuvor Vize-Präsident der EWG-Kommission), Amtszeit: 1959–1963.
Del Bo, Rinaldo (* 1916, Italien, zuvor Außen(handels-)minister), Amtszeit: 1963–1967.
Coppé, Albert (1911–1999, Belgien, zuvor (seit 1952) Vize-Präsident der Hohen Behörde), Amtszeit: 1967.
Präsidenten der EURATOM-Kommission
Armand, Louis (1905–1971, Frankreich, zuvor (seit 1949) Generaldirektor der Staatsbahn SNCF), Amtszeit: 1958–1959.
Hirsch, Etienne (1901–1994, Frankreich, zuvor (seit 1952) französischer Planungskommissar), Amtszeit: 1959–1962.
Chatenet, Pierre (1917–1997, Frankreich, zuvor (1959–1961) Innenminister), Amtszeit: 1962–1967.
Präsident der EWG-Kommission
Hallstein, Walter (1901–1982, Deutschland, zuvor Staatssekretär im Auswärtigen Amt), Amtszeit: 1958–1967.
Präsidenten der EG-/EU-Kommission
Rey, Jean (1902–1983, Belgien, zuvor Mitglied der EWG-Kommission), Amtszeit: 1967–1970.
Malfatti, Franco Maria (1927–1991, Italien, zuvor (bis 1969) verschiedene nationale Ministerämter), Amtszeit: 1970–1972.
Mansholt, Sicco (1908–1995, Niederlande, zuvor Vizepräsident der EG-Kommission), Amtszeit: 1972–1973.
Ortoli, François-Xavier (* 1925, Frankreich, zuvor (1967–1972) verschiedene nationale Ministerämter), Amtszeit: 1973–1977.
Jenkins, Roy (1920–2003, Großbritannien, zuvor Staatsminister im Innenministerium), Amtszeit: 1977–1981.
Thorn, Gaston (* 1928, Luxemburg, zuvor Wirtschafts-, Justiz- und Außenminister), Amtszeit: 1981–1985.
Delors, Jacques-Lucien-Jean (* 1925, Frankreich, zuvor Wirtschafts- und Finanzminister), Amtszeit: 1985–1995.
Santer, Jacques (* 1937, Luxemburg, zuvor (1984–1995) Premierminister), Amtszeit: 1995–1999.
Prodi, Romano (* 1939, Italien, zuvor (bis 1998) Ministerpräsident), Amtszeit: 1999–2004.
Barroso, José Manuel (* 1956, Portugal, zuvor Ministerpräsident), Amtszeit: Seit 2004.

Bei den Beratungen der nationalen Notenbankgouverneure konnte sich letztlich die deutsche Position mit ihrer Vorstellung von einer „Umwandlung" der Rechengröße ECU in eine reale Währung gegen den britischen Plan einer Parallelwährung, die zusätzlich zu den nationalen Währungen ausgegeben werden sollte, durchsetzen. Auch bei den Beratungen über ein Währungsinstitut behaupteten sich deutsche Leitbilder. Die künftige Europäische Zentralbank sollte sich am Modell der Deutschen Bundesbank orientieren, deren oberstes Ziel die Geldwertstabilität war. Konjunkturpolitik betreiben, wie von Frankreich vorgeschlagen, sollte die Europäische Zentralbank hingegen nicht. Die französische Zustimmung zu den weitgehend auf deutscher Linie liegenden Positionen war nicht zuletzt auf den Umstand zurückzuführen, dass eine gemeinsame Währung nach deutscher Vorstellung deutlich attraktiver erschien, als der Status quo, der infolge der übermächtigen wirtschaftlichen Leistungsbilanz Deutschlands gewissermaßen einen Zwangsanschluss an die Deutsche Mark und die Entscheidungen der Bundesbank bedeutete und Frankreich keine Einflussmöglichkeiten erlaubte.

Im Juni 1989 vereinbarte der Madrider Gipfel des Europäischen Rats auf Grundlage des „Delors-Berichts" den Einstieg in eine Wirtschafts- und Währungsunion zum 1. Juli 1990. Ohne konkrete Maßgaben für den weiteren Zeitplan festzulegen – Mitterands Forderung, gemeinsam mit der vorgesehenen Vollendung des Binnenmarkts Ende 1992 auch zu Ergebnissen in der Wirtschafts- und Währungsunion zu kommen, scheiterte am Widerstand von Margaret Thatcher – verständigte man sich auf den im Delors-Bericht vorgesehenen Drei-Stufen-Plan zur Realisierung der Wirtschafts- und Währungsunion: Die erste Stufe sollte eine Phase verstärkter wirtschafts- und währungspolitischer Koordination bis zur Einführung des Binnenmarkts umfassen; Ziel der zweiten Stufe war die Einrichtung einer europäischen Zentralbank, und mit dem Abschluss der dritten Stufe sollte die Wirtschafts- und Währungsunion verwirklicht werden.

Auf dem Dezember-Gipfel 1989 des Europäischen Rats in Straßburg, der bereits unter dem Eindruck der weltpolitischen Umwälzungen in Europa und der Auflösung der DDR stand, wurde schließlich Einvernehmen über die Einberufung einer Regierungskonferenz zur WWU erzielt (Weidenfeld 1998: 145–148). Sowohl in der Öffentlichkeit als auch in der wissenschaftlichen Forschung ist seitdem vehement darüber gestritten worden, ob die Zustimmung zur deutschen Einheit mit der Billigung der Wirtschafts- und Währungsunion bzw. dem Euro bezahlt oder sogar erkauft wurde. Mit Blick auf die Chronologie der Ereignisse muss diese These differenzierter betrachtet werden. Obgleich Helmut

Kohl Ende 1989 aus vorwiegend wahltaktischen Erwägungen den Beschluss zur Regierungskonferenz über die Wirtschafts- und Währungsunion hinauszögern wollte, während François Mitterand mit Nachdruck auf einen definitiven Termin drängte, dokumentieren die beschriebenen Entwicklungen, dass wesentliche Entscheidungen zur WWU bereits vor dem Mauerfall getroffen worden waren. Insbesondere das rege debattierte „Bundesbankprinzip“, das den ursprünglichen französischen Motiven zur Wirtschafts- und Währungsunion zuwiderlief, galt im Sommer 1989 bereits als konsensfähig, so dass kaum Zweifel an der Ernsthaftigkeit der grundsätzlichen Entscheidung für die Wirtschafts- und Währungsunion bestanden. Allein der Zeitplan und die Frage einer Verknüpfung mit der politischen Vertiefung der Integration waren im Sommer 1989 noch ungeklärt. Auf den „Druck“ der deutschen Einheit ist im Wesentlichen die beschleunigende Dynamik zurückzuführen, die bei der Umsetzung der WWU in den 1990er Jahren an den Tag gelegt wurde, nicht jedoch die grundsätzliche Entscheidung zur Wirtschafts- und Währungsunion.

Die Ausdehnung europäischer Rechtsetzung: Das Beispiel der Umwelt- und Sozialpolitik

Mit der Einheitlichen Europäischen Akte war der EWG-Vertrag nicht nur in institutioneller und prozeduraler Hinsicht modifiziert worden, sondern es wurden auch zahlreiche Bestimmungen zu einzelnen Politikfeldern geändert und Regelungen für Politikfelder getroffen, die zuvor noch keine eigene vertragsrechtliche Grundlage auf europäischer Ebene hatten. Diese politikfeldspezifische Vertiefung war von erheblicher Bedeutung, da die EG keine grundsätzliche Ermächtigung zum Erlass von „Gesetzen“ kennt, sondern für jeden Rechtsakt einer ausdrücklichen Rechtsgrundlage innerhalb der Gemeinschaftsverträge bedarf (enumerative Einzelermächtigung). Dies bedeutete jedoch nicht, dass nur die Politikbereiche, in denen ausschließlich die Gemeinschaft befugt war, Rechtsakte zu erlassen (so etwa in der Handelspolitik) oder die Politikfelder, in denen eine konkurrierende bzw. gemischte Kompetenz von Gemeinschaft und Nationalstaaten ausgeübt wurde (beispielsweise in der Agrarpolitik und der Forschungspolitik), politische Aktivitäten auf europäischer Ebene nach sich gezogen hätten.

So gehörte die Umweltpolitik zu den Politikfeldern, die bis zur Einheitlichen Europäischen Akte – ohne spezifische Rechtsgrundlage – entwickelt wurden und erst durch die EEA (Art. 130r-t EWG) eine eigenständige Rechtsfundierung erhielten. Aber bereits für die Zeitspanne bis

1986 sind nicht nur erste umweltpolitische Rechtsakte, sondern auch Ausdifferenzierungsprozesse der Institutionen auf europäischer Ebene auszumachen: Eine erste umweltpolitische Richtlinie des Rats „zur Angleichung der Rechts- und Verwaltungsvorschriften für die Einstufung, Verpackung, Kennzeichnung gefährlicher Stoffe“ trat bereits am 27. Juni 1967 in Kraft. Diese und weitere Aktivitäten waren in erster Linie durch Bedenken motiviert, dass unterschiedliche nationale Standards zu einer Wettbewerbsverzerrung führen würden (Johnson/Corcelle 1989). Angesichts der Berichte des Club of Rome über die Grenzen des Wachstums (1971) sowie des Aufkommens umweltpolitischer Protestbewegungen veränderte sich aber auch das Problembewusstsein in den Institutionen der Gemeinschaft ebenso wie in den Mitgliedstaaten. Vor diesem Hintergrund forderten die Staats- und Regierungschefs auf dem Pariser Gipfel 1972 die Kommission auf, ein umweltpolitisches Aktionsprogramm auszuarbeiten. Institutionell spiegelte sich die gewachsene Bedeutung der Umwelt auch in der Einrichtung eines Ministerrats „Umwelt“ im Jahr 1974, in der Gründung eines Ausschusses für Umwelt und Verbraucherschutz im Europäischen Parlament im Jahre 1979 sowie in der Bildung einer eigenständigen Generaldirektion für Umwelt, Nukleare Sicherheit und Zivilschutz in der Kommission im Jahr 1981 wider.[22] Dies alles erfolgte, ohne dass die Gemeinschaft eine explizite Vertragsgrundlage in umweltpolitischen Belangen besaß.

Eine wesentliche Rolle bei den ersten umweltpolitischen Rechtsakten spielte der Umstand, dass mit Artikel 100a EWG-V (Angleichung von Rechtsanschriften) und Artikel 235 EWG-V (Unvorhergesehene Fälle) gleich zwei Vertragsartikel eine Ausweitung der Rechtsetzung ohne fachspezifische Rechtsgrundlage erlaubten. Insbesondere die Formulierung von Art. 235 ähnelte im Bereich der wirtschaftsnahen Politikfelder einer Generalklausel: „Erscheint ein Tätigwerden der Gemeinschaft erforderlich, um im Rahmen des Gemeinsamen Marktes eines ihrer Ziele zu verwirklichen, und sind in diesem Vertrag die hierfür erforderlichen Befugnisse nicht vorgesehen, so erlässt der Rat einstimmig auf Vorschlag der Kommission und nach Anhörung des Europäischen Parlaments die geeigneten Vorschriften.“ Infolge dieser vertragsrechtlichen Grundlagen konnte in der Umweltpolitik – trotz der Hürde der Einstimmigkeit – bis zum Inkrafttreten der Einheitlichen Europäischen Akte 1987 ein gemeinsamer Rechtsbestand (acquis communautaire) von mehr als 150 Rechtsakten entstehen, der sich insbesondere im Gewässerschutz, der Luftreinhaltung, dem Schutz der Pflanzen- und Tierwelt, der Lärmbelästigung und der Abfallentsorgung niederschlug.[23] Zu diesem hohen Anteil von Rechtsakten hatte allerdings auch der Umstand beigetragen, dass die Umwelt ein klassisches „Kollektivgut" darstellt, das nur begrenzt im nationalstaatlichen Rahmen zu organisieren ist.

Verfügten die Institutionen mit der so genannten Abrundungsklausel von Art. 235 über eine Grundlage zur Anpassung der Gemeinschaftszuständigkeiten, wurden andere Politikbereiche von vornherein bewusst flexibel angelegt. Dies soll am Beispiel der Sozialpolitik knapp verdeutlicht werden, die in Verbindung mit der Kohle- und Stahlpolitik zu den ersten „Koordinierungsbereichen" der europäischen Rechtsordnungen gehörte. Frühzeitig betonten die Gründerstaaten der Montanunion die Notwendigkeit, über den EGKS-Vertrag „zur Ausweitung der Wirtschaft, zur Steigerung der Beschäftigung und zur Hebung der Lebenshaltung in den Mitgliedstaaten beizutragen" und „auf eine Verbesserung der Lebens- und Arbeitsbedingungen der Arbeiter hinzuwirken" (Art. 2 und 3 EGKS-V). Als Maßnahmen wurden u.a. Untersuchungen zu den Lebens- und Arbeitsbedingungen der Arbeitnehmer, die Forschungsförderung zur Betriebssicherheit und die Gewährleistung angemessener Lohnzahlungen an die Arbeitskräfte der Montanunion (Art. 46–48, 55 und 68 EGKS-V) vorgeschlagen.

Zu den sozialpolitischen Vorschriften zählte auch Art. 56 EGKS-V, auf den im Fall von Entlassungen zurückgegriffen werden konnte, die aus der Einführung „neue[r] technische[r] Verfahren oder Produktionsmittel" und der damit verbundenen Reduzierung von Arbeitskräften in der Kohle- und Stahlindustrie resultierten. In solchen Fällen konnte die Hohe Behörde Wiedereingliederungs- und Umschulungsprogramme finanzieren. Schließlich sah Art. 69 des EGKS-Vertrags die Herstellung der Freizügigkeit von Arbeitnehmern unter Wahrung ihrer sozialversicherungsrechtlichen Ansprüche vor. Institutionell verstärkt wurde die Regelung derartiger sozialpolitischer Fragen in der EGKS durch den Beratenden Ausschuss, in dem die Sozialpartner gemeinsam mit den Vertretern der Verbraucher sowie der Kohle- und Stahlhändler Stellungnahmen an die Hohe Behörde bzw. später an die Kommission abgaben.

Auch wenn die Präambel des EWG-Vertrags die Zielsetzung betonte, durch „gemeinsames Handeln den wirtschaftlichen und sozialen Fortschritt [der] Länder zu sichern", und diese Intention in Art. 130 EWG-V mit der Formulierung, „den wirtschaftlichen und politischen Zusammenhalt" zu stärken, wieder aufgriff, hatte die Sozialpolitik in den Römischen Verträgen lediglich eine dem Ziel der wirtschaftlichen Integration nachgeordnete Bedeutung. Konkrete Kompetenzen wurden der Gemeinschaft allein für den Bereich der Freizügigkeit der Arbeitnehmer und, damit verbunden, für die soziale Sicherheit von Wanderarbeitnehmern zugewiesen. Die Verankerung von weiteren sozialrechtlichen

Grundvorschriften im EWG-Vertrag war in erster Linie auf die Haltung der französischen Regierung zurückzuführen, die sich für die Einhaltung der vergleichsweise hohen nationalen Sozialstandards Frankreichs in der Sechsergemeinschaft einsetzte und Befürchtungen hegte, dass die französische Wirtschaft unter dem Druck der Wirtschaftsintegration einem hohen Maß an „Sozialdumping“ ausgesetzt sein würde. Art. 117 und 118 galten der allgemeinen Abstimmung der Sozialordnungen und der Zusammenarbeit in sozialpolitischen Fragen zwischen den EWG-Staaten. Weitere Ansätze für eine gemeinschaftliche Sozialpolitik lieferten Art. 119, der den Grundsatz gleichen Entgelts für Männer und Frauen postulierte, sowie die Bestimmungen über den Europäischen Sozialfonds in Art. 123–127.

Auf der Grundlage dieser arbeits- und sozialrechtlichen Vertragsgrundlagen sah sich die EWG schon in den 1960er Jahren in der Lage, Verordnungen oder Programme im Bereich der Freizügigkeit und der sozialen Sicherheit von Wanderarbeitnehmern zu verabschieden (Guasconi 2006: 301–311). Da es sich bei den sonstigen sozialpolitischen Zielsetzungen jedoch weitgehend um lediglich unverbindliche Absichtserklärungen handelte, blieb der Gesamtrahmen europäischer Sozialpolitik begrenzt. Die nachrangige Behandlung sozialpolitischer Fragen dokumentiert auch der 1965 eingerichtete Europäische Sozialfonds. Selbst nach einer Mittelaufstockung in den 1970er und 80er Jahren führte der ESF ein Schattendasein und war vor allem auf strukturschwache Regionen sowie die Mobilitätsförderung der Arbeitnehmer ausgerichtet, kaum aber auf die Unterstützung von benachteiligten Personengruppen am Arbeitsmarkt.

Nachdem die Staats- und Regierungschefs – einmal mehr auf dem Pariser Gipfel im Oktober 1972 – in einer sozialpolitischen Erklärung das Ziel einer „europäischen Sozialunion“ betont hatten, legte die Kommission am 21. Januar 1974 mit dem „sozialpolitischen Aktionsprogramm“ einen umfangreichen Maßnahmenkatalog vor, der auf eine Harmonisierung nationaler sozialpolitischer Regelungen, die Verbesserung der Lebens- und Arbeitsbedingungen sowie die Beteiligung der Sozialpartner an diesem Prozess zielte. Auf dieser Grundlage konnte 1975 u.a. eine erste arbeitsrechtliche Richtlinie im Fall von Massenentlassungen in multinationalen Unternehmen, 1977 eine Richtlinie zur Angleichung der Rechtsvorschriften über die Sicherung von Arbeitnehmeransprüchen beim Eigentümerwechsel von Unternehmen und im Oktober 1980 eine Richtlinie zur Angleichung der Rechtsvorschriften der Mitgliedstaaten über den Schutz der Arbeitnehmer bei Zahlungsunfähigkeit des Arbeitgebers verabschiedet werden.

Es wird häufig übersehen, dass schon in den 1970er Jahren, lange vor In-Kraft-Treten der Einheitlichen Europäischen Akte, grundsätzlich sozialpolitische Rechtsakte im Zuständigkeitsbereich der Gemeinschaft verabschiedet wurden. Dass diese Entwicklung in den 1980er Jahren indes abrupt abriss, war vor allem auf die Verschlechterung der wirtschaftlichen Lage nach der Ölkrise und auf die rigide Haltung der britischen Regierung zurückzuführen. Margaret Thatcher blockierte fast alle sozialpolitischen Initiativen der Kommission im Rat, da sie befürchtete, bei einer Aufgabe der niedrigeren britischen Sozialstandards Wettbewerbsvorteile zu verlieren. In dieser Zeitphase scheiterten infolgedessen zahlreiche sozialpolitische Richtlinienvorschläge der Kommission an der Hürde der Einstimmigkeit im Rat.[24]

Im Hinblick auf die Vorschläge der Kommission zur Vollendung des Binnenmarkts wurden zur Mitte der 1980er Jahre Befürchtungen laut, dass sich die Gefahr eines „Sozialdumpings“ zwischen den EG-Mitgliedstaaten erhöhe. Die Staats- und Regierungschefs stellten diesen Befürchtungen mit den Art. 130a bis 130e der Einheitlichen Europäischen Akte allgemeine Regelungen zum „sozialen Zusammenhalt“ der Mitgliedstaaten der Gemeinschaft gegenüber. Von ungleich größerer Bedeutung war der auf eine Initiative Dänemarks zurückgehende Artikel 118a des EWG-Vertrags, der Maßnahmen im Bereich der „Arbeitsumwelt“ – so etwa beim Arbeits- und Gesundheitsschutz – mit qualifizierter Mehrheit ermöglichte und damit die britische Blockadehaltung überwand. Durch Art. 118b EWG-V wurde zudem eine Regelung eingeführt, die die Kommission veranlasste, bei der Vorbereitung von sozialpolitischen Vorschlägen die Sozialpartner zu konsultieren.

Nach der Einheitlichen Europäischen Akte folgte 1988 der Marin-Bericht zur „Sozialen Dimension des Binnenmarktes“, der die Grundlage für das „Aktionsprogramm der Kommission zur Anwendung der Sozialen Grundrechte der Arbeitnehmer“ bildete, das einen Katalog von insgesamt 47 sozial- bzw. arbeitsrechtlichen Initiativen enthielt. Zuvor hatte die Kommission bereits, nach Abstimmung mit dem Wirtschafts- und Sozialausschuss, den Entwurf einer „Gemeinschaftscharta der sozialen Grundrechte der Arbeitnehmer“ vorgelegt, die am 9. Dezember 1989 vom Europäischen Rat in Straßburg angenommen wurde. Die so genannte Sozialcharta führte zur feierlichen, rechtlich aber unverbindlichen Verkündung der sozialen Grundrechte in der Europäischen Gemeinschaft, die – angesichts des „opting out“ von Großbritannien, das sich den dort angeführten Arbeitsschutz-, Mitbestimmungs-, Gleichstellungs- und Freizügigkeitsrechten nicht anschließen wollte – nur von elf Mitgliedstaaten unterzeichnet wurde.

Mit Blick auf die Kontrastfolie der äußerst dynamischen Wirtschaftsintegration ist die Sozialpolitik vielfach als „Stiefkind" der europäischen Integration bezeichnet worden. Zurückgeführt wurde dies vor allem darauf, dass die Steuerungsinstrumente in Feldern wie der Fiskal-, der Beschäftigungs-, der Bildungs- und insbesondere der Sozialpolitik in den Händen der einzelnen Mitgliedstaaten verblieben waren oder in gemischter Zuständigkeit ausgeübt wurden. Da die Nationalstaaten und ihre Regierungen der Möglichkeit, mit sozialpolitischen Maßnahmen auch politische Zustimmung zu erzeugen, erhebliche Bedeutung beimaßen, zeigte man sich nicht bereit, die sozialpolitischen Instrumente gänzlich aus der Hand zu geben. Eine gemeinsame Sozialpolitik wurde nur dann betrieben, wenn es darum ging, einen unlauteren Wettbewerb zwischen den Mitgliedstaaten auf Kosten der Arbeitnehmer zu verhindern.

Obgleich die Entwicklung in der Sozialpolitik deutlich zurückhaltender als in anderen Bereichen verlief, ist aber auch hier eine institutionelle Ausdifferenzierung unübersehbar. Die Gewerkschaften als klassische Träger sozialpolitischer Aktivitäten begannen in den 1970er Jahren zunehmend ihre Aufmerksamkeit auf Brüssel zu richten. So wurde im Februar 1973 der Europäische Gewerkschaftsbund als Zusammenschluss von 33 nationalen Gewerkschaftsbünden und Dachverbänden aus 18 westeuropäischen Staaten gegründet (Steiert 1980: 268–274).[25] Parallel hierzu eröffneten zahlreiche nationale Gewerkschaften und Interessenorganisationen eigene Büros in Brüssel, um vor Ort aktiv Einfluss auf die europäische Rechtsetzung zu nehmen.

Die hier exemplarisch für die Umwelt- und Sozialpolitik skizzierten Entwicklungen sind in ähnlicher, aber jeweils spezifischer Form auch in anderen Politikbereichen zu beobachten, so dass beachtliche Wachstums- und Differenzierungsprozesse in den europäischen Gemeinschaften auszumachen waren (Wessels 2000: 195–260). Einige statistische Beispiele wie etwa der Grad der Spezialisierung des (Minister-)Rats belegen diese Beobachtung: Gab es 1958 beim Inkrafttreten der EWG lediglich vier und beim Fusionsvertrag 1967 sieben Formationen, in denen der Rat tagte, so hatten sich 1975 bereits zwölf unterschiedliche Ratszusammensetzungen und 1990 sogar 22 Ratsformationen herausgebildet. Abgesehen von den Verteidigungsministerien verfügten somit fast alle nationalen Ressorts über „ihren" eigenen Rat auf europäischer Ebene. Die zunehmende Regelungsdichte der Gemeinschaft wird auch durch den Anstieg der jährlich vom Rat beschlossenen Rechtsakte verdeutlicht. Hatte der Rat 1960 ganze zehn Rechtsakte verabschiedet, so stieg die Anzahl mit 375 (1970) und 627 (1980) Rechtsakten in den beiden folgenden

Jahrzehnten exponentiell an. Einen vorläufigen Höhepunkt erreichte die Rechtsetzung des Rats 1986 mit 724 Rechtsakten.

Das Wachstum der Aktivitäten auf europäischer Ebene lässt sich noch an weiteren Maßzahlen ablesen. So stieg allein die Zahl der vom Dolmetscherdienst der Gemeinschaft(en) übersetzten Sitzungen der Organe, Ausschüsse und Arbeitsgruppen in den drei Jahrzehnten zwischen 1960 und 1990 von knapp über 2.000 Sitzungen auf fast 10.000 Sitzungen an. Die höchste Steigerungsrate war dabei in den 1970er Jahren mit einer durchschnittlichen jährlichen Steigerung von fast 10 % auszumachen, während in den 1980er Jahren die jährliche Steigerung auf rund 4 % zurückging. Schließlich dokumentiert auch die Zahl der in Brüssel beschäftigten Kommissionsbeamten die zunehmenden Aktivitäten der Gemeinschaft. Verfügte die Kommission 1960 noch über 2.543 Dauerplan- und Zeitstellen, so hatte sich diese Größenordnung ein Jahrzehnt später, 1970, auf 5.234 Stellen bereits mehr als verdoppelt. Im Jahr 1980 konnte die Kommission auf 8.885 Beamte und 1990 sogar auf 12.887 Beamte zurückgreifen.

Die Wachstums- und Differenzierungsschübe der Gemeinschaft fanden nicht nur Niederschlag in der Entwicklung auf europäischer Ebene, sondern spiegeln sich auch in der Beteiligung nationaler Beamter an den Entscheidungsprozessen der Gemeinschaft wider. Nach groben Schätzungen war zum Ende der 1980er Jahre etwa ein Viertel aller nationalen Ministerialbeamten direkt oder indirekt mit europäischer Rechtsetzung konfrontiert. Zunehmend orientierten sich darüber hinaus auch Nichtregierungsorganisationen und Interessenvertreter an der europäischen Ebene. Zum Ende der 1980er Jahre waren bereits mehr als 2.000 Lobbybüros in Brüssel tätig, zu denen noch die Vertretungen von Drittstaaten hinzukommen.

Die europäische Einigung in den 1970er und 1980er Jahren: Stagnation oder Vertiefung?

In Überblicksdarstellungen zur Geschichte der europäischen Einigung wird regelmäßig auf das Urteil der beiden amerikanischen Politikwissenschaftler Robert O. Keohane und Stanley Hoffmann zurückgegriffen, von denen die 1970er Jahre als „dark ages" des Einigungsprozesses charakterisiert werden (Keohane/Hoffmann 1991: 8). Kaum weniger wirkungsmächtig wurde das viel zitierte Schlagwort „Eurosklerose", mit dem ihr Landsmann Andrew Moravcsik den Zeitraum der späten 1970er und frühen 80er Jahre als eine Phase des Europapessimismus beschrieb, in der „politicians and academics alike lost faith in European institutions“ (Moravcsik 1991: 41). Krisensymptome und die Skepsis über die Zukunft des Integrationsunternehmens können angesichts der Agrar- und Haushaltsprobleme, der institutionellen Schwierigkeiten und der „Entsolidarisierung“ im Zuge von protektionistischen Maßnahmen für den in diesem Kapitel behandelten Zeitraum in der Tat nicht übersehen werden. Aber ähnlich wie die 1960er Jahre erschöpften sich auch die 1970er und 80er Jahre nicht allein in krisenhaften Entwicklungen oder gar einer „Dauerkrise“ (Kramer/Rummel 1976: 3). Vielmehr folgten auch in diesem Zeitabschnitt auf Phasen der Stagnation handfeste Reformschritte, die letztlich zu einer weiteren Vertiefung der Gemeinschaft führten.

Wenn man den Blick nicht nur auf Vertragsrevisionen und die bereits weitgehend europäisch geregelten Politikfelder richtet, sondern sich den Gesamtbereich an Aktivitäten anschaut, wird deutlich, dass auch im „finsteren Mittelalter“ der Integrationsgeschichte eine Vertiefung der Gemeinschaftsaktivitäten stattfand. Obgleich es zwischen den Römischen Verträgen 1958 und der Einheitlichen Europäischen Akte 1987 nur zu begrenzten Vertragsänderungen kam, ist – nicht zuletzt vor dem Hintergrund der im vorangegangenen Abschnitt angeführten statistischen Indikatoren – eine funktionierende Alltagspraxis auf der Arbeitsebene sowie ein erheblicher Gestaltungsraum für die Vergemeinschaftung weiterer Politikfelder auszumachen. Die signifikant gestiegene Anzahl von verbindlichen Rechtsakten, die zunehmende Bandbreite der auf europäischer Ebene behandelten Politikfelder und die institutionelle Ausdifferenzierung der Gemeinschaft dokumentieren, dass die mit der EGKS und den Römischen Verträgen gelegten Fundamente ihre Wirksamkeit entfalteten. Das einmal „gesäte“ Gemeinschaftsrecht, das noch dazu durch die Rechtsprechung des Gerichtshofs „genährt“ wurde, ist in den 1970er und 1980er Jahren deutlich „gewachsen“. Dabei erwies sich jedoch die von den politischen Beteiligten ebenso wie von der Wissenschaft wiederholt angeführte Sachlogik, die eine selbsttragende Dynamik und eine gewissermaßen zwangsläufige Vergemeinschaftung weiterer Politikfelder unterstellte, nur begrenzt als zentrale Triebfeder der europäischen Integration. Eine weitaus wichtigere Rolle ist den Staats- und Regierungschefs im Europäischen Rat beizumessen.

Ein grobes Muster für die Vertiefungsprozesse dieses Zeitabschnitts kann in Form einer dreistufigen Ablaufphase beschrieben werden: In einem ersten Schritt haben die Staats- und Regierungschefs in den 1970er und 80er Jahren bis dahin ausschließlich national behandelte Problemfelder in die Gemeinschaftskonstruktion eingebracht. Dieses Vorgehen lässt sich nicht zuletzt mit wachsender internationaler Konkurrenz und zunehmenden Anforderungen an staatliche Leistungen in den europäischen Wohlfahrtsstaaten nach den wirtschaftlichen und sozialen Errungenschaften der 1950er und 60er Jahre erklären. Angesichts begrenzt verfügbarer (national-)staatlicher Ressourcen im Gefolge von Ölkrise und Rezessionserscheinungen konnten die Ansprüche der Bürger und Wähler jedoch nicht allein im nationalen Kontext befriedigt werden. Infolgedessen engagierten sich die Staats- und Regierungschefs verstärkt im zwischenstaatlichen Gemeinschaftsbereich. Sie verknüpften in zunehmendem Maße staatliche Steuerungsinstrumente, womit letztlich erneut ökonomische Projekte für politische Ziele genutzt wurden. Bei dieser Vorgehensweise entwickelten die Regierungschefs eine beträchtliche Vielfalt an Verfahren. In der Regel wurde mit vagen und mehrdeutigen Formeln festgelegt, wer mit welchem Auftrag entsprechende Vorlagen erstellen sollte. So wurden u.a. zahlreiche Berichte in Auftrag gegeben, wie etwa der Bericht von Étienne Davignon zur Europäischen Politischen Zusammenarbeit, der Stufenplan von Pierre Werner im Bereich der Wirtschafts- und Währungsunion sowie die Berichte von Leo Tindemans und Pietro Adonnino mit Blick auf die Europäische Union und das „Europa der Bürger".

Die zunächst unverbindlichen Arbeitsprogramme und Berichte hinterließen jedoch – auf einer zweiten Stufe – deutliche Spuren. Die Absichtserklärungen und Arbeitsaufträge der Gipfel sowie die Schlussfolgerungen der Ratspräsidentschaften blieben keine toten Buchstaben, sondern zogen – oft mit einem erheblichen zeitlichen Abstand – Aktivitäten auf europäischer Ebene nach sich. Dazu gehörten vor allem Aktionsprogramme oder andere unverbindliche Rechtsakte, teilweise aber auch neuartige Verfahren. So organisierte der Europäische Rat für nicht-wirtschaftliche Politikfelder die intergouvernemental geprägte Kooperation im Rahmen der Europäischen Politischen Zusammenarbeit, während im Bereich der Justiz- und Innenpolitik mehrere Arbeitsgruppen eingesetzt wurden. Sofern verbindliche Rechtsakte verabschiedet wurden, dominierten in den „neuen" Politikfeldern zumeist Entscheidungen mit Einstimmigkeitserfordernis. Nach der Erprobung dieser Initiativen kam es – in einer dritten Phase – vielfach zur vertraglichen Inkorporierung der neuen Politikbereiche oder zu ihrer supranationalen Ausgestaltung, bei der in den jeweiligen Politikfeldern zu qualifizierten Mehrheitsentscheidungen übergegangen wurde.

Mit diesem hier nur in schematischen Grundzügen beschriebenen Muster wurde jene Gemeinschaftsdoktrin fortgeführt, die bereits in Den Haag und Paris angelegt worden war. Statt schablonenhaft einem konstitutionellen Entwurf föderalistischer oder intergouvernementaler Doktrin zu folgen, gingen die Staats- und Regierungschefs in den 1970er

Jahren zu einer Experimentierphase über. Dieses tastend-pragmatische „trial-and-error"-Prinzip entwickelte grundsätzliche Bedeutung für die europäische Einigung der folgenden Jahrzehnte. Die Testkonzeption ermöglichte einen Prozess kontinuierlichen Argumentierens und Erprobens. Anstatt einen am Reißtisch konzipierten festen Bauplan für die Gesamtarchitektur der vorgesehenen Europäischen Union umzusetzen, bauten die „Herren der Verträge" auf konkrete Einzelprojekte, die unterschiedlich gelesen, interpretiert und immer wieder angepasst werden konnten. Dass dabei eine Entscheidung über konkurrierende Konzeptionen und Leitbilder bewusst ausgeklammert blieb, zeigte schließlich auch die Einheitliche Europäische Akte, die sowohl supranationale als auch intergouvernementale Aspekte repräsentierte.

Mit der Einheitlichen Europäischen Akte, den Binnenmarktplänen sowie dem Vorhaben zur Wirtschafts- und Währungsunion zeichnete sich zum Ende der 1980er Jahre deutlich ab, dass die Europäische Gemeinschaft auch bei den Großprojekten und der Vertragsrevision wieder an Fahrt aufgenommen hatte. Infolgedessen kamen in den 1990er Jahren zahlreiche Projekte zum Tragen, deren Ursprung bisweilen schon Jahrzehnte zurücklag.

Auswahlbibliografie zu Kapitel 6

Dokumente und Quellen:

Auf dem Wege zur Europäischen Union: die Beschlüsse d. Europ. Rates von Maastricht, hg. vom Presse- u. Informationsamt d. Bundesregierung, Bonn 1992.

Bericht der ad hoc-Gruppe für die Prüfung der Frage einer Erweiterung der Befugnisse des Europäischen Parlaments (Bericht Vedel), in: Bulletin der Europäischen Gemeinschaft 4 (1972), Beilage 4.

Dahrendorf, Ralf: Plädoyer für die Europäische Union, München/Zürich 1973.

Dokument über die europäische Identität, angenommen von den Außenministern der Mitgliedstaaten der Europäischen Gemeinschaften am 14. Dezember 1973, abgedr. in: Curt Gasteyger (Hg.): Europa von der Spaltung zur Einigung. Darstellung und Dokumentation 1945–2000, Bonn 2001, S. 284–286.

Dritter Bericht der Außenminister der Mitgliedstaaten der Europäischen Gemeinschaft an die Staats- und Regierungschefs über die Europäische Politische Zusammenarbeit vom 13. Oktober 1981 (Londoner Bericht), abgedr. in: Europa-Archiv 2 (1982), S. D45–D50).

* Entwurf eines Vertrages zur Gründung der Europäischen Union, abgedr. in: Walter Lipgens (Hg.): 45 Jahre Ringen um die Europäische Verfassung. Dokumente 1939–1984. Von den Schriften der Widerstandsbewegung bis zum Vertragsentwurf des Europäischen Parlaments, Bonn 1986, S. 711–736.

Europa der Bürger. Berichte des Ad-hoc-Ausschusses [Adonnino-Ausschuss], abgedr. in: Bulletin der Europäischen Gemeinschaften, Beilage 7 (1985).

EWG-Vertrag. Grundlage der Europäischen Gemeinschaft. Text des EWG-Vertrages und der ergänzenden Bestimmungen nach dem Stand am 25. März 1987, bearbeitet und eingeleitet von Thomas Läufer, Bonn 1987.

Feierliche Deklaration zur Europäischen Union von den Staats- und Regierungschefs der Mitgliedstaaten der Europäischen Gemeinschaft auf der Tagung des Europäischen Rates in Stuttgart am 19. Juni 1983 unterzeichnet, abgedr. in: Walter Lipgens (Hg.): 45 Jahre Ringen um die Europäische Verfassung. Dokumente 1939–1984. Von den Schriften der Widerstandsbewegung bis zum Vertragsentwurf des Europäischen Parlaments, Bonn 1986, S. 681–687, ebenso in: Europa Archiv 15 (1983), S. D420–D427.

Kommission der Europäischen Gemeinschaften (Hg.): Achtzehnter Gesamtbericht über die Tätigkeit der Europäischen Gemeinschaften 1984, Luxemburg 1985.

Mansholt, Sicco: Die Krise. Europa und die Grenzen des Wachstums. Aufzeichnung von Gesprächen mit Janine Delaunay und Freimut Duve, Reinbek 1974.

Bangemann, Martin/Bieber, Roland/Klepsch, Egon/Seefeld, Horst: Programme für Europa. Die Programme der europäischen Parteibünde zur Europa-Wahl 1979, Bonn 1978.

Rede des F.D.P.-Bundesvorsitzenden Hans-Dietrich Genscher auf dem Dreikönigstreffen in Stuttgart (6. Januar 1981), in: FDK (Freie Demokratische Korrespondenz), Nr. 2 (06.01.1981).

Schlussfolgerungen des Vorsitzes des Europäischen Rats über die 28. Tagung des Europäischen Rats in Fontainebleau am 25. und 26. Juni 1984, abgedr. in: Europa-Archiv 15 (1984), S. D 440–443.

* Thatcher, Margaret: Downing Street No. 10. Die Erinnerungen, Düsseldorf (u.a.) 1993.

Darstellungen und Literatur:

Ambrosius, Gerold: Wirtschaftsraum Europa. Vom Ende der Nationalökonomien, Frankfurt am Main 1996.

* Brunn, Gerhard: Das Europäische Parlament auf dem Weg zur ersten Direktwahl 1979, in: Franz Knipping/Matthias Schönwald (Hg.): Aufbruch zum Europa der zweiten Generation. Die europäische Einigung 1969–1984, Trier 2004, S. 47–72.

Constantinesco, Vlad: Le rôle du Conseil européen dans la formation d'une identité européenne, in: Marie-Thérèse Bitsch/Wilfried Loth/Raymond Poidevin (Hg.): Institution Européennes et identités Européennes, Brüssel 1998, S. 435–447.

Dyson, Kenneth/Featherstone, Kevin: The Road to Maastricht. Negotiating Economic and Monetary Union, New York/Oxford 1999.

* Gaddum, Eckart: Die deutsche Europapolitik in den 80er Jahren. Interessen, Konflikte und Entscheidungen der Regierung Kohl, Paderborn (u.a.) 1994.

Göldner, Markus: Politische Symbole der europäischen Integration. Fahne, Hymne, Hauptstadt, Pass, Briefmarke, Auszeichnungen, Frankfurt am Main (u.a.) 1988.

Grabitz, Eberhard/Läufer, Thomas: Das Europäische Parlament, Bonn 1980.

Guasconi, Maria Eleonora: The Origins of the European Social Policy: the Standing Committee on Employment and Trade Unions, in: Antonio Varsori (Hg.): Inside the European Community. Actors and Policies in the European Integration 1957–1972, Baden-Baden (u.a.) 2006, S. 301–311.

Inglehart, Ronald: Public opinion and regional integration, in: Leon N. Lindberg/Stuart A. Scheingold (Hg.): Regional Integration, Theory and Research, Cambridge (Mass.) 1970, S. 160–191.

Johnson, Stanley P./Corcelle, Guy: The Environmental Policy of the European Communities, London 1989.

Jünemann, Annette. Zehn Jahre Barcelona-Prozess, in: Aus Politik und Zeitgeschichte 45 (2005), S. 7–14.

Kaelble, Hartmut: European Symbols, 1945–2000. Concept, Meaning and Historical Change, in: Luisa Passerini (Hg.): Figures d'Europe. Images and Myths of Europe, Brüssel (u.a.) 2003, S. 47–61.

Keohane, Robert O./Hoffmann, Stanley: Institutional Change in Europe in the 1980s, in: dies. (Hg.): The New European Community. Decisionmaking and Institutional change, Boulder/ San Francisco, Oxford 1991, S. 1–39.

Krägenau, Henry/Wetter, Wolfgang: Europäische Wirtschafts- und Währungsunion (EWWU). Vom Werner-Plan bis Maastricht, in: Rolf Caesar/Hans-Eckart Scharrer (Hg.): Maastricht. Königsweg oder Irrweg zur Wirtschafts- und Währungsunion?, Bonn 1994, S. 58–62.

Kramer, Heinz/Rummel, Reinhardt: Hindernisse und Vorraussetzungen für die Europäische Union, in: Aus Politik und Zeitgeschichte 3 (1976), S. 3–30.

Kruke, Anja: Mit Umfragen zur europäischen Öffentlichkeit? Meinungsforschung, Parteien und Öffentlichkeit in Europa nach 1945, in Mittag, Jürgen (Hg.): Politische Parteien und europäische Integration. Entwicklung und Perspektiven transnationaler Parteienkooperation in Europa, Essen 2006, S. 405–431.

Läufer, Thomas: Haushaltspolitik, in: Werner Weidenfeld/Wolfgang Wessels (Hg.): Jahrbuch der Europäischen Integration 1980, Bonn 1981, S. 153–168.

Lager, Carol: L'Europe en quête de ses symbols, Paris (u.a.) 1995.

Lappenküper, Ulrich: Die deutsche Europapolitik zwischen der „Genscher-Colombo-Initiative" und der Verabschiedung der Einheitlichen Europäischen Akte (1981–1986), in: Historisch-Politische Mitteilungen 10 (2003), S. 275–294.

Loth, Wilfried: Europäische Identität in historischer Perspektive, Bonn 2002 (Discussion Paper/Center for European Integration Studies Bonn, No. C 113).

* Ludlow, Peter: The Making of the European Monetary System. A case study of the politics of the European Community, London (u.a.) 1982.

Matzke, Otto: Die gemeinsame Agrarpolitik – Belastung für das Nord-Süd-Verhältnis?, in: Aus Politik und Zeitgeschichte 5 (1980), S. 15–31.

Maurer, Andreas/Wessels, Wolfgang: Das Europäische Parlament nach Amsterdam und Nizza. Akteur, Arena oder Alibi?, Baden-Baden 2003.

Merkel, Wolfgang: Vom Ende der Diktaturen zum Binnenmarkt 1993. Griechenland, Portugal und Spanien auf dem Weg zurück nach Europa, in: Aus Politik und Zeitgeschichte 51 (1990), S. 3–14.

Mittag, Jürgen (Hg.): Politische Parteien und europäische Integration. Entwicklung und Perspektiven transnationaler Parteienkooperation in Europa, Essen 2006.

Moravcsik, Andrew (1991): Negotiating the Single European Act, in: Robert O. Keohane/Stanley Hoffmann (Hg.): The New European Community. Decisionmaking and Institutional change, Boulder/ San Francisco, Oxford 1991, S. 41–84.

* Moravcsik, Andrew: The Choice for Europe. Social Purpose and State Power from Messina to Maastricht, Ithaca 1998.

Nickel, Dietmar: Der Entwurf des Europäischen Parlaments für einen Vertrag zur Gründung der Europäischen Union, in: integration 1 (1995), S. 11–27.

Notermans, Ton: The Werner Plan as a Blueprint for EMU?, in: Lars Magnusson/Bo Stråth (Hg.): From Werner Plan to the EMU. In Search of a Political Economy for Europe, Brüssel 2001, S. 329–336.

Patel, Kiran Klaus: Europas Symbole. Integrationsgeschichte und Identitätssuche seit 1945, in: Internationale Politik 4 (2004), S. 11–18.

Regelsberger, Elfriede: The dialogue of the EC/Twelve with other regional groups: a new European identity in the international system?, in: Geoffrey Edwards/ Elfriede Regelsberger (Hg.): Europe's Global Links. The European Community and Inter-Regional Cooperation, London 1990, S. 2–26.

Rometsch, Dietrich: Die Rolle und Funktionsweise der Europäischen Kommission in der Ära Delors, Frankfurt am Main (u.a.) 1999.

Schmuck, Otto: Von der Wirtschaftsgemeinschaft zum „Europa" der Bürger. Politische Mitwirkung in der EU und der Beitrag der politischen Bildung, in: Heiner Timmermann/Hans-Dieter Metz (Hg.): Europa – Ziel und Aufgabe. Festschrift für Arno Krause zum 70. Geburtstag, Berlin 2000, S. 33–49.

Schönwald, Matthias: Der Falkland-Konflikt und die Europäische Gemeinschaft, in: Franz Knipping/Matthias Schönwald (Hg.): Aufbruch zum Europa der zweiten Generation. Die europäische Einigung 1969–1984, Trier 2004, S. 165–186.

Steiert, Rudolf: Der Europäische Gewerkschaftsbund, in: Werner Weidenfeld/ Wolfgang Wessels (Hg.): Jahrbuch der Europäischen Integration 1980, Bonn 1981, S. 268–274.

Weidenfeld, Werner: Außenpolitik für die deutsche Einheit. Die Entscheidungsjahre 1989/90, Stuttgart 1998.

* Wessels, Wolfgang: Die Einheitliche Europäische Akte – Zementierung des Status quo oder Einstieg in die Europäische Union?, in: integration 2 (1986), S. 65–79.

Wessels, Wolfgang: Die Öffnung des Staates. Modelle und Wirklichkeit grenzüberschreitender Verwaltungspraxis 1960–1995, Opladen 2000.

Wolf-Niedermaier, Anita. Der Europäische Gerichtshof zwischen Recht und Politik. Der Einfluss des EuGH auf die föderale Machtbalance zwischen der Europäischen Gemeinschaft und ihren Mitgliedstaaten, Baden-Baden 1997.

Anmerkungen zu Kapitel 6:

1 Während die Montanunion durch das im EGKS-Vertrag geregelte Umlageverfahren bereits über Eigenmittel verfügte, wurden EWG und Euratom bis 1970/71 durch nationale Beiträge, die sich nach dem Bruttoinlandsprodukt der Mitgliedstaaten richteten, finanziert.

2 Die Wahlbeteiligung der ersten Direktwahl 1979 lag im EG-Durchschnitt bei 63 %, in den Gründerstaaten sogar bei 71 %.

3 In Dänemark waren die ersten EP-Direktwahlen mit Wahlen zum Folketing verknüpft. Die dänischen Abgeordneten mussten zugleich Mitglied des Folketing sein, ihr Mandat erlosch beim Ausscheiden aus dem dänischen Parlament.

4 Neben den Standardbefragungen wurden seit 1977 auch Spezialuntersuchungen durchgeführt, die sich einzelnen Themenfeldern widmeten und damit über das übliche Fragenspektrum hinausgingen.

5 Umstritten ist sowohl die Version, dass der erste Entwurf eines goldenen Sternenkreises auf blauem Hintergrund auf ein Mitglied der Hamburger Europa-Union zurückgeht, als auch die Variante, dass der Leiter der Kulturabteilung des Europarats die Idee beim Anblick einer Marienstatue mit einem Sternenkranz hatte.

6 So hatte das Europäische Parlament in den 1970er Jahren eine eigene Flagge entworfen und die Kommission 1974 einen internationalen Wettbewerb für eine Europafahne ausgeschrieben, der aber kein eindeutiges Ergebnis brachte.

7 In diesem Fall kollidierte der Europatag der Europäischen Gemeinschaft mit demjenigen des Europarats, der sich bereits 1964 auf den 5. Mai, den Gründungstag des Europarats, verständigt hatte.

8 Entschließung der im Rat vereinigten für Kulturfragen zuständigen Minister vom 13. Juni 1985 für die alljährliche Benennung einer „Kulturstadt Europas". Amtsblatt Nr. C 153 (22. Juni) 1985, S. 2.

9 Um die Agrarpreise dennoch konstant zu halten, wurde als zusätzliches Element ein Währungsausgleich eingerichtet, bei dem die Gemeinschaft die Differenz zwischen den aktuellen Wechselkursen und dem festgelegtem Preis ausglich.

10 Der Zeitraum der „Vorausschauen" variierte. Bisher wurden vier Interinstitutionelle Vereinbarungen über Finanzielle Vorausschauen getroffen: Im Jahr 1988 für den Zeitraum 1988 bis 1992 (Delors-1-Paket), 1992 für den Zeitraum 1993 bis 1999 (Delors-2-Paket), 1999 für den Zeitraum 2000 bis 2006 und im Jahr 2006 für den Zeitraum 2007 bis 2013.

11 Bereits vor dem Tode Francos hatten aber zaghafte Modernisierungsprozesse eingesetzt. Hierbei kam dem Industrie- und Dienstleistungssektor eine wichtige Bedeutung zu, während die unrentable Landwirtschaft weiter an Bedeutung verlor. Die Einströmung „westlicher" Lebensgewohnheiten wurde zudem durch den Tourismus und Arbeitsmigration begünstigt.

12 Die Kanarischen Inseln und Spaniens nordafrikanischen Exklaven Ceuta und Melilla sowie die portugiesischen Inseln Madeira und die Azoren zählen ebenfalls zum jeweils nationalen Staatsgebiet und damit zur Europäischen Gemeinschaft.

13 Dies gilt auch für die Kanalinseln oder die Isle of Man, die so genannten „crown dependencies", die unmittelbar der britischen Krone unterstehen und als solches weder Teil Großbritanniens noch der Gemeinschaft sind. Aus niederländischer Perspektive sind Aruba wie auch die Niederländischen Antillen kein Bestandteil der Europäischen Gemeinschaft.

14 Im Jahr 2000 wurde das vierte Lomé-Abkommen schließlich durch das Abkommen von Cotonou ersetzt, das die politische Dimension der Kooperation aufwertete. In der Hauptstadt Benins vereinbarte man, die Privatwirtschaft zu stärken und die Sozialsysteme auszubauen.

15 Verstärkt wurde die Argumentation für den Binnenmarkt noch durch den von der Kommission in Auftrag gegebenen Cecchini-Bericht, der im März 1988 beträchtliche Kosteneinsparungen, Preissenkungen und neue Arbeitsplätze als Konsequenz des Binnenmarkts prognostizierte.

16 Die vorgenommen Änderungen berührten den EGKS-Vertrag und den Euratom-Vertrag kaum.

17 Sofern der Rat jedoch einstimmig abstimmte, konnte das Votum des Parlaments im Verfahren der Zusammenarbeit übergangen werden.

18 Das Abkommen sah u.a. vor, die Wechselkurse im Rahmen bestimmter Bandbreiten zu halten. Zunächst lagen diese Bandbreiten bei +/- 1 %, 1971 wurden sie auf +/- 2,25 % angehoben. Das Abkommen führte darüber hinaus zur Errichtung der Internationalen Bank für Wiederaufbau und Entwicklung (heute Weltbank) und des Internationalen Währungsfonds.

19 François-Xavier Ortoli, Vorgänger von Jenkins als Kommissionspräsident und für Wirtschaft und Währung zuständiger Kommissar, legte im November 1977 ein Aktionsprogramm für eine Wirtschafts- und Währungsunion vor.

20 Das EWS trat im März rückwirkend für den 1. Januar 1979 in Kraft.

21 Eine Ausnahme bildete die italienische Lira und das irische Pfund, denen eine Schwankungsbreite von 6 % zugestanden wurde.

22 Vorläufer dieser Generaldirektion war die im Februar 1971 eingerichtete zehnköpfige Verwaltungsgruppe „Umweltfragen" in der Generaldirektion für Industrie, Technologie und Wissenschaft.

23 Umweltpolitik wurde aber auch im Rahmen des Euratom-Vertrags (nukleare Sicherheit) betrieben.

24 Bekannte Beispiele hierfür sind insbesondere das Statut der Europäischen Aktiengesellschaft und die so genannte „Vredeling-Richtlinie", mit der einheitliche Beteiligungsrechte von Arbeitnehmern festgeschrieben werden sollten.

25 Der EGB ging hervor aus dem bereits 1969 etablierten Europäischen Bund Freier Gewerkschaften in der Europäischen Gemeinschaft (EBFG) und dem im selben Jahr gegründeten Gewerkschaftsausschuss für die Europäische Freihandelszone (EFTA-TUC).

7. Vom Ende des Ost-West-Konflikts bis zum Vertrag von Nizza (1988/89–2000): Europa auf dem Weg zur „Union"

Ende der 1980er Jahre war die Europäische Gemeinschaft vornehmlich mit der Vollendung des Binnenmarktprojekts und den Vorbereitungen zur Wirtschafts- und Währungsunion beschäftigt. Nach der Öffnung der innerdeutschen Grenze am 9. November 1989 und dem Fall des „Eisernen Vorhangs" sahen sich die zwölf Mitgliedstaaten der EG jedoch unvermittelt vor gänzlich neuen Herausforderungen stehen. Die deutsche (Wieder-)Vereinigung konfrontierte die Gemeinschaft erstmals mit der Ausweitung ihres Geltungsbereichs auf einen sozialistischen Staat. Dieser in kürzester Zeit vollzogene Schritt lieferte ebenso wie die langfristige Heranführung der Staaten Mittel- und Osteuropas einen starken Impuls zur Vertiefung der Europäischen Gemeinschaft, der sich bereits im Maastrichter EG- und EU-Vertrag niederschlug.

„Maastricht" markiert eine weitere Wegmarke in der Integrationsgeschichte. Mit der Ende 1991 vereinbarten und 1993 in Kraft getretenen Vertragsrevision wurde das seit der Pariser Konferenz 1972 debattierte und angestrebte Leitbild der Europäischen Union vertragsrechtlich verankert – aus der Gemeinschaft wurde die Union. Die Staats- und Regierungschefs zurrten in Maastricht zudem den Fahrplan für die weiteren Etappen der Wirtschafts- und Währungsunion verbindlich fest und vereinbarten den Einstieg in weitere Politikfelder, die bisher nicht im Rahmen der Verträge auf europäischer Ebene behandelt wurden. Hierzu zählt vor allem eine stark intergouvernemental geprägte justiz- und innenpolitische Zusammenarbeit.

Die Maastrichter Regelungen bildeten den Ausgangspunkt einer Reformphase, die prägend für die 1990er Jahre wurde. Die ungebremste Dynamik der Integration spiegelte sich sowohl in den 1997 ausgehandelten Amsterdamer Vertragstexten und in dem im Jahr 2000 vereinbarten Vertragswerk von Nizza als auch in den Debatten über Konzepte der flexiblen Integration und ein Europa der unterschiedlichen Integrationsgeschwindigkeiten wider. Durch die vielfach auf das deutsch-französische Kraftzentrum zurückgehenden Initiativen wurde nicht nur das institutionelle Gerüst der Europäischen Union wiederholt angepasst, sondern auch der Anwendungsbereich der auf europäischer Ebene geregelten Politiken erheblich ausgeweitet. Die institutionellen Grundstrukturen der ursprünglichen Sechsergemeinschaft blieben im Kern jedoch unverändert bestehen.

Die Reformen der 1990er Jahre standen in einem engen Wechselverhältnis zum Erweiterungsprozess. Bereits vor der 1995 vollzogenen Aufnahme der neutralen bzw. bündnisfreien Staaten Schweden, Finnland und Österreich unternahmen die EU-Mitgliedstaaten erhebliche Anstrengungen, um die ehemaligen Satellitenstaaten der Sowjetunion an die Europäische Union heranzuführen und um die Union selbst für die bis dahin größte Erweiterungsrunde vorzubereiten. Diese Aktivitäten mündeten schließlich zum Ende der 1990er Jahre in die Aufnahme von Beitrittsverhandlungen mit zwölf Staaten Süd-, Mittel- und Osteuropas, von denen im Jahr 2004 zunächst zehn Staaten sowie mit Rumänien und Bulgarien 2007 zwei weitere Staaten in die Union aufgenommen wurden.

Die Auswirkungen der Zeitenwende 1989/90: Die „Integration" der neuen Bundesländer und weitere Anstöße zur Vertiefung

Der Zerfall des Staatssozialismus in Mittel- und Osteuropa traf die Europäische Gemeinschaft völlig unerwartet. Mitten in die Vorbereitung des Binnenmarktprojekts platzte mit dem Fall der Berliner Mauer am 9. November 1989 ein Ereignis von weltpolitischer Bedeutung, das nicht nur die Teilung des europäischen Kontinents, sondern auch die sorgfältig austarierte Balance (west-)europäischer Zusammenarbeit in Frage zu stellen drohte. Obgleich keiner der verantwortlichen politischen Akteure in dieser Situation ein ausgearbeitetes Konzept für die Zukunft Europas besaß, zeichnete sich bereits im November 1989 die künftige Richtung europäischer Einigung ab: Entgegen allen bisherigen Gepflogenheiten hatte François Mitterand, als amtierender Ratspräsident der Gemeinschaft, den deutschen Bundeskanzler Helmut Kohl eingeladen, ihn am 22. November 1989 nach Straßburg zu begleiten. Dort erstattete der französische Staatschef den Abgeordneten des Europäischen Parlaments Bericht über den vorangegangenen Sondergipfel des Europäischen Rats in Paris, der von den Ereignissen um den Berliner Mauerfall dominiert worden war. Helmut Kohl versicherte den Europaparlamentariern in seiner Ansprache, dass den Deutschen angesichts der „Geschichte dieses Jahrhunderts" ihr „besondere[r] Auftrag" und ihre „europäische Sendung" bewusst sei. „Die Teilung Deutschlands", so Kohl weiter, „war seit jeher sichtbarer und besonders schmerzhafter Ausdruck der Teilung Europas. Umgekehrt wird sich auch die Einheit Deutschlands nur vollenden können, wenn die Einigung unseres alten Kontinents voranschreitet. Deutschlandpolitik und Europapolitik lassen sich in keiner Weise voneinander trennen" (zit. n. Verhandlungen des Europäischen Parlaments 22.11.1989: 193 u. 195).

Mit dieser Stellungnahme bekräftigte und erweiterte der deutsche Bundeskanzler die Zielsetzungen, die er in bilateralen Gesprächen mit Mitterand zuvor bereits wiederholt zum Ausdruck gebracht hatte. Helmut Kohl hatte stets darauf hingewirkt, die Verhandlungen über die Wirtschafts- und Währungsunion mit weiteren Schritten zu einer Politischen Union und institutionellen Reformen zu verknüpfen (Küsters 2003: 295–300). Unter den veränderten Rahmenbedingungen im November 1989 verband Kohl die europäischen Reformüberlegungen nunmehr mit der deutschen Frage, indem er die deutsche Einheit und das Bekenntnis zur europäischen Einigung fortan als zwei Seiten der selben Medaille bezeichnete (Kohl 2005: 986). Trotz dieser Beteuerungen gaben sich die Staats- und Regierungschefs auf ihrem Straßburger Gipfel am 8. und 9. Dezember 1989 jedoch ausgesprochen reserviert gegenüber dem deutschen Bundeskanzler. Wenig erbaut war der Europäische Rat vor allem über Helmut Kohls 10-Punkte-Programm, mit dem der Kanzler wenige Tage zuvor in einem Alleingang im Deutschen Bundestag das Szenario einer langfristigen bundesstaatlichen Ordnung für ein künftiges Gesamtdeutschland skizziert hatte. In den detaillierten Schlussfolgerungen des Europäischen Rats von Straßburg fand die deutsche Frage dementsprechend auch keine Berücksichtigung.

Dennoch zwang die Dynamik der deutsch-deutschen Annäherung der Europäischen Gemeinschaft in den darauf folgenden Monaten immer stärker ihren Zeittakt auf. Nachdem die Bürger der DDR bei der Volkskammerwahl am 18. März 1990 mit deutlicher Mehrheit für diejenigen Parteien gestimmt hatten, die eine rasche (Wieder-)Vereinigung befürworteten, bekräftigten auch die Staats- und Regierungschefs auf dem Dubliner Sondergipfel des Europäischen Rats am 28. April 1990 ihre Unterstützung für den weiteren Fahrplan. Dass diese Zustimmung trotz erheblichen britischen Widerstands gegen eine deutsche Vereinigung und trotz anhaltender französischer Bedenken über die ausbleibende formelle Anerkennung der Oder-Neiße-Linie als Ostgrenze Gesamtdeutschlands erfolgte, war nicht zuletzt darauf zurückzuführen, dass in erster Linie die USA, aber auch die Sowjetunion bereits ohne größere Vorbehalte zu diesem Zeitpunkt den zunehmend forscheren Vereinigungskurs der deutschen Bundesregierung unterstützten.

Die zu bewältigenden Herausforderungen waren angesichts des Zeitdrucks für alle Beteiligten ein Kraftakt. Von der Kommission wurde ein Paket mit rund 200 Regelungen über die europapolitischen Aspekte der Eingliederung der DDR in die Bundesrepublik – und damit auch in die Gemeinschaft – erarbeitet. Die Abgeordneten des Europäischen Parlaments, die seit der Einheitlichen Europäischen Akte das Recht besaßen,

Beitritten und Assoziierungsabkommen zuzustimmen, verzichteten angesichts der Ausnahmesituation auf ihr förmliches Recht zur Zustimmung zum Eingliederungsvertrag. Ebenso ungewöhnlich wie dieser Schritt war auch die Entscheidung für ein beschleunigtes Rechtsetzungsverfahren im Hinblick auf die Maßnahmen zur Integration der DDR. Schließlich ermächtigte der Rat auch noch Bundesregierung und Kommission, zeitlich befristete Übergangsregelungen für die neuen Bundesländer – etwa im Umweltbereich – festzulegen, damit den ostdeutschen Produzenten in wichtigen Wirtschaftsbereichen Zeit blieb, ihre Produkte dem EG-Standard anzupassen (Grabitz/von Bogdandy 1991: 47–64). Mit dem „Beitritt" der DDR zur Bundesrepublik am 3. Oktober 1990 wurden die neuen Bundesländer auch in den Geltungsbereich der Europäischen Gemeinschaft integriert, der damit 16,3 Millionen zusätzliche Einwohner zählte. Mit Ausnahme von 18 Parlamentariern aus den neuen Bundesländern, die als Beobachter in das Europäische Parlament einzogen, führte diese „kleine Erweiterung" jedoch zunächst zu keinen unmittelbaren Änderungen im institutionellen Gefüge der EG.

Dennoch wurde das „neue" Deutschland in der Europäischen Gemeinschaft mit Argusaugen beargwöhnt. Da die DDR weltweit als ökonomische Größe wahrgenommen worden war, deren Gewicht einer bereits wirtschaftsstarken Bundesrepublik zugute kam, befürchtete man selbstbewusstere, wenn nicht gar aggressivere Auftritte Deutschlands auf internationalem Parkett als sie die selbstbeschränkte und zivile Bonner Republik in den zurückliegenden Jahrzehnten hingelegt hatte. Insbesondere in Frankreich hegte man Bedenken gegenüber künftigen deutschen Vormachtsansprüchen. Die Konstellation der Jahre 1989/90 ähnelte damit zu einem gewissen Grad der Situation des Jahres 1950, als die Sorge vor einem zu mächtig werdenden Deutschland den Anstoß zu einem der wichtigsten Schritte europäischer Einigung geliefert hatte. Im Kern lag den Forderungen aus Frankreich dann auch weniger das Motiv einer weiteren Vertiefung der europäischen Integration zugrunde, als vielmehr das Ziel einer noch weitgehenderen Einbindung Deutschlands in Europa.

Gegenüber der Nachkriegssituation hatten sich die Wahrnehmungsmuster im Jahre 1990 allerdings erheblich verschoben. Die aktuellen deutschlandpolitischen Argumente fußten nicht mehr auf dem Trauma eines mörderischen Weltkriegs, sondern standen in engem Bezug zu den Erfahrungen jahrzehntelanger wirtschaftlicher und politischer Kooperation. Nicht zuletzt in der Bundesrepublik selbst hatte sich in den vergangenen Jahrzehnten ein tiefer Wandel der politischen Kultur vollzogen, der mit einer veränderten Sicht auf den Nationalstaat einherging. Die

Verankerung der Bundesrepublik in der westlichen Gemeinschaft war so ausgeprägt, dass nicht nur in den Debatten der politischen Eliten eine Zeit „postklassischer Nationalstaaten" (Winkler 2000: 655–657) bzw. ein postnationales Zeitalter (Habermas 1998: 91–169) postuliert wurde, sondern entsprechende Anschauungen auch in Meinungsumfragen bestätigt wurden. Allgemein herrschte zum Ende der 1980er Jahre in (West-) Europa die Ansicht vor, dass der erreichte Grad an Vergemeinschaftung ebenso wünschenswert wie irreversibel sei (Wirsching 2003: 261–273).

Infolgedessen stand in den entscheidenden Monaten des Jahres 1990 – jenseits aller Eigendynamik der deutschen Einigung – stets auch die Vertiefung der Gemeinschaft auf der Tagesordnung. Zum Ausdruck kam dies insbesondere in der Zusammenarbeit von Helmut Kohl und François Mitterand. Trotz zum Teil beträchtlicher Interessenunterschiede kooperierten beide Politiker, die im Jahr 1988 noch gemeinsam den Aachener Karlspreis erhalten hatten und in der europäischen Reformdebatte immer stärker die Federführung an sich zogen, eng miteinander. Während dieser „Bewährungsprobe" gelang es Kohl, den französischen Staatspräsidenten davon zu überzeugen, dass auch das gewachsene Deutschland weiter ein verlässlicher Partner in Europa sei. Die dennoch bestehenden Differenzen waren vor allem auf die unterschiedlichen Prioritäten Frankreichs und Deutschlands zurückzuführen: Während Frankreich den Blick primär auf die Regierungskonferenz zur Wirtschafts- und Währungsunion richtete, die den Eintritt in die zweite und dritte Stufe der WWU vorbereiten sollte, waren die deutschen Interessen stärker auf die Politische Union bedacht – mithin auf die seit langem angestrebte Gründung einer Europäischen Union.

Dass Mitterand und Kohl sich trotz zeitweiliger Irritationen an der Jahreswende 1989/90 zu arrangieren wussten, kam im April 1990 zum Ausdruck, als beide Politiker in einem gemeinsamen Schreiben an den irischen Ratspräsidenten Charles Haughey ihre Vorstellung bekundeten, dass „die Regierungskonferenz über die Politische Union parallel zu der Konferenz über die Wirtschafts- und Währungsunion zusammentritt" und die „Gesamtheit der Beziehungen zwischen den Mitgliedstaaten in eine Europäische Union" umgewandelt werde (zit. n. Auswärtiges Amt 1992: 411f). Dieses Ansinnen fand die Zustimmung der anderen Staats- und Regierungschefs der Gemeinschaft. Am 25. und 26. Juni 1990 vereinbarte der Europäische Rat, auf einem zweiten Dubliner Gipfeltreffen im Dezember des selben Jahres sowohl eine Regierungskonferenz zur WWU als auch eine Regierungskonferenz zur Politischen Union einzuberufen. Die strategische Absicht Helmut Kohls, die Verhandlungen über beide Themenfelder im Rahmen einer einzigen Regierungskonferenz zu verzahnen und in diesem Kontext neben Beratungen über institutionelle Reformen auch eine Debatte über die Finalität der europäischen Einigung zu führen, war damit jedoch nur teilweise aufgegangen (Keßler 2002: 132–138). Die einzelnen Projekte wurden zwar miteinander verknüpft, zumindest aber formell in getrennten Konferenzen behandelt.

Anfang Dezember 1990 stellten Mitterand und Kohl ihre enge Abstimmung erneut unter Beweis, als beide Politiker in einem weiteren gemeinsamen Schreiben ihre Überlegungen gegenüber dem amtierenden italienischen Ratspräsidenten Andreotti präzisierten und einen 4-Punkte-Katalog entwickelten, dem sie das Ziel voranstellten, „die Grundlagen und die Strukturen einer starken und solidarischen Politischen Union" festzulegen, „die bürgernah ist und entschlossen den Weg geht, der ihrer föderalen Berufung entspricht" (zit. n. Auswärtiges Amt 1992: 413–416). Diese föderale Berufung begrenzten Mitterand und Kohl von Anfang an indes nur auf den Rahmen des EG-Vertragssystems, während sie die Vorschläge zur Vertiefung der außen- und sicherheitspolitischen Kooperation auf den Ordnungsrahmen der „Union" bezogen.

Mit ihrem Schulterschluss steckten der deutsche Bundesskanzler und der französische Staatschef frühzeitig die vorgesehenen neuen Vertragsstrukturen ab, die nicht auf einem einheitlichen und übergreifenden Vertragsdokument basieren sollten, sondern vielmehr für die politisch besonders sensiblen Bereiche der Außen- und Sicherheitspolitik eigene rechtliche Regelungen vorsahen. Letztlich wurde damit die Marschroute fortgesetzt, die man 1987 bei der Einheitlichen Europäische Akte eingeschlagen hatte, als die EPZ nicht in den EWG-Vertrag integriert worden war.

Die enge französisch-deutsche Abstimmung schlug sich auch in den „Regierungskonferenzen" nieder. Unter Regierungskonferenzen sind in diesem Zusammenhang grundsätzlich intergouvernementale Verhandlungen zwischen den Mitgliedstaaten der Gemeinschaft zu verstehen, in denen über einen zunächst unbestimmten Zeitraum die Bestimmungen und Formulierungen der Vertragsreform verhandelt und erarbeitet werden. Beteiligt sind an den Regierungskonferenzen, die unter der politischen Gesamtverantwortung der Außenminister weitgehend im öffentlichkeitsfreien Raum stattfinden, zahlreiche höhere Beamte und Diplomaten.[1] Auf deutscher Seite oblag bei den Regierungskonferenzen zu Beginn der 1990er Jahre die Koordination der Verhandlungen für die Wirtschafts- und Währungsunion dem Staatssekretär im Finanzministerium, dem späteren Bundespräsidenten Horst Köhler, während die Verhandlungen über die Politische Union von Jürgen Trumpf aus dem Auswärtigen Amt geführt wurden, womit auch hier ein beamteter Staatssekretär und Europaexperte als Verhandlungsführer agierte.

Tagung des Europäischen Rats in Maastricht, 9./10. Dezember 1991.

Eine zentrale Rolle bei den Regierungskonferenzen kam der jeweiligen (Rats-)Präsidentschaft zu, die die Verhandlungen leitete. Der von der luxemburgischen Ratspräsidentschaft im April 1991 vorgelegte Vertragsentwurf orientierte sich eng an den Vorüberlegungen von Mitterand und Kohl hinsichtlich einer vertragsrechtlichen Differenzierung zwischen den Gemeinschaftspolitiken einerseits und der Außen- und Sicherheitspolitik sowie der Justiz- und Innenpolitik andererseits. Demgegenüber sah der Vorschlag der niederländischen Ratspräsidentschaft vom September 1991 vor, diese Bereiche in einem einheitlichen Vertragsdokument zu verschmelzen (abgedr. in Weidenfeld 1994: 265–348). Da die Außenminister den niederländischen Entwurf jedoch mehrheitlich ablehnten, wurden die Verhandlungen auf der Grundlage des luxemburgischen Entwurfs weiter geführt, womit sich endgültig abzeichnete, dass es keinen einheitlichen Vertrag für alle Politikfelder geben würde.

Obwohl zahlreiche Vorentscheidungen und technische Details bereits im Verlauf der Regierungskonferenz geklärt wurden, stand die Behandlung der offenen Fragen – und die Verständigung über das Gesamtpaket der Vertragsrevision – erst auf dem Abschlussgipfel der Staats- und Regierungschefs in Maastricht zur Debatte. Hier war es zwingend notwendig, dass alle Staats- und Regierungschefs den Änderungen zustimmten, weswegen der von hoher medialer Aufmerksamkeit begleitete Abschlussgipfel letztlich über Erfolg oder Scheitern der Regierungskonferenz entschied.

Der Maastrichter Vertrag: Meilenstein auf dem Weg von der Gemeinschaft zur Union

Abgeschottet durch Polizei und Sicherheitsbeamte eröffneten die Staats- und Regierungschefs der zwölf EG-Staaten am 9. Dezember 1991 im Maastrichter „Provincie Huis", einem neu errichteten Verwaltungszentrum auf einer Insel in der Maas, ihre Verhandlungen. Nach einem mehr als 30 Stunden dauernden Sitzungsmarathon, in dem die unterschiedlichen Positionen zur Sozialpolitik zeitweilig drohten, den gesamten Gipfel zum Scheitern zu bringen, waren am Abend des 10. Dezember 1991 die wichtigsten Entscheidungen unter Dach und Fach. Als die Staats- und Regierungschefs vor die internationale Presse traten, fielen die ersten Reaktionen jedoch zurückhaltend aus. Die Kommentatoren monierten vor allem ein gewisses Ungleichgewicht zwischen der endgültigen Entscheidung für eine gemeinsame Währung und der zaghaften Umgestaltung der Gemeinschaft zu einer politischen Union.

Der Verzicht auf einen vertragsrechtlichen Passus zur Finalität der Integration – insbesondere zu der von Großbritannien und Dänemark vehement bekämpften föderalen Zielsetzung – wurde als deutlicher Beleg gewertet, dass die europapolitischen Leitbilder der einzelnen Mitgliedstaaten nach wie vor erheblich differierten. Dass aber auch in dieser Frage eine Kompromisslösung gefunden wurde, dokumentiert die Präambel des EU-Vertrags, die das vergleichsweise abstrakte Ziel „einer immer engeren Union der Völker Europas" ausgab. Als Gegengewicht hierzu wurde, mit ebenfalls wenig präzisem Wortlaut, das der katholischen Soziallehre entlehnte Subsidiaritätsprinzip vertragsrechtlich verankert, dem zufolge die Gemeinschaft in den Bereichen, die nicht in ihre ausschließliche Zuständigkeit fielen, nur dann tätig werden kann, wenn die Probleme auf nationaler oder subnationaler Ebene nicht zweckmäßiger gelöst werden können.

Trotz derart unscharfer Formulierungen kommt den in Maastricht vereinbarten Regelungen eine zentrale Rolle für die Einigungsgeschichte zu. Als Synthese der zahlreichen, in den Jahrzehnten zuvor diskutierten Ansätze stellte das neue Vertragswerk gewissermaßen einen Meilenstein zur Vertiefung der europäischen Integration dar. Die Maastrichter Neuerungen werden zum besseren Verständnis häufig durch das Bild eines Tempels illustriert: Die Europäische Union, die das Dach des Tempels bildet, wird durch drei Säulen gestützt. Die erste Säule setzte sich aus den drei bisherigen europäischen Gemeinschaften (EGKS, Euratom und E(W)G) mit ihren stark supranationalen Zügen zusammen; die zweite Säule wurde von der Gemeinsamen Außen- und Sicherheitspolitik (GASP) verkörpert; die dritte Säule bildete schließlich die Zusammenarbeit in der Justiz- und Innenpolitik dar (ZJIP), die ähnlich der Gemeinsamen Außen- und Sicherheitspolitik durch intergouvernementale Strukturen geprägt war.

Das „Tempelbild" dient grundsätzlich der Veranschaulichung, dass der durch das Vertragswerk von Maastricht konzipierte rechtliche Rahmen keine vollständige Neugründung, sondern vielmehr eine Neuordnung darstellte, mit der die bisherigen drei Verträge der drei europäischen Gemeinschaften umbenannt, geändert und um einen weiteren Vertrag ergänzt wurden. Insofern ist auch die allgemeine Übereinkunft, vom Maastrichter Vertrag zu sprechen, irreführend – präzise müsste es heißen: die Maastrichter Verträge.

Der EWG-Vertrag wurde in seiner modifizierten Version nunmehr zum „Vertrag zur Gründung der Europäischen Gemeinschaft (EG)" und bildete unter dem offiziell neuen, im allgemeinen Sprachgebrauch aber schon lange verwendeten Namen „Europäische Gemeinschaft" den Kern

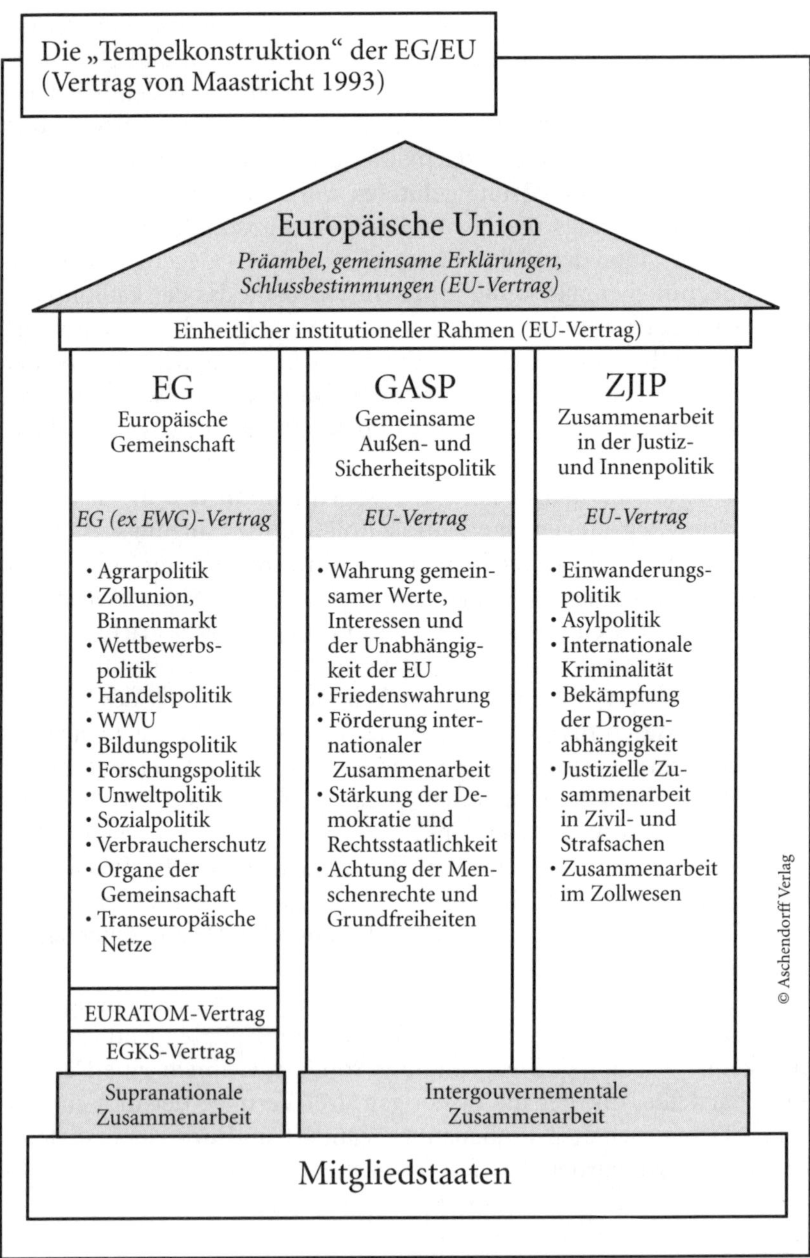

der ersten Säule.[2] Die 1987 vertragsrechtlich etablierte Europäische Politische Zusammenarbeit wurde in Maastricht zur „Gemeinsamen Außen- und Sicherheitspolitik" ausgeweitet und mit dem neuen Komplex der

„Zusammenarbeit in der Justiz- und Innenpolitik" im zweiten Vertrag, im EU-Vertrag fixiert. Der Maastrichter Vertrag über die Europäische Union war in seinen ersten Abschnitten zudem als Mantelvertrag angelegt, der mit seiner Präambel sowie den Gemeinsamen Bestimmungen und den Schlussbestimmungen eine Art „Klammerfunktion" ausübte. Mittels dieser Konstruktion wurde beabsichtigt, die bisherigen Gemeinschaftsverträge mit den neuen Politikbereichen unter dem Dach der Europäischen Union zusammenzuführen.

Das Nebeneinander von Europäischer Union und Europäischer Gemeinschaft eröffnete der Wissenschaft zwar ein neues Forschungsfeld, stiftete unter den Bürgern aber auch erhebliche Verwirrung. Den Bürgern war zwar noch zu vermitteln gewesen, dass auf den burgundroten Reisepässen statt „Europäische Gemeinschaft" nunmehr „Europäische Union" prankte, da aus der EG die seit langem angekündigte EU geworden war. Warum aber zwischen EG-Politiken und EU-Politiken differenziert wurde und warum es in Deutschland jahrzehntelang die EG-Gesundheitsminister waren, die vor den gesundheitlichen Gefahren des Rauchens im Kino oder auf Plakatwänden warben und nicht die EU-Gesundheitsminister, war kaum überzeugend mit dem Argument zu erklären, dass die Koordinierung des Gesundheitsschutzes eine in der ersten Säule angesiedelte EG-Politik war, die auf den rechtlichen Grundlagen des EG-Vertrags basierte.[3]

Zur Transparenzsteigerung trug auch die nach dem Inkrafttreten des Maastrichter Vertrags in sekundärrechtlichen Akten vorgenommene Umbenennung der Organe wenig bei: aus dem bisherigen Rat der Europäischen Gemeinschaft wurde der „Rat der Europäischen Union", aus dem Gerichtshof der „Europäische Gerichtshof" und aus der Kommission die „Europäische Kommission" (König/Pechstein 1995: 72).[4] Auch nach diesen Umbenennungen blieb es schwer verständlich, dass zwar alle Pfeiler der neuen EG/EU-Konstruktion auf einem „einheitlichen institutionellen Rahmen" (Art. C EU-V) basierten, die Institutionen aber in den einzelnen Säulen, und selbst in einzelnen Politikfeldern, über völlig unterschiedliche Beteiligungsrechte verfügten. Zur Vermeidung von Irritationen wird im Rahmen der weiteren Ausführungen dieses Buchs künftig immer dann von der Gemeinschaft die Rede sein, wenn auf die EG-Politikfelder Bezug genommen wird. Von der Union wird hingegen gesprochen, wenn die Gesamtkonstruktion oder die spezifischen EU-Politiken gemeint sind.

Durch die Maastrichter Vertragstexte wurde sowohl das Aufgabenspektrum der Gemeinschaft ausgeweitet als der umfangreiche Wirkungsbereich der erst durch diesen Vertrag gegründeten Europäischen

Union definiert. Den zentralen Eckpfeiler des EG-Vertrags bildeten der Zeitplan und die Regelungen zur verbindlichen Umsetzung der Wirtschafts- und Währungsunion. Festgelegt wurden der Beginn der zweiten Stufe der Wirtschafts- und Währungsunion auf den 1. Januar 1994 sowie der Einritt in die dritte Stufe der WWU bis spätestens zum Jahresbeginn 1999. Angesichts der weit verbreiteten Bedenken gegenüber dem Experiment der Währungsunion – in Deutschland hatte die von zahlreichen Seiten geschürte Furcht vor dem Verlust der stabilen D-Mark nicht zuletzt angesichts einer historisch tief eingeschliffenen Inflationsangst zu einer regelrechten Euroskepsis geführt – vereinbarte man, dass die Teilnehmerstaaten der zweiten Stufe der WWU sich durch die Einhaltung von so genannten Konvergenzkriterien „qualifizieren" mussten. Im Rahmen der Bestimmungen zur Wirtschafts- und Währungsunion wurden zudem mit dem Europäischen Währungsinstitut und dem Währungsausschuss neue, mit beratenden und politiksteuernden Kompetenzen ausgestattete Institutionen eingerichtet bzw. in Aussicht gestellt. In der dritten Stufe der WWU ersetzten die Europäische Zentralbank und der Wirtschafts- und Finanzausschuss als neue Institutionen die bestehenden Einrichtungen.

Die institutionelle Ausdifferenzierung des Gemeinschaftssystems kam auch in der Gründung weiterer Institutionen zum Ausdruck, so zum Beispiel in der Bestellung eines vom Europäischen Parlament ernannten Bürgerbeauftragten (Ombudsmann). Der ebenfalls neu eingerichtete Ausschuss der Regionen eröffnete den regionalen und lokalen Gebietskörperschaften die Möglichkeit einer beratenden Mitwirkung an den Gemeinschaftspolitiken. Beide Institutionen dienten einmal mehr dem Ziel, den Grundsätzen der Bürgernähe stärker Rechnung zu tragen, um so eine höhere Zustimmung zu den in Brüssel bzw. Straßburg getroffenen Entscheidungen zu gewährleisten. Diesem Anspruch lag letztlich auch die Einführung einer Unionsbürgerschaft zugrunde, mit deren Hilfe die nationale Staatsbürgerschaft zwar nicht ersetzt, aber ergänzt wurde. Neben dem passiven und aktiven Wahlrecht bei Kommunal- und Europawahlen in allen Mitgliedstaaten garantierte die Unionsbürgerschaft das Recht, in Drittländern die diplomatische und konsularische Hilfe eines jeden Mitgliedstaats der Union in Anspruch zu nehmen.

In prozeduraler Hinsicht erweiterte der Maastrichter EG-Vertrag sowohl das Anwendungsgebiet qualifizierter Mehrheitsabstimmungen im Rat als auch die Anzahl der Politikfelder, in denen eine Zustimmung des Europäischen Parlaments erforderlich ist. Die Rolle des Parlaments in der Rechtsetzung wurde zudem durch die Einführung des so genannten Mitentscheidungsverfahrens (Art. 189b EG-V) wesentlich gestärkt. In diesem neuen Verfahren stimmen Parlament und Rat gemeinsam über

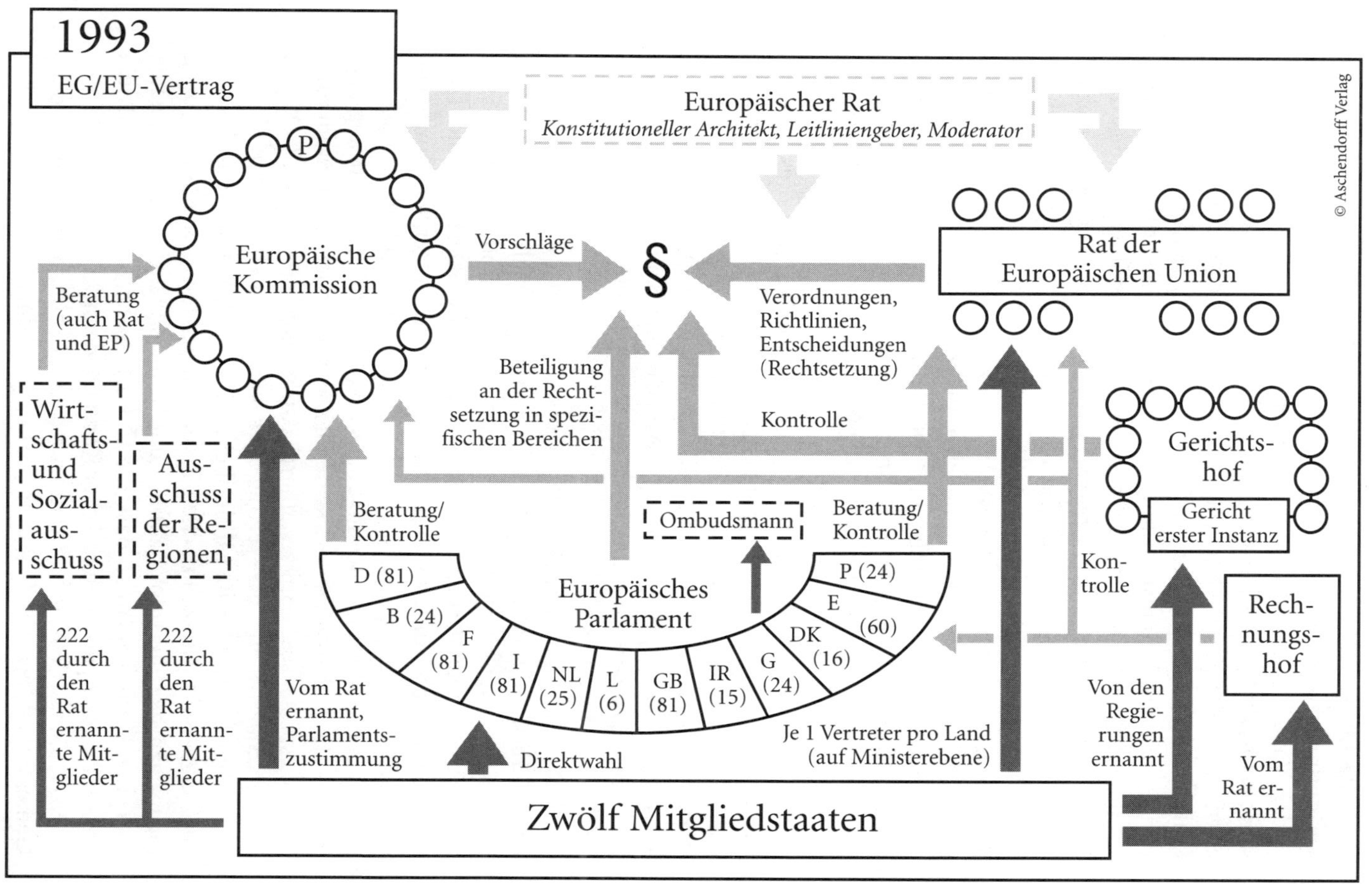
1993
EG/EU-Vertrag
Europäischer Rat
Konstitutioneller Architekt, Leitliniengeber, Moderator
© Aschendorff Verlag
P
Europäische Kommission
Vorschläge
§
Rat der Europäischen Union
Beratung (auch Rat und EP)
Verordnungen, Richtlinien, Entscheidungen (Rechtsetzung)
Beteiligung an der Recht-setzung in spezi-fischen Bereichen
Kontrolle
Wirt-schafts-und Sozial-aus-schuss
Aus-schuss der Re-gionen
Gerichts-hof
Gericht erster Instanz
Beratung/ Kontrolle
Ombudsmann
Beratung/ Kontrolle
D (81)
B (24)
F (81)
I (81)
NL (25)
L (6)
GB (81)
IR (15)
G (24)
DK (16)
E (60)
P (24)
Europäisches Parlament
Kon-trolle
Rech-nungs-hof
222 durch den Rat ernann-te Mit-glieder
222 durch den Rat ernann-te Mit-glieder
Vom Rat ernannt, Parlaments-zustimmung
Direktwahl
Je 1 Vertreter pro Land (auf Ministerebene)
Von den Regie-rungen ernannt
Vom Rat er-nannt
Zwölf Mitgliedstaaten

einen Rechtsakt ab. Lehnt das EP den Entwurf des Rats ab, versucht ein Vermittlungsausschuss einen Kompromiss zu finden. Scheitert dies, kann es den Vorschlag mit absoluter Mehrheit endgültig ablehnen. Mit diesem „Vetorecht" gegenüber dem Rat rückte das Europäische Parlament erstmals bei der Rechtsetzung in eine gleichberechtigte Entscheidungsfunktion. Im Gegensatz zum Verfahren der Zusammenarbeit konnte das Parlament beim Mitentscheidungsverfahren nicht mehr durch ein einstimmiges Ratsvotum ausmanövriert werden. Allerdings galt das neue Mitentscheidungsverfahren zunächst nur für eine eng begrenzte Anzahl von Politikfeldern. Selbst unter Berücksichtigung der weiteren Verfahren blieb die legislative Beteiligung des Europäischen Parlaments begrenzt. Rechnet man alle Entscheidungsverfahren zusammen, wurde das Parlament 1993 nur an 45 % aller möglichen Prozeduren der EG beteiligt.

Im Bereich seiner „Wahlrechte" wurde das Europäische Parlament erheblich gestärkt. Mit der Einführung des jahrzehntelang geforderten – und seit 1981, seit der Investitur der Kommission von Gaston Thorn, ohne Rechtsgrundlage praktizierten – Verfahrens, die Ernennung der Europäischen Kommission künftig von der Zustimmung des Europäischen Parlaments abhängig zu machen, erhielt das Parlament erstmals auch Beteiligungsrechte an der Bestellung der Kommission. Die verstärkte Rückbindung der Kommission an das EP spiegelte sich zugleich auch in der Neuregelung wider, die Amtszeit der Kommission auf fünf Jahre zu verlängern und damit an die Wahlperiode des Europäischen Parlaments anzupassen.

Während das Europäische Parlament mit den Maastrichter Regelungen deutlich aufgewertet wurde, spielten die nationalen Parlamente in den Beratungen weiterhin nur eine untergeordnete Rolle. 1989 war zwar vom französischen Parlamentspräsidenten und ehemaligen Premier Laurent Fabius die Gründung einer zweimal jährlich tagenden Konferenz der auf EG-Themen spezialisierten nationalen Parlamentsausschüsse mit dem Ziel einer stärkeren Beteiligung der nationalen Parlamente angeregt worden; die im November des selben Jahres gegründete „Conférence des Organes spécialisées dans les affaires communautaires" (kurz: COSAC) fand im Maastrichter EG-Vertrag aber lediglich in einem dem Vertrag angehängten, nicht rechtsverbindlichen Protokoll Erwähnung (Maurer 2002: 299–303). Die zahlreichen Reformen der folgenden Jahre trugen nicht dazu bei, die Informations- und Kontrolldefizite der nationalen Parlamente abzubauen, so dass die COSAC bisher kaum mehr als ein Forum lockerer parlamentarischer Kontakte darstellt.

Nach „Maastricht" gab es kaum noch einen Politikbereich, an dem die Gemeinschaft bzw. die Union nicht in irgendeiner Form beteiligt war.

Die Beteiligungsformen variierten allerdings beträchtlich – von ausschließlichen EG/EU-Kompetenzen, über Kompetenzen, die zwischen der EG/EU und den Mitgliedstaaten in gemeinsamer Zuständigkeit ausgeübt wurden, bis hin zu begrenzten EG/EU-Kompetenzen. Zum Teil existierten sogar innerhalb einzelner Politikfelder unterschiedliche Kompetenzzuweisungen. Wie diese Ausdifferenzierung nach „Maastricht" im Detail aussah, kann an dieser Stelle lediglich am Beispiel der bereits oben behandelten Sozialpolitik exemplarisch angedeutet werden.

Durch den Maastrichter EG-Vertrag wurden auch in der europäischen Sozialpolitik die vertragsrechtlichen Grundlagen weiter ausgebaut. Da sich Großbritannien jedoch mit Vehemenz gegen eine weitere Vergemeinschaftung der Sozialpolitik sperrte, wurde – wie bereits bei der Sozialcharta der Einheitlichen Europäischen Akte – auf Vorschlag von Jacques Delors hin die Regelung eines „opting-out" getroffen. Britischen Bedenken Rechnung tragend, wurde das alte Sozialkapitel des EWG-Vertrags unverändert im EG-Vertrag beibehalten, während die neuen Regelungen in ein „Abkommen über die Sozialpolitik" überführt wurden, das nur von elf Mitgliedstaaten unterzeichnet und dem Vertrag als Bestandteil des „Protokolls über die Sozialpolitik" angehängt wurde. Ziel dieser Sonderregelung war es, den elf Unterzeichnerstaaten neuen Spielraum zu eröffnen.[5]

Mit dem Sozialprotokoll wurden wesentliche Neuerungen eingeführt: Neben der Einführung neuer sozialpolitischer Zielbestimmungen wurden, erstens, die Bereiche qualifizierter Mehrheitsentscheidung im Rat ausgeweitet, zweitens wurde die Stellung des Europäischen Parlaments durch eine stärkere Verankerung des Verfahrens der Zusammenarbeit aufgewertet und drittens wurde die Rolle der Sozialpartner, also die direkte Beteiligung von Arbeitgebern und Arbeitnehmern bzw. deren Verbänden, neu bestimmt. Zudem erhielt die Europäische Kommission, die sich bis dahin mit ihren sozialpolitischen Initiativen vor allem auf die Generalklauseln von Art. 100 und Art. 235 gestützt hatte, durch das Sozialprotokoll eine neue vertragsrechtliche Grundlage.[6] Diese sozialpolitischen Regelungen führten, nach der weitgehenden Blockade der europäischen Sozialpolitik in den 1980er Jahren durch Großbritannien, zu einer Vielzahl neuer Rechtsakte. Die Richtlinie über die Europäischen Betriebsräte, die 20 Jahre lang kontroverse Debatten heraufbeschworen hatte, wurde vom Rat bereits im September 1994 verabschiedet. Sie sah vor, dass in Unternehmen mit mehr als 1.000 Beschäftigten und Niederlassungen in mindestens zwei Mitgliedstaaten transnationale Betriebsräte zur Unterrichtung und Anhörung der Arbeitnehmer eingerichtet werden.

Ausgeweitet wurden mit den Maastrichter Vertragsbestimmungen auch die Handlungsmöglichkeiten im Bereich der Außen- und Sicherheitspolitik. Im Vergleich zu den Bestimmungen des EG-Vertrags waren die Regelungen zur „Politischen Union" im EU-Vertrag aber intergouvernemental angelegt; dies vor allem, weil der neue britische Premierminister John Major weder an einer europäischen Notenbank noch an einem föderativen Europa mit größeren außen- und sicherheitspolitischen Kompetenzen interessiert war und infolgedessen auch nur begrenzt in Verhandlungspakete einzubinden war. Die aus der EPZ hervorgegangene Gemeinsame Außen- und Sicherheitspolitik sollte dennoch helfen, den neuen Herausforderungen, die aus den Umbrüchen im internationalen System resultierten und sich in Europa bereits in den Auseinandersetzungen der einzelnen jugoslawischen Teilrepubliken nach 1991 in aller Deutlichkeit gezeigt hatten, zu bewältigen.

Mit der in der zweiten Säule angesiedelten GASP wurde die bisherige außenpolitische Zusammenarbeit auf die Sicherheitspolitik ausgedehnt und die Kommission stärker in die Aktivitäten eingebunden. Darüber hinaus wurde die Westeuropäische Union, die 1948 als „Brüsseler Pakt" entstanden war und mit dem Beitritt der Bundesrepublik 1954 ihren neuen Namen erhalten hatte, in der Folge aber weitgehend ein Schattendasein führte, als „integraler Bestandteil der Entwicklung der Europäischen Union" bezeichnet. Sie sollte künftig auf Ersuchen der EU tätig werden, was erstmals durch die Bereitstellung einer Polizeitruppe für die EU-Verwaltung im bosnischen Mostar zwischen 1994 und 1996 erfolgte. Die Union erhielt durch den Maastrichter EU-Vertrag auch neue Instrumente zur Steuerung ihrer außenpolitischen Aktivitäten.[7] Der intergouvernementale Charakter der GASP zeigte sich daran, dass alle Entscheidungen einstimmig getroffen werden mussten und dementsprechend leicht blockiert werden konnten. Das Europäische Parlament und der Europäische Gerichtshof erhielten hingegen nur begrenzte bzw. keine Kompetenzen innerhalb der zweiten Säule.

Einen Meilenstein stellte schließlich auch die erstmalige vertragsrechtliche Einbettung von Elementen der Justiz- und Innenpolitik dar. Auch wenn die Anfänge einer lockeren rechtlichen Zusammenarbeit in die 1970er Jahre zurückreichten, war die Justiz- und Innenpolitik bis „Maastricht" – ähnlich der EPZ bis zur Einheitlichen Europäischen Akte – nur außerhalb der Verträge behandelt worden. Auf Vorschlag des britischen Außenministers James Callaghan hatten die Staats- und Regierungschefs auf ihrem Gipfel in Rom im Dezember 1975 die so genannte TREVI-Kooperation vereinbart, die, entsprechend der französischen Auflösung des Akronyms, die Themen Terrorisme, Radicalisme,

Extrémisme [et] Violence Internationale behandelte. In den folgenden Jahren hatte in diesem Rahmen ein regelmäßiger Informationsaustausch der Innen- und Justizminister stattgefunden. Es wurden jedoch keine Beschlüsse getroffen und auch die Gemeinschaftsorgane wurden an dieser – außerhalb der Verträge angesiedelten – Form der Zusammenarbeit nicht beteiligt (Knelangen 2001: 85–99).

Die Behandlung justiz- und innenpolitischer Themen erfolgte auch noch in den 1980er Jahren außerhalb der Verträge als in Verbindung mit Überlegungen zur Freizügigkeit im Binnenmarkt die Abschaffung von Personengrenzkontrollen bis Ende 1992 diskutiert wurde. Eine Pionierrolle kam in diesem Zusammenhang Deutschland und Frankreich zu. Beide Staaten hatten bereits 1984 im bilateralen Saarbrücker Abkommen eine Aufhebung von Grenzformalitäten für EG-Angehörige beschlossen. Noch im gleichen Jahr traten auch die Benelux-Staaten dieser Vereinbarung bei. Am 14. Juni 1985 wurde in dem 300 Einwohner zählenden – im Dreiländereck von Deutschland, Frankreich und Luxemburg gelegenen – Ort Schengen diese Vereinbarung in einem Abkommen über den schrittweisen Abbau von Personenkontrollen an den Binnengrenzen institutionalisiert. Fünf Jahre später wurde an gleicher Stelle das so genannte „Schengener Durchführungsabkommen" unterzeichnet, das im März 1995 in Kraft trat und den vollständigen Abbau aller Grenzkontrollen zwischen Belgien, Deutschland, Frankreich, Luxemburg, den Niederlanden, Spanien und Portugal festlegte. Später schlossen sich auch Italien und Österreich (1998) sowie Griechenland (2000) dem Schengener Abkommen an. Auf Grundlage der Schengener Regelungen wurden die Schlagbäume und Grenzanlagen zwischen den Unterzeichnerstaaten abgebaut, so dass die bis dahin üblichen Grenz- und Personenkontrollen entfielen. Damit war eines der ursprünglichen Kernziele europäischer Integration, für das vor allem die Europäische Bewegung und die Europaverbände in den 1940er und 50er Jahren gekämpft hatten, fast 50 Jahre später erreicht worden.

Die zunächst außerhalb der Verträge angesiedelte Schengen-Zusammenarbeit lieferte einen wesentlichen Impuls zur Etablierung eines eigenen Titels zur Justiz- und Innenpolitik im Rahmen des Maastrichter EU-Vertrags. In diesem wurden mit spezifischen Instrumenten – ähnlich wie in der zweiten Säule der GASP – Bereiche wie u.a. die Asylpolitik, die Einwanderungspolitik, aber auch Maßnahmen gegen das internationale Verbrechen und der Aufbau eines Europäischen Polizeiamtes (Europol) geregelt. Angesichts der großen Bedeutung von WWU und Politischer Union fanden diese Bestimmungen jedoch weit weniger Aufmerksamkeit und blieben zunächst im Schatten der anderen Politikbereiche (Müller 2003: 129–137).

Alles in allem betrachtet wurden durch den Maastrichter Vertrag nicht nur „alte" Politikfelder ausgeweitet und bisher national geregelte Politiken teilweise oder vollständig auf die europäische Ebene übertragen, sondern es wurden auch neue Institutionen und Beteiligungsrechte etabliert. Dies hatte zur Folge, dass in zahlreichen Mitgliedstaaten die Verfassungen angepasst werden mussten. Damit weckte „Maastricht" im Vergleich zur Einheitlichen Europäischen Akte ein weitaus stärkeres Interesse in der Bevölkerung, nährte aber auch Sorgen, der Nationalstaat verliere gegenüber einem europäischen „Superstaat" seine Unabhängigkeit.

Als Seismograf derartiger Befürchtungen dienten die einzelnen Ratifizierungsverfahren, die, im Gegensatz zu den vorangegangenen Vertragsreformen, deutlich stärkeren Widerspruch zeigten: In Frankreich passierte das Maastrichter Vertragswerk ein von François Mitterand aus vorwiegend taktischen Gründen anberaumtes Referendum denkbar knapp; in Großbritannien musste John Major die letzte von mehreren Abstimmungen über die Maastrichter Vertragstexte mit der Vertrauensfrage verbinden. In Dänemark, das als erster Staat das Ratifizierungsverfahren über den Maastrichter Vertrag eröffnete, hatten sich sogar – nachdem der Gesetzentwurf zunächst im Parlament mit deutlicher Mehrheit gebilligt worden war – im Juni 1992 in einem Referendum nur 49,3 % der Bevölkerung für die Maastrichter Bestimmungen ausgesprochen. Damit drohte erstmals seit dem Fehlschlag der Europäischen Verteidigungsgemeinschaft ein bereits von allen Mitgliedstaaten unterzeichneter Vertrag wieder zu scheitern. Das Votum der Dänen verstörte die Regierungen so sehr, dass sie im Oktober 1992 einen Sondergipfel nach Birmingham einberiefen, auf dem sie Beratungen über die weitere Vorgehensweise anstellten. Anders als 1954 entschloss man sich aber, den Vertragsentwurf nicht aufzugeben, sondern konzedierte Dänemark die verlangten Ausnahmebestimmungen (opt-outs). Infolge dieser weitreichenden Zugeständnisse, die Dänemark Sonderregelungen für die Bereiche Unionsbürgerschaft, WWU und Verteidigungspolitik einräumten, stimmte in einem – demokratietheoretisch nicht unproblematischen – zweiten Referendum im Mai 1993 die Bevölkerung mit 56,7 % mehrheitlich für den Maastrichter Vertrag.

Wie verbreitet die Skepsis gegenüber dem qualitativen Sprung des Maastrichter Vertragswerks war, zeigte sich letztlich auch in Deutschland, wo eine Klage vor dem Bundesverfassungsgerichts in Karlsruhe anhängig war, mit der eine Volksabstimmung über den Maastrichter Vertrag erzwungen werden sollte. (Hrbek 1993). Während das Bundesverfassungsgericht zuvor in mehreren grundsätzlichen Entscheidungen noch den Vorrang des europäischen Rechts akzeptiert hatte, „solange die Europäischen Gemeinschaften (...) einen wirksamen Schutz der Grundrechte gegenüber der Hoheitsgewalt der Gemeinschaften generell gewährleisten" (zit. nach Herdegen 1997: 161), gab sich das höchste deutsche Gericht in seinem Maastricht-Urteil zurückhaltender. Es klassifizierte die Europäische Union als „Staatenverbund" – womit bewusst eine Wortneuschöpfung zwischen Bundesstaat und Staatenbund gewählt wurde – und betonte, dass „die Bundesrepublik Deutschland (...) sich mit der Ratifikation des Unions-Vertrages nicht einem unüberschaubaren, in seinem Selbstlauf nicht mehr steuerbaren ‚Automatismus'" unterwerfe, sondern das der Vertrag „den Weg zu einer stufenweisen weitern Integration der europäischen Rechtsgemeinschaft [eröffne], der in jedem weiteren Schritt (...) von einer weiteren, parlamentarisch zu beeinflussenden Zustimmung der Bundesregierung abhängt" (zit. nach Everling 1994: 165–175). Dieses Urteil zeigte auch Auswirkungen auf die Politik. Bundeskanzler Kohl nahm das Maastricht-Urteil des Bundesverfassungsgerichts zum Anlass, rhetorisch „abzurüsten". Hatte er noch im April 1992 freimütig verkündet, dass mit „Maastricht" der „Grundstein" für „Vollendung der Europäischen Union" gelegt wurde, der zu den „Vereinigten Staaten von Europa" führen werde (zit. n. Auswärtiges Amt 1992: 444), wurde in der ersten Stellungnahme der Bundesregierung zu den Klageschriften gegen den Maastrichter Vertrag lediglich noch auf eine „Staatenverbindung auf völkervertraglicher Grundlage" Bezug genommen und erklärt: „Auf absehbare Zeit ist (...) die Schaffung eines europäischen Bundesstaats keine konsensfähige Zielvorstellung" (zit. n. Winkelmann 1994: 184–186).

Der „Beitrittsmarathon": Die dritte Erweiterungsrunde und die Vorbereitung der „Osterweiterung"

Aufgrund der zahlreichen Vorbehalte trat das im Februar 1991 von den Finanz- und Außenministern unterzeichnete Vertragswerk nicht wie vorgesehen zum Januar 1993 in Kraft, sondern erst am 1. November 1993. Zu diesem Zeitpunkt führte die Union bereits wieder Beitrittsverhandlungen. Vom Fall des „Eisernen Vorhangs" war eine Dynamik ausgegangen, die nicht nur Auswirkungen auf die Länder Mittel- und Osteuropas zeigte, sondern eine grundlegende Veränderung der politischen Strukturen des Kontinents bewirkte. Zunächst machte sich dies bemerkbar, als zwischen 1989 und 1992 die bis dahin neutralen bzw. blockfreien Staaten Österreich, Schweden, Finnland und Norwegen, die mit der Gemeinschaft durch Assoziationsabkommen verbunden waren, Beitrittsanträge stellten.

Motiviert waren die Beitrittsanträge in allen vier Staaten in erster Linie durch wirtschafts- und handelspolitische Interessen. Österreich hatte bereits seit 1987 darauf hingearbeitet, vollständig in den Binnenmarkt integriert zu werden, bei diesem Alleingang aber nicht das Ziel einer Vollmitgliedschaft verfolgt (Schneider 1990: 177–193). Nachdem dieses Ansinnen von der Gemeinschaft abschlägig beschieden worden war, ermöglichte das Ende des Ost-West-Konflikts einen erneuten Anlauf Österreichs, der dann gemeinsam mit den skandinavischen Staaten beschritten wurde, die von ähnlichen Motiven geleitet wurden. Die am 1. Januar 1993 aufgenommenen Verhandlungen verliefen weitgehend reibungslos und konnten bereits im Juni 1994 auf dem Gipfel in Korfu mit der Unterzeichnung der Verträge erfolgreich abgeschlossen werden. Die sich anschließenden Referenden über den Beitritt brachten in drei Staaten deutliche Mehrheiten, während Norwegen ein „déjà vu“ erlebte. Wie bereits 1972 lehnte auch 22 Jahre später die Mehrheit der Norweger in einem Referendum die bereits unterschriebenen Beitrittsverträge ab. Erklärt wurden die 52,2 % Nein-Stimmen in diesem Fall nicht nur mit regionalen Disparitäten in Norwegen, sondern auch mit den in norwegischen Hoheitsgewässern in den 1970er Jahren entdeckten Ölvorkommen, die das Land ökonomisch weitgehend unabhängig machten. Folglich trat am 1. Januar 1995 mit Österreich, Schweden und Finnland erneut eine Dreiergruppe der Union bei, während Norwegen seine Interessen weiterhin „nur“ über den Europäischen Wirtschaftsraum zur Geltung brachte. Mit dieser dritten Beitrittsrunde, die unter Vernachlässigung der geografischen Lage Österreichs gelegentlich auch als zweite Norderweiterung bezeichnet wird, erhöhte sich die Bevölkerungszahl der Europäischen Union auf knapp 370 Millionen Einwohner.

Noch bevor Österreich, Schweden und Finnland Mitglied der Union wurden, waren weitere Beitrittsanträge eingereicht worden. Zwischen 1994 und 1996 stellten die zehn mittel- und osteuropäischen Staaten Bulgarien, Estland, Lettland, Litauen, Polen, Rumänien, die Tschechische Republik, Slowenien, die Slowakei und Ungarn Anträge auf eine EU-Mitgliedschaft. Die beiden Mittelmeerinseln Zypern und Malta hatten schon 1990 ihre Beitrittsgesuche hinterlegt, die Türkei hatte sogar bereits 1987 einen Beitrittsantrag gestellt. In der Europäischen Union wurde auf die neuerliche Erweiterungsdebatte mit einer gewissen Skepsis reagiert. Während die einen aus ökonomischer Perspektive in den Staaten Mittel- und Osteuropas Konkurrenten um die Mittel aus dem Strukturfonds sahen, zweifelten andere aus primär politischen Beweggründen an der

Handlungsfähigkeit einer Union mit mehr als 25 Staaten. Wiederholt wurde betont, dass die Aufnahme der mittel- und osteuropäischen Staaten weitaus höhere und langfristigere Transferzahlungen erforderlich mache und ein Beitritt mit weitaus größeren Risiken verbunden sei als alle bisherigen Erweiterungsrunden. Zur Illustration dieser These wurde ein markantes Zahlenbeispiel herangezogen. Während die Bevölkerung der Europäischen Union mit den zehn Beitrittskandidaten aus Mittel- und Osteuropa um mehr als 25 % auf nahezu 500 Millionen Unionsbürger anwuchs, stieg zugleich das Bruttosozialprodukt, mit Blick auf die Wirtschaftsdaten zur Jahrhundertwende, um lediglich knapp 6 %. Allen Beteiligten war vor diesem Hintergrund klar, dass die ökonomische Heterogenität und das Wohlfahrtsgefälle der Union drastisch zunehmen würden.

Ungeachtet aller Bedenken verständigten sich die Mitgliedstaaten der Europäischen Union aber auf eine Beitrittsperspektive, sah man neben der Einlösung der vielfach beschworenen Vision eines „wiedervereinigten“ europäischen Kontinents doch auch konkrete Vorteile. So baute die Europäische Union darauf, dass eine Beitrittsperspektive die politische Stabilität in Mittel- und Osteuropa eher gewährleiste und zudem bessere Möglichkeiten für die Union eröffne, grenzüberschreitende Probleme in Bereichen wie Umwelt, Migration oder Kriminalität zu lösen. Darüber hinaus versprachen sich die EU-Mitgliedstaaten von einer Ausdehnung nach Mittel- und Osteuropa auch eine neue wirtschaftliche Dynamik. Die Aussichten, den vorgesehenen Binnenmarkt auf ein größeres Fundament zu stellen, neue Absatzmöglichkeiten zu erschließen und die wirtschaftliche Leistungsfähigkeit der Union in Zeiten verstärkter globaler Konkurrenz zu erhöhen, wurden als mittelfristige Ziele ausgemacht. Deutschland kam mit seiner geografischen Mittellage in Europa in dieser Konstellation eine besondere Bedeutung zu, da man an der Nahtstelle zwischen Ost und West von den positiven wie negativen Auswirkungen einer Erweiterung am stärksten betroffen war.

Schon in der Frühphase ihres politischen und wirtschaftlichen Transitionsprozesses zu Beginn der 1990er Jahre hatten sich die ehemals sozialistisch regierten Staaten Mittel- und Osteuropas (MOE) eng an der seinerzeitigen Europäischen Gemeinschaft orientiert. Nicht nur ihre geopolitische Mittellage zwischen Westeuropa und Russland, sondern vor allem auch die erheblichen wirtschaftlichen Probleme führten gewissermaßen zwangsläufig zu einer Annäherung. Nach dem Ende der Sowjetunion und dem Zusammenbruch des Rats für gegenseitige Wirtschaftshilfe mit seinem Transferrubelsystem galt es für sie, den beträchtlichen wirtschaftlichen Rückstand gegenüber den weiter entwickelten (west-)europäischen Staaten aufzuholen. Dabei stand vor allem die Entwicklung der bisherigen Beitrittskandidaten als Muster vor Augen: Ein Land wie Irland, das beim Gemeinschaftsbeitritt 1973 noch als Armenhaus Europas galt, zählte einige Dekaden später zu den reichsten Staaten des Kontinents. Neben einer gezielten Stärkung der Bildungspolitik durch die irischen Regierungen hatte ein Netto-Transfer von mehr als 35 Milliarden Euro seitens der Gemeinschaft zu dieser Entwicklung maßgeblich beigetragen. Der Anpassungsprozess in Mittel- und Osteuropa erforderte ebenfalls erhebliche Investitionen in Produktionsanlagen, Infrastruktur und nicht zuletzt in die Aus- und Weiterbildung – finanzielle Lasten, die von den mittel- und osteuropäischen Staaten kaum alleine zu schultern waren.

Schon vor ihren offiziellen Beitrittsanträgen hatten die MOE-Staaten als ersten Schritt der Annäherung an die damalige Gemeinschaft jeweils Europaabkommen abgeschlossen.[8] Diese Abkommen sahen eine Assoziierung, also die weitestgehende Anbindung vor der Mitgliedschaft, vor. Durch die Europaabkommen wurden bestehende Handels- und Kooperationsabkommen abgelöst und die Perspektive einer schrittweisen Integration eröffnet. Auf seiner Tagung im Juni 1993 in Kopenhagen bestätigte der Europäische Rat diese Politik, indem er eine prinzipielle Zusage zur Aufnahme der mittel- und osteuropäischen Staaten gab. Erstmals definierte er aber auch genauere Kriterien für die Aufnahme von Beitrittskandidaten. Zu den als Kopenhagener Kriterien bekannt gewordenen Prüfsteinen gehörten sowohl politische, als auch wirtschaftliche und rechtliche Anforderungen: erstens, die institutionelle Stabilität eines Beitrittskandidaten als Grundlage einer demokratischen Grundordnung, die auch die Wahrung der Menschenrechte und den Minderheitenschutz garantierte; zweitens, die Existenz einer funktionsfähigen Marktwirtschaft, die es erlaubte, dem Wettbewerbsdruck und den Marktkräften innerhalb der Union standzuhalten; drittens, die Fähigkeit, die aus der Mitgliedschaft erwachsenden Verpflichtungen des gesamten gemeinschaftlichen Rechtsbestands („acquis communautaire") – also die Umsetzung aller gültigen Verträge (Primärrecht) und aller hiervon abgeleiteten Rechtsakte (Sekundärrecht) – zu übernehmen. Damit verbunden war auch die Bereitschaft, die Ziele der Politischen Union und der Wirtschafts- und Währungsunion zu akzeptieren. Insbesondere die Übernahme des „acquis communautaire" in die jeweiligen nationalen Rechtsordnungen bedeutete eine beträchtliche Herausforderung. Der gemeinschaftliche Besitzstand des gültigen Rechts umfasste zum damaligen Zeitpunkt ca. 16.000 Verordnungen, Richtlinien, Entscheidungen etc. (Fligstein/McNichol 1998).

Um den Beitrittskandidaten weitere Hilfestellungen zu geben, beschloss der Europäische Rat auf seinem Essener Gipfel 1994 eine Her-

anführungsstrategie, die nebst finanzieller Unterstützung eine Intensivierung der Kontakte auf allen institutionellen Ebenen vorsah. Zur Sicherstellung der Mitgliedsfähigkeit traten später neben die Europaabkommen so genannte Beitrittspartnerschaften und Hilfsprogramme. Dass von der Kommission im Mai 1995 vorgelegte und auf dem Gipfel des Europäischen Rats in Cannes im Juni 1995 abgesegnete Weißbuch zur Eingliederung in den gemeinsamen Binnenmarkt listete die Maßnahmen auf, welche die Beitrittskandidaten ergreifen mussten, um ihre Rechtsordnungen anzugleichen und die Volkswirtschaften auf das Niveau des Binnenmarkts zu bringen. Im Juli 1997 präsentierte die Europäische Kommission schließlich ihre Vorschläge zur Bewältigung der bevorstehenden Aufgaben der Union unter dem Titel „Agenda 2000". Diese Agenda war gleich in zweifacher Hinsicht von zentraler Bedeutung: In ihr wurden nicht nur Rahmenbedingungen zur künftigen Ausgestaltung von Haushalts-, Agrar- und Strukturpolitik sowie zur Finanziellen Vorausschau für die Jahre 2000 bis 2006 abgesteckt, sondern zugleich auch Stellungnahmen zu den einzelnen Beitrittsgesuchen vorgenommen.

Im Gegensatz zu den vorangegangenen drei Erweiterungsrunden war die Vorgehensweise der Kommission bei der Auswahl der Kandidaten für die vierte Erweiterungsrunde nicht unumstritten. Die Europäische Kommission schlug vor, nicht mit allen Bewerberstaaten zugleich Beitrittsgespräche aufzunehmen, sondern nur mit einem Teil der Antragsteller in Verhandlungen einzutreten. Damit verfolgte die Kommission eine „Gruppenstrategie", bei der sie zunächst die wirtschaftlich fortschrittlichsten und politisch stabilsten Staaten auswählte, um mit diesen über die Aufnahme in die Europäische Union zu verhandeln. Andere Stimmen hatten die „Startlinienstrategie" favorisiert, bei der mit allen Aspiranten gleichzeitig Beitrittsverhandlungen aufgenommen worden wären. Die Kommission empfahl in der „Agenda 2000" die Aufnahme von Beitrittsverhandlungen mit den sechs Staaten Zypern, Polen, Ungarn, Tschechien, Estland und Slowenien. Der Europäische Rat stimmte diesem Vorschlag auf seinem Luxemburger Gipfel im Dezember 1997 zu, weswegen diese Staaten auch als Luxemburg-Gruppe in die Integrationshistoriografie eingegangen sind.

Die eigentlichen Beitrittsverhandlungen auf Ministerebene begannen am 10. November 1998. Hierbei führten der Rat, die Europäische Kommission und die verschiedenen für den Prozess ins Leben gerufenen Arbeits- und Verhandlungsstrukturen regelmäßige „Screenings" durch, bei denen die Anpassungsleistungen der Bewerber anhand der politischen, wirtschaftlichen und rechtlichen Kriterien überprüft wurden. Geleitet wurden die Verhandlungen formell von der jeweiligen Ratspräsidentschaft im Namen der EU-Mitgliedstaaten. Der Europäischen Kommission kam ebenfalls eine zentrale Rolle zu, da sie die Fortschritte bei der Umsetzung des in 31 Einzelkapitel aufgeschlüsselten „acquis communautaire" bewertete und auf Arbeitsebene in engem Kontakt mit den Anwärtern stand. Die Beitrittskandidaten verhandelten mit der Europäischen Union nicht auf Augenhöhe, sondern in langwierigen, anstrengenden und – nachdem gerade erst die volle politische Souveränität wiedererlangt worden war – bisweilen auch als demütigend empfundenen Verhandlungen als Antragsteller, die die Vorgaben der Union umzusetzen hatten.

Bereits auf dem Gipfel des Europäischen Rats in Helsinki Ende 1999 änderte sich unter dem Eindruck des Kosovo-Kriegs allerdings die Haltung der Union zur Gruppenstrategie. Nicht zuletzt um potenzielle sicherheitspolitische Risiken zu verringern, kamen die Staats- und Regierungschefs auf Vorschlag des neuen Kommissionspräsidenten Romano Prodi überein, auch mit den verbliebenen fünf Staaten Mittel- und Osteuropas (Bulgarien, Lettland, Litauen, Rumänien, Slowakei) sowie mit der Mittelmeerinsel Malta Beitrittsverhandlungen aufzunehmen.[9] Mit dieser Entscheidung des Gipfeltreffens von Helsinki waren zu den Staaten der Luxemburg-Gruppe weitere sechs Länder hinzugekommen.

Je länger die Verhandlungen dauerten, desto deutlicher zeichnete sich ab, dass es mit der Slowakei, Malta, Litauen und Estland einigen Staaten der „Helsinki-Gruppe" gelingen sollte, zu den ersten sechs Staaten aufzuschließen. Die endgültige Entscheidung, welche Länder für „beitrittsreif" befunden wurden, fiel auf dem Kopenhagener Gipfel im Dezember 2002. Hier entschieden die Staats- und Regierungschefs, mit Ausnahme von Rumänien und Bulgarien alle Beitrittskandidaten, mit denen Verhandlungen geführt wurden, in die Union aufzunehmen. Nachdem das Europäische Parlament im April 2003 ebenfalls mit deutlicher Mehrheit für die Aufnahme dieser Staaten gestimmt hatte, mussten die Beitrittsverträge noch von allen Mitgliedstaaten und den Kandidatenstaaten ratifiziert werden. Mit Ausnahme Zyperns hielten alle Beitrittsländer Referenden ab, die deutliche Mehrheiten für die EU-Mitgliedschaft brachten. Infolgedessen konnte die Europäische Union am 1. Mai 2004 um zehn Staaten Mittel- und Osteuropas erweitert werden. Aus dem ursprünglichen westeuropäisch geprägten Zusammenschluss war damit – fast 15 Jahre nach dem Mauerfall – endgültig eine gesamteuropäische Union geworden.

Die Europäische Union beschäftigte sich in den 1990er Jahren jedoch nicht nur mit den mittel- und osteuropäischen Beitrittsanträgen, sondern auch noch mit einigen weiteren Kandidaturen. Die Integration der Schweiz wurde aus Sicht der Union stets als unproblematisch betrachtet; hier waren es die Bürger der Schweiz, die in einem Referendum im Dezember 1992 den Beitritt zum Europäischen Wirtschaftsraum ablehnten, so dass die Eidgenossenschaft ihren Beitrittsantrag zur Gemeinschaft bzw. Union bis auf weiteres ruhen ließ. Ein Beitritt Islands stand aufgrund der besonderen Bedeutung der Fischereipolitik für die Isländer hingegen nicht zur Diskussion.

Während der Beitrittsantrag Marokkos 1987 schon im darauf folgenden Jahr mit dem Hinweis auf die geografische Lage des afrikanischen Staates zurückgewiesen wurde, führte der ebenfalls 1987 gestellte Antrag der Türkei auf Vollmitgliedschaft zu langwierigen und konfliktreichen Debatten.[10] Von den Befürwortern eines Türkei-Beitritts wurden vor allem die sicherheitspolitische Bedeutung des Landes für Europa sowie der laizistische Charakter der Türkei als Argumente für einen Beitritt angeführt. Von den Beitrittsgegnern wurden hingegen vor allem die wirtschaftspolitischen Probleme und die schiere Größe des Landes, aber auch Menschenrechtsverletzungen und ein Anteil von über 90 % Muslimen an der Bevölkerung ins Feld geführt. Ein gravierendes Hindernis stellte zudem die Haltung der Türkei in der Zypernfrage dar. Da der nördliche Teil Zyperns seit einer türkischen Invasion im Jahre 1974 vom Rest des Landes abgetrennt und seit 1983 unter der Bezeichnung „Türkische Republik Nordzypern" ausschließlich von der Türkei gestützt wurde, konnte 2004 de facto nur der südliche Teil des Landes in die Union aufgenommen werden, auch wenn die Europäische Union die Position vertrat, völkerrechtlich die Gesamtinsel aufgenommen zu haben.

Während der Europäische Rat der Türkei, mit der seit 1964 ein Assoziationsabkommen und seit 1996 eine Zollunion für Industriegüter besteht, auf seinem Luxemburger Gipfel 1997 noch eine mangelnde Beitrittsfähigkeit attestierte, sprach er ihr in Helsinki den Status eines Beitrittskandidaten zu. Dies hatte indes keine unmittelbare Aufnahme von Beitrittsverhandlungen zur Folge. Erst nachdem auch das Europäische Parlament seine Zustimmung erteilt hatte und weitere Hürden aus dem Weg geräumt worden waren, konnten am 3. Oktober 2005 Beitrittsverhandlungen aufgenommen werden. Die Verhandlungen über den acquis communautaire, der nunmehr in 35 Kapitel aufgeschlüsselt war – mehr als jemals zuvor bei Beitrittsverhandlungen – gerieten in der Folge jedoch wiederholt ins Stocken, da zahlreiche EU-Mitgliedstaaten bis heute einer Vollmitgliedschaft der Türkei skeptisch gegenüberstehen und infolgedessen, je nach Regierungskonstellation, die Verhandlungen verzögern oder sogar torpedieren.

Die Vollendung der Wirtschafts- und Währungsunion: Die Schritte zur EZB und zum Euro

Neben der Erweiterungsdebatte bildete die Vollendung der Wirtschafts- und Währungsunion das zweite große Zukunftsprojekt der 1990er Jahre. Ein wesentliches Ziel der ersten, am 1. Juli 1990 in Kraft getretenen

Stufe der WWU bestand im Abbau aller noch existenten Hemmnisse im freien Personen-, Waren-, Kapital- und Dienstleistungsverkehr. Im Juni 1992 erklärten die Staats- und Regierungschefs auf ihrem Lissabonner Gipfel rund 90 % aller im Weißbuch von 1985 aufgelisteten Liberalisierungsmaßnahmen für erledigt. Insbesondere im Personen- und Dienstleistungsverkehr war aber auch in den folgenden Jahren eine vollständige Freizügigkeit weder erwünscht noch durchzusetzen, wie das Beispiel der erst im Dezember 2006 nach erbitterten Debatten und Protesten verabschiedeten „Dienstleistungsrichtlinie“ zeigt. Das mit ihr ursprünglich vorgesehene Herkunftslandprinzip, das es Dienstleistern erlauben sollte, überall in der Union nach Vorschriften ihres jeweiligen Heimatlandes zu arbeiten, war mit Blick auf die Osterweiterung und die deutlich geringeren Sozialstandards in Osteuropa nicht konsensfähig, so dass zahlreiche Ausnahme- und Sonderregelungen getroffen wurden.

Wie in Maastricht vereinbart, trat zum 1. Januar 1994 die zweite Stufe der Wirtschafts- und Währungsunion in Kraft, an der sich alle EU-Staaten beteiligten. Symbolisiert wurde dieses Etappenziel durch die Errichtung des Europäischen Währungsinstituts. Das EWI sollte die Vorbereitungen für das geplante System der Europäischen Zentralbanken in der dritten Stufe der Wirtschafts- und Währungsunion treffen, dem neben der vorgesehenen Europäischen Zentralbank auch die einzelnen nationalen Zentralbanken angehörten. Das Europäische Währungsinstitut war zudem für die Verwaltung des EWS zuständig, das für die endgültige Festsetzung des Tauschverhältnisses der nationalen Währungen gegenüber der Gemeinschaftswährung entscheidende Bedeutung hatte. Das Europäische Währungsinstitut erhielt jedoch keine Kompetenzen im Bereich der Geldpolitik, die zunächst weiterhin in den Händen der nationalen Zentralbanken verblieb. Da aber im Maastrichter Vertrag vereinbart worden war, dass alle nationalen Zentralbanken eine unabhängige Stellung erhalten sollten, war der Einfluss vieler Staaten bzw. Regierungen auf die Geldpolitik schon zu diesem Zeitpunkt erheblich begrenzt worden.

Da Einvernehmen darüber herrschte, dass zur Durchführung einer gemeinsamen Geld- und Währungspolitik auch eine gewisse Harmonisierung der beteiligten Volkswirtschaften notwendig war, hatte man auf Betreiben des deutschen Finanzministers Theo Waigel in Maastricht Konvergenzkriterien vereinbart, deren Erfüllung zur Teilnahme an der dritten Stufe der WWU unabdingbar war. Die vier Konvergenzkriterien orientierten sich an einem hohen Grad an Preisstabilität, an einem stabilen Wechselkurs, an niedrigen und stabilen Zinssätzen sowie an einer tragbaren Finanzlage der öffentlichen Hand.[11] Der Europäische Rat verständigte sich im Juni 1995 auf seinem Gipfel in Cannes darauf, dass die dritte Stufe der WWU am 1. Januar 1999 beginnen und die gemeinsame Währung Euro heißen sollte, während der ursprünglich vorgesehene Name der Korbwährung „ECU" fallengelassen wurde.

Da im Jahr 1996 jedoch kaum ein Land alle Konvergenzkriterien erfüllte, mehrten sich in zahlreichen EU-Staaten die Stimmen, die für eine Lockerung der ihrer Ansicht nach allzu stark auf die Preisstabilität ausgerichteten Kriterien eintraten. Stattdessen forderten einige Staaten, die Massenarbeitslosigkeit durch eine aktive Beschäftigungspolitik zu verringern und hierfür eine höhere Staatsverschuldung in Kauf zu nehmen. Nach intensiven makroökonomischen Debatten über die richtige Geldpolitik verständigten sich die Staats- und Regierungschefs schließlich auf dem Gipfel 1996 in Dublin auf den Stabilitäts- und Wachstumspakt, der das Ziel der Haushaltsdisziplin auf Grundlage der Maastrichter Konvergenzkriterien erneut bestätigte: Die Neuverschuldung eines Staats darf drei Prozent des Bruttoinlandprodukts und die gesamte Staatsschuld 60 % nicht überschreiten. Sofern die Neuverschuldung drei Prozent des Bruttoinlandsprodukts überschreitet, wird ein „Verfahren wegen übermäßigen Defizits" mit entsprechenden Sanktionen eingeleitet.

Da die Vorbereitung der Wirtschafts- und Währungsunion durch das EWI schon weit vorangeschritten war, konnte der Europäische Rat am 2. Mai 1998 einstimmig entscheiden, dass 11 der seinerzeit 15 Mitgliedstaaten die Voraussetzungen für den Eintritt in die dritte Stufe der Wirtschafts- und Währungsunion erfüllten. Während Griechenland und zunächst auch Schweden nicht alle Kriterien erfüllten und infolgedessen nicht die Gemeinschaftswährung hätten einführen dürfen, erhielten die dem Euro kritisch gegenüber eingestellten Staaten Großbritannien und Dänemark einen Sonderstatus zugebilligt, der ihnen erlaubte, zu einem späteren Zeitpunkt über die Teilnahme an der dritten Stufe zu entscheiden – ein Recht, das beide Staaten bisher nicht in Anspruch nahmen.

Mit dem Eintritt in die dritte Stufe der Wirtschafts- und Währungsunion wurde die Zuständigkeit über die Geldpolitik auf die neu errichtete Europäische Zentralbank mit Sitz in Frankfurt übertragen. An die Spitze der EZB rückte der Niederländer Wim Duisenberg, der zuvor als EWI-Präsident fungiert hatte. Am 31. Dezember 1998 wurden die unveränderlichen Wechselkurse auf Basis des Wechselkurssystems des EWI festgesetzt. Zum 1. Januar 1999 wurde der Euro als gemeinsame Währung eingeführt, zunächst allerdings ausschließlich als Buchgeld, so dass die nationalen Währungen unverändert als Zahlungsmittel dienten. Erst mit der Ausgabe der Euromünzen und -banknoten am 1. Januar 2002 erhielten die Bürger in den Staaten der so genannten Eurozone schließlich auch den Euro als gemeinsames Zahlungsmittel in die Hand. In zwölf Staaten der Europäischen Union – Griechenland war 2001 der Eurozone beigetreten – löste der Euro damit endgültig die nationalen Währungen ab.[12]

Obwohl der Euro aufgrund zum Teil erheblicher Preiserhöhungen einzelner Branchen und infolge eines anfänglichen Wertverlusts gegenüber dem US-Dollar in der Umstellungsphase zunächst Skepsis hervorrief, zeichnete sich bald eine hohe Akzeptanz der gemeinsamen Währung ab. Dass im Rahmen der Währungsunion mit der Geldpolitik ein zentraler Bereich der Volkswirtschaften sogar vollständig vergemeinschaftet wurde, stellte eine neue qualitative Stufe der Integration dar, die historisch ohne Vergleich war. Mit der EZB war den nationalen Regierungen ein für alle Male die Geldpolitik entzogen worden. Noch nie in der Weltgeschichte war die freiwillige monetäre Integration einer Anzahl von Staaten so weit fortgeschritten wie innerhalb der Eurozone.

Daran änderten auch die Turbulenzen der folgenden Jahre und das Unterlaufen des Stabilitätspaktes durch Deutschland und Frankreich wenig. Das wiederholte Überschreiten der Defizitgrenzen in Zeiten wirtschaftlicher Stagnation durch Staaten wie Deutschland und Frankreich und der Verzicht auf die eigentlich vorgesehenen Sanktionen machte den Stabilitäts- und Wachstumspakt zwar zeitweilig zum politischen Spielball der Akteure in Rat und Kommission, dennoch betrieben die meisten EU-Staaten eine deutlich rigidere Haushaltspolitik als in den zurückliegenden Jahrzehnten, so dass die im Vorfeld der WWU vielfach beschworene Stabilitätskultur weiter Bestand hatte. Geändert haben sich durch die Wirtschafts- und Währungsunion hingegen die institutionellen Gewichte. Vor allem die Eurogruppe, ein auf französischen Vorschlag hin eingerichtetes Gremium, das offiziell nur dem informellen Austausch der Minister aus den Staaten der Währungsunion im Rat dienen sollte, gewann ein immer stärkeres Gewicht, während das formelle Ratsgremium der Finanz- und Wirtschaftsminister (ECOFIN), an dem bis zu hundert Personen teilnehmen, zeitweilig zum reinen Vollzugsorgan degradiert wurde.

Beifall erhielt die Wirtschafts- und Währungsunion bisher vor allem, weil es der Europäischen Zentralbank gelang, das Potenzial des Euro als Reservewährung und Liquiditätsmittel zu untermauern und ihrer vorrangigen Aufgabe – der Wahrung der Preisstabilität – nachzukommen.[13] Mit Inflationsproblemen hatten die Staaten der Eurozone seither weit weniger als in den 1970er und 1980er Jahren zu kämpfen. Die Bedeutung der WWU spiegelt sich letztlich auch in ihrer Ausweitung wider. Mit Griechenland (2001), Slowenien (2007) sowie Malta und Zypern (2008) traten bisher vier Staaten der ursprünglichen Elferzone bei. Die schwedische Bevölkerung lehnte hingegen in einem Referendum 2003, ebenso wie drei Jahre zuvor Dänemark, den Euro ab. Schweden ist vor diesem Hintergrund, obwohl es sich vertraglich dazu verpflichtet hatte, kein Mitglied der Euro-Zone. Die weiteren Staaten Mittel- und Osteuropas haben die Kriterien zum WWU-Beitritt bisher noch nicht erfüllt.[14]

Der Amsterdamer Vertrag: Stärkung der außenpolitischen Dimension und Verankerung der „Flexibilität“

Während der Weg zur Wirtschafts- und Währungsunion mit „Maastricht“ unwiderruflich geebnet wurde, waren die Neuerungen im Bereich der Politischen Union eher bescheiden ausgefallen. Wie wenig handlungsfähig sich die Union in außenpolitischen Fragen präsentierte, zeigten die jahrelang schwelenden Konflikte um das zerfallende Jugoslawien und der Krieg in Bosnien-Herzegowina (1992–95), in denen es den EU-Mitgliedstaaten weder gelang, gemeinsame Positionen zu beziehen, geschweige denn als einheitlicher Akteur in Erscheinung zu treten. Letztlich waren es die USA, die durch ihre Intervention den Bosnien-Krieg beendeten. Da in einer Klausel des EU-Vertrags (Art. N) bereits für das Jahr 1996 eine Überprüfung der Maastrichter Neuerungen festgelegt worden war, stand weniger als drei Jahre nach Inkrafttreten der Vertragsbestimmungen abermals eine Regierungskonferenz an. Erstmals wurde damit eine Vertragsrevision nicht mit einem plakativen Projekt verbunden, wie es bei der Einheitlichen Europäischen Akte mit dem Binnenmarkt oder dem Maastrichter EG-Vertrag mit der Wirtschafts- und Währungsunion der Fall gewesen war. Angesichts der außenpolitischen Enttäuschungen und mit Blick auf die wachsende Skepsis der Bevölkerung gegenüber dem europäischen Einigungsprojekt, bestanden indes kaum Zweifel an den politischen Herausforderungen und dem Aufgabenkatalog für die Regierungskonferenz (Schmuck 1998: 17–41).

Nach eingehenden Debatten über den Reformbedarf in der ersten Jahreshälfte 1995 wurde auf dem Treffen der EU-Außenminister am 2. Juni 1995 in Messina eine „Reflexionsgruppe“ von persönlichen Beauftragten der Außenminister sowie von Vertretern des Europäischen Parlaments und der Kommission unter dem Vorsitz des seinerzeitigen spanischen Staatssekretärs für Europafragen Carlos Westendorp eingesetzt. Damit wurden erstmals auch Europaparlamentarier im Vorfeld einer Regierungskonferenz näher beteiligt. Diese neue Variante zielte auf eine stärkere Einbeziehung der Öffentlichkeit, nachdem die abgeschotteten Verhandlungen im Vorfeld des Maastrichter Vertragswerks erheblichen

Unmut hervorgerufen hatten. Die Reflexionsgruppe erhielt das Mandat, Lösungsvorschläge für die Revision der Verträge auszuarbeiten, wobei institutionellen Fragen, der Unionsbürgerschaft und der Außen- und Sicherheitspolitik besondere Bedeutung beigemessen wurden.

Die am 29. März 1996 mit einem (informellen) Gipfeltreffen des Europäischen Rats in Turin eröffnete Regierungskonferenz orientierte sich zunächst eng an dem Arbeitspapier der Reflexionsgruppe. Knapp 15 Monate später beendete der abschließende Gipfel der Staats- und Regierungschefs am 16. und 17. Juni 1997 in Amsterdam die Regierungskonferenz, womit abermals eine niederländische Stadt zum Namensgeber für eine Vertragsrevision wurde. Die dazwischen liegenden 129 Verhandlungstage der Regierungskonferenz hatten erhebliches Konfliktpotenzial gezeigt, da sie wiederholt unter den Einfluss der Tagespolitik gerieten. Während die Beratungen anfänglich von der BSE-Krise und dem Importverbot von britischem Rindfleisch auf dem Kontinent überschattet wurden, war der Abschluss der Regierungskonferenz von den französischen Neuwahlen geprägt. Diese hatten zum Ergebnis, dass der seit 1995 amtierende neogaullistische Staatspräsident Jacques Chirac sich fortan mit dem sozialistischen Ministerpräsidenten Lionel Jospin arrangieren musste, der seine Zustimmung zu dem von deutscher Seite aus geforderten Stabilitätspakt für die WWU von der Einführung eines Beschäftigungspaktes abhängig machte. Diese Konstellation überlagerte auch das Amsterdamer Gipfeltreffen, auf dem es zwar gelang, den Stabilitätspakt und die Beschäftigungspolitik in einem Verhandlungspaket zu bündeln, nicht jedoch ein umfangreicheres Maßnahmenbündel zu schnüren, das auch alle zuvor diskutierten institutionellen Fragen einschloss. Als die Staats- und Regierungschefs nach einer Marathonsitzung in den frühen Morgenstunden des 18. Juni 1997 an einem toten Punkt angekommen waren, vereinbarten sie, es bei den bis dahin erzielten Ergebnissen zu belassen und die Kernfragen der institutionellen Reform auf einen späteren Termin zu verschieben. Dennoch brachte die Regierungskonferenz sowohl für den EG- als auch den EU-Vertrag zahlreiche Neuerungen.

Die Beibehaltung der „Säulenkonstruktion" verdeutlichte, dass die Staats- und Regierungschefs einmal mehr den Weg der evolutionären Vertragsfortschreibung beschritten hatten. Die in Turin erklärte Absicht, die Funktionsweise der Verträge dem Bürger mittels einer Vereinfachung der komplizierten Vertragsarchitektur verständlicher zu machen, wurde nicht eingelöst. Strukturell verändert wurde die EG/EU-Konstruktion im Rahmen des Amsterdamer Vertragswerks allein durch eine vollständige Neunummerierung der teilweise seit den Römischen Verträgen üblichen Zählweise der Vertragsartikel.[15]

Ähnlich wie in Maastricht haben die Staats- und Regierungschefs auch in Amsterdam erneut die Kompetenzen der europäischen Organe modifiziert. Gestärkt wurde insbesondere das Europäische Parlament durch die Ausweitung des Mitentscheidungsverfahrens (Art. 189b alt/251 neu EG-V). Das Verfahren wurde zudem vereinfacht und so gestaltet, dass das EP in allen Phasen zu einem gleichberechtigten Gesetzgeber wurde. Da das Europäische Parlament zudem auch weitere Rechte bei der Einsetzung der Kommission erhielt, galt das Parlament allgemein als „Gewinner" der Amsterdamer Vertragsrevision. Vereinbart wurde, in einem zweistufigen Verfahren zunächst den Kommissionspräsidenten, der fortan auch an der Auswahl der weiteren Kommissionsmitglieder mitwirkte, und sodann in einem zweiten Schritt das gesamte Kollegialorgan der Europäischen Kommission vom EP bestätigen zu lassen. Die Änderungen zur Beschlussfassung im Rat fielen hingegen bescheidener aus – auch weil die Bundesregierung aufgrund des Widerstands einzelner Ministerien und der Bundesländer eine Ausweitung der Anwendungsbereiche für Mehrheitsentscheidungen im Ministerrat, insbesondere im Bereich der Justiz- und Innenpolitik, blockierte. Entscheidungen mit qualifizierten Mehrheiten wurden in elf neuen und in fünf alten Vertragsbestimmungen eingeführt. Dies bedeutete, dass die Einstimmigkeitsregel in etwa 50 Fällen erhalten blieb (Wessels 1997: 126–128).[16]

Da sich mit den zurückliegenden Erweiterungsrunden das Verhältnis zwischen kleinen und großen Staaten erheblich verschoben hatte, die seit den Römischen Verträgen geltende Stimmengewichtung aber kleinere Staaten bevorzugte, war während der Regierungskonferenz intensiv über eine Neugewichtung der Stimmen debattiert worden. In Amsterdam gelang jedoch infolge der divergierenden Vorstellungen zwischen der Gruppe der „größeren" Staaten (Deutschland, Frankreich, Großbritannien, Italien und Spanien) und der Gruppe der kleineren Staaten keine Einigung.

Weniger umfangreich als bei der Maastrichter Vertragsrevision war das Ausmaß der neu auf europäischer Ebene geregelten Politiken. Aufgenommen wurde in den EG-Vertrag u.a. ein Titel zur Beschäftigungspolitik, der als Aufgabe der Gemeinschaft aber lediglich vorsah, die entsprechenden nationalen Politiken zu koordinieren und ein Berichtswesen zu installieren. Nachdem die neu gewählte, seit Mai 1997 amtierende britische Regierung unter Tony Blair den Widerstand gegen die Sozialpolitik aufgegeben hatte, konnten auch das Sozialprotokoll und die Sozialcharta in den Vertrag integriert werden. Und auch der bisher außerhalb der Union angesiedelte so genannte Schengener Besitzstand wurde in die Verträge überführt.

Im Hinblick auf die schwache Bilanz der GASP wurden in Amsterdam erhebliche Änderungen in der Außen- und Sicherheitspolitik vorgenommen: Zusätzlich zu den bereits etablierten Instrumenten wurden „gemeinsame Strategien" neu eingeführt.[17] Des Weiteren wurde der EU-Vertrag um die Möglichkeit einer „konstruktiven Stimmenenthaltung" ergänzt, die es einem Staat ermöglicht, sich der Abstimmung zu enthalten, um dem Beschluss des Rats nicht entgegenzuwirken. In diesem Fall ist der betreffende Staat auch nicht verpflichtet, dem Beschluss der anderen Staaten zu folgen. Eine zentrale Neuerung war die Schaffung eines „Hohen Vertreters der Gemeinsamen Außen- und Sicherheitspolitik", dessen Aufgaben vom Generalsekretär des Rats übernommen wurden. Diese neue Funktion sollte zu einer größeren Sichtbarkeit und zu einem besseren Zusammenhalt der GASP beitragen. Der Hohe Vertreter bildete mit der Ratspräsidentschaft sowie der Kommission, deren Aufgaben um exekutive und repräsentative Bereiche erweitert wurden, ein sich gegenseitig unterstützendes Dreiergespann. Dieses firmierte unter der bereits eingeführten Bezeichnung Troika und ersetzte die bis dahin bestehende Zusammenarbeit der aktuellen, der vorangegangenen und der nachfolgenden Präsidentschaft.

Obwohl das Thema Sicherheits- und Verteidigungspolitik während der gesamten Regierungskonferenz heftig umstritten war und bis zuletzt unklar blieb, ob es überhaupt zu einer Stärkung der Verteidigungskomponente kommen würde, vereinbarten die Vertragsarchitekten auch hier Reformen. So wurde das Operationsfeld der Europäischen Union durch die ausdrückliche Einbeziehung der so genannten Petersberg-Aufgaben deutlich erweitert: Diese auf dem Bonner Petersberg abgesteckten Bestimmungen umfassen neben humanitären Aufgaben und Rettungseinsätzen auch friedenserhaltende Aufgaben und Kampfeinsätze bei der Krisenbewältigung einschließlich friedenschaffender Maßnahmen. Institutionell gestärkt wurde vor allem der Europäische Rat, der die „Grundsätze und allgemeinen Leitlinien der Gemeinsamen Außen- und Sicherheitspolitik, und zwar auch bei Fragen mit verteidigungspolitischen Bezügen" bestimmt (Art. 13 EU-V). Zugleich wurde auch die Finanzierung der Gemeinsamen Außen- und Sicherheitspolitik reformiert – dies vor allem vor dem Hintergrund eines mehrmonatigen Streits der Mitgliedstaaten um die Aktivitäten der Union im ehemaligen Jugoslawien. Neben den GASP-Verwaltungsausgaben wurden auch die operativen Lasten in den EG-Haushalt überführt. Ausgenommen wurden hiervon jedoch Maßnahmen mit militärischen und verteidigungspolitischen Bezügen sowie einstimmige Entscheidungen des Rats. Im außen- und sicherheitspolitischen Bereich wurden in der niederländischen Hauptstadt schließlich auch die deutlichsten Perspektiven zur Weiterentwicklung angelegt. Mit präziserer Formulierung als in Maastricht wurde im Amsterdamer EU-Vertrag vereinbart, dass die Europäische Union „auf die schrittweise Festlegung einer gemeinsamen Verteidigungspolitik“ (Art. 17 EU-V) zielt. Eine wichtige Rolle wurde dabei der Westeuropäischen Union zugewiesen. In einer umfangreichen Erklärung zur WEU betonten die Mitgliedstaaten, dass deren operationelle Rolle als politisch-militärisches europäisches Instrument zur Krisenbewältigung ausgebaut werden sollte.

Im Bereich der dritten Säule wurden in Amsterdam ebenfalls umfangreiche Änderungen vorgenommen. Die bisherige „Zusammenarbeit in den Bereichen Justiz und Inneres“ wurde zur „polizeilichen und justitiellen Zusammenarbeit in Strafsachen“ konkretisiert, während ein großer Teil der dritten Säule des EU-Vertrags in den EG-Vertrag überführt wurde, darunter die Asyl-, Visa- und Einwanderungspolitik. Mit einer ausführlichen Passage zum „schrittweisen Aufbau eines Raums der Freiheit, der Sicherheit und des Rechts“ formulierten die Staats- und Regierungschefs zudem eine neue programmatische Vorgabe, die vor allem dem Ziel diente, die Funktionsfähigkeit des Binnenmarkts zu gewährleisten. Auch die operativen Kompetenzen von Europol wurden gestärkt; das Gewaltmonopol und die Verhaftung von Verbrechern blieben indes unverändert den Nationalstaaten vorbehalten, so dass Europol im Regelfall auf die jeweilige nationale Polizei zurückgreifen musste.[18]

Als eine zentrale Amsterdamer Neuerung wurde schließlich auch das Verfahren der „verstärkten Zusammenarbeit“ betrachtet, mit dem die bereits in den 1970er Jahren – u.a. in Zusammenhang mit dem Tindemans-Bericht – geführte Diskussion über alternative Methoden zur Vertiefung der europäischen Integration Eingang in die Verträge erhielt. Unabhängig von der Frage, ob Staaten nicht willig oder nicht fähig zu weiteren Integrationsschritten waren, wurden angesichts der steigenden Zahl von Mitgliedstaaten Überlegungen angestellt, ob es einem Kern von Mitgliedstaaten nicht ausdrücklich vertragsrechtlich erlaubt werden sollte, weitergehende Integrationsschritte als andere zu ergreifen. Besondere Bedeutung kam in den Debatten über eine abgestufte oder differenzierte Integration dem so genannten „Schäuble-Lamers-Papier“ zu. Dieses Papier, gemeinsam verfasst vom Fraktionsvorsitzenden und vom außenpolitischen Sprecher der CDU-Fraktion des Deutschen Bundestags, löste eine europaweite Grundsatzdebatte über die Frage aus, unter welchen Strukturvoraussetzungen die Integrationsdynamik aufrechterhalten werden kann und in welchen räumlichen Bezugsgrößen solche Integrationsmodelle realisierbar sind, die „von konventionellen Modellen einer Gemeinschaftsorthodoxie ab[weichen], in der jeder Mitgliedstaat jederzeit willens und in der Lage ist, den Aufbau der Integration gemeinsam voranzutreiben" (Wessels/Jantz 1997: 346). Insbesondere die positiven Erfahrungen mit den beiden Schengener Abkommen sowie mit der Wirtschafts- und Währungsunion und dem Sozialprotokoll, die allesamt zunächst jeweils nur von einem Teil der Mitgliedstaaten vereinbart und umgesetzt worden waren, führten – trotz erheblich divergierender Positionen der Staats- und Regierungschefs – zur Aufnahme einer allgemeinen Flexibilisierungsklausel in die Verträge. Hiernach konnten Mitgliedstaaten, die beabsichtigen „eine verstärkte Zusammenarbeit zu begründen", dafür die „Organe, Verfahren und Mechanismen" von Gemeinschaft und Union „in Anspruch nehmen" (Art. 43 EU-V). Diese Möglichkeit wurde allerdings an eine Reihe von Bedingungen geknüpft und mit hohen Hürden verbunden.

Im Gegensatz zum Maastrichter Vertragswerk verlief die Ratifizierung der von den Außenministern am 2. Oktober 1997 endgültig unterzeichneten Fassung des Vertrags von Amsterdam vergleichsweise problemlos, so dass die neuen Vertragstexte am 1. Mai 1999 in Kraft treten konnten. Das reibungslose Ratifizierungsverfahren wurde in erster Linie mit den weniger weit reichenden Amsterdamer Neuerungen begründet, bot aber auch Anlass, den Reformcharakter des Vertragswerks in Frage zu stellen. Aus den Reihen von Politik und Wissenschaft wurde der Amsterdamer Vertrag mit Blick auf den bevorstehenden Erweiterungsprozess lediglich als Teilerfolg bezeichnet. Die Formel „Europa ist zu kurz gesprungen" (Weidenfeld/Giering 1998: 84) deutete bereits an, dass dem Reformprozess der 1990er Jahre noch eine weitere Etappe bevorstand.

Drahtseilakte in Brüssel: Europapolitik zwischen Aufmerksamkeitssteigerung, Standortfragen und Skandalisierung

Mit den Maastrichter und Amsterdamer Verträgen rückten die Auswirkungen der europäischen Einigung immer stärker in das Blickfeld von Wissenschaft und Öffentlichkeit. Während die Forschung seit den 1990er Jahren konstatiert, dass die Integrationsdichte einen derart hohen Grad angenommen habe, dass ein erheblicher Teil der Gesetze des Deutschen Bundestags nicht mehr auf deutsche Initiativen zurückgehe, sondern auf europäischen Rechtsakten basiere, sahen sich die Bürger mit den handfesten Dingen des Alltags wie etwa der Frage nach der Qualität ihres Bieres konfrontiert. Die Regelung, dass im europäischen Ausland gebrautes Bier infolge eines Verstoßes gegen das deutsche Reinheitsgebot von 1516 nicht in Deutschland unter der Bezeichnung „Bier" verkauft werden durfte, wurde vom Gerichtshof bereits 1987 mit einem Hinweis auf den Verstoß gegen den freien Warenverkehr im Gemeinschaftsrecht für ungültig erklärt.[19]

Das wohl einprägsamste Beispiel für die Bedeutung der Europäischen Union lieferte in den 1990er Jahren erneut der Europäische Gerichtshof, in diesem Fall mit einem Urteil über den Lieblingssport der Europäer. Das viel diskutierte „Bosman-Urteil" ging zurück auf den belgischen Fußballprofi Jean-Marc Bosman, dessen Vertrag beim damaligen Erstligisten RFC Lüttich auslief. Bosman ließ sich auf die Transferliste setzen und einigte sich kurz darauf mit dem französischen Zweitligisten US Dünkirchen auf einen neuen Vertrag. Da Lüttich aber eine unverhältnismäßig hohe Ablösesumme verlangte und zudem Zweifel an der Zahlungsfähigkeit von Dünkirchen hegte, verzichtete der belgische Verein darauf, die Freigabe beim nationalen Verband zu beantragen, weswegen der Wechsel letztlich platzte. Daraufhin erhob Jean-Marc Bosman mit Hilfe seines Anwalts vor unterschiedlichen Instanzen Klage, in der er u.a. forderte, seinem ehemaligen Verein die Forderung einer Ablösesumme zu untersagen. Begründet wurde die Klage mit den Bestimmungen zu den Grundfreiheiten im europäischen Binnenmarkt, denen zufolge ein Arbeitnehmer seinen Arbeitsplatz in der Union frei wählen kann.

Bis zu diesem Zeitpunkt war allgemein verbreitet, dass im Falle eines Spielerwechsels zwischen zwei Vereinen eine Ablösesumme erhoben wurde – auch dann, wenn der Arbeitsvertrag zwischen Spieler und Verein auslief. In seinem Urteil vom 15. Dezember 1995 entschied der Europäische Gerichtshof im Sinne des Klägers Bosman, dass das Transfersystem im Profifußball nicht mit dem Gemeinschaftsrecht und dem Prinzip der Freizügigkeit der Arbeitnehmer zu vereinbaren sei: Kurz: ein Spieler durfte sich nach Vertragsende bei einem Wechsel innerhalb der Europäischen Union nunmehr einen neuen Verein suchen, ohne dass eine Ablösesumme fällig wurde. Zugleich erklärte der EuGH auch die Ausländerklausel für ungültig: Hatte bis zu diesem Zeitpunkt die Regel gegolten, dass bei Vereinswettbewerben nur eine bestimmte Höchstzahl von Spielern aus anderen Staaten eingesetzt werden durfte, entschied der EuGH, dass bei Fußballspielen in der EU nunmehr beliebig viele Spieler aus dem Europäischen Wirtschaftsraum auf dem Platz stehen durften. Das Bosman-Urteil hatte eine enorme Bedeutung – nicht allein, weil es das Gesicht des europäischen Profifußballs grundlegend veränderte, sondern vor allem, weil es den Bürgern deutlich machte, dass selbst in Bereichen wie der Sportpolitik, in denen die Europäische Union keinerlei exklusive Kompetenz besaß, der Binnenmarkt eine Sogwirkung ausübte, die für fast alle Bereichc der Gesellschaft Konsequenzen entfaltete (Mittag 2007: 203–218).

Sollte es zu diesem Zeitpunkt noch Zweifel an der Relevanz des Europarechts gegeben haben, so wurden diese in Deutschland durch das Urteil des Europäischen Gerichtshofs vom November 2000 zur Rolle von Frauen in der Bundeswehr beseitigt. Als die Bewerbung der Deutschen Tanja Kreil bei der Bundeswehr um eine Anstellung als Waffeninstandsetzungselektronikerin mit dem Hinweis auf ihr Geschlecht abgelehnt worden war, klagte die Auszubildende gegen diese Begründung. Unter Bezugnahme auf die Richtlinie des Rats vom Februar 1976 zur „Verwirklichung des Grundsatzes der Gleichbehandlung von Männern und Frauen hinsichtlich des Zugangs zur Beschäftigung, zur Berufsbildung und zum beruflichen Aufstieg sowie in Bezug auf die Arbeitsbedingungen", gab der Europäische Gerichtshof, dem die Frage zur Vorabentscheidung vorgelegen hatte, der Klage statt. Damit wurde ein entsprechender Passus im Grundgesetz hinsichtlich der Regelung, dass Frauen keinen Dienst an der Waffe übernehmen dürfen, für ungültig erklärt. Die Bundeswehr sah sich fortan veranlasst, ihre Kasernentore auch für den freiwilligen Dienst von Frauen an der Waffe zu öffnen.

Nicht zuletzt aufgrund dieser Urteile, aber auch infolge der anhaltenden Dynamik des Binnenmarkts und der raschen Abfolge von Vertragsrevisionen, setzte sich der Eindruck durch, dass die Europäische Union plötzlich wichtig geworden sei: EU-Entscheidungen über Standards und Wettbewerb konnten das Schicksal ganzer Wirtschaftsbranchen entscheiden, EU-Strukturgelder halfen, Infrastrukturprozesse größeren Ausmaßes in die Wege zu leiten und EU-Forschungsgelder boten Anreize für gänzlich neue Formen transnationaler Forschungskooperation. Das bis dahin oftmals als Randerscheinung behandelte – bisweilen aber auch ignorierte – europäische Einigungsprojekt erhielt damit einen neuen Stellenwert. Im Zuge der Verwirklichung des Gemeinsamen Marktes stieg allein die Zahl der bei der Europäischen Union akkreditierten Interessenvertreter auf rund 12.000 Lobbyisten zum Ende der 1990er Jahre an (Greenwood 2007: 9–19). Und auch die Anzahl der Medienvertreter verdoppelte sich zwischen 1986 und 1998 auf knapp 1.000 Journalisten. Obgleich die Aufmerksamkeitsstrukturen der nationalen Öffentlichkeiten infolge von Sprachgrenzen und Medienstrukturen weiterhin auf die nationale Hauptstadt fokussiert blieben, richtete sich der Blick der Bürger in zunehmenden Maße auch auf Brüssel, das immer stärker als „Hauptstadt" der Europäischen Union wahrgenommen wurde.

Welche Probleme sich aber hinter dieser Wahrnehmung verbargen, verdeutlicht die ebenso langwierige wie konfliktreiche Debatte um den Sitz der europäischen Institutionen. Obwohl dieses Thema seit den Anfangstagen der Integration auf der Tagesordnung gestanden hatte, war erst mit dem Amsterdamer Vertrag eine dauerhafte Lösung gefunden worden, die indes erneut den Kompromisscharakter der Europäischen Union illustrierte: Bereits im Vorfeld der Verhandlungen zur Montanunion war man übereingekommen, dass kein großer Mitgliedstaat den Sitz der europäischen Institutionen stellen dürfe und die Stadt mehrsprachigen Charakter haben solle. Brüssel, das diesen Kriterien gerecht wurde, war im Vorfeld favorisiert worden. Der belgische Außenminister Paul van Zeeland schlug jedoch zu Beginn der 1950er Jahre das in Wallonien gelegene Lüttich (Liège) vor, da die belgische Regierung zuvor – zur Ausbalancierung regionaler Gegensätze Belgiens – den Flamen, in deren Region Brüssel lag, gewisse Zugeständnisse gemacht hatte. Dieser Vorschlag wurde jedoch von den anderen Außenministern, denen Lüttich zu provinziell erschien, abgelehnt. Die als Alternative eingebrachte Stadt Luxemburg fand hingegen breite Zustimmung. Als Problem erwies sich allein der Umstand, dass es in Luxemburg keinen Saal gab, der die 78 Abgeordneten der Beratenden Versammlung hätte aufnehmen können. Daraufhin verständigte man sich, den Plenarsaal des Europarats in Straßburg als nächst gelegenen Tagungsort der Versammlung zu nutzen. Man war sich aber einig, diese Regelungen zunächst nur als Provisorium zu betrachten.

Als 1957 die Römischen Verträge unterzeichnet wurden, bestand Einvernehmen, dass sich Luxemburg als Provisorium bewährt habe und die Stadt infolgedessen auch die Institutionen der EWG und der Euratom beherbergen sollte. Da der luxemburgische Großherzog als Staatsoberhaupt jedoch einen Identitätsverlust in „seinem" Großherzogtum befürchtete, wurde diesen Überlegungen schließlich eine Absage erteilt. In dieser Situation kam es allen Seiten gelegen, dass sich Belgien derweil eines anderen besonnen hatte und nunmehr bereit war, Brüssel als Sitz für die beiden neuen Kommissionen vorzuschlagen. Damit waren die Organe der europäischen Gemeinschaften endgültig auf drei Sitze verteilt. Am stärksten hatte unter diesem Umstand das Europäische Parlament zu leiden, das zwischen 1968 und 1979 58 Plenarsitzungen in Luxemburg und 77 in Straßburg abhielt.

Als im Kontext des Fusionsvertrags aber Überlegungen angestellt wurden, Luxemburg im Sinne der Praktikabilität als Sitz zugunsten von Brüssel aufzugeben, sperrten sich die Luxemburger mit Blick auf den Niedergang ihrer Stahlindustrie und dringend benötigter Arbeitsplätze gegen einen vollständigen Wegzug. Nach längeren Debatten rang man sich zu dem Kompromiss durch, die fusionierte Kommission grundsätzlich in Brüssel anzusiedeln, den Gerichtshof, die Parlamentsverwaltung und einige Dienstellen der Kommission aber in Luxemburg zu belassen.

Die beiden Gebäude des Europäischen Parlaments; oben in Brüssel, unten in Straßburg.

Auch der Rat reiste weiterhin an drei Monaten im Jahr nach Luxemburg, während er in den restlichen neun Monaten im Land der jeweiligen Präsidentschaft oder aber im 1995 bezogenen Justus-Lipsius-Gebäude in Brüssel tagte.

Die aus dieser Konstellation erwachsene Problematik wurde nach der Direktwahl des Europäischen Parlaments besonders deutlich, als sich immer mehr Abgeordnete über den verkehrstechnisch ungünstig gelegenen Sitz des Europäischen Parlaments in Straßburg beschwerten, zumal die Parlamentsverwaltung in Luxemburg arbeitete und die entscheidenden Gesprächspartner der Kommission in Brüssel saßen. Da aber kein Staat auf das prestigeträchtige Recht verzichten wollte, das Gebäude des Europäischen Parlaments zu beherbergen, wurden sowohl in Straßburg als auch in Brüssel neue Plenarsäle gebaut. Die Parlamentarier, die sich über den „Wanderzirkus" zunehmend genervt zeigten, hielten mittlerweile zwar keine Sitzungen mehr in Luxemburg ab und plädierten wiederholt mehrheitlich für Brüssel, wo das Parlament formell als „Mini-Plenum oder „erweiterte Vorstandssitzung" tagte, besitzen in dieser Frage bis heute jedoch keine Entscheidungsbefugnis. Als Herren der (völkerrechtlichen) Verträge können ausschließlich die Mitgliedstaaten über den Sitz des Europäischen Parlaments befinden.

Frankreich, Belgien und Luxemburg drängten fortan darauf, die provisorischen Regelungen zum Dauerzustand zu machen und rechtlich zu verankern; dies vor allem als die Europäische Kommission ihren Brüsseler Hauptsitz, das imposante vierflügelige Berlaymont-Gebäude am Schuman-Rondell, wegen Asbestbelastung 1991 verlassen und die Immobilie aufwändig renoviert werden musste. Nachdem das Thema „Sitz der Organe" mehrere Jahre lang ergebnislos auf den Tagesordnungen des Europäischen Rats gestanden hatte, wurde 1992 auf dem Gipfel von Edinburgh eine Einigung erzielt. Belgien akzeptierte Straßburg als offiziellen Sitz des Europäischen Parlaments, an dem elf bzw. zwölf Plenarsitzungen pro Jahr stattfanden, während andere Aktivitäten wie die Sitzungen der Ausschüsse und der politischen Fraktionen, aber auch zusätzliche Sitzungen, nach Brüssel verlegt wurden. Das Amsterdamer Vertragswerk bestätigte diese Regelung. In Protokoll 8 des EU-Vertrags wurde festgehalten, dass das Parlament in Straßburg blieb, seine Verwaltung hingegen in Luxemburg, wo auch der Europäische Gerichtshof, der Rechnungshof und die Investitionsbank ihren Sitz haben. Währenddessen wurde Brüssel zum endgültigen Sitz von Rat und Kommission. Hier befinden sich auch der Sitz des Wirtschafts- und Sozialausschusses und des Ausschusses der Regionen, während die Europäische Zentralbank ihren Sitz in Frankfurt hat und das Europäische Polizeiamt (Europol) endgültig in Den Haag verankert wurde. Aber auch die anderen europäischen Staaten gingen nicht leer aus. Bei jeder Neugründung einer der mittlerweile über 30 Informationsgewinnungs-, Bewertungs- und Verteilungsagenturen der Union – von der Europäischen Behörde für Lebensmittelsicherheit in Parma bis zur Europäischen Umweltagentur in Kopenhagen – achteten die Mitgliedstaaten peinlich genau darauf, dass auch hier möglichst alle Länderinteressen berücksichtigt wurden.[20]

Für Brüssel brachte der Bedeutungszuwachs der europäischen Einigung nicht nur Vorteile, sondern auch erhebliche Probleme mit sich, was unter anderem darauf zurückzuführen war, dass die knapp eine Million Einwohner zählende Hauptstadtregion Brüssel keine einheitliche Verwaltung besitzt, sondern aus 19 einzelnen Gemeinden besteht. Probleme bereiteten aber auch die Beschäftigten. Die gut alimentierten EU-Beamten stehen zwar untereinander in regem Kontakt, sind angesichts ihres oftmals zeitlich begrenzten Aufenthalts in Brüssel jedoch kaum sozial in die Stadt integriert.[21]

Die wachsende Zahl von Beschäftigten in der Brüsseler Kommission – zu Beginn des 21. Jahrhunderts waren es etwa 21.000 – trieb die Preise und Mieten ebenso in die Höhe wie die sich zunehmend im Umfeld der europäischen Institutionen ansiedelnden privaten Lobbyistenbüros und die Vertretungen von Mitgliedstaaten. Im Brüssel der 1990er Jahre war der Immobilienspekulation zeitweilig Tür und Tor geöffnet. Vor allem im Quartier Léopold, einstmals ein Gründerzeitviertel mit alten Bürgerhäusern, Kunstateliers und Gärten, setzte eine rege Bautätigkeit ein. Riesige Baustellen, auf denen neue Bürotürme und Wohnungen errichtet wurden, frästen sich durch das Viertel. Mit zahlreichen Stahl- und Glaspalästen erhielt das eigentliche Europazentrum rund um den Parc Léopold, der als einer der ganz wenigen Orte des Viertels – auch nach dem Einzug der bayrischen Landesvertretung im ehemaligen Institut Pasteur am Parkrand – noch seinen ursprünglichen Charakter wahrte, architektonisch ein völlig neues Gesicht. Das Schlagwort von der „Baustelle Europas", das im übertragenen Sinn auf die politisch-rechtliche Konstruktion der Gemeinschaft bzw. der Union bezogen war, konnte hier jahrelang wörtlich genommen werden.

Die wachsende Aufmerksamkeit, die Brüssel auf sich zog, konfrontierte die Europäische Union immer stärker mit der Frage, welches Identifikationsangebot man den zunehmenden Besucherströmen jenseits der Stahl- und Glasarchitektur der europäischen Institutionen anbieten sollte. Bereits 1997 hatte man sich auf ein „Musée de l'Europe" verständigt, dass zehn Jahre später, im Oktober 2007, im Rahmen der Ausstellung „C'est notre histoire!" dann eröffnet wurde und den europäischen Einigungsprozess erstmals zum Kerninhalt eines Museums machte. Den spärlichen Informationen während der Konzeptionsphase war zu entnehmen, dass der Besucher „in der permanenten Ausstellung (...) die Geschichte der Europäischen Union beginnend mit dem Ende des Zweiten Weltkriegs sowie einem ‚Kartenraum' [finden wird], in dem sich die Strukturierung des europäischen Raums durch die Geschichte verfolgen lässt" (Jeismann 2004). Inwieweit mit dem „Musée de l'Europe" eine neue Dimension europäischer Identitätsfindung beschritten oder doch eher nationalstaatliche Symbolik kopiert wird, ist zum gegenwärtigen Zeitpunkt aber ebensowenig absehbar wie die Nachhaltigkeit der Initiative.

Die beachtliche Dynamik der europäischen Integration in den 1990er Jahren hat aber nicht nur zu einer Aufmerksamkeitssteigerung geführt, sondern auch zu einem Anschwellen der Europakritik beigetragen. Da die Europäische Union immer häufiger als zentrale Größe der Politik ausgemacht wurde, stieg auch die Zahl kritischer Stimmen. Zu den regelmäßig wiederkehrenden Leitmotiven zählt spätestens seit den 1990er Jahren das Bild vom Geld verschwendenden Brüsseler „Moloch" bzw. von der europäischen Megabürokratie, die alle Kompetenzen an sich reißt und in ihrer Regulierungswut keinen Halt kennt (von Arnim 2006). Zahlreiche Kritikpunkte, vor allem hinsichtlich des Umgangs der Europäischen Union mit Haushaltsgeldern und Subventionen, haben ihre Berechtigung. Sprichwörtlich sind die Beschwerden über das Ausmaß des subventionierten italienischen Olivenöls in den 1980er Jahren, das weit über die realistische Anzahl italienischer Olivenbäume hinausging. In jüngerer Zeit erregte vor allem die Kritik an unkontrollierten Konten Aufsehen, von denen multinationale Konzerne erhebliche Gelder aus den EU-Fördertöpfen einstrichen. Derartige Missstände wurden nicht zuletzt in den Berichten des Europäischen Rechnungshofs dokumentiert, der seit Mitte der 1990er Jahre bei der externen Rechnungsprüfung Vorbehalte gegenüber der Verwendung und Abrechnung der EU-Haushaltsmittel geltend gemacht hat.

Oftmals lag der Fall allerdings komplizierter als es der erste Anschein verhieß. Dies zeigt sich insbesondere im Hinblick auf die Kritik an der Brüsseler Regulierungswut. So existiert zwar seit 1988 eine Verordnung zur Festsetzung von Qualitätsnormen für Gurken, in der auch der Krümmungsgrad des Gemüses in vier Handelsklassen vorgeschrieben wird. Diese Verordnung geht jedoch nicht in erster Linie auf Initiativen der Brüsseler Administration zurück. Wenn man Landwirten Glauben schenkt, ist die Verordnung vor allem auf Wünsche des Handels zurückzuführen, der ein Interesse hat, eine größere Anzahl von Gurken in eine Kiste packen zu können. Und auch die Kritik an der Brüsseler Megabürokratie präsentiert sich in anderem Licht, wenn man berücksichtigt, dass die Anzahl der fest angestellten Kommissionsbeamten dem Haushaltsplan der Gemeinschaft(en) zufolge zum Ende der 1990er bei etwa 20.000 Beschäftigten lag und damit eine deutlich geringere Größenordnungen besaß als deutsche Millionenstädte, die allerdings im Gegensatz zur Europäischen Union auch exekutive Funktionen wie Polizeidienste wahrzunehmen haben.

Der bisher wohl Aufsehen erregendste EU-Skandal – und zugleich eine der schwersten Krisen der europäischen Integration – ereignete sich während der deutschen Ratspräsidentschaft, als im März 1999 die Europäische Kommission unter ihrem Präsidenten Jacques Santer aufgrund von Betrugsvorwürfen geschlossen zurücktreten musste. Santer war 1995 als „Kompromisskandidat" zum Kommissionspräsidenten gewählt worden, als der britische Premierminister Major die Wahl des zunächst vorgesehenen belgischen Ministerpräsidenten – und ausgewiesenen Föderalisten – Jean-Luc Dehaene als Nachfolger von Jacques Delors blockiert hatte. Mit dieser Haltung, die den Gipfel von Korfu im Juni 1994 mit einem Eklat enden ließ, protestierte Major gegen französisch-deutsche Vorabsprachen bei der Personalauswahl, in die Kohl und Mitterand im Vorfeld des Gipfels den britischen Premier nicht einbezogen hatten. Auf einem Sondergipfel unter deutscher Ratspräsidentschaft in Juli 1994 in Brüssel verständigte man sich schließlich auf den luxemburgischen Regierungschef Jacques Santer, dessen Kommission die erste war, die sich im Januar 1995 der seit dem Maastrichter EG-Vertrag notwendigen Zustimmung des Europäischen Parlaments stellte und sich hierzu einer Anhörung vor den Ausschüssen des EP unterzog (Maurer 1995: 88–97).

Erste Unregelmäßigkeiten innerhalb der Santer-Kommission waren bekannt geworden, als sich im Sommer 1998 Vorwürfe bestätigten, dass die im Generalsekretariat der Kommission angesiedelte Betrugsbekämpfungseinheit UCLAF (Unité de coordination pour la lutte antifraude) die Zweckentfremdung von Mitteln nicht weiter verfolgt hatte. In der Folge wurden weitere Untersuchungen angestellt, in denen u.a. zu Tage gefördert wurde, dass die aus Frankreich stammende Kommissarin für Wissenschaft, Forschung und Entwicklung, die ehemalige französische Premierministerin Edith Cresson, bei einem befreundeten Zahnarzt eine Studie in Auftrag gegeben hatte, die wissenschaftlich wertlos war. Als diese Vorwürfe ruchbar und immer neue Berichte über Vetternwirtschaft und Korruption bekannt wurden, verweigerte das Europäische Parlament im Dezember 1998 der Kommission die Entlastung für den Haushalt 1996.

Trotz der Vorwürfe entzog die Mehrheit des Europäischen Parlaments der Kommission jedoch nicht das Vertrauen. Ein Misstrauensantrag scheiterte im Januar 1999, da lediglich 42 % der Abgeordneten den Antrag unterstützten; zum Sturz der Kommission wäre ein Quorum von 2/3 der abgegebenen Stimmen notwendig gewesen. Eine Mehrheit im Parlament fand sich jedoch für die Entscheidung, einen Ausschuss unabhängiger Sachverständiger zur Prüfung der Vorwürfe einzusetzen. Der am 15. März 1999 fertig gestellte Expertenbericht erhob schwere Vorwürfe, so wurde u.a. konstatiert, dass die Europäische Kommission „die Kontrolle über die Verwaltung (...) verloren habe" (zit. n. Rometsch 1999: 76). Ohne konkrete Schuldzuweisungen gegenüber einzelnen Kommissaren vorzunehmen, wurden zahlreiche Fälle von Betrügereien, Unregelmäßigkeiten und Missmanagement angeführt. Zugleich wurde aber auch deutlich gemacht, dass viele Missstände bereits auf die Zeit der Delors-Kommission zurückgingen. Nach einer Nachtsitzung, in der sich die besonders stark belasteten Kommissare weigerten, freiwillig zurückzutreten, erklärte die Kommission am 16. März 1999 geschlossen ihren Rücktritt, blieb aber noch einige Wochen geschäftsführend im Amt. Durch diesen erstmaligen kollektiven Rücktritt einer Kommission in der Integrationsgeschichte hatte sich die institutionelle Balance zwischen Europäischer Kommission und Parlament weiter zugunsten des Europäischen Parlaments geneigt, das – trotz der verhinderten Kraftprobe aufgrund des gescheiterten Misstrauensvotums – in seiner Kontrollfunktion gegenüber der Kommission gestärkt worden war.[22] Mit dem Rücktritt der Kommission schlug auch die Geburtsstunde des neuen unabhängigeren Betrugsbekämpfungsamtes OLAF (Office européen de lutte antifraude), das – obgleich seiner Haltung gegenüber Journalisten nicht unumstritten – im Gegensatz zu der Vorgängereinrichtung keine Anweisungen mehr entgegen nehmen durfte (Neuhann 2005).

Der erst seit Oktober 1998 amtierende deutsche Bundeskanzler Gerhard Schröder musste in dieser Situation Krisenmanagement betreiben und auf dem Berliner Gipfel 1999 nicht nur die endgültige Entscheidung über die heftig umkämpfte Finanzielle Vorausschau 2000 bis 2006 über die Bühne bringen, sondern auch einen neuen Kommissionspräsidenten ausgucken. Es gelang ihm, die Zustimmung der anderen Staaten für den ehemaligen italienischen Regierungschef Romano Prodi zu gewinnen, der auch die Zustimmung des Parlaments erhielt.

Von Regierungskonferenz zu Regierungskonferenz: Der Vertrag von Nizza und die Charta der Grundrechte

In die deutsche Ratspräsidentschaft 1999 fiel noch eine weitere bedeutsame Entscheidung: Der Vertrag von Amsterdam war gerade einmal einen Monat in Kraft, als die Staats- und Regierungschefs auf ihrem Kölner Gipfeltreffen am 3. und 4. Juni 1999 bereits die Einberufung der nächsten Regierungskonferenz vereinbarten. Unter Berücksichtigung der Doppelregierungskonferenz im Vorfeld des Maastrichter Gipfels stand damit bereits die vierte intergouvernementale Konferenz des Jahrzehnts an.

Im Vorfeld der Regierungskonferenz waren zahlreiche Reformoptionen entwickelt worden. Eine zentrale Rolle spielte dabei der Gedanke einer Neuordnung der Verträge, der sich etwa in der von Jean-Luc Dehaene, Richard von Weizsäcker und Lord David Simon of Highbury erarbeiteten Empfehlung widerspiegelte, die Verträge künftig nicht mehr in einen EG- und einen EU-Vertragsteil, sondern in einen Sockelvertrag und in einen operativen Vertragsabschnitt zu differenzieren. Auch seitens der Wissenschaft wurden zahlreiche Entwürfe zur Reformdebatte unterbreitet. So plädierte das Europäische Hochschulinstitut ebenfalls für eine Neuordnung der Verträge und legte im Mai 2000 den Entwurf eines „Basisvertrags der Europäischen Union“ vor. Mit Blick auf die zahlreichen Vorschläge sowie die voranschreitenden Verhandlungen mit den Beitrittskandidaten wurde der am 14. Februar 2000 eröffneten Regierungskonferenz mit ebenso gespannter wie hochgesteckter Erwartung entgegen gesehen.

Da man in Amsterdam nur einen Teil der Probleme gelöst hatte und sich nicht zu den notwendigen institutionellen Korrekturen für die Erweiterung hatte durchringen können, galt es auf der Regierungskonferenz, die unbewältigten Aufgaben erneut anzugehen. Zu den so genannten Amsterdamer „left-overs“ zählten neben der alles dominierenden Frage der Stimmengewichtung im Rat auch Überlegungen hinsichtlich einer Ausweitung der Mehrheitsabstimmungen im Rat, die Regelung der künftigen Strukturen der Europäischen Kommission sowie die Revision des Verfahrens der „verstärkten Zusammenarbeit“. Zu diesen vier von der vorangegangenen Regierungskonferenz bereits bekannten Kernthemen war noch ein weiteres Ziel hinzugekommen. Auf dem Gipfeltreffen des Europäischen Rats in Köln hatten die Staats- und Regierungschefs – anlässlich des 50. Jahrestags der Allgemeinen Erklärung der Menschenrechte – beschlossen, den Auftrag zur Erarbeitung einer Grundrechtecharta zu erteilen.

Mit dieser Grundrechtecharta sollte die Existenz einer objektiven europäischen Werteorientierung zum Ausdruck gebracht werden. Damit wurde ein Gedanke aufgegriffen, den das Europäische Parlament bereits in seinem Verfassungsentwurf aus dem Jahr 1984, der einen ausführlichen Grundrechtskatalog enthielt, vorgesehen hatte und der auf Drängen des spanischen Ministerpräsidenten Felipe González mit einem Hinweis auf die Europäische Menschenrechtskonvention auch in den

Maastrichter EU-Vertrag (Art. F) aufgenommen worden war. Das vorrangige Ziel dieser Grundrechtecharta bestand nicht darin, neues Recht zu schaffen. Vielmehr sollten erstmals alle Grundrechte, die in der Europäischen Union galten, in einem einzigen Dokument in kurzer und allgemein verständlicher Form zusammengetragen werden. Damit zielten die Staats- und Regierungschefs einmal mehr darauf, die Identifikation der Bürger mit dem Projekt „Europa" zu fördern und zu verdeutlichen, dass die Europäische Union nicht allein eine Wirtschafts-, sondern auch eine Wertegemeinschaft darstellt.[23] Das mit der Ausarbeitung der Charta beauftragte Gremium – der Grundrechtekonvent unter Leitung des ehemaligen Bundespräsidenten Roman Herzog – erarbeitete in neunmonatiger Arbeit zwischen Dezember 1999 und Juni 2000 einen Entwurf.[24]

Die ausgearbeitete Charta enthielt 54 Artikel, unter anderem über die Würde, Freiheit, Gleichheit und Solidarität, die auf breite Zustimmung stießen. Umstritten war hingegen die Einbettung sozialer Rechte in der Charta und ihr fehlender Gottesbezug. Auf dem Gipfeltreffen des Europäischen Rats in Nizza, das auch den Abschluss der Regierungskonferenz markierte, ist die Grundrechtecharta als feierliche Deklaration verabschiedet worden. Da die Charta jedoch nicht in die Verträge übernommen wurde, blieb sie rechtlich ein unverbindliches Dokument. Dieser Umstand führte in den folgenden Jahren zu weiteren Debatten, in denen die einen die Bedeutung der Charta als Grundstock einer künftigen Europäischen Verfassung hervorhoben, während andere eine erneute Diskussion über die Inhalte der Charta forderten (Hummer 2002).

Zum Jahresbeginn 2000 hatten sich die 15 Mitgliedstaaten noch fest entschlossen gezeigt, ihrem auf dem Gipfel in Helsinki im Dezember 1999 getroffenen Vorsatz nachzukommen, die Regierungskonferenz zeitlich eng zu begrenzen und während der französischen Ratspräsidentschaft Ende 2000 abzuschließen. Demzufolge sollte die Union bis Ende 2002 in der Lage sein, erste Beitrittskandidaten aufzunehmen. Schon während des vorbereitenden Sondergipfels im französischen Biarritz im Oktober 2000 zeichnete sich jedoch ab, dass die hochgesteckten Ambitionen merklich zurückgeschraubt werden mussten und vom europäischen Elan nicht mehr viel zu spüren war. Vor allem der deutsch-französische Motor war einige Male ins Stottern geraten. An Stelle der Bereitschaft zu tief greifenden Reformen waren – nicht zuletzt vor dem Hintergrund bevorstehender Wahlkämpfe – verstärkt nationale Interessen getreten. Diese ließen aber kaum Raum zur Konsensfindung, so dass wesentliche Entscheidungen abermals auf den Abschlussgipfel vertagt wurden. Trotz der 30 Sitzungen der persönlichen Beauftragten, der zehn Sitzungen des Rats der Außenminister und der drei Sitzungen des Europäischen Rats im Vorfeld lief damit die gesamte Regierungskonferenz auf das „Endspiel“ in Nizza hinaus.

Doch auch in Nizza, auf dem bis heute längsten Gipfel der europäischen Integrationsgeschichte, der vom 7. Dezember bis in die frühen Morgenstunden des 11. Dezember 2000 andauerte, gerieten die Unterredungen wiederholt ins Stocken. Da die Verhandlungen erstmals auf institutionelle und prozedurale Problemkreise begrenzt waren, verfügte der Europäische Rat in Nizza kaum über Möglichkeiten, Verbindungslinien zwischen einzelnen Politikfeldern und grundsätzlichen institutionellen Fragen herzustellen, so dass wenig Spielraum für die ansonsten üblichen Verhandlungspakete bestand und die Grenzen der Kompromissbereitschaft relativ schnell ausgereizt waren.

Auf das engste mit der Erweiterung verknüpft war die Frage nach der Größe der Europäischen Kommission und der den Kommissionsmitgliedern zuzuordnenden Portfolios. Die seinerzeit aus 20 Mitgliedern bestehende Kommission drohte, bei einer Fortschreibung der bisherigen Repräsentation zu groß und damit handlungsunfähig zu werden. Bereits im Vorfeld der Gipfelrunde hatte man sich darauf verständigt, dass die großen Staaten ab 2005 auf ihren zweiten Kommissar verzichteten. Dennoch wurde auch in Nizza für die künftige Kommissionsgröße keine endgültige Regelung getroffen. Erst wenn eine Größe von 27 Mitgliedstaaten erreicht sei, so die Nizzaer Vereinbarung, sollte über die endgültige Zusammensetzung der Kommission und ein etwaiges Rotationsprinzip entschieden werden. Vereinbart wurde zudem, die Stellung des Kommissionspräsidenten aufzuwerten, der aufgrund einer belgischen Initiative nun mit qualifizierter Mehrheit ernannt werden konnte – um nicht mehr, wie Dehaene auf dem Gipfeltreffen in Korfu, von einem einzigen Widersacher blockiert zu werden. Darüber hinaus erhielt der Kommissionspräsident mit Blick auf den „Fall Cresson“ die Möglichkeit, den Rücktritt einzelner Kommissare zu erwirken.

Im Mittelpunkt der Reformdebatte stand in Nizza die Neugewichtung der Stimmen im Rat. Die zwölf Beitrittsanwärter waren, mit Ausnahme des knapp 40 Millionen Einwohner zählenden Polen, durchweg kleinere oder mittlere Staaten, so dass sich die Asymmetrie zwischen den bevölkerungsreichen und den bevölkerungsarmen Ländern nochmals zu verstärken drohte. Da das bis dahin geltende System der Stimmengewichtung kleine Staaten bevorzugte und ihnen einen im Vergleich zur Einwohnerzahl überproportionalen Stimmanteil zubilligte, befürchteten die bevölkerungsreichen Länder Einflussverluste. Es wäre denkbar gewesen, dass eine Entscheidung mit qualifizierter Mehrheit getroffen worden wäre, hinter der nicht einmal die einfache Mehrheit der Bevölkerung gestanden hätte. So zählte Deutschland etwa genauso viele Einwohner wie die 17 kleinsten Staaten einer erweiterten EU zusammen, hätte aber – bei Fortschreibung der bisherigen Stimmenwägung – gerade einmal über ein Sechstel der Stimmen dieser Länder verfügt. Eine Neugewichtung der Stimmen galt infolgedessen als unabdingbar und war auch allgemein unumstritten. Nur die Verständigung auf einen neuen Modus sorgte für erheblichen Konfliktstoff.

Die in Nizza nach zähen Verhandlungen gefundene Lösungsformel – eine stärkere Spreizung der Stimmen – wurde allgemein als technischer Formelkompromiss bewertet. Entsprechend der Vereinbarung, den bevölkerungsreichen Staaten einen Ausgleich für ihren Verzicht auf den zweiten Kommissar zu schaffen, erhielten die größeren Staaten deutlich mehr Stimmen. Am stärksten profitierten Frankreich und Spanien, sowie mit seinem Beitritt auch Polen, von der Neuregelung. Trotz einer um 20 Millionen geringeren Bevölkerungszahl behielt Frankreich – dem Gründungsgedanken europäischer Einigung von der deutsch-französischen Gleichberechtigung folgend – ebenso 29 Stimmen wie Deutschland. Spanien, das die raffinierte Formel entwickelt hatte, nur ebenso viele Stimmen weniger gegenüber Frankreich zu akzeptieren wie Frankreich seinerseits gegenüber Deutschland, erhielt nach hartnäckigen Verhandlungen des spanischen Ministerpräsidenten José Maria Aznar sogar 27 Stimmen. Damit profitierten die mittelgroßen Staaten von der Neuregelung am stärksten, erzielten sie doch im Verhältnis zur Einwohnerzahl das höchste Stimmengewicht. Hart gerungen hatten aber auch die kleineren Staaten. So kämpfte Belgien bis zuletzt für die traditionell gleiche Stimmenzahl wie die Niederlande, die aber fünf Millionen Einwohner mehr zählten. Unter der Zusicherung, dass künftig zwei Sitzungen des Europäischen Rats pro Jahr in Brüssel stattfinden werden, zeigte sich der belgische Premier Guy Verhofstadt dann aber bereit, eine Stimme weniger als die Niederlande zu akzeptieren.[25]

Neu war auch die Regelung, dass neben der notwendigen qualifizierten Mehrheit der Stimmen, die in einer EU mit 27 Mitgliedstaaten bei 74,8 % lag, auch noch zwei zusätzliche Hürden geschaffen wurden: Es musste eine Majorität der Mitgliedstaaten hinter der qualifizierten Mehrheit stehen und, auf Antrag, auch mindestens ein Anteil von 62 % der EU-Bevölkerung. Mit dieser Regelung hatten die Vertragsarchitekten nach zähen Verhandlungen und vielfältigen Rechenspielen, in denen alle denkbaren Spannungslinien durchprobiert wurden – alte Mitgliedstaaten gegen neue, arme gegen reiche Länder, Landwirte gegen Nutznießer der Strukturpolitik – einen Kompromiss gefunden. Allgemein wurden diese Regelungen als erschwerte Hürde für Mehrheitsentscheidungen betrachtet, denn das Bevölkerungskriterium garantierte, dass keine qualifizierte Mehrheitsentscheidung gegen den Willen der drei größten Staaten Deutschland, Frankreich und Großbritannien möglich war. Im Gegensatz zur Stimmenwägung im Rat orientiert sich die Neuverteilung der Sitze im Parlament stärker an demografischen Maßgaben. Die Bundesrepublik, die in einer Europäischen Union mit 27 Mitgliedstaaten ca. 17 % der Bevölkerung stellt, kam dabei auf unverändert 99 Sitze und erhielt damit umgerechnet einen Anteil von 13,4 % aller Parlamentssitze.

Ein weiterer Kernpunkt der Nizzaer Verhandlungen betraf die Mehrheitsentscheidungen. Angesichts der rund 70 Artikel der Gemeinschaftsverträge, die noch der Einstimmigkeit unterlagen, bildete die Ausweitung von Mehrheitsentscheidungen eine weitere Forderung an die Regierungskonferenz. Es stand zu befürchten, dass in einer erweiterten Gemeinschaft mit bis zu 27 Mitgliedstaaten die Einstimmigkeitserfordernis letztendlich zu einer Selbstblockade der Europäischen Union führen könnte. Auf dem Gipfeltreffen von Nizza wurde der Bereich der Mehrheitsentscheidung nach langen Debatten schließlich um 28 Punkte erweitert. In zentralen Bereichen wie der Sozial-, Asyl-, Steuer- oder Handelspolitik blieb es jedoch unverändert bei der Einstimmigkeit oder es wurden langfristige Übergangsregelungen vereinbart. Wie hart und mit welchen Bandagen in Nizza um jede einzelne Mehrheitsentscheidung gerungen wurde, zeigt exemplarisch das Beispiel der Strukturpolitik. Der spanische Ministerpräsident Aznar ertrotzte hier die Regelung, dass über den Förderzeitraum 2007 bis 2013 noch einstimmig beschlossen wurde – also keine Entscheidung gegen Spanien getroffen werden konnte. Erst von 2014 an, wenn das einstmals arme, seit langem aber prosperierende Spanien keine Strukturmittel mehr erwarten konnte, war es möglich, Entscheidungen auch mit qualifizierter Mehrheit zu treffen.

Den vierten zentralen Verhandlungspunkt in Nizza bildete das Verfahren der verstärkten Zusammenarbeit. Die Möglichkeit, dass sich einige Mitgliedstaaten zusammenschlossen, um auf dem Weg zu einer vertieften Integration zügiger voranzugehen – auch wenn nicht alle Partner fähig oder willens waren, dieses Vorhaben mitzutragen – war im Kontext der Flexibilitätsdebatte stets als Fluchtpunkt bei einer Blockade der Union betrachtet worden. Da das Verfahren bis dahin aber gar nicht genutzt worden war, wurde entschieden, die Regelungen zur Anwendung dieses Verfahrens zu erleichtern.

Die Urteile über das Nizzaer Vertragswerk gingen weit auseinander. Erneut überwog unter Beobachtern und Kommentatoren aber eine skeptische Grundhaltung, die den Neuerungen lediglich die Qualität einer technischen Reform zubilligte, welche die Union zwar für den Beitrittprozess

Bevölkerungsgröße, Stimmengewichtung und EP-Mandate nach dem Vertrag von Nizza

	Bevölke-rungsgröße (Mio.)	Bevölkerungs-anteil (EU 27) (Prozent)	Stimmen im Rat	Mandate im EP
Deutschland	82,2	17,06	29	99
Großbritannien	59,6	12,37	29	72
Frankreich	58,7	12,19	29	72
Italien	57,7	11,98	29	72
Spanien	39,4	8,18	27	50
Niederlande	15,9	3,30	13	25
Griechenland	10,5	2,18	12	22
Belgien	10,2	2,12	12	22
Portugal	10,0	2,08	12	22
Schweden	8,9	1,85	10	18
Österreich	8,1	1,68	10	17
Dänemark	5,3	1,10	7	13
Finnland	5,2	1,08	7	13
Irland	3,8	0,79	7	12
Luxemburg	0,4	0,08	4	6
Summe EU-15	*375,9*		*237*	*535*
Polen	38,7	8,03	27	50
Rumänien	22,5	4,67	14	33
Tschechien	10,3	2,14	12	20
Ungarn	10,0	2,08	12	20
Bulgarien	8,2	1,70	10	17
Slowakei	5,4	1,12	7	13
Litauen	3,7	0,77	7	12
Lettland	2,4	0,50	4	8
Slowenien	2,0	0,42	4	7
Estland	1,4	0,29	4	6
Zypern	0,8	0,17	4	6
Malta	0,4	0,08	3	5
Summe EU 27	*481,7*		*345*	*732*

aufnahmefähig machte, jedoch kaum ihre Handlungsfähigkeit und die viel beschworene demokratische Legitimität erhöhte. Erhebliche Kritik richtete sich zudem gegen die Methode der Regierungskonferenz: Die mühselige Kompromisssuche bei nächtlichen Verhandlungspokern durch Staats- und Regierungschefs, die mit Hinweis auf Zwangslagen und begrenzte Handlungsspielräume primär nationale Interessen verfolgten, wurde immer stärker in Frage gestellt. Dies umso mehr angesichts der Praxis, nach aufwändiger Arbeit auf Beamtenebene im Vorfeld des Abschlussgipfels, die Kompromisssuche beim Gipfeltreffen der Staats- und Regierungschefs in Nizza hinter verschlossenen Türen wieder bei Null zu beginnen.

Wie bereits beim Maastrichter Vertrag zog sich der Ratifizierungsprozess erneut in die Länge, wozu erneut ein gescheitertes Referendum einen wesentlichen Beitrag leistete. In Irland, dem einzigen Staat in dem das Nizzaer Vertragswerk sich einem obligatorischen Referendum unterziehen musste, stimmte die Bevölkerung mit 54 % zu 46 % gegen den ausgehandelten Vertrag. Begründet wurde das Scheitern mit der geringen Wahlbeteiligung von 33,7 % und dem Umstand, dass die Regierung in Irland bei Referenden eine Pflicht zur neutralen Information hat und so die Vorteile der Neuerungen von Nizza nur begrenzt habe vermitteln können. Ebenso wie in Dänemark fand eine zweite Abstimmung statt, in der die irische Bevölkerung das Vertragswerk von Nizza dann mit deutlicher Mehrheit billigte (Hummer/Obwexer 2001: 237–249).

Dass auch der Vertrag von Nizza keinen Schlussstein der institutionellen Reformdebatte darstellte, wurde bereits am vorletzten Verhandlungstag des Abschlussgipfels deutlich. Auf Drängen von Bundeskanzler Schröder – dem die deutschen Bundesländer, die bei der Lösung deutscher Föderalismusprobleme auch auf eine europäische Lösung setzten, im Nacken saßen – war ein Post-Nizza-Prozess mit einer weiteren, bereits auf den Zeitraum bis 2004 terminierten Regierungskonferenz vereinbart worden. Da das Nizzaer Vertragswerk erst am 1. Februar 2003 in Kraft trat, wurde mit diesem Beschluss nicht nur die Begrenztheit der „Methode Regierungskonferenz" eingestanden, sondern auch die Atempause zwischen den Vertragsrevisionen nochmals verkürzt.

Die Dynamik der 1990er Jahre: Vertiefung oder Erweiterung?

Angesichts des Wegfalls des Ost-West-Konflikts beherrschte das zentrale Begriffspaar der Integrationsgeschichte – Vertiefung und Erweiterung – auch die 1990er Jahre. Dabei unterschieden sich jedoch die Vorstellungen, in welchem Umfang die Union zu vertiefen und in welchem Ausmaß sie zu erweitern sei ebenso beträchtlich wie die Ansichten darüber, zu welchem Zeitpunkt dies zu erfolgen habe. Die Extreme reichten von einer ausschließlichen Vertiefung der Zusammenarbeit durch die EU-Mitgliedstaaten bis hin zu einer mechanischen Erweiterung um alle Beitrittskandidaten, ohne substanzielle institutionelle Reformen. Zwischen diesen Extremen lagen alle nur denkbaren Schattierungen und Abstufungen (Wessels 1995: 383–404).

Da beide Sichtweisen erhebliche Risiken bargen und Sorgen vor einer Verwässerung der europäischen Zusammenarbeit nährten, avancierte die Frage „Vertiefung oder Erweiterung“ zur Grundsatzfrage: Während die einen betonten, dass die Konzentration auf die Vertiefung die demokratischen und ökonomischen Stabilisierungsprozesse in Mittel- und Osteuropa gefährde, hoben andere hervor, dass ein Vorrang der Erweiterung die notwendigen Reformen der Union im Hinblick auf eine effizientere und legitimere Politikgestaltung verhindere. Die Staats- und Regierungschefs verknüpften letztlich beide Integrationslogiken im Sinne einer Vertiefung *durch* Erweiterung miteinander. Indem sie den Grundkonflikt in einem wechselseitigen Verhältnis von schrittweiser Vertiefung und sukzessiver Heranführung auflösten, schürten sie außerhalb der Europäischen Union Hoffnung und steigerten innerhalb der EU den Reformdruck.

Diese gradualistische Reformdynamik basierte indes nicht alleine auf strategischen Erwägungen der Staats- und Regierungschefs, sondern auch auf den unterschiedlichen integrationspolitischen Ansätzen der Mitgliedstaaten. Angesichts des bereits erreichten Grades an Vergemeinschaftung auf europäischer Ebene, und infolge anhaltend divergierender europapolitischer Leitbilder der Mitgliedstaaten, waren auf den europäischen Gipfeln keine einfachen Lösungen mehr zu erwarten; vielfach stellten die Abschlüsse nur den kleinsten gemeinsamen Nenner dar. Vor allem institutionelle Reformen waren zumeist nur noch in dem Ausmaß möglich, wie es der unmittelbar vorherrschende Reformzwang zuließ. Die Vertiefung der Europäischen Union präsentierte sich damit in den 1990er Jahren primär als eine Reaktion auf Krisenlagen und Außendruck. Eine strikt an den Kriterien von Effizienz, Effektivität und Transparenz orientierte, strategisch und vorausschauend gestaltete Konzeption des institutionellen Gefüges der Europäischen Union blieb hingegen – trotz entsprechender rhetorischer Bekundungen – ein unerfülltes Idealbild. Dieser Umstand spiegelte sich nicht zuletzt auch in einer zunehmend komplexeren Vertragskonstruktion wider, die auf mühsam ausgehandelten Formelkompromissen basierte. In diesem Zusammenhang zeigten sich immer stärker auch die Grenzen der Methode Regierungskonferenz. Die zunehmend länger andauernden Abschlussgipfel der Regierungskonferenzen und der Verzicht auf Grundsatzentscheidungen dokumentierten, dass das Muster intergouvernementaler Verhandlungen im Europäischen Rat gerade im Fall von institutionellen Reformen an seine Grenze gestoßen war. Das ständige Nachhinken des institutionellen Entwicklungsstands hinter den jeweils aktuellen Gegebenheiten und Herausforderungen des Integrationsprozesses verursachte erhebliche

Reibungsverluste und führte zu bisweilen kaum zu vermittelnden Politikergebnissen.

Die Vertiefung durch die Vertragsrevisionen der 1990er Jahre und die Erweiterungsverhandlungen mit den Staaten Mittel- und Osteuropas stellten die bis dahin einschneidensten Veränderungen im europäischen Integrationsprozess dar. Stärker als in anderen Zeitabschnitten hatte das europäische Einigungsprojekt in den 1990er Jahren sein Gesicht verändert. Dieser tief greifende Wandel führte zu grundsätzlichen Reflexionen über den Integrationsprozess und die Zukunft Europas. An die Stelle von Debatten über die Handlungsfähigkeit und Legitimität der Union rückte damit zunehmend die Frage nach den Grenzen Europas und nach der Finalität der europäischen Einigung.

Auswahlbibliografie zu Kapitel 7

Dokumente und Quellen:

Deutsche Einheit: Sonderedition aus den Akten des Bundeskanzleramtes 1989/90, Dokumente zur Deutschlandpolitik, München 1998.

Europäische Gemeinschaft – Europäische Union. Die Vertragstexte von Maastricht mit den deutschen Begleitgesetzen, bearbeitet und eingeleitet von Thomas Läufer, Bonn 1993.

Gemeinsame Botschaft von Bundeskanzler Dr. Kohl und Präsident Mitterand vom 18. April 1990 in Bonn und Paris an den amtierenden Präsidenten des Europäischen Rates, Premierminister Haughey, in: Auswärtiges Amt: Europäische Politische Zusammenarbeit auf dem Weg zu einer Gemeinsamen Außen- und Sicherheitspolitik, Bonn [9]1992, S. 411–412.

Gemeinsame Botschaft von Bundeskanzler Dr. Kohl und Präsident Mitterand vom 6. Dezember 1990 in Bonn und Paris an den amtierenden Präsidenten des Europäischen Rates, Ministerpräsident Andreotti, in: Auswärtiges Amt: Europäische Politische Zusammenarbeit auf dem Weg zu einer Gemeinsamen Außen- und Sicherheitspolitik, Bonn [9]1992, S. 413–416.

Kohl, Helmut: Erinnerungen 1982–1990, München 2005.

Rede Helmut Kohls im Europäischen Parlament am 22. November 1989, in: Verhandlungen des Europäischen Parlaments, Sitzungsperiode 1989–1990, S. 193–197.

Rede von Bundeskanzler Dr. Helmut Kohl am 3. April 1992 in Königswinter vor dem Bertelsmann-Forum zu Zielvorstellungen und Chance für die Zukunft Europas (Auszüge), in: Auswärtiges Amt (Hg.): Europäische Politische Zusammenarbeit (EPZ). Auf dem Weg zu einer Gemeinsamen Außen- und Sicherheitspolitik (GASP), Bonn [9]1992, S. 443–447.

Stellungnahme I der Bundesregierung vom 15. Januar 1993 [zum Maastricht-Urteil], in: Ingo Winkelmann: Das Maastricht-Urteil des Bundesverfassungsgerichts vom 12. Oktober 1993. Dokumentation des Verfahrens mit Einführung, Berlin 1994, S. 184–186.

Vertrag von Amsterdam. Texte des EU-Vertrages und des EG-Vertrages, hg. von Thomas Läufer, Bonn 1998.

Vertrag von Nizza. Texte des EU-Vertrages und des EG-Vertrages, Charta der Grundrechte der Europäischen Union, deutsche Begleitgesetze, hg. von Thomas Läufer, Bonn 2002.

Literatur:

Arnim, Hans Herbert von: Das Europa-Komplott, München/Wien 2006

Baun, Michael J.: An Imperfect Union: The Maastricht Treaty and the New Politics of European Integration, Boulder (Col.) 1996.

Everling, Ulrich: Das Maastricht-Urteil des Bundesverfassungsgerichts und seine Bedeutung für die Entwicklung der Europäischen Union, in: integration 3 (1994), S. 165–175.

Fischer, Klemens H.: Der Vertrag von Nizza. Text und Kommentar, Baden-Baden 2001.

Fligstein, Neil/McNichol, James A.: The institutional terrain of the European Union, in: Wayne Sandholtz/Alec Stone Sweet (Hg.): European Integration and Supranational Governance, Oxford (u.a.) 1998, S. 59–92.

Grabitz, Eberhard/Bogdandy, Armin von: Die Europäische Gemeinschaft und die Einheit Deutschlands – die rechtliche Dimension, in: integration 2 (1991), S. 47–64.

Greenwood, Justin: Interest representation in the European Union. Houndmills (u.a.) ²2007.

Griller, Stefan et al.: The Treaty of Amsterdam. Facts, Analysis, Prospects, Wien/New York 2000.

Habermas, Jürgen: Die postnationale Konstellation und die Zukunft der Demokratie, in: ders.: Die postnationale Konstellation, Frankfurt am Main 1998.

Herdegen, Matthias: Europarecht, München 1997.

Hrbek, Rudolf (Hg.): Der Vertrag von Maastricht in der wissenschaftlichen Kontroverse, Baden-Baden 1993.

Hummer, Waldemar/Obwexer, Walter: Irlands „Nein zu Nizza“: Konsequenzen aus dem negativen irischen Referendum vom 7. Juni 2001, in: integration 3 (2001), S. 237–249.

Hummer, Waldemar: Der Status der EU-Grundrechtecharta. Politische Erklärung oder Kern einer europäischen Verfassung?, Bonn 2002.

Jeismann, Michael: Herzstück. Mehr als ein Projekt: Das „Musée de l'Europe“ in Brüssel, in: Frankfurter Allgemeine Zeitung, 11. Dezember 2004.

Jopp, Matthias/Lippert, Barbara/Schneider, Heinrich (Hg.): Das Vertragswerk von Nizza und die Zukunft der Europäischen Union, Bonn 2001.

Keßler, Ulrike: Deutsche Europapolitik unter Helmut Kohl. Europäische Integration als „kategorischer Imperativ“?, in: Gisela Müller-Brandeck-Boquet et al. (Hg.): Deutsche Europapolitik von Konrad Adenauer bis Gerhard Schröder, Opladen 2002, S. 115–166.

Knelangen, Wilhelm: Das Politikfeld Innere Sicherheit im Integrationsprozeß. Die Entstehung einer europäischen Politik der inneren Sicherheit, Opladen 2001.

König, Christian/Pechstein, Matthias: Die Europäische Union. Der Vertrag von Maastricht, Tübingen 1995.

Küsters, Hanns Jürgen: Deutsch-französische Europapolitik in der Phase der Wiedervereinigung, in: Historisch-politische Mitteilungen 10 (2003), S. 295–309.

Lippert, Barbara (Hg.): Osterweiterung der Europäischen Union – die doppelte Reifeprüfung, Bonn 2000.

Maurer, Andreas: Das Europäische Parlament und die Investiturverfahren der Kommission – Bilanz eines Experiments, in: integration 2 (1995), S. 88–97.

Maurer, Andreas: Parlamentarische Demokratie in der Europäischen Union. Der Beitrag des Europäischen Parlaments und der nationalen Parlamente, Baden-Baden 2002.

Middlemas, Keith: Orchestrating Europe. The Informal Politics of European Union 1973–95. London 1995.

Mittag, Jürgen: Die Europäische Union und der Fußball. Die Europäisierung des Profifußballs zwischen Bosman- und Simutenkow-Urteil, in: Jürgen Mittag/Jörg-Uwe Nieland (Hg.): Das Spiel mit dem Fußball. Interessen, Projektionen und Vereinnahmungen, Klartext Verlag Essen 2007, S. 203–218.

Müller, Thorsten: Die Innen- und Justizpolitik der Europäischen Union. Eine Analyse der Integrationsentwicklung, Opladen 2003.

Neuhann, Florian: Im Schatten der Integration. OLAF und die Bekämpfung von Korruption in der Europäischen Union, Baden-Baden 2005.

Rometsch, Dietrich: Die Europäische Kommission, in: Werner Weidenfeld/Wolfgang Wessels (Hg.): Jahrbuch der Europäischen Integration 1998/99, Bonn 1999, S. 71–78.

Schmuck, Otto: Verlauf und Ergebnisse der Regierungskonferenz im Lichte integrationspolitischer Langzeittrends, in: Mathias Jopp/Andreas Maurer/Otto Schmuck (Hg.): Die Europäische Union nach Amsterdam. Analysen und Stellungnahmen zum neuen EU-Vertrag, Bonn 1998, S. 17–39.

Schneider, Heinrich: Alleingang nach Brüssel. Österreichs EG-Politik, Bonn 1990.

Weidenfeld, Werner (Hg.): Maastricht in der Analyse. Strategien und Optionen für Europa, Gütersloh 1994.

Weidenfeld, Werner (Hg.): Reform der Europäischen Union. Materialien zur Revision des Maastrichter Vertrages 1996, Gütersloh 1995.

* Weidenfeld, Werner/Giering, Claus: Die Europäische Union nach Amsterdam – Bilanz und Perspektive, in: Werner Weidenfeld (Hg.): Amsterdam in der Analyse. Strategien für Europa, Gütersloh 1998, S. 19–87.

* Weidenfeld, Werner: Nizza in der Analyse, Stratwegien für Europa, Gütersloh 2001.

* Wessels, Wolfgang: Maastricht: Ergebnisse, Bewertungen und Langzeittrends, in: integration 1 (1992), S. 2–16.

Wessels, Wolfgang: How to Mix Transformation and Integration: Strategies, Options and Scenarios, in: Barbara Lippert/Heinrich Schneider (Hg.): Monitoring Association and Beyond. The European Union and the Visegràd States, Bonn 1995, S. 383–404.

Wessels, Wolfgang: Der Amsterdamer Vertrag – Durch Stückwerkreformen zu einer effizienteren, erweiterten und föderalen Union?, in: integration 3 (1997), S. 117–135.

Wessels, Wolfgang/Jantz, Birke: Flexibilisierung: Die Europäische Union vor einer neuen Grundsatzdebatte? Grundmodelle unter der Lupe, in: Rudolf Hrbek (Hg.): Die Reform der Europäischen Union, Baden-Baden 1997, S. 345–348.
Winkler, Heinrich August: Der lange Weg nach Westen, Bd. 2, München 2000.
Wirsching, Andreas: Stationen auf dem Weg nach Maastricht, in: Historisch-politische Mitteilungen 10 (2003), S. 261–273.

Anmerkungen zu Kapitel 7:

1 In der Regel tagte die Regierungskonferenz einmal monatlich auf der Ebene der Außenminister, die ihrerseits den Staats- und Regierungschefs Bericht über die Fortschritte der Arbeit erstatteten.

2 Der EGKS-Vertrag und der Euratom-Vertrag wurden terminologisch in den Bereich der Europäischen Gemeinschaft mit einbezogen, bildeten aber vertragsrechtlich unverändert selbstständige Verträge.

3 Noch verwirrender wurde die Terminologie, wenn Bundesbürger erlebten, dass es in Österreich die EU- statt der EG-Gesundheitsminister waren, die vor der Gefahr des Rauchens warnten.

4 Im Jahr 1988 war das Gericht erster Instanz dem Gerichtshof zugeordnet worden.

5 In dem Protokoll vereinbarten alle zwölf Mitgliedstaaten – einschließlich Großbritannien – dass die Bestimmungen des Sozialprotokolls sowie alle auf diesem basierende Abkommen nicht für Großbritannien gelten. Während die anderen elf Mitgliedstaaten ermächtigt wurden, die Organe, Verfahren und Mechanismen des Vertrags in Anspruch zu nehmen, legte man zugleich fest, dass Großbritannien nicht an den Entscheidungen im Rat teilnimmt und infolgedessen die Stimmengewichtung im Rat an das britische „opting-out“ angepasst wurde.

6 Mit den Regelungen des Sozialprotokolls – und der gleichzeitigen Beibehaltung der alten Vertragsartikel – entstand eine Situation, in der grundsätzlich zwei unterschiedliche Vertragsgrundlagen nebeneinander existieren. Zum einen die Vertragsartikel des EG-Vertrages, zum anderen die reformierten Bestimmungen des Sozialprotokolls.

7 Bei „gemeinsamen Standpunkten“ wird vom Rat ein einheitliches politisches Konzept vorgegeben, an das sich die Einzelstaaten mit ihrer Politik halten müssen. „Gemeinsame Aktionen“ versetzen die EU in die Lage, außenpolitische Handlungen mit Ausnahme der Verteidigungspolitik einzuleiten, anstatt, wie zuvor, nur eine Orientierungsanweisung zu formulieren Bei den „Erklärungen“ schließlich wird die Haltung der EU und somit aller Mitgliedstaaten gegenüber Organisationen oder Drittländern zum Ausdruck gebracht.

8 Bereits 1989 hatte die Europäische Gemeinschaft ein Programm zur finanziellen Unterstützung der mittel- und osteuropäischen Länder aufgelegt, um ihnen die wirtschaftliche und politische Umstellung zu erleichtern (Programm PHARE).

9 Die Mittelmeerinsel Malta hatte ihren Beitrittsantrag 1996 ausgesetzt, ihn 1998 nach einem Regierungswechsel aber reaktiviert.

10 Bereits am 31. Juli 1959 hatte die Türkei einen Assoziierungsantrag gestellt, der zu dem am 1. Januar 1964 in Kraft getretenen Assoziierungsabkommen führte.

11 Die vier Konvergenzkriterien sahen im Einzelnen vor, dass erstens, die jährliche Neuverschuldung der nationalen öffentlichen Haushalte nicht über 3 % des BIP liegen und die Gesamtverschuldung nicht mehr als 60 % des BIP ausmachen sollte; dass, zweitens, die langfristigen Zinssätze den Durchschnitt der Länder mit den niedrigsten Inflationsraten um nicht mehr als 2 % überstiegen; dass, drittens, die Inflationsrate den Durchschnitt der drei Länder mit der niedrigsten Preisstabilität um nicht mehr als 1,5 % überstieg und, viertens, dass die Schwankungsbreiten des EWS für mindestens zwei Jahre eingehalten wurden.

12 Für eine Übergangszeit von zwei Monaten galten Euro und nationale Währungen parallel.

13 Als Instrumente hierzu dienen v.a. die Steuerung der Geldmenge, die Festsetzung von Mindestreserven und die Festsetzung der Leitzinssätze.

14 Infolge des rechtlichen Status der Überseegebiete ist der Euro 2002 auch in zahlreichen außereuropäischen Gebieten, so etwa in Französisch-Guayana oder auf Guadeloupe, Martinique und Réunion eingeführt worden. Auch nicht der EU angehörige Territorien wie der Vatikanstaat, Monaco, San Marino und Andorra haben den Euro eingeführt.

15 Zudem wurden die Verträge gewissermaßen „entrümpelt", so etwa um die im Maastrichter EG-Vertrag noch an prominenter Stelle zu findenden Art. 13–27 zur Zollunion, die bereits mit der Einführung des Gemeinsamen Tarifs im Juni 1968 überflüssig geworden waren.

16 In Amsterdam wurde der Komplexitätsgrad durch die Einrichtung neuer Institutionen abermals erhöht. So führte das Amsterdamer Vertragswerk zur Gründung eines Beschäftigungsausschusses, der Schaffung einer Strategieplanungs- und Analyseeinheit für die Gemeinsame Außen- und Sicherheitspolitik und zu verstärkten Kompetenzen der weiteren Institutionen. Gestärkt wurde etwa der Ausschuss der Regionen, der künftig seine Geschäftsordnung selbst bestimmen konnte, dem verstärkte Konsultationsrechte zugesprochen wurden und der einen eigenen organisatorischen Unterbau erhielt, den er nicht mehr mit dem WSA teilen musste.

17 Hierbei formuliert der Europäische Rat Richtlinien und Prinzipien für die Bereiche, in denen wichtige gemeinsame Interessen der Mitgliedstaaten bestehen. In der gemeinsamen Strategie werden jeweils Zielsetzung, Dauer und die von der Union und den Mitgliedstaaten bereitzustellenden Mittel angegeben.

18 Europol nahm zum 1. Juli 1999 die Arbeit, die im Rahmen der intergouvernementalen Zusammenarbeit der Mitgliedstaaten angesiedelt ist, auf. Ergänzt wurde Europol durch den Beschluss des Europäischen Rats in Tampere, die Agentur „Eurojust" einzurichten, die seit 2002 vor allem die Ermittlungen von Strafverfolgungsbehörden über Ländergrenzen hinweg koordiniert.

19 Der besonderen Tradition deutschen Bieres wurde von der Europäischen Kommission allerdings dadurch Rechnung getragen, dass nach dem Reinheitsgebot gebrautes Bier auf die 1996 erstelle Liste „traditioneller Lebensmittel" aufgenommen wurde. Demnach darf nur dann Bier mit dem Hinweis auf das Reinheitsgebot von 1516 verkauft werden, wenn es auch nach dessen Kriterien gebraut wurde.

20 Deutschland beherbergt seit 2002 die Europäische Agentur für Luftsicherheit mit Sitz in Köln.

21 So ziehen nach wie vor zahlreiche deutsche EU-Beamte nach Wezembeek-Oppem, wo es eine deutsche Schule, einen deutschen Bäcker und deutsche Kneipen gibt, jedoch kaum Verbindungslinien zu der multiethnischen Bevölkerung der belgischen Metropole.

22 Im Juli 1996 hatte bereits die Einsetzung eines Untersuchungsausschusses des Europäischen Parlaments, in dem auch der Europäischen Kommission Versäumnisse nachgewiesen wurden, zu einer Stärkung der Kontrollfunktion des Parlaments geführt.

23 In Amsterdam war bereits in Art. 7 des EU-Vertrags ein Sanktionsmechanismus gegenüber Mitgliedstaaten aufgenommen worden, die eine „schwerwiegende und anhaltende" Verletzung der Prinzipien der Gemeinschaft verursachen.

24 Der Konvent zur Erarbeitung einer europäischen Grundrechtecharta setzte sich aus 15 Regierungsvertretern, 30 nationalen Parlamentariern, 16 Europaabgeordneten und einem Kommissionsvertreter zusammen.

25 Im Gefolge dieser Entscheidung traf der Europäische Rat im März 2004 die Entscheidung, künftig nicht mehr im Justus-Lipsius-Gebäude des Rats seine Brüsseler Sitzungen abzuhalten, sondern den Block A des Residénce-Palace-Gebäudes nach dessen Renovierung für die Gipfeltreffen des Europäischen Rats vorzusehen.

8. Neue Wege und alte Probleme im 21. Jahrhundert: Kontroversen über die Finalität und die Grenzen der EU

Die Rede des deutschen Außenministers Joschka Fischer im Mai 2000 über die Zukunft der europäischen Integration war der Auslöser für eine rege, europaweite Debatte über die Weiterentwicklung der Europäischen Union. Grundsätzlicher und ausführlicher als jemals zuvor wurde in den folgenden Monaten die Frage erörtert, welche dauerhafte – wenn nicht sogar endgültige – Architektur für die Europäische Union in der Zukunft denkbar sei. Auf Grundlage der bereits in Nizza vereinbarten Überlegungen zu einer weiteren Regierungskonferenz berief der Europäische Rat in Laeken im Dezember 2001 einen Konvent ein, der die Aufgabe erhielt, Reformvorschläge zu unterbreiteten. Der Europäische Konvent, der erstmals auch Abgeordnete aus den nationalen Parlamenten und dem Europäischen Parlament sowie Repräsentanten der Beitrittskandidaten enger in eine Vertragsrevision einband, legte schließlich im Sommer 2003, nach 16-monatigen Beratungen, einen im Konsens vereinbarten Entwurf für einen „Vertrag über eine Verfassung für Europa" vor, der eine weitgehend neugeordnete Vertragskonstruktion und erhebliche institutionelle Änderungen vorsah. Während der anschließenden Regierungskonferenz gelang es dem Europäischen Rat im Dezember 2003 jedoch zunächst nicht, sich auf endgültige Bestimmungen für den Verfassungsvertrag zu verständigen. Erst ein halbes Jahr später, als die Gemeinschaft bereits auf 25 Mitglieder angewachsen war, fand die Regierungskonferenz ihren erfolgreichen Abschluss.

Mit der Annahme des Verfassungsvertrags durch den Europäischen Rat fiel auch der Startschuss für die nationalen Ratifizierungsverfahren. Überraschend scheiterte jedoch die Ratifizierung des neuen Vertrags im Sommer 2005 bei Referenden in Frankreich und den Niederlanden mit deutlicher Mehrheit. Hatte der Europäische Rat sich zunächst konsterniert über das Scheitern in gleich zwei Gründerstaaten gezeigt und der Europäischen Union eine „Reflexionsphase" verordnet, ließ er das Ratifizierungsverfahren später stillschweigend fallen. Erst unter deutscher Ratspräsidentschaft wurde im ersten Halbjahr 2007 der Versuch unternommen, wesentliche Inhalte des Verfassungsvertrags in eine modifizierte Version der bestehenden Verträge zu überführen. Auf dem turbulenten Brüsseler Gipfel im Juni 2007 verständigten sich die Staats- und Regierungschefs auf einen rechtlichen Rahmen, der wesentliche Ergebnisse des Verfassungsvertrags übernahm, im Dezember des Jahres wurden wurden diese Bestimmungen im Vertrag von Lissabon Vertrag förmlich niedergelegt.

Im Windschatten der Verfassungsdebatte hat die Europäische Union zu Beginn des 21. Jahrhunderts neue Aktivitäten in bisher nicht vergemeinschafteten Bereichen entwickelt. So führten die Pläne einer Europäischen Sicher- und Verteidigungspolitik (ESVP) zum Auf- und Ausbau von sicherheitspolitischen Kapazitäten, die die Grundlage für zahlreiche zivile und militärische Einsätze unter Federführung der Europäischen Union bildeten. Mit der seit 2004 entwickelten europäischen Nachbarschaftspolitik etablierte die Union ein neues Instrument für die bisherige Erweiterungspolitik, das den östlichen und südlichen Nachbarstaaten eine Perspektive bieten sollte und – gewissermaßen als Pendant zur Finalitätsdebatte – auch die Frage nach den Grenzen Europas aufwarf.

Der „Post-Nizza-Prozess" und die Laekener Erklärung: Von der Reform- zur Verfassungsdebatte

Bereits während des Abschlussgipfels der Nizzaer Regierungskonferenz hatte der Europäische Rat im Dezember 2000 eine weitere Überarbeitung der Verträge in Aussicht gestellt. In der dem Vertrag angehängten „Erklärung zur Zukunft der Union" listeten die Staats- und Regierungschefs vier Themenfelder auf, die im künftigen Reformprozess eingehender behandelt werden sollten: die Klärung des rechtlichen Status der Grundrechtecharta, eine genauere Kompetenzabgrenzung zwischen Mitgliedstaaten und Union, eine präzisere Bestimmung der Mitwirkungsmöglichkeiten der nationalen Parlamente und schließlich das Dauerthema einer Vereinfachung der Verträge. Zugleich riefen die Staats- und Regierungschefs zur „Aufnahme einer eingehenderen und breiter angelegten Diskussion über die Zukunft der Europäischen Union" auf (Erklärung 23 des Vertrags von Nizza).

Als der Europäische Rat seine Deklaration verabschiedete, war diese Diskussion indes bereits voll entbrannt. Während in der Wissenschaft schon seit Mitte der 1990er Jahre rege über die zukünftige Gestalt der Europäischen Union debattiert wurde, löste die Rede, die der deutsche Außenminister Joschka Fischer am 12. Mai 2000 im Audimax der Berliner Humboldt-Universität hielt, einen regen politischen Gedankenaustausch aus. Mit seinen „vom Staatenbund zur Föderation" betitelten „Gedanken über die Finalität der europäischen Integration" gelang es erstmals, seitdem Helmut Kohl im Zuge der Kritik am Maastrichter

Vertragswerk den Gedanken der „Vereinigten Staaten von Europa" hatte fallen lassen, einem verantwortlichen Politiker wieder, den Blick der Öffentlichkeit auf die Frage nach dem angestrebten Endzustand der Europäischen Union zu lenken.[1]

Den Kerngedanken von Joschka Fischers Ausführungen bildete die Zielvorstellung einer europäischen Föderation – mit einem gewählten Präsidenten und einer europäischen Regierung an der Spitze. Das Europäische Parlament sollte in diesem System alle zentralen parlamentarischen Funktionen übernehmen und als Zwei-Kammer-Parlament organisiert werden. Die erste Kammer setzte sich Fischers Vorstellungen zufolge aus direkt gewählten Abgeordneten zusammen, während die zweite Kammer Delegierten der Nationalstaaten vorbehalten blieb. Die Nationalstaaten spielten in der angestrebten europäischen Föderation eine zentrale Rolle, das Verhältnis zur Föderation sollte durch eine klare Souveränitäts- und Kompetenzteilung auf Grundlage des Subsidiaritätsprinzips geregelt werden. Rechtlich verankert werden sollten diese Bestimmungen dem Vorschlag Fischers nach in einem „Verfassungsvertrag". Zugleich betonte der deutsche Außenminister, dass es denkbar wäre, eine Gruppe von Mitgliedstaaten als „Gravitationszentrum" oder als „Avantgarde" den anderen vorangehen zu lassen (Marhold 2001: 41–54 u. 172–176). Diese Gruppe schließe keinen Mitgliedstaat aus und bleibe jederzeit für hinzukommende Staaten offen. Mit diesem Gedanken griff Fischer, unter dem Schlagwort der „Avantgarde", die Erwägungen zur Flexibilität wieder auf, an die der ehemalige Kommissionspräsident Jacques Delors einige Monate zuvor in einem französischen Zeitungsinterview erinnert hatte.

Mit seiner Berliner Rede löste Fischer ein gesamteuropäisches Echo aus. Hatte in der europäischen Einigungsgeschichte bis dahin – trotz einiger Versuche, das bisherige Vertragswerk auf ein neues Fundament zu stellen – lediglich eine „verdeckte" europäische Verfassungsdiskussion über Ziele, Aufgaben und Institutionen der Integrationskonstruktion stattgefunden, die bewusst auf Reizworte wie „Bundesstaat" oder „Föderation" verzichtete, setzte nunmehr eine offene Grundsatzdebatte ein, in der sich zahlreiche europäische Politiker zu Wort meldeten (Hurrelmann 2005: 202–232). Zurückzuführen war die Intensität dieses Diskussionsprozesses wohl in erster Linie auf das Ausmaß der Vertragsreformen seit der Einheitlichen Europäischen Akte. Da seit 1987 immer weitere Hoheitsrechte auf die europäische Ebene übertragen worden waren, drängte sich die Überlegung auf, dass die Europäische Union aus mehr als einem undurchschaubaren Vertragskonvolut bestehen müsse, um ihre Machtbefugnis zu legitimieren. Aber auch die sich abzeichnende Vollendung der WWU, die während der 1990er Jahre einen Großteil der Verhandlungsressourcen in Anspruch genommen hatte, und die bevorstehende Erweiterungsrunde boten Anlass, Richtung und Ziel des europäischen Einigungsprozesses einer gründlichen Revision zu unterziehen. Dass nach dem Gipfel von Nizza immer weniger von einer Reform- und zunehmend von einer europäischen Verfassungsdebatte die Rede war, ist nicht zuletzt darauf zurückzuführen, dass mit der Grundrechtecharta, der Kompetenzverteilung zwischen Union und Mitgliedstaaten sowie der Rolle der nationalen Parlamente Themen im Raum standen, die auf nationaler Ebene üblicherweise verfassungsrechtlich geregelt werden (Göler 2002: 17).

Obgleich die Dichte der Vertragsrevisionen in den 1990er Jahren Integrationsforscher dazu brachte, von einer „kumulative[n] Vor-Verfassung der Europäischen Union" zu sprechen (Kühnhardt 2007: 7), billigte doch nur eine begrenzte Anzahl von wissenschaftlichen Experten den rechtlichen Grundlagen der Europäischen Union Verfassungscharakter zu. Vertreter einer traditionellen Verfassungslehre argumentierten, dass die Europäische Union entscheidende Kriterien für die Konstitutionalisierung nicht erfülle: Sie sei kein „echter" Staat mit einheitlichem Staatsgebiet und einem Staatsvolk und werde auch in Zukunft nicht über den Status einer überstaatlichen Föderation hinauswachsen. Dem wurde entgegnet, dass die europäischen Verträge schon seit langem Verfassungscharakter hätten, da die Institutionen der Union bzw. der Gemeinschaft Herrschaft ausübten, die Organe auch formal denen eines „klassischen" Staates nahe kämen und sie zudem auch über teils mittelbar, teils unmittelbar vom Volk abgeleitete Legitimität verfügten.

Die Rede des deutschen Außenministers lieferte den Impuls für zahlreiche weitere Debattenbeiträge im In- und Ausland. Die Reaktionen fielen dabei äußerst disparat aus und reichten von prinzipieller Zustimmung bis hin zu Ablehnungsbekundungen. Von besonderer Relevanz war die französische und die britische Reaktion: Jacques Chirac griff die Perspektive einer Avantgarde europäischer Nationalstaaten in seiner Rede vor dem Bundestag im Juni 2000 auf und zeigte zudem Bereitschaft, sich auf das Thema „Verfassung" einzulassen. In den institutionellen Kernfragen ließen die französischen Reaktionen auf Fischers Rede hingegen keine eindeutige Zustimmung erkennen. Ebenso wie Fischer hatte auch der britische Premier Tony Blair seine Vorstellung zur Finalität der Europäischen Union bereits vor dem Gipfel in Nizza dargelegt, indem er das Ziel einer europäischen „Supermacht" definierte, einem europäischen „Superstaat" jedoch eine Absage erteilte.

Angesichts der zahlreichen Anmerkungen zur „Finalität" der Europäischen Union hatte die Debatte im Verlauf des Jahres 2001 endgültig eine neue Dimension erreicht. Während in den 1990er Jahren noch der Gedanke einer Kodifikation – einer systematisierenden Zusammenfassung des geltenden Rechts – dominierte, drängte sich nunmehr für zahlreiche Akteure, nicht zuletzt auch im Hinblick auf den im Juli 2002 auslaufenden EGKS-Vertrag, die Idee eines neuen Vertragswerks mit verfassungsähnlichem Charakter auf. Diese Zielsetzung setzte sich unter dem Schlagwort „Konstitutionalisierung" nach anfänglichem Zögern schließlich im Dezember 2001 auch unter den Staats- und Regierungschefs während des Gipfeltreffens im Brüsseler Königsschloss in Laeken durch. Die hier verabschiedete „Erklärung von Laeken" berief einen „Konvent zur Zukunft Europas" mit dem Ziel ein, „eine möglichst breit und transparent angelegte Vorbereitung der nächsten Regierungskonferenz" in die Wege zu leiten. Zugleich wurden in der „Laekener Erklärung" diejenigen Themenfelder präzisiert, die in den Verhandlungen des Konvents eingehender behandelt werden sollten. Darunter fand sich auch der Hinweis, dass der Konvent Gedanken über den „Weg zu einer Verfassung für die europäischen Bürger" anstellen könne (Laekener Erklärung 2001).

Die Entscheidung für das Konventmodell war nicht überraschend gefallen. Nach den ernüchternden Ergebnissen des Gipfels von Nizza setzte sich die Überzeugung durch, für eine tief greifende Reform der Europäischen Union eine alternative Methode zu nutzen. Die Weiterentwicklung der Union sollte vor allem nach Auffassung des Europäischen Parlaments nicht länger durch Diplomaten und Regierungschefs hinter verschlossenen Türen mit einer Reihe unstimmiger Ergebnisse erfolgen, sondern vielmehr durch einen umfassenden öffentlichen Diskurs, der auch die vielfach beklagte Distanz zu den Bürgern reduzierte. Da das Konventsmodell mit dem Grundrechtekonvent bereits erfolgreich erprobt worden war, erhielt der Vorschlag, zu einer Generalüberholung der Verträge einen Konvent einzusetzen, breite Zustimmung. Erstmals seit der Debatte über die Europäische Verteidigungsgemeinschaft in den 1950er Jahren blieb es damit nicht ausschließlich nationalen Regierungen vorbehalten, den Gegenstand und die Optionen einer Vertragsrevision festzulegen.[2]

Mit der Laekener Erklärung hatte sich der Europäische Rat für ein umfangreiches Mandat entschieden, das weit über die ursprünglichen vier Themenfelder der Nizzaer „Erklärung zur Zukunft der Europäischen Union" hinausging. Basierend auf einer Vorlage der belgischen Ratspräsidentschaft entwickelten die Staats- und Regierungschefs einen umfangreichen Katalog von Fragen, in dem u.a. eine Vereinfachung der Verfahren und Instrumente der Union sowie eine Verbesserung von Demokratie, Transparenz und Effizienz angeschnitten wurde. Zu einem weiteren Kernthema avancierte – nicht zuletzt vor dem Hintergrund der Terroranschläge vom 11. September 2001 – die Rolle der EU im internationalen System (Barnutz/Große Hüttemann 2002: 157–163).

Offen gelassen hatten die Staats- und Regierungschefs indes die Frage, welche Rolle dem Konvent zukommen sollte: So besaß der Konvent die Option, sich selbst als verfassunggebende Versammlung zu sehen, um den Regierungen mit einem ausgearbeiteten Verfassungskonzept gegenüberzutreten, dem sich die Regierungen nicht einfach verschließen konnten. Er hatte aber auch die Möglichkeit, sich lediglich als eine Art Vor-Regierungskonferenz zu begreifen, in der die Regierungsvertreter zusammen mit einem breiten Kreis von Parlamentariern und in enger Kooperation mit der so genannten Zivilgesellschaft die Kernfragen der nächsten Vertragsrevision erörterten. Beide Varianten schienen denkbar, fest geregelt war lediglich, dass die geplante Regierungskonferenz am Ende formal über die Revision der Verträge entscheiden würde. Unter der Leitung von Giscard d'Estaing entschloss sich der Konvent jedoch für die erste Variante und erklärte seine Absicht, ein grundlegend neues Dokument auszuarbeiten.

Der Konventsentwurf: Vorschläge zum institutionellen Umbau im deliberativen Kontext

Die feierliche Eröffnungstagung des Konvents fand am 28. Februar 2002 in Brüssel statt. Auf französischen Vorschlag hin hatte man sich bereits in Laeken auf Valéry Giscard d'Estaing als Konventspräsident verständigt. Als Staatspräsident hatte dieser in den 1970er Jahren wesentlichen Anteil an der Etablierung des Europäischen Rats und des EWS. Die Laekener Entscheidung für Giscard d'Estaing war aber weniger auf dessen historischen Verdienste zurückzuführen, als vielmehr ein geschickter Schachzug Chiracs, um einen unbequemen Kontrahenten im eigenen Lager aus dem französischen Präsidentschaftswahlkampf zu halten. Dem Präsidenten zur Seite wurden die beiden früheren Regierungschefs Jean Luc Dehaene (Belgien) und Giuliano Amato (Italien) gestellt.

In Anlehnung an die Zusammensetzung des Grundrechtekonvents waren im Europäischen Konvent jeweils zwei Vertreter aus den nationalen Parlamenten sowie ein Abgesandter der Regierungen der Mitgliedstaaten vertreten. Auch die Beitrittskandidaten durften nach dem selben Muster insgesamt 39 Vertreter in den Konvent entsenden, ohne dass ihnen allerdings formell die gleichen Rechte zugestanden wurden.[3] Hinzu kamen 16 Repräsentanten des Europäischen Parlaments sowie zwei Vertreter der Kommission. Während die Zusammensetzung des insgesamt 105 Mitglieder zählenden Konventsplenums weitgehend unumstritten war, hatte man in Laeken um das Präsidium ungleich stärker gerungen. Schließlich einigte man sich darauf, neben dem Präsidenten und seinen beiden Vertretern neun weitere Konventsmitglieder – in erster Linie Regierungsvertreter – in das Präsidium des Konvents zu berufen. Damit stand einem parlamentarisch dominierten Konventsplenum ein Präsidium gegenüber, in dem die Regierungsvertreter eine deutliche Überhand besaßen.[4]

Als Reaktion auf die anhaltende Kritik am Demokratiedefizit und an der fehlenden Transparenz der Europäischen Union wurde – begleitend zu der Arbeit des Europäischen Konvents – ein „Forum der Zivilgesellschaft“ eingerichtet. In diesem Forum sollten alle gesellschaftlichen Gruppen die Möglichkeit haben, sich in die Reformdiskussionen einzubringen. Um die Kluft zu den Konventsmitgliedern zu verringern, wurden Vertreter der „organisierten Zivilgesellschaft“ in Form von Interessengruppen und Verbänden auch im Plenum des Konvents gehört. Darüber hinaus wurden zahlreiche Internetforen eingerichtet. Die rege Internetbeteiligung erwies sich jedoch nicht nur als Vorteil. Die Ideen und Vorschläge sprudelten zwar reichlich, angesichts der überbordenden Fülle von Beiträgen war eine gezielte Konsultation der Konventsmitglieder aber kaum möglich.

Die Arbeitsweise des im Brüsseler Parlamentsgebäude tagenden Konvents zeichnete sich durch einen niedrigen Grad an Formalisierung aus. Eine zentrale Rolle kam dem Konventspräsidenten zu, der die Aufgabe hatte, Schlussfolgerungen aus den Debatten zu ziehen und Vorschläge für die weitere Arbeit zu machen.[5] In Anlehnung an das Verfassungsgerüst, das im Oktober 2002 vom Präsidium ausgearbeitet worden war, legte der Konventspräsident in der Plenarsitzung vom 6./7. Februar 2003 die ersten Artikel einer zukünftigen Verfassung vor. Diese basierten auf den Ergebnissen der zuvor eingerichteten Arbeitsgruppen sowie auf den Debatten, die im Anschluss an die jeweiligen Berichte der Arbeitsgruppen im Plenum geführt wurden, trugen aber auch die Handschrift des Präsidiums. Bis zum Juni 2003 waren nach insgesamt 27 Plenartagungen alle weiteren Artikel vorgestellt worden, so dass ein Gesamtentwurf vorlag. Der vollständige Entwurf wurde dem Europäischen Rat am 18. Juli 2003 in Rom überreicht (Europäischer Konvent 2003).

Ein Schlüsselelement der Konventsmethode war die Beschlussfassung, die auf dem Konsensprinzip basierte. Da man die Gefahr einer Lähmung durch Abstimmungen nach dem Einstimmigkeitsprinzip vermeiden wollte, erfolgte die Beschlussfassung nach dem Vorbild der bereits im Grundrechtekonvent eingeübten Verfahrensweise. Ein Beschluss galt dann als angenommen, wenn der Vorsitzende in engem Benehmen mit den beiden stellvertretenden Vorsitzenden zu der Auffassung gelangte, dass der Vorschlag für alle Seiten konsensfähig sei. Diese Regel war an kein festes Quorum gebunden; es lag allein im Ermessensspielraum der Präsidenten, zu entscheiden, wann ein einvernehmlicher Konsens hergestellt sei.[6]

Der abschließende Entwurf des Europäischen Konvents enthielt gegenüber den bestehenden Verträgen wesentliche Neuerungen, auf die sich die Regierungskonferenzen der Staats- und Regierungschefs zuvor nicht hatten verständigen können. Im Hinblick auf die Gesamtkonstruktion war bemerkenswert, dass der in vier Hauptteile differenzierte Verfassungsvertrag nicht länger auf der „Tempelkonstruktion" basierte, sondern eine neue Architektur auf der Grundlage einer einheitlichen Rechtspersönlichkeit vorsah.[7] Dem Entwurf wurde die Bezeichnung „Vertrag über eine Verfassung für Europa" zugrunde gelegt. Beide Aspekte trugen dazu bei, dass aus wissenschaftlicher Sicht konstatiert wurde, es handle sich bei dem neuen Gebilde weder um eine „reine Vertragsrevision" noch um eine aus den Nationalstaaten bekannte „Verfassung", sondern um eine semantische Mischkonstruktion.

Der erste Teil dieses Verfassungsvertrags regelte Grundfragen wie die Zuständigkeiten, die Ziele und Werte sowie den institutionelle Aufbau der Union. Den zweiten Teil bildete die in Nizza feierlich proklamierte Grundrechtecharta in ihrem vollen Wortlaut. Detailliert wurden im dritten Teil die Arbeitsweise und die Politikbereiche der EU definiert, um im abschließenden vierten Teil dann juristische Hinweise für das Inkrafttreten aufzulisten. Trotz dieser systematischen Gliederung des Textkorpus stellte der Entwurf kein einfaches Dokument dar. Mit insgesamt über 460 Artikeln weitete er den Umfang der bisherigen Verträge nochmals aus. Erschwert wurde der Zugang zum Verfassungsvertrag zudem dadurch, dass „trotz einer einheitlichen Rechtsbasis und gleicher Rechtsinstrumente" die „jeweils vorgesehenen Verfahren weiterhin einen erheblichen Grad an Differenzierung" aufwiesen und ein Fortbestand von „politikfeldspezifischen Regeln aus der abgelehnten Tempelkonstruktion zu beobachten" war (Wessels 2003: 288).

Neben der Gesamtkonstruktion des Verfassungsvertrags wurden von den Kommentatoren die institutionellen Fragen, die in Nizza so massive Probleme bereitet hatten, am eingehendsten unter die Lupe genommen. Viele Beobachter vertraten die Ansicht, dass die zentrale Rolle des Europäischen Rats nochmals gestärkt wurde. Der Konventsentwurf sah zwar vor, dass der Europäische Rat zum EU-Organ wird, weiterhin aber der Kontrolle des Europäischen Gerichtshofs entzogen bleibt. Öffnungs- bzw. Ermächtigungsklauseln, so genannte Passerelle-Klauseln, räumten dem Europäischen Rat die Möglichkeit ein, mit einstimmigen Entscheidungen – jenseits von Vertragsrevisionen – verfahrensähnliche Fragen zu ändern. Von Bedeutung war auch die vorgesehene Kompetenzausweitung des Europäischen Rats bei Personalfragen. Alle drei Schlüsselpositionen der Union – der Kommissionspräsident ebenso wie die neu vorgesehenen Posten des Präsidenten des Europäischen Rats und des Außenministers der Europäischen Union – sollten unter Federführung des Europäischen Rats besetzt werden. Der Forderung nach einem für eine mehrjährige Periode gewählten Präsidenten des Europäischen Rats, die zunächst Jacques Chirac erhoben hatte, und der sich José Maria Aznar und Tony Blair angeschlossen hatten, war vom Konvent aufgegriffen und mit dem Ziel einer Bündelung der Arbeitsweise in den Entwurf übernommen worden. Zugleich schlug der Konvent auch eine veränderte Zusammensetzung des Europäischen Rats vor. Dem Entwurf zufolge sollte der Europäische Rat fortan nur noch aus den Staats- und Regierungschefs, dem Präsidenten des Europäischen Rats, dem Kommissionspräsidenten und dem europäischen Außenminister bestehen, während die nationalen Außenminister nicht erwähnt wurden. Einschneidende Änderungen ergaben sich schließlich auch aus dem Vorschlag, den rotierenden Ratsvorsitz durch den Präsidenten des Europäischen Rats zu ersetzen. Mit diesem Vorschlag wurde beabsichtigt, eine stärkere Kontinuität und damit letztlich auch eine höhere Professionalisierung der Arbeit des Rats zu ermöglichen. Gleichwohl setzte der Konvent hier auch einen Kontrapunkt, indem er die Einstimmigkeit – und damit das faktische Vetorecht – im Europäischen Rat nicht in Frage stellte.

Im Bereich der Europäischen Kommission sah der Konventsvorschlag vor allem eine „Aufwertung" des Kommissionspräsidenten vor. Indem er die Wahl des Kommissionspräsidenten mit den Mehrheitsverhältnissen im Europäischen Parlament verknüpfte, gab er diesem Amt ein stärker politisches Profil. Darüber hinaus sollte der Kommissionspräsident das Recht erhalten, aus einer Liste von drei potenziellen Kandidaten pro Land künftig „seine" Kommissare auszuwählen. Auch mit Blick auf die bevorstehende Erweiterungsrunde billigte der Konvent unverändert jedem Land einen Kommissar zu und schlug vor, die künftige Kommission aus 15 stimmberechtigten und 15 nicht-stimmberechtigten (Junior-) Kommissaren zu bilden.

Für den Ministerrat, der nun offiziell auch wieder unter dieser Bezeichnung firmieren sollte, sah der Konvent ebenfalls erhebliche Veränderungen vor: Die Union sollte künftig einen Außenminister samt diplomatischem Dienst erhalten, der in mehreren Institutionen verankert wurde: So war der Außenminister sowohl als Vorsitzender im Rat der Außenminister und als Vizepräsident der Kommission wie auch als Teilnehmer der Sitzungen des Europäischen Rats konzipiert.

Ein weiterer folgenschwerer Neuordnungsvorschlag des Konvents war die Einführung einer doppelten Mehrheit. Ungeachtet des monatelangen Ringens um diese Kernfrage in Nizza und erheblicher Kontroversen im Konventsplenum, die zumeist entlang nationaler Spannungslinien verliefen, gelang es dem Konvent, sich hier einvernehmlich auf eine neue Formel zu verständigen. Demzufolge sollte künftig bei Abstimmungsverfahren mit qualifizierter Mehrheit weder eine Stimmenwägung noch die alte Hürde gelten, sondern – nach einer Übergangszeit – eine vereinfachte doppelte Mehrheit. Erforderlich für eine erfolgreiche Mehrheitsentscheidung war demnach eine einfache Mehrheit der Staaten, die 60 % (drei Fünftel) der Unionsbevölkerung repräsentieren musste. Mit diesem Vorschlag wurde in einem Zug die komplizierte Stimmgewichtung abgeschaffen, den bevölkerungsreichen Ländern ein adäquater Einfluss zugestanden, der Aufbau einer Sperrminorität erschwert und die Entscheidungsfindung einer erweiterten Union erleichtert. Neu vorgeschlagen wurde vom Konvent schließlich auch die Bestimmung, dass die Gesetzgebung künftig ausschließlich im Rat für allgemeine Angelegenheiten konzentriert werde, dessen Sitzungen in seiner Funktion als Legislativrat öffentlich stattfinden sollten.

Der Konventsentwurf machte das EP einmal mehr zum „Gewinner" eines Revisionsvorschlags: Mit der Aufwertung des Europäischen Parlaments zum regulären Gesetzgeber ebnete man endgültig den Weg zu einem Zwei-Kammer-System. Dieses Zwei-Kammer-System entsprach auch der in Art. 1 angeführten doppelten Legitimation der Europäischen Union als Union der Bürger und der Staaten. Im Zuge einer Neuordnung der Rechtsetzungsverfahren schlug der Konvent des Weiteren vor, das Mitentscheidungsverfahren in ein „ordentliches Gesetzgebungsverfahren" zu überführen, das dem Europäischen Parlament in 84 von 110 Rechtsbereichen eine Beteiligung sicherte. Von entscheidender Bedeutung war darüber hinaus die Aufhebung der bisherigen Trennung in obligatorische und nicht-obgliatorische Haushaltsausgaben, so dass das Europäische Parlament künftig über alle Einzelbereiche des Haushalts hätte mitentscheiden können.

Bereits in ersten Stellungnahmen wurde der Konventsentwurf als ausgewogener Reformvorschlag begrüßt und konstatiert, dass er eine qualitative Verbesserung gegenüber den bestehenden Verträgen darstelle. Neben viel Licht wurde aber auch einiger Schatten ausgemacht, so etwa mit Blick auf den nur begrenzt eingelösten Anspruch Giscard d'Estaings, die Verträge verständlicher zu machen. Obwohl der Vertragsdschungel erheblich gelichtet wurde, stellte auch der Verfassungsvertrag kein bündiges, sprachlich verständliches und übersichtliches – mithin „bürgernahes" – Dokument dar. Die institutionellen Änderungen wurden begrüßt, aber auch mit der Bemerkung quittiert, dass der Konventsentwurf alle Organe stärke. Dies könne zu einer veränderten institutionellen Machtbalance der Union führen und die Entscheidungsfindung potenziell erschweren. Dies umso mehr, da der Konvent auch ein so genanntes Frühwarnsystem für die nationalen Parlamente vorsah und damit die Anzahl der beteiligten Institutionen noch einmal erhöhte.[8] In der Gesamtschau wurde der Konventsentwurf als gelungener Kompromiss gewertet, der ebenso wenig wie diverse Regierungskonferenzen zuvor eine Entscheidung zugunsten von intergouvernementalen und supranationalen Leitbildern vorgenommen habe, sondern letztlich beiden Sichtweisen Rechnung trug (Emmanouilidis 2005: 70–104).

Das Scheitern des Verfassungsvertrags: Von hochgesteckten Erwartungen zum „Scheitern" auf Raten

Obwohl der Europäische Rat sowohl auf seinem Treffen in Thessaloniki als auch auf dem Gipfel in Rom seine Zustimmung zu dem Entwurf bekundete, wurde das Dokument nicht – wie vom Konvent erhofft – als Ganzes unverändert übernommen. Auf der im Oktober 2003 eröffneten Regierungskonferenz, an der erstmals auch die Beitrittskandidaten als gleichberechtigte Partner teilnahmen, begann man das vom Konvent gezurrte Paket wieder aufzuschnüren. In drei von vier institutionellen Kernbereichen wurden dabei wesentliche Änderungen vorgenommen: Auf Widerstand bei den Staats- und Regierungschefs war der Vorschlag zur Zusammensetzung der Kommission gestoßen, so dass die revidierte Fassung nicht mehr zwischen stimmberechtigten und nicht-stimmberechtigten Kommissaren unterschied, sondern ein verschlanktes Kollegium vorsah, dessen Größe ab 2014 bei zwei Dritteln der Zahl der Mitgliedstaaten liegen sollte. Verworfen wurde von den Staats- und Regierungschefs auch der Konventsvorschlag, den Ministerrat in einen Legislativrat, in dem die Abstimmungen öffentlich erfolgen, sowie weitere Ratsformationen zu unterteilen.

Auch die weiteren Änderungen der Regierungskonferenz betrafen vor allem den Bereich des Rats. So wurden bei der Finanziellen Vorausschau und in der Außen- und Sicherheitspolitik vom Konvent vorgesehene

Mehrheitsentscheidungen zugunsten von Einstimmigkeitsregelungen zurückgenommen. Den meisten Konfliktstoff bot aber die Regelung der qualifizierten Mehrheitsentscheidungen. Vor allem Spanien und Polen klammerten sich an die für beide Länder günstigere Stimmgewichtung von Nizza und waren nicht bereit, den Konventsvorschlag der doppelten Mehrheit zu akzeptieren. Obwohl der vom Konvent vorgeschlagene Entwurf, mit dem der unterschiedlichen Bevölkerungsgröße in den einzelnen Ländern stärker Rechnung getragen wurde, das absolute Gewicht Spaniens und Polens bei Ratsabstimmungen gegenüber der Nizzaer Regelung erhöhte, sperrten sich beide Staaten erbittert gegen die doppelte Mehrheit. Da auch die anderen großen Staaten von der doppelten Mehrheit profitierten, wäre das relative Gewicht Spaniens und Polens bei Ratsentscheidungen reduziert worden; die Regierungen in Madrid und Warschau waren nicht bereit, dies zu akzeptieren.

Der Ballast der Regierungskonferenz von Nizza, der von der polnischen Bürgerplattform mit dem Schlachtruf „Nizza oder der Tod" zur conditio sine qua non erhoben wurde, trug letztlich dazu bei, dass der unter italienischer Präsidentschaft in Brüssel stattfindende Gipfel im Dezember 2003 scheiterte. Da es den Staats- und Regierungschefs nicht gelang, sich auf eine endgültige Version des Verfassungsvertrags zu verständigen, mussten die Verhandlungen vertagt werden. Das Scheitern des Gipfels wurde zwar in nicht unerheblichem Maße auch auf die ungeschickte Verhandlungsführung des italienischen Ministerpräsidenten Silvio Berlusconi zurückgeführt, der es versäumte, Kompromissvorschläge vorzulegen und frühzeitig ein Scheitern der Gespräche bekannt gab. Es hatte sich jedoch auch einmal mehr gezeigt, dass es auf Regierungskonferenzen nur schwer möglich war, den gordischen Knoten der nationalstaatlichen Rationalität zu durchschlagen. Obwohl auf gegenseitige Schuldzuweisungen weitgehend verzichtet wurde, war unübersehbar, dass der viel beschworene „europäische Geist", der noch den Europäischen Konvent umweht hatte, auf dem Treffen der Staats- und Regierungschef verflogen war. Dies war indes auch darauf zurückzuführen, dass das polnische Parlament seinen Premier Leszek Miller mit einem deutlichen Mehrheitsvotum auf die Nizzaer Stimmenwägung verpflichtet hatte. Ungeachtet der in Krisenphasen stets aufkommenden Rufe nach einem Europa der unterschiedlichen Geschwindigkeiten vereinbarte man einen raschen Neuanlauf.

Schneller als erwartet gelang es der irischen Ratspräsidentschaft im ersten Halbjahr 2004 eine Lösung zu erzielen. Ermöglicht wurde dieser Kompromiss auf dem Brüsseler Junigipfel 2004 nicht zuletzt durch Neuwahlen in Spanien, die mit José Luis Rodriguez Zapatero einen konzilianteren Ministerpräsidenten ans Ruder brachten, der – ebenso wie der neue polnische Premier Marek Belka – weniger hart als der Amtsvorgänger auf den Bestimmungen von Nizza beharrte. Verständigt wurde sich schließlich auf die Variante, die notwendigen Quoren für qualifizierte Mehrheitsentscheidungen leicht zu erhöhen. Statt der Konventsformel einer einfachen Mehrheit der Staaten und eines Bevölkerungsanteils von 60 % verständigte man sich auf ein Quorum von 55 % der Staaten und 65 % der Bevölkerung. Darüber hinaus wurden einige weitere „Sicherheitsklauseln" eingebaut, die Blockadebildungen vereinfachten und Gestaltungsmehrheiten erschwerten.[9] Mit diesen Vorschlägen erklärten sich schließlich auch Polen und Spanien einverstanden, so dass der Gipfel einvernehmlich das Gesamtpaket des Verfassungsvertrags billigte. Ein halbes Jahr später als ursprünglich geplant, setzten die Staats- und Regierungschefs am 29. Oktober 2004 in Rom an der selben Stätte, an der 47 Jahre zuvor die Römischen Verträge unterzeichnet worden waren, ihre Unterschrift unter den Verfassungsvertrag.

Obwohl in den meisten Kommentaren auf dem römischen Kapitolshügel das Wort von der historischen Stunde und von einer Krönung der europäischen Einigung die Runde machte, kamen doch ernsthafte Zweifel über die weitere Entwicklung auf. Schon in Rom zeichnete sich ab, dass angesichts der zahlreichen Länder, in denen Volksabstimmungen anstanden, der Ratifizierungsprozess weitaus höhere Hürden zu überwinden habe als bei den zurückliegendenVertragsreformen; dies umso mehr, weil im öffentlichen Meinungsbild eine zunehmende Europaverdrossenheit vernehmbar war. In den meisten Staaten spielte die Debatte über den Verfassungsvertrag dabei eine eher untergeordnete Rolle. Weitaus entscheidender war für viele Bürger der Unmut über die mit Preissteigerungen in einigen Branchen verbundene Einführung der gemeinsamen Euro-Währung sowie die Angst vor einem Verlust von Identität und Einfluss in Europa – nicht zuletzt im Hinblick auf den Status der Türkei als Beitrittskandidat. Zudem schwang in den Diskussionen über den Verfassungsvertrag stets unterschwellig auch Skepsis gegenüber weiteren Liberalisierungstendenzen mit. Da sich die EU in den Augen zahlreicher Unionsbürger zu einseitig am Wettbewerb orientierte und zudem die bereits erwähnte Dienstleistungsrichtlinie die Sorgen vor einer Entfachung des „Globalisierungsdrucks" und des „Sozialdumpings" genährt hatte, wurde eine Stimme gegen den Verfassungsvertrag infolgedessen von immer mehr Bürgern auch als politische Stimme gegen den einseitigen Rekurs auf die Logik der Marktökonomie betrachtet.

Dass der Verfassungsvertrag als „Sündenbock" für zahlreiche andere Probleme herhalten musste, dokumentierten die Referenden in Frankreich und in den Niederlanden. Beide Volksabstimmungen waren nicht zwingend vorgesehen, von den nationalen Regierungen aber im Vertrauen auf die Meinungsumfragen des Jahres 2004 anberaumt worden. Wenige Monate später hatte sich das Meinungsbild jedoch drastisch verändert. Während von Europabegeisterung wenig zu spüren war, gärte es in der Bevölkerung. In Frankreich nutzte eine deutliche ablehnende Mehrheit von 54,8 % der Bürger das Referendum am 22. Mai 2005, um ihren Unmut über alle möglichen Missstände zum Ausdruck zu bringen, die Regierung abzustrafen und insbesondere Staatspräsident Chirac einen Denkzettel zu verpassen (Schild 2005: 189–200). Bewog das französische Referendum nach dem mühseligen Verhandlungsprozess über den Verfassungsvertrag die meisten Staats- und Regierungschef noch, die Fortführung des Ratifizierungsprozesses anzumahnen, so bewirkte das niederländische Referendum einen endgültigen Stimmungsumschwung. Am 1. Juni stimmten in den Niederlanden 61,6 % gegen den Verfassungsvertrag und erschütterten mit diesem Votum die Integrationsbefürworter bis ins Mark, war der Vertrag doch bis dato schon von elf Mitgliedstaaten ratifiziert worden.

Eine Fortsetzung des Ratifizierungsverfahrens schien angesichts dieser Konstellation zweifelhaft. Hatte die Ablehnung des Maastrichter Vertragswerks durch die Dänen und des Vertrags von Nizza durch die Iren noch als „Betriebsunfall" oder als Ausdruck einer latenten, aber geografisch begrenzten Europakritik interpretiert werden können, signalisierte die Stimmzettelrevolte bei den Verfassungsreferenden in den Gründerstaaten Niederlande und Frankreich, dass die Bürgerinnen und Bürger der Europäischen Union weitaus kritischer als bisher gegenüberstanden. Obgleich das Votum in besonderem Maße auch als Kritik am innenpolitischen Kurs und somit als eine Art „Abrechnung" mit den jeweiligen Regierungen interpretiert werden konnte, wurde deutlich, dass die europäische Konstruktion für eine Mehrheit der Bürger nur noch schwer nachvollziehbar war und die Union endgültig an die Grenzen ihrer Akzeptanz stieß.

Mit den beiden Verfassungsreferenden hatte sich der europäische Motor endgültig überhitzt. Nachdem sechs Jahre lang, seit der Rede Joschka Fischers im Mai 1999, ein Ideen- und Debattenfeuerwerk Europa in Atem gehalten hatte, ließen Bürger wie Regierungen nunmehr den mit hohen Erwartungen begonnenen Verfassungsprozess verebben. Ähnlich wie nach dem Ratifizierungsprozess des Maastrichter Vertrags wollte in den kommenden Monaten niemand mehr von Debatten über die Finalität Europas etwas wissen. Ungeachtet einiger Appelle, das Verfahren fortzusetzen, verordneten sich die Staats- und Regierungschefs auf dem Gipfel in Brüssel eine einjährige Denkpause. Die Staaten führten den Ratifizierungsprozess zwar weiter, die Verfassungsdebatte wurde jedoch in ein „künstliches Koma" versetzt.[10] Schließlich wendete man sich fast zwei Jahre lang anderen Themen zu und beließ es beim „business as usual" auf Grundlage der Bestimmungen des ungeliebten Vertrags von Nizza. Allenfalls Neuerungen unterhalb der Vertragsreform in Form einstimmiger Entscheidungen im Rat oder interinstitutioneller Vereinbarungen standen auf der Tagesordnung. Zudem bediente man sich in zunehmenden Maße der neu eingeführten Verfahren, so etwa der offenen Methode der Koordinierung, die im Kontext der EU-Beschäftigungsstrategie entwickelt worden war und mit Zielvereinbarungen, Messindikatoren, Berichtspflichten sowie weiteren Instrumenten eine gemeinsame Behandlung ähnlicher Problemen durch die Nationalstaaten jenseits der vertragsrechtlich fixierten Regelungen vorsah.

Neue Schritte auf sicherheitspolitischem Terrain: Die Institutionalisierung der ESVP

Welche Vertiefungsschritte allerdings in der Europäischen Union unterhalb von Vertragsrevisionen möglich waren, zeigte die Sicherheits- und Verteidigungspolitik. Während der Gemeinschaft in außenpolitischen Angelegenheiten bei gemeinsamen Auftritten auf diplomatischem Parkett jahrzehntelang lediglich die Instrumentarien der Wirtschafts- und Handelspolitik zur Verfügung standen, hatte sich bereits zum Ende der 1990er Jahre eine völlig neue, von erheblicher Dynamik geprägte Entwicklung abgezeichnet.

Mit der EPZ im Rahmen der Einheitlichen Europäischen Akte sowie mit der GASP im Maastrichter und Amsterdamer Vertragswerk waren Regelwerke etabliert worden, die der Gemeinschaft bzw. der Union neue außenpolitische Instrumente an die Hand gaben. Der Bereich der Verteidigungspolitik war hier indes weitgehend ausgeklammert geblieben. Im Amsterdamer Vertrag wurde lediglich die „schrittweise Festlegung einer gemeinsamen Verteidigungspolitik" in Aussicht gestellt, „die zu einer gemeinsamen Verteidigung führen könnte, falls der Europäische Rat dies beschließt" (Art. 17 EU-V). Obgleich in Amsterdam auch eine engere Anbindung der Westeuropäischen Union an die EU vorgenommen und die Übernahme der Petersberg-Aufgaben der WEU zum Ziel des EU-Vertrags erklärt wurde, entwickelte die Europäische Union bis dahin keine eigenständigen militärischen Aktivitäten.

Alle weitergehenden Überlegungen zu einer stärkeren verteidigungspolitischen Kooperation im Rahmen der Europäischen Union waren ebenso wie Vorstöße zur Verschmelzung von EU und WEU vor allem am Widerstand Großbritanniens gescheitert. Nach dem britischen Regierungswechsel 1997 leitete die neue Labour-Regierung unter Tony Blair jedoch einen Kurswechsel ein. Angesichts veränderter weltpolitischer Rahmenbedingungen und der desillusionierenden Erfahrung mit der Gemeinsamen Außen- und Sicherheitspolitik in den Balkankonflikten verfestigte sich in Großbritannien der Eindruck, dass der Aufbau ziviler und militärischer Kapazitäten im Bereich der internationalen Konfliktverhütung und Krisenbewältigung unumgänglich sei. Ein wichtiges Argument bei dieser „kopernikanischen Wende" spielte aber auch die Absicht Großbritanniens, bei einem Großprojekt – jenseits der Wirtschafts- und Währungsunion – eine Führungsrolle in Europa zu übernehmen.

Den Weg zu einer gemeinsamen europäischen Verteidigungspolitik ebnete letztlich das informelle Gipfeltreffen im österreichischen Pörtschach im Oktober 1998, auf dem Blair sich für den „Aufbau glaubwürdiger und einsatzfähiger europäischer Krisenreaktionskräfte" aussprach (zit. n. Jopp 1999: 272). Basierend auf diesem Vorstoß wurden britisch-französische Gegensätze auf einem bilateralen Gipfeltreffen in St. Malo im Dezember 1998 ausgeräumt und bereits während der sich anschließenden deutschen Ratspräsidentschaft die Strukturen einer künftigen europäischen Verteidigungspolitik diskutiert. Die Initialzündung folgte auf dem Gipfeltreffen des Europäischen Rats in Köln im Juni 1999. Die hier vereinbarte „Erklärung zur Stärkung einer gemeinsamen Sicherheits- und Verteidigungspolitik" bildete die eigentliche Gründungsurkunde der Europäischen Sicherheits- und Verteidigungspolitik. Die Staats- und Regierungschefs verständigten sich darauf, dass die „Union die Fähigkeit zu autonomem Handeln, gestützt auf glaubwürdige militärische Fähigkeiten, sowie die Mittel und die Bereitschaft besitzen [muss], dessen Einsatz zu beschließen, um – unbeschadet von Maßnahmen der NATO – auf internationale Krisensituationen zu reagieren" (zit. n. Internationale Politik 1999: 133).

Um diese ambitionierten Pläne umzusetzen, wurden auf dem Gipfeltreffen des Europäischen Rats am 10. und 11. Dezember 1999 in Helsinki konkrete Planziele beschlossen. Dieses so genannten Helsinki Headline Goal sah die Mobilisierung einer multinationalen, 50.000 bis 60.000 Soldaten starken schnellen Eingreiftruppe innerhalb von 60 Tagen vor. Diesen Interventionskräften, die nach wiederholter Versicherung der Verantwortlichen keine europäische Armee darstellen sollten, wurde die Aufgabe zugewiesen, alle Petersberg-Aufgaben wahrzunehmen und entsprechende Einsätze mindestens ein Jahr lang auszuführen. Umgesetzt werden sollte das Headline Goal bis Ende des Jahres 2003. In der Folge

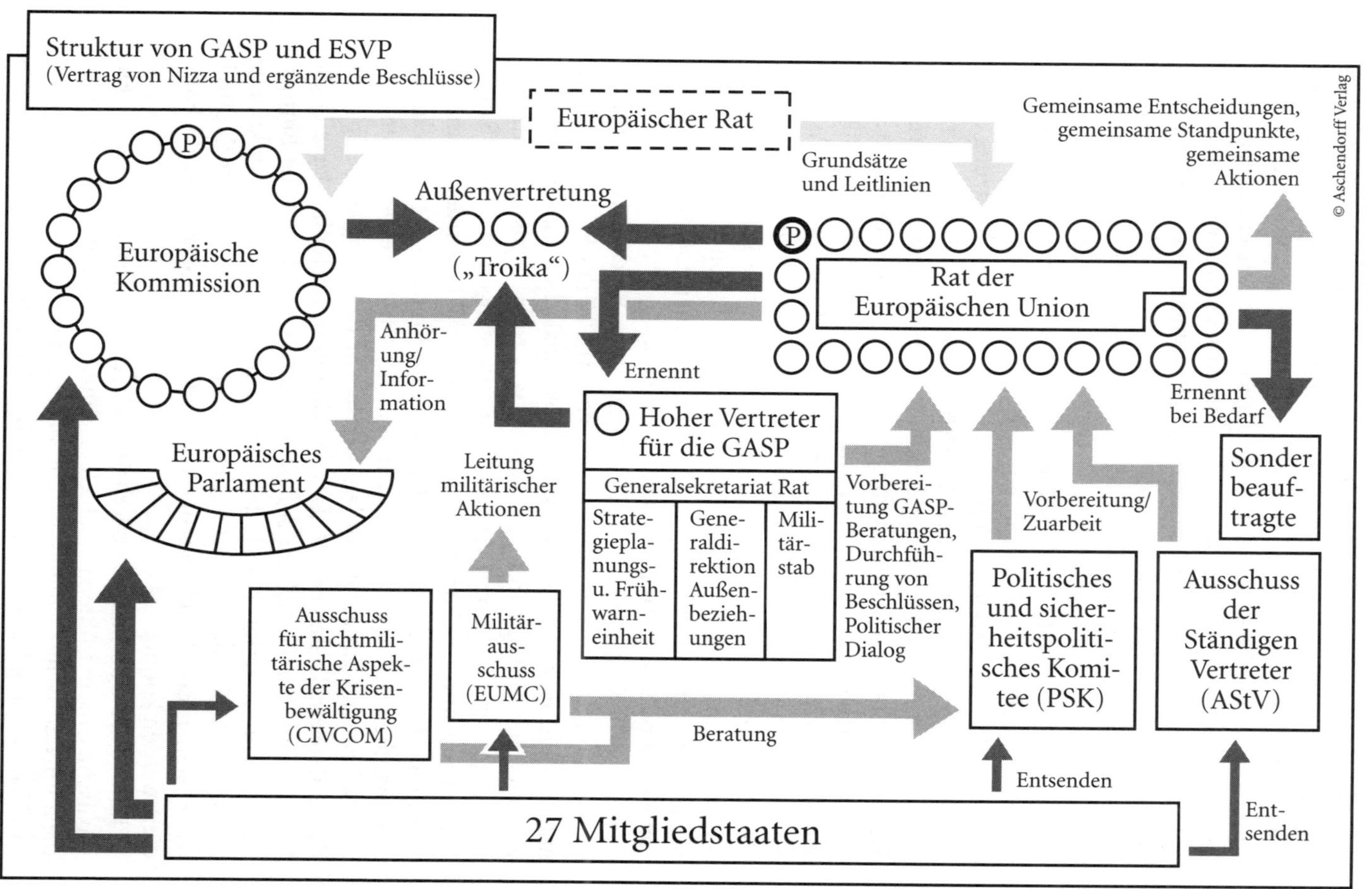
Struktur von GASP und ESVP
(Vertrag von Nizza und ergänzende Beschlüsse)
Europäischer Rat
Grundsätze und Leitlinien
Gemeinsame Entscheidungen, gemeinsame Standpunkte, gemeinsame Aktionen
© Aschendorff Verlag
P
Europäische Kommission
Außenvertretung
(„Troika“)
P
Rat der Europäischen Union
Anhörung/ Information
Ernennt
Ernennt bei Bedarf
Sonder beauftragte
Europäisches Parlament
Leitung militärischer Aktionen
Hoher Vertreter für die GASP
Generalsekretariat Rat
Strategieplanungs- u. Frühwarneinheit
Generaldirektion Außenbeziehungen
Militärstab
Vorbereitung GASP-Beratungen, Durchführung von Beschlüssen, Politischer Dialog
Vorbereitung/ Zuarbeit
Ausschuss für nichtmilitärische Aspekte der Krisenbewältigung (CIVCOM)
Militärausschuss (EUMC)
Politisches und sicherheitspolitisches Komitee (PSK)
Ausschuss der Ständigen Vertreter (AStV)
Beratung
Entsenden
Entsenden
27 Mitgliedstaaten

stärkten die Staats- und Regierungschefs auch die zivile Konfliktverhütung und Krisenbewältigung. Auf dem Gipfeltreffen im portugiesischen Feira wurde im Juni 2000 beschlossen, dass die Europäische Union bis Ende 2003 in der Lage sein sollte, bis zu 5.000 Polizisten, davon 1.000 innerhalb von 30 Tagen, für internationale Missionen bereitzustellen.

Der Vertrag von Nizza markierte den vorläufigen Abschluss der Aufbauphase der ESVP. Die Rolle des bereits zuvor – zur Verankerung der ESVP innerhalb der Ratsstruktur – eingerichteten Politischen und Sicherheitspolitischen Komitees (PSK) wurde vertraglich fixiert. Das mehrfach wöchentlich tagende PSK erhielt die Aufgabe, die internationale Lage zu sondieren, Stellungnahmen zur Vorbereitung von Maßnahmen im Bereich der ESVP an den Rat zu übermitteln und die Durchführung dieser Entscheidungen zu überwachen. Der ebenfalls neu ins Leben gerufene Militärausschuss (EUMC) berät seitdem das PSK in allen militärischen Angelegenheiten. Eingerichtet wurde auch ein Militärstab, der die operativen Aufgaben im Bereich der Frühwarnung, der Lagebeurteilung und der strategischen Planung übernahm. Der Ausschuss für zivile Aspekte des Krisenmanagements, der den nicht-militärischen Teil der ESVP verkörperte, hatte bereits vor dem Gipfeltreffen in Feira seine Arbeit aufgenommen und sorgte für die Einsatzbereitschaft von Polizeibeamten, Sicherheitskräften und weiteren, nicht-militärischen Fachleuten im Falle von Krisen oder Katastrophen (Dietrich 2006).

Ein in sicherheitspolitischer Hinsicht zentrales Ergebnis der Verhandlungen von Nizza stellte die Änderung von Art. 17 des EU-Vertrags dar, mit dem alle operativen Bezüge zur Westeuropäischen Union gestrichen wurden. Die WEU ist mit dem Vertrag von Nizza – bis auf rudimentäre Reste – in der Europäischen Union aufgegangen. Auch das Satellitenzentrum und das Forschungszentrum der WEU wurden in die EU überführt. Da sich die sicherheitspolitischen Kompetenzen nun in der Europäischen Union konzentrierten, war die WEU ihres Aufgabenkatalogs weitgehend entledigt worden. Bereits vor der Gipfelkonferenz von Nizza hatte ein Treffen der WEU-Verteidigungsminister in Marseille die Übertragung der Petersberg-Aufgaben von der WEU auf die Europäische Union bestätigt. Durch den Verlust ihrer operativen Funktionen wurde die WEU auf eine vertragliche Hülle reduziert, die jedoch durch das Bestehen des Beistandsartikels V in der WEU-Satzung nicht liquidiert werden konnte.

Infolge der Übernahme sicherheitspolitischer Aufgaben durch die Europäische Union drohten jedoch Überschneidungen mit der NATO. Galt die nordatlantische Gemeinschaft bis dahin als der Garant für die kollektive Verteidigung Europas, so drohten mit dem Aufbau autonomer europäischer Verteidigungsstrukturen Kompetenzrangeleien und ein Konflikt mit den in jahrzehntelanger Praxis transatlantischer Partnerschaft eingeschliffenen Leitlinien amerikanischer Außenpolitik. Da eine Verteidigung Europas ohne die NATO aber allein schon aufgrund mangelnder militärischen Kapazitäten der EU-Staaten nicht zu gewährleisten war, blieb die NATO weiterhin hauptverantwortlich für die Verteidigung Europas; die Europäische Union tastete dieses Recht – ungeachtet des Aufbaus einer eigenen Sicherheits- und Verteidigungspolitik – nicht an. Auf dem Gipfel in Helsinki 1999 wurde beschlossen, dass EU-geführte militärische Operationen nur dann stattfinden, wenn die NATO sich als Ganzes nicht beteiligt. Dieses Zugriffsrecht wurde auf Wunsch Großbritanniens und der Niederlande installiert, da diese im Falle paralleler Einsätze beider Organisationen einen Funktionsverlust der NATO fürchteten.

Bereits auf dem Treffen des Europäischen Rats in Laeken wurde die Einsatzbereitschaft der Europäischen Sicherheits- und Verteidigungspolitik festgestellt und zu Beginn des Jahres 2003 die ersten Einsätze im ESVP-Rahmen beschlossen: Zum 1. Januar 2003 übernahm die Europäische Union mit der Entsendung von 395 Polizeibeamten nach Bosnien-Herzegowina die erste gemeinsame Aufgabe auf dem Gebiet des zivilen internationalen Krisenmanagements. Die EU-Polizeimission ersetzte, mit anderem Mandat, die sieben Jahre zuvor installierte International Police Task Force der Vereinten Nationen. Im März 2003 billigten die EU-Außenminister zudem formell die Ablösung der NATO-Mission in Mazedonien durch EU-Einheiten – die Mission „Concordia“ markierte den ersten bewaffneten Militäreinsatz einer EU-Truppe im Rahmen der ESVP. Weitgehend unbeachtet von der Öffentlichkeit hat die Europäische Union bis zum Sommer 2007 insgesamt fast 20 zivile und militärische Missionen im ESVP-Rahmen initiiert oder bereits abgeschlossen.

Angesichts begrenzter EU-Militärkapazitäten und erheblicher Defizite im Bereich der strategischen Aufklärung und der Kommandostrukturen entwickelte der Europäische Rat das Planziel des Jahres 1999 weiter. Das European Headline Goal 2010, das u.a. die Schaffung von „Battlegroups“ – kleinen, flexiblen Gefechtsverbänden mit ca. 1.500 Soldaten – vorsieht, zielt im Vergleich zum Vorläufer stärker auf eine politische Konfliktpräventionsstrategie, versucht aber auch Grundlagen für eine raschere Interventionsmöglichkeit zu schaffen. In die gleiche Kerbe schlug auch die Europäische Sicherheitsstrategie des Hohen Vertreters der EU für die Gemeinsame Außen- und Sicherheitspolitik, Javier Solana, vom Dezember 2003, die zudem der Konsensbildung diente, da sich im Zuge der Kontroverse um den Irak-Krieg 2002/2003 eine tiefe sicherheitspolitische Spaltung der Europäischen Union gezeigt hatte: Statt gemeinsame

ESVP-Missionen 2003 bis 2007

Ziel	Bezeichnung	Zeitdauer
Polizei-Mission der EU in Bosnien und Herzegowina; Aufbau des lokalen Polizeiapparats	EUPM	Seit 01.01.2003
Militäroperation der EU in der Ehem. Jugoslawischen Republik Mazedonien	CONCORDIA	31.03.2003 bis 15.12.2003
EU-Militäroperation in der Demokratischen Republik Kongo; Stabilisierung der Sicherheitslage	ARTEMIS	12.06.2003 bis 01.09.2003
EU-Polizeimission in der Ehemaligen Jugoslawischen Republik Mazedonien; Aufbau einer Polizeiorganisation zur Bekämpfung der organisierten Kriminalität	PROXIMA	15.12.2003 bis 15.12.2005
EU-Rechtsstaatsmission in Georgien; Verbesserung des Rechtssystems	EUJUST THEMIS	16.07.2004 bis 15.07.2005
EU-Militäroperation in Bosnien und Herzegowina; Stabilisierung der Sicherheitslage in Bosnien und Herzegowina	EUFOR -ALTHEA	Seit 02.12.2004
EU-Polizeimission in Kinshasa/Demokratische Republik Kongo	EUPOL Kinshasa	12.04.2005– bis 30. 06.2007
Sicherheitssektor-Mission in der Demokratischen Republik Kongo; Beratung der kongolesischen Behörden bei der Umsetzung von Reformen im Sicherheitssektor	EUSEC DR Congo	Seit 08.06.2005
EU-Rechtsstaatsmission im Irak; zivile Mission zur Ausbildung irakischer Justizbeamter	EUJUST Lex	Seit 01.07.2005
EU-Unterstützungsmission für AMIS II (Darfur/Sudan); Unterstützung der A[frikanischen] U[union] bei der Ausbildung der AU-Soldaten und der Polizei	Darfur	Seit 18.07.2005
Beobachtermission der EU in Aceh/Indonesien; Kontrolle der Umsetzung des Friedensabkommens	AMM	15.09.2005 bis 15.12.2006
EU-Grenzbeobachtermission am Grenzübergang Rafah/Gazastreifen; Überwachung der palästinensischen Grenz- und Zollkontrollen	EU BAM Rafah	Seit 30.11.2005
EU-Polizeiberaterteam in der Ehem. Jugoslawischen Republik Mazedonien; Aufbau einer effizienten Polizeiorganisation	EUPAT	15.12.2005 bis 14.06.2006
EU-Polizeimission in palästinensischem Territorium; Aufbau einer palästinensischen Polizeiorganisation	EUPOL COPPS	Seit 01.01.2006

EU-unterstützte (von der UNO geführte) Militäroperation in der Demokratischen Republik Kongo; Absicherung demokratischer Wahlen	EUFOR RD Congo	07.2006 bis 30.11.2006
EU-Planungstab im Kosovo; Vorbereitung einer künftigen Rechtsstaatsmission	EUPT Kosovo	Seit 14.09.2006
EU-Polizeimission in Afghanistan; Aufbau einer stabilen Polizeiorganisation unter afghanischer Verwaltung	EUPOL Afghanistan	Seit 15.06.2007
EU-Polizeimission in der Demokratischen Republik Kongo; Stabilisierung des Sicherheitsrechtes im Kongo	EUPOL PD Congo	Seit 01.07.2007
EU-Überbrückungsoperation im Tschad und in der zentralafrikanischen Republik, Befriedung der Region	EUPOL Tchad/RCA	Seit 15.10.2007

Quelle: eigene Zusammenstellung auf der Grundlage von Informationen des Rats der Europäischen Union

Positionen abzustimmen, standen sich das „alte" Kerneuropa und das „neue" (Mittelost-)Europa, mit Großbritannien und Spanien an der Seite, diametral gegenüber (Gordon/Shapiro 2004).

Zu Beginn des 21. Jahrhunderts setzt die Europäische Union auf drei sicherheitspolitische Kernziele: die Bekämpfung von konkreten Bedrohungen mit militärischen, vor allem aber mit zivilen Instrumenten, die Erhaltung der Stabilität in den Nachbarregionen und die Förderung einer multilateralen Weltordnung. Mit diesen Zielsetzungen zementiert die Union ihre Anliegen, als eigenständiger sicherheitspolitischer Akteur zu agieren und verstärkt internationale Verantwortung zu übernehmen. Ob jedoch auf dieser Grundlage zukünftig ein gemeinsames außen- und sicherheitspolitisches Handeln möglich sein wird, bleibt angesichts der intergouvernementalen Verfahren in der Außen- und Sicherheitspolitik weiterhin vom Willen der Mitgliedstaaten abhängig.

Einen stärkeren Konsens innerhalb der Europäischen Union herzustellen war auch die Intention des Konvents bei der Vorlage des Entwurfs für den Verfassungsvertrag. Mit der Errichtung des Amts eines europäischen Außenministers, der die Außen- und Sicherheitspolitik der Europäischen Union repräsentieren und die europäischen Interessen wahren sollte, wurde beabsichtigt, nationale Alleingänge zu verhindern. Ein weiteres wichtiges sicherheitspolitisches Element im Verfassungsvertrag bildete die vorgesehene gegenseitige Beistandspflicht. Diese tritt im Falle eines Angriffs auf ein Mitgliedsland in Kraft und verpflichtet die Partnerländer, dem betroffenen Staat Hilfe und Unterstützung zu leisten. Die

NATO sollte dabei aber weiterhin für die kollektive Verteidigung verantwortlich bleiben. Ferner wurde in den Verfassungsentwurf eine Solidaritätsklausel eingearbeitet, die im Falle eines Terroranschlags oder einer Naturkatastrophe greift. Trotz der beträchtlichen Dynamik beim Aufbau eines sicherheitspolitischen EU-Konfliktmanagements gilt die Europäische Sicherheits- und Verteidigungspolitik weiterhin als Baustelle. Noch suchen die neuen Organe wie das Politische und Sicherheitspolitische Komitee oder der Militärausschuss ihre Rolle im institutionellen Geflecht der Union. Und noch sind die militärischen Kapazitäten der ESVP sowie das politische Zusammenspiel mit den nationalen Akteuren und der NATO ungeklärt.

Ungelöst ist bisher aber auch die politische Verantwortlichkeit für ESVP-Einsätze über die auf europäischer Ebene der Rat entscheidet. Zwar verlangen Staaten wie die Bundesrepublik bereits im Vorfeld einer Truppenentsendung die Zustimmung des nationalen Parlaments. Da dies jedoch bei weitem nicht in allen EU-Mitgliedstaaten der Fall ist, zugleich aber auch keine Organe auf europäischer Ebene die Entscheidung über EU-Einsätze kontrollieren, wird immer häufiger die Frage gestellt, ob eine hinreichende Kontrolle der ESVP gewährleistet ist oder ob angesichts mangelnder parlamentarischer Beteiligungsmöglichkeiten auch hier eine demokratische Lücke konstatiert werden muss.

Von der Beitritts- zur Nachbarschaftsperspektive: Neuansätze jenseits der Erweiterungspolitik

Den wohl wichtigsten Meilenstein in der Erweiterungsgeschichte der europäischen Integration markierte der 1. Mai 2004. Der Beitritt von zehn Staaten Mittel-, Ost- und Südeuropas hatte nicht nur Auswirkungen auf die Konturen der EU auf den Landkarten, sondern auch auf die internen Handlungsprozeduren und Entscheidungsprozesse. War die größte Erweiterungsrunde der Integrationsgeschichte am 1. Mai 2004 noch in ganz Europa mit ausgelassenen Volksfesten gefeiert und die „Wiedervereinigung Europas“ beschworen worden, stellte sich in den folgenden Monaten alsbald der Alltag ein. Rasch kehrte man zur europäischen Routine zurück und registrierte, dass sich die politischen Abläufe in einem Europa mit 25 Mitgliedstaaten noch komplexer gestalteten (Lippert 2004). Obgleich die Anzahl der Kampfabstimmungen im Rat nach wie vor begrenzt blieb, verlängerte und erschwerte sich die Konsenssuche im Vorfeld – vor allem bei grundlegenden Entscheidungen. Nicht zuletzt die in mehreren Etappen geführten Verhandlungen über den Finanzrahmen

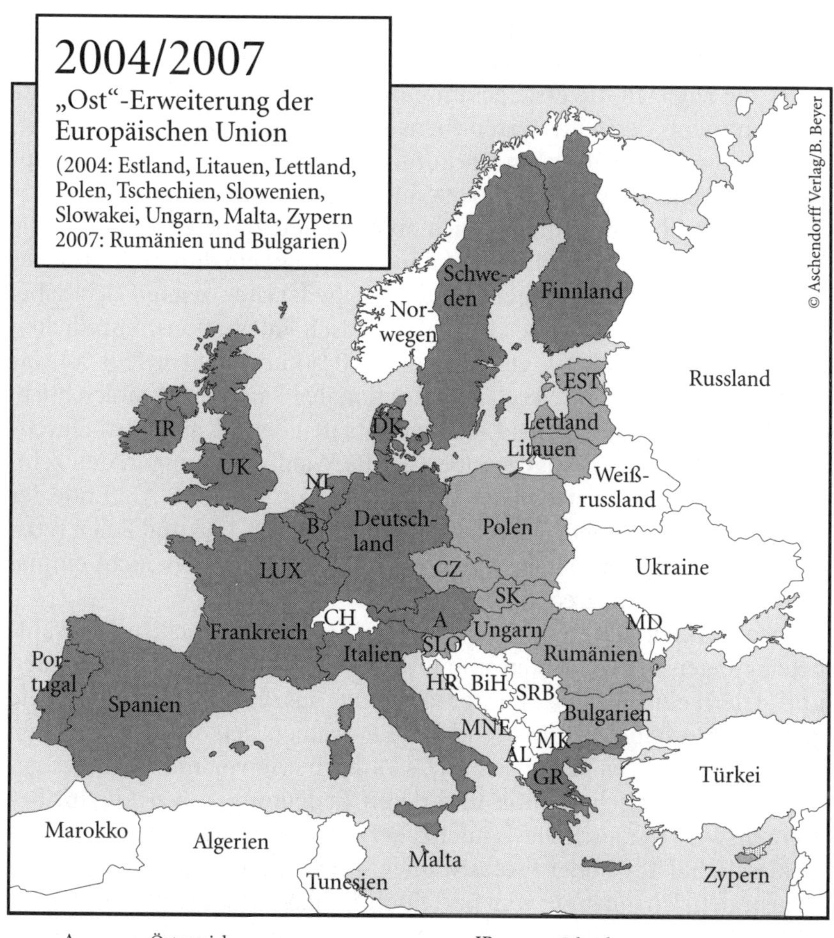

A	Österreich	IR	Irland
AL	Albanien	LUX	Luxemburg
B	Belgien	MD	Moldawien
BiH	Bosnien und Herzegowina	MK	Mazedonien
CH	Schweiz	MNE	Montenegro
CSSR	Tschechoslowakei	NL	Niederlande
DK	Dänemark	SK	Slowakei
EST	Estland	SLO	Slowenien
GR	Griechenland	SRB	Serbien
HR	Kroatien	UK	Vereinigtes Königreich

der Jahre 2007 bis 2013, die u.a. eine weitere Reduzierung des „Britenrabatts“ zur Folge hatten, sollten zeigen, dass in der „erweiterten Europäischen Union mit ihren eklatanten ökonomischen und sozialen Disparitäten dieses System nicht mehr so leicht zu einvernehmlichen Lösungen führt, sondern die bestehenden Konflikte weiter verschärft“ werden (Becker 2006: 112). Endgültig verflogen war die Erweiterungseuphorie, als im Juni 2004 rund 342 Millionen Wahlberechtigte aufgerufen waren, das Europäische Parlament zu wählen. Mit der sechsten Direktwahl seit 1979, die zugleich die erste gesamteuropäische Wahl in der Geschichte des Kontinents darstellte, waren ebenso Hoffnungen auf eine hohe Wahlbeteiligung der Bevölkerung wie Sorgen vor einer Stärkung europaskeptischer Parteien verbunden. Trotz aufwändiger Mobilisierungskampagnen und zahlreicher Appelle, sich an der Wahl zu beteiligen, sank die Wahlbeteiligung – zum fünften Mal in Folge – auf ein durchschnittliches Niveau von 45,6 %. In den einzelnen Mitgliedstaaten zeigten sich dabei beträchtliche Unterschiede. In den klassisch integrationsfreundlichen Staaten Belgien (90,8 %), Luxemburg (90,0 %) und Italien (73,1 %) war die Beteiligung auch im Vergleich zu nationalen Parlamentswahlen hoch. Im Mittel kamen die „alten" 15 Mitgliedstaaten der EU auf einen Durchschnitt von 46,8 %. Demgegenüber lag die Wahlbeteiligung in den zehn neuen EU-Mitgliedern lediglich bei durchschnittlich 40 %. Am Ende der Skala rangierten hierbei Staaten wie Tschechien (28,3 %) und Polen (20,8 %). Das Schlusslicht bildete die Slowakei (16,9 %), in der nicht einmal jeder fünfte Stimmberechtigte sein Wahlrecht ausübte.

Obgleich seit Jahren in allen europäischen Staaten rückläufige Wahlbeteiligungen zu beobachten sind und angesichts der Beitrittsreferenden und -feiern eine gewisse „Europasättigung" auszumachen war, bereitete der ungebrochene Abwärtstrend bei EP-Wahlen den Verantwortlichen Kopfzerbrechen. Es zeigte sich, dass es nach wie vor nur begrenzt gelang, die europäische Politik und deren Bedeutung zu vermitteln. Bemerkenswert war auch die Tendenz, bei diesen Europawahlen – im Sinne klassischer Test- oder Protestwahlen – erneut die Regierungsparteien abzustrafen. Unabhängig vom parteipolitischen Lager mussten in 19 von 25 Mitgliedstaaten die (großen) Regierungsparteien zum Teil erhebliche Verluste einstecken.

Mit José Manuel Barroso kam nach den Europawahlen ein Kommissionspräsident ins Amt, dessen Nominierung sich erstmals an der (christdemokratisch-konservativen) Mehrheit des Parlaments orientierte, zugleich aber auch die Tradition fortsetzte, den ehemaligen Regierungschef eines kleinen Mitgliedstaats zum Kommissionspräsidenten vorzuschlagen. Dass das Europäische Parlament seine „Wahlfunktion" bei der Bestellung der Kommission als zentrale Befugnis betrachtet, wurde deutlich, als der für das Innen- und Justizressort vorgesehene italienische Kommissar Buttiglione, der mit umstrittenen Äußerungen zur Homosexualität und zur Rolle der Frau in der Gesellschaft hervorgetreten war, nach einer bis dahin beispiellosen Kraftprobe zwischen Parlament sowie Kommissionspräsident und einigen Mitgliedstaaten seine Kandidatur zurückzog und auch die Anwartschaft der wegen illegaler Parteigelder belasteten lettischen Kandidatin von ihrer Regierung aufgegeben wurde (Schild 2005: 33–46).

Die erschwerte politische Entscheidungsfindung in den europäischen Organen, aber auch die zunehmende Europaskepsis in der Bevölkerung in Zusammenhang mit den Referenden über den Verfassungsvertrag, führten dazu, dass die Staats- und Regierungschefs das Tempo der Erweiterungspolitik deutlich drosselten. Die Beitrittsverhandlungen mit Rumänien und Bulgarien wurden trotz erheblicher Bedenken in die Funktionsfähigkeit der nationalen Verwaltungen und Volkswirtschaften zwar noch zügig abgeschlossen, da man die Aufnahme dieser beiden Staaten als zweite Etappe einer großen Erweiterungsrunde betrachtete. Zum 1. Januar 2007 konnten beide Staaten der Union beitreten, während die Türkei, Kroatien und Mazedonien den Status eines Beitrittskandidaten behielten. Allen anderen Staaten, die mehr oder weniger deutlich ihr Interesse an einer EU-Mitgliedschaft signalisiert hatten, bedeutete die EU jedoch aus Sorge vor einer „Überdehnung" der europäischen Integration einen langfristigen Zeitrahmen. Um dennoch den zwischen Russland und der EU gelegenen ehemaligen SU-Republiken Ukraine, Weißrussland und Moldau – aber auch den transkaukasischen Staaten Armenien, Georgien und Aserbaidschan – eine Perspektive zu verheißen, entwickelte die Europäische Union eine Alternative zur bisherigen Erweiterungspolitik: die europäische Nachbarschaftspolitik.

Die im Zwischenfeld von Außen-, Sicherheits-, Entwicklungs-, Erweiterungs- und Außenhandelspolitik angesiedelte Nachbarschaftspolitik basiert auf einem Strategiepapier der Europäischen Kommission vom Mai 2004. In diesem wurde die Absicht betont, die Bildung eines „Rings" stabiler Staaten an den Grenzen der Union zu fördern. Mit Blick auf den Maghreb, den Nahen Osten, den Südkaukasus und vor allem auf Osteuropa begann die Europäische Union, eine Politik zu entwickeln, in der sie selbst als Helfer bei der Lösung regionaler Konflikte und als externer Förderer von Demokratie sowie als Motor von wirtschaftlichen und administrativen Reformen in Erscheinung tritt. Darüber hinaus unterstrich man die Absicht, die Handels- und Wirtschaftsbeziehungen mit den Partnern der Nachbarschaftspolitik auszubauen.

Anknüpfend an bestehende Aktivitäten wie den Barcelona-Prozess wurde die Nachbarschaftspolitik offiziell nicht als Vorstufe eines Beitritts deklariert, allerdings eine spätere EU-Mitgliedschaft auch nicht kategorisch ausgeschlossen. Inwieweit diese Strategie und die Instrumente der Nachbarschaftspolitik sich letztlich als neue Stufe der Erweiterungspolitik behaupten, ist zurzeit noch nicht absehbar. Angesichts reger Diskussionen über vertiefte Freihandelszonen und eine schrittweise Teilhabe am Binnenmarkt, aber auch eine Zusammenarbeit in Fragen der inneren und äußeren Sicherheit, zeichnen sich sowohl die Chancen als auch die Zielkonflikte der Nachbarschaftspolitik erst allmählich ab (Lippert 2007: 69–94).

Zielsetzung „Reformvertrag": Neuanlauf zur Vertiefung

Die gescheiterten Referenden hatten die Verfassungsdebatte im Frühsommer 2005 unvermittelt zum Verstummen gebracht. Fast zwei Jahre lang verharrten die Staats- und Regierungschefs zwischen selbst verordneter Zurückhaltung und Ratlosigkeit. Erst im Rahmen der deutschen Ratspräsidentschaft 2007 wurde ein neuer Anlauf unternommen, den Verfassungsvertrag bzw. dessen wichtigste Inhalte zu „retten", ohne die Bürger in Frankreich und den Niederlanden erneut zu den Urnen zu bitten. Unter der Leitung von Bundeskanzlerin Angela Merkel setzte sich der deutsche Vorsitz zunächst das Ziel, alle Mitgliedstaaten auf das Ziel eines Neuanlaufs zur Vertragsrevision zu verpflichten. Mit der Verständigung auf einen konstitutionellen Basiskonsens sollte die anhaltende Paralyse der EU überwunden und ein Ausweg aus der „Verfassungsfalle" gefunden werden. Zugute kam Deutschland dabei die bereits zum Ende der vorangegangenen österreichischen Ratspräsidentschaft betonte Absicht, die Feierlichkeiten des 50. Jahrestags der Unterzeichnung der Römischen Verträge zum Anlass zu nehmen, um eine gemeinsame Erklärung zur Zukunft der Union zu verabschieden.

In der am 25. März 2007 auf dem Berliner Gipfel proklamierten „Berliner Erklärung" wurde auf den Verfassungsbegriff bewusst verzichtet. Stattdessen besann man sich gemeinsamer Werte, betonte den bisher erreichten Stand der Integration und strich die „Verdienste" der europäischen Einigung heraus. Maßgeblich war die am Ende der Erklärung vereinbarte Zielsetzung, bis zur Europawahl 2009 die Europäische Union auf eine „erneuerte gemeinsame Grundlage zu stellen" (zit. n. Goosmann 2007: 260). Auf Grundlage dieser – unverbindlichen – Selbstverpflichtung nutzte die Bundesregierung den Rückenwind der Berliner Erklärung und wagte einen neuen Vorstoß zur Vertragsrevision, der das Kernthema des Brüsseler Gipfels am 21. und 22. Juni 2007 bildete.

Obgleich dieses Treffen des Europäischen Rats nur einer neuerlichen Regierungskonferenz das Mandat erteilen sollte, kommt ihm dennoch eine wichtige Bedeutung in der Integrationsgeschichte zu, da – anders als bei bisherigen Vertragsrevisionen – nicht nur der Zeitplan, sondern bereits wesentliche Ergebnisse der Regierungskonferenz im Vorfeld verhandelt wurden. Angesichts dieser ambitionierten Vorgehensweise kann es nicht verwundern, dass das Brüsseler Gipfeltreffen bis in die Morgenstunden andauerte und die Staats- und Regierungschefs kontrovers über Details der Vertragsbestimmungen miteinander rangen. Die Blockaderolle fiel dabei erneut Polen zu. Die polnische Exekutive hatte unisono erklärt, dass nicht die – auch von Polen unterzeichneten – Regelungen des Verfassungsvertrags zur doppelten Mehrheit, sondern die in Nizza getroffenen Bestimmungen zur Stimmgewichtung den Ausgangspunkt der Verhandlungen darstellen würden. Obwohl sich im Vorfeld des Gipfels zahlreiche europäische Staats- und Regierungschefs in Warschau die Klinke in die Hand gegeben hatten, um die polnische Regierung zu einem Kompromiss zu bewegen, wurde diese Position auch in Brüssel unnachgiebig verfochten. Erst als die deutsche Ratspräsidentschaft – in Anlehnung an die Vorgehensweise im Vorfeld der Einheitlichen Europäischen Akte beim Gipfel in Mailand 1985 – drohte, notfalls auch ohne Zustimmung aller Staaten die Regierungskonferenz einzuberufen, zeigte sich Polen bereit, die Bestimmungen des Verfassungsvertrags als Grundlage zu akzeptieren. Nachdem entsprechende Ausnahme- und Übergangsregelungen eingeräumt wurden, akzeptierte auch Polen den Kompromiss.

Die in den Schlussfolgerungen der deutschen Ratspräsidentschaft fixierten Ergebnisse des Gipfels dokumentieren eine weitgehende Orientierung am Verfassungsvertrag bzw. an den Ergebnissen der Regierungskonferenz von 2004, obgleich nunmehr offiziell das Ziel eines „Reformvertrags" verfolgt wurde. Aufgegeben wurde allerdings das dem Verfassungsvertrag zugrunde liegende Transparenzziel. Der Europäische Rat verabschiedete sich von dem Plan eines einheitlichen Dokuments, mit dem das bisherige Konvolut an Verträgen kodifiziert werden sollte. Er verständigte sich jedoch darauf, der Union eine einheitliche Rechtspersönlichkeit zu verleihen und die Bezeichnung Europäische Union durchgängig zum Namen der Gesamtkonstruktion zu machen. Lediglich die Atomgemeinschaft blieb außen vor (Müller-Graff 2007: 223–237).

Vorgesehen wurde, dass der EU-Vertrag seine Struktur im Kern beibehält, aber um Ausführungen zum „demokratischen Leben in der Union" und um Bestimmungen zu den Organen erweitert wird. Die Substanz dieser Regelungen entstammt ebenso wie die meisten der vorgesehenen Änderungen im Bereich der Außen- und Sicherheitspolitik dem Verfassungsvertrag. Dies hatte zur Konsequenz, dass die Zusammensetzung von Europäischem Parlament und Europäischer Kommission, der Organstatus des Europäischen Rats und die Bestellung seines Präsidenten, die Einführung einer Teampräsidentschaft, die Modalitäten der doppelten Mehrheit – die von 2014 an mit Übergangsregelungen bis 2017 zum Tragen kommen sollen – und die Einführung eines Außenministers, der auf britische Bedenken hin allerdings unter dem Titel „Hoher Vertreter der Union für Außen- und Sicherheitspolitik" firmieren soll, sich nunmehr im EU-Vertrag wiederfanden. Darüber hinaus wurde beschlossen, der Grundrechtecharta rechtsverbindlichen Charakter zu verleihen. Sie sollte jedoch kein unmittelbarer Bestandteil des Vertragswerks werden und nur durch einen Verweis im EU-Vertrag Berücksichtigung finden.

Den bisherigen EG-Vertrag, den man gegenüber dem EU-Vertrag rechtlich gleichstellte, wurde in „Vertrag über die Arbeitsweise der Europäischen Union" umbenannt, und um die Elemente gekürzt, die Eingang in den EU-Vertrag gefunden hatten. Nicht aus dem Verfassungsvertrag übernommen wurden hingegen vor allem solche Elemente, die eine Analogie zu Nationalstaaten nahe legten. Hierzu zählten neben dem Begriff „Verfassung" die Bezeichnung „europäisches Gesetz" und die Symbole der Union. Aus dem Vertragsentwurf gestrichen wurden damit auch die Hymne, das Motto und die Flagge der EU.

Die am 23. Juli 2007 eröffnete Regierungskonferenz wurde zur bisher kürzesten der Integrationsgeschichte. Die Arbeit der juristischen Experten aus den Mitgliedstaaten konzentrierte sich weitgehend darauf, die präzisen Vorgaben des Junigipfels in das Vertragsvokabular zu überführen. Bereits am 19. Oktober 2007 um ein Uhr nachts – nach nur acht Stunden Verhandlungen – gelang es den Staats- und Regierungschefs sich unter portugiesischer Ratspräsidentschaft in Lissabon auf den endgültigen Vertragstext zu einigen.[11] Am 12. Dezember 2007 wurde im Saal des Hieronymusklosters von Lissabon, in dem einst der Beitritt Portugals zur Europäischen Union gefeiert worden war, der Vertrag von Lissabon unterzeichnet.

Letztlich stellten die in Lissabon vereinbarten Bestimmungen den Versuch dar, die Ergebnisse des Verfassungsvertrags weitgehend unverändert – mit nur geringfügigen kosmetischen Korrekturen – zu übernehmen. Nur dort, wo öffentliche Kritik oder Besorgnis vermutet wurde, nahmen die Staats- und Regierungschefs Abstriche vor. Durch das Etikett „Reformvertrag" und die Eingliederung der Neuerungen in das bisherige Vertragswerk sollten zudem die Ratifizierungsschwellen gesenkt und nationale Referenden vermieden werden. Gerade aber diese Zielsetzung sowie die Ausarbeitung des Reformvertrags durch Fachbeamte und eine Regierungskonferenz – gewissermaßen ohne Publikum – führte zu erheblichen Widerständen, die von den Gegnern des Verfassungs- und Reformvertrags bereits im zweiten Halbjahr 2007 argumentativ zu lautstarken Protesten genutzt wurden.

Die Teilnehmer des Brüsseler EU-Gipfels am 21./22. Juni 2007 zum Ende der deutschen Ratspräsidentschaft.

Wege in die Zukunft: Tradierte Muster oder neue Formen der Integration?

In dem 2007 gestarteten Neuanlauf zur Vertragsrevision und der zum selben Zeitpunkt allmählich deutlicher an Kontur gewinnenden europäischen Nachbarschaftspolitik spiegeln sich erneut die bisher prägenden Integrationsstränge „Vertiefung und Erweiterung" wider. Zugleich zeichnet sich aber ab, dass die Europäische Union zu Beginn des 21. Jahrhunderts ein Ausmaß erreicht hat, das erstmals auch die Grenzen der bisherigen Integrationsmuster und ihrer Weiterentwicklung verdeutlicht. Ob sich die Spirale europäischer Vertragsrevisionen in gleichem Tempo wie bisher weiter drehen wird und ob die Europäische Union in absehbarer Zukunft noch weit über ihre gegenwärtigen geografischen Außengrenzen hinaus stößt, dahinter wird zumindest in zunehmendem Maße in politischen und wissenschaftlichen Diskussionen ein Fragezeichen gesetzt (Faber 2007).

Es scheint, dass die Staats- und Regierungschefs mit Blick auf das Ziel der Vertragsrevision das Tempo zurückgeschraubt haben und beabsichtigen, zu alten Mustern zurückzukehren. Nachdem der ehrgeizige Kraftakt des Verfassungsvertrags nicht zum Ziel geführt hatte, wurde auf dem Wege der bisher erfolgreich erprobten zwischenstaatlichen Regierungskonferenzen mit parlamentarischen Ratifizierungsverfahren – und begrenzter Öffentlichkeitswirkung – versucht, eine Weiterentwicklung der Union auf reduziertem Niveau zu sichern. Ob mit dem im Dezember 2007 unterzeichneten Vertrag von Lissabon das Projekt der Vertragsrevision unter Dach und Fach gebracht wurde, ist aus der Perspektive des Jahres 2007 ungewiss. Ob die Europäische Union, die unverändert ein völkerrechtliches Gebilde darstellt, das nur durch einstimmige Entscheidungen ihrer Mitgliedstaaten in ihren Grundfesten geändert werden kann, sich darüber hinaus in absehbarer Zeit nochmals zu einer Fundamentalrevision und Neuordnung ihrer Verträge aufschwingen wird, muss als noch fragwürdiger bezeichnet werden.

Im Hinblick auf die Frage der Erweiterung sind ebenfalls Grenzen erkennbar. Offenkundig werden die meisten Staaten des westlichen Balkans auf mittlere Sicht hin EU-Mitglieder werden; ob dies aber für die Türkei oder die jenseits der bisherigen Grenzen liegenden osteuropäischen Staaten in gleichem Maße gilt, steht gänzlich offen. Mit der Nachbarschaftspolitik zeichnet sich hier ein Instrumentarium ab, das eine ergebnisoffene Alternative zur bisherigen Beitrittspolitik bietet und zugleich das Tempo der Erweiterungsrunden drosselt. Berücksichtigt man, dass dem Beitritt neuer Staaten alle bisherigen Mitgliedstaaten einhellig zustimmen müssen und zudem gegenwärtig in Umfragen erhebliche

Vorbehalte der Bevölkerungen gegenüber neuen Mitgliedstaaten zum Ausdruck kommen, zeichnen sich auch hier eher Grenzen denn erkennbare Entwicklungsperspektiven ab.

Deutlich stärkere Perspektiven zur Weiterentwicklung der Europäischen Union weist gegenwärtig die Zusammenarbeit in Zivil- und Strafsachen, aber auch die Kooperation in den Bereichen der Einwanderungs-, Asyl- und Visapolitik auf (Peers 2006). Dies umso mehr, da am 21. Dezember 2007 das Schengener Abkommen auf Estland, Lettland, Litauen, Polen, Tschechien, die Slowakei, Ungarn, Slowenien und Malta ausgeweitet wurde. Vor allem die im Spannungsfeld von Binnenmarkt und politischer Kooperation angesiedelte Ausgestaltung des Raums der Freiheit, der Sicherheit und des Rechts sowie die Debatte um eine umfassende Europäisierung dieses Bereichs wird mutmaßlich die Agenda der folgenden Jahre weitaus stärker als bisher bestimmen und zu einer erheblichen Ausdifferenzierung der polizeilichen und justiziellen Zusammenarbeit beitragen. Ob hierbei auch erneut Formen der Flexibilität zum Tragen kommen, wie sie etwa der im Mai 2005 von sieben EU-Mitgliedstaaten – außerhalb der bestehenden Verträge – unterzeichnete Vertrag von Prüm mit Regelungen für einen verbesserten Informationsaustausch im Bereich der Verhinderung und der Verfolgung von Straftaten vorsieht, blieb bisher offen.

Vor dem Hintergrund dieser Überlegungen spricht einiges dafür, die Erweiterungsrunde zu Beginn des 21. Jahrhunderts und den Vertrag von Lissabon als weitere Wegmarke der europäischen Integration zu interpretieren, die ein verändertes Tempo und eine modifizierte Akzentsetzung der Integration nach sich zieht – wenn nicht gar eine neue Integrationsmethode. Aus historiographischer Sicht lässt sich dieser Sichtweise allerdings das Argument gegenüberstellen, dass jeder, der sich eingehender mit der Integrationsgeschichte beschäftigt, unzählige Darlegungen findet, in denen überzeugend begründet wird, warum die europäische Integration gerade zu diesem oder jenem Zeitpunkt an einer ebenso entscheidenden wie kritischen Weggabelung ihrer Geschichte stand und warum ein Scheitern in der spezifischen Situation unweigerlich das Ende der bisher bekannten Muster europäischer Integration – oder zumindest einen Rückschritt – nach sich ziehen würde. Nach der Lektüre dieses Bandes erscheint es naheliegend, entsprechende Prognosen zwar ernst zu nehmen, zugleich aber auch nicht überzubewerten. Auch wenn einiges dafür spricht, dass die europäische Integration in naher Zukunft eher durch Differenzierungs- als durch Vertiefungs- und Erweiterungsprozesse geprägt sein wird, scheint noch mehr dafür zu sprechen, dass sich die Europäische Union vor allem weiterentwickeln und auf absehbare Zeit weder dauerhafte noch endgütige Gestalt annehmen wird.

Auswahlbibliografie zu Kapitel 8

Dokumente und Quellen:

Anhang III zu den Schlußfolgerungen des Vorsitzes des Europäischen Rates am 3. und 4. Juni 1999 in Köln (Stärkung der gemeinsamen europäischen Sicherheits- und Verteidigungspolitik), abgedr. in: Internationale Politik 10 (1999), S. 133–137.

Erklärung von Laeken zur Zukunft der Europäischen Union, u.a. abgedr. in: Daniel Göler: Die neue europäische Verfassungsdebatte. Entwicklungsstand und Optionen für den Konvent, Bonn 2002, S. 112–122.

Europäischer Konvent: Entwurf. Vertrag über eine Verfassung für Europa. Vom Europäischen Konvent im Konsensverfahren angenommen am 13. Juni und 10. Juli 2003. Dem Präsidenten des Europäischen Rates in Rom überreicht, Luxemburg 2003.

* Marhold, Hartmut (Hrsg.): Die neue Europadebatte. Leitbilder für das Europa der Zukunft, Bonn 2001.

Vertrag von Nizza. Texte des EU-Vertrages und des EG-Vertrages, Charta der Grundrechte der Europäischen Union, deutsche Begleitgesetze, hg. von Thomas Läufer, Bonn 2002.

Vertrag über eine Verfassung für Europa, Luxemburg 2005.

Literatur:

Algieri, Franco: Die Europäische Verteidigungs- und Sicherheitspolitik – erweiterter Handlungsspielraum für die GASP?, in: Werner Weidenfeld (Hg.): Nizza in der Analyse. Strategien für Europa, Gütersloh 2001, S. 161–201.

Barnutz, Sebastian/Große Hüttemann, Martin: Die Verfassungsdebatte nach Laeken: der Konvent als neue und bessere Methode für Reformen in der EU, in: integration 2 (2002), S. 157–163.

Becker, Peter: Fortschreibung des Status Quo – Die EU und ihr neuer Finanzrahmen Agenda 2007, in: integration 2 (2006), S. 106–121.

Dietrich, Sascha: Europäische Sicherheits- und Verteidigungspolitik (ESVP). Die Entwicklung der rechtlichen und institutionellen Strukturen der sicherheits- und verteidigungspolitischen Zusammenarbeit im Europäischen Integrationsprozess von den Brüsseler Verträgen bis zum Vertrag über eine Verfassung für Europa, Baden-Baden 2006.

Emmanouilidis, Janis: Die institutionellen Reformen in der Verfassung – die neue Machtarchitektur der Europäischen Union, in: Werner Weidenfeld (Hg.): Die Europäische Verfassung in der Analyse, Gütersloh 2005, S. 70–104.

Faber, Anne: Die Weiterentwicklung der Europäischen Union: Vertiefung versus Erweiterung, in: integration 2 (2007), S. 103–116.

Gnesotto, Nicole (Hg.): Die Sicherheits- und Verteidigungspolitik der EU. Die ersten fünf Jahre, Paris 2004.

Göler, Daniel: Die neue europäische Verfassungsdebatte. Entwicklungsstand und Optionen für den Konvent, Bonn 2002.

Göler, Daniel/Marhold, Hartmut: Die Konventsmethode, in: integration 4 (2003), S. 317–330.

Gordon, Philip H./Shapiro, Jeremy: Allies at War. America, Europe and the Crisis over Iraq, New York 2004.

Hoyer, Werner/Kaldrack Gerd. F. (Hg.): Europäische Sicherheits- und Verteidigungspolitik (ESVP). Der Weg zu integrierten europäischen Streitkräften?, Baden-Baden 2002, S. 303–316.

* Hurrelmann, Achim: Verfassung und Integration in Europa. Wege zu einer supranationalen Demokratie, Frankfurt am Main 2005.

Jopp, Mathias: Europäische Sicherheits- und Verteidigungspolitik, in: Werner Weidenfeld/Wolfgang Wessels (Hg.): Jahrbuch der Europäischen Integration 1998/99, Bonn 1999, S. 271–276.

Kühnhardt, Ludger: 50 Jahre Römische Verträge, in: Aus Politik und Zeitgeschichte 10 (2007), S. 3–10.

Lippert, Barbara (Hg.): Bilanz und Folgeprobleme der EU-Erweiterung, Baden-Baden 2004.

* Lippert, Barbara: Teilhabe statt Mitgliedschaft. Die EU und ihre Nachbarn im Osten, in: Osteuropa 2/3 (2007), S. 69–94.

Müller-Graff, Peter: Die Zukunft des europäischen Verfassungstopos und Primärrechts nach der deutschen Ratspräsidentschaft, in: integration 3 (2007), S. 223–237.

Peers, Steve: EU Justice and Home Affairs Law, Oxford ²2006.

Reiter, Erich/Rummel, Reinhart/Schmidt, Peter: Europas ferne Streitmacht. Chance und Schwierigkeiten der Europäischen Union beim Aufbau der ESVP, Hamburg (u.a.) 2002.

Scholl, Bruno: Europas symbolische Verfassung. Nationale Verfassungstraditionen und die Konstitutionalisierung der EU, Wiesbaden 2006.

Schild, Joachim: Barrosos ‚blind date' in Brüssel – Auf dem Weg zu einer Parlamentarisierung der Kommissionsinvestitur?, in: integration 1 (2005), S.33–46).

Schild, Joachim: Ein Sieg der Angst – das gescheiterte französische Verfassungsreferendum, in: integration 3 (2005), S.187–200).

* Wessels, Wolfgang: Der Verfassungsvertrag im Integrationstrend. Eine Zusammenschau zentraler Ergebnisse, in: integration 4 (2003), S. 284–300.

Anmerkungen zu Kapitel 8

1 Bereits am 12. Januar 1999 hatte Joschka Fischer als amtierender Ratsvorsitzender vor dem Europäischen Parlament „eine Diskussion über die Verfasstheit Europas" gefordert.

2 Obgleich das Verfassungsziel keineswegs von allen EU-Regierungen mitgetragen wurde, lehnte man sich mit dem Konventsbegriff gezielt an historische Vorbilder an, die Verbindungslinien zu früheren verfassunggebenden Versammlungen wie dem Verfassungskonvent von Philadelphia nahe legte, der die erste US-amerikanische Verfassung ausgearbeitet hatte.

3 Die Erklärung von Laeken räumte den Beitrittskandidaten nur einen „Beraterstatus" ein, da sie einen Konsens, der sich zwischen den Mitgliedstaaten abzeichnete, nicht verhindern konnten. In der Praxis hatte diese Einschränkung aber nur formalen Charakter, da die Vertreter aus den Beitrittsstaaten in vollem Umfang an den Arbeiten und Entscheidungen beteiligt wurden. .

4 Die Entscheidung über die deutschen Repräsentanten im Europäischen Konvent sorgte für einigen Konfliktstoff: Vertreter des Bundeskanzlers war zunächst Peter Glotz, der im Herbst 2002 von Joschka Fischer abgelöst wurde. Abgesandter des Bundestages wurde der SPD-Parlamentarier Jürgen Meyer. Aus dem Bundesrat wurde der baden-württembergische Ministerpräsident Erwin Teufel delegiert. Mit Elmar Brok und Klaus Hänsch zogen zwei profilierte Europaparlamentarier in den Konvent ein, von denen Hänsch als Mitglied des Präsidiums die formal einflussreichste Position unter den Deutschen innehatte. Daneben repräsentierte die PDS-Abgeordnete Sylvia-Yvonne Kaufmann das Europäische Parlament im Konvent.

5 Im Hinblick auf den umfassenden Auftrag und die Fülle der zu behandelnden Fragen wurde die Arbeit des Konvents auf Vorschlag des Präsidiums in drei Phasen eingeteilt. Während die bis in den Sommer 2002 andauernde „Anhörungsphase" das Ziel hatte, ein möglichst breites Spektrum an Vorschlägen zu sammeln und einen offenen, aber auch allgemein gehaltenen Gedankenaustausch über die zukünftige Gestalt der Europäischen Union zu führen, wurden in der „Reflexionsphase" bis Februar 2003 konkrete Empfehlungen in elf Arbeitsgruppen erarbeitet. Die bis zum Sommer 2003 andauernde „Vorschlagsphase" diente schließlich der Textarbeit, die in die Redaktion eines Abschlusstextes mündete.

6 Einige Mitglieder des Konvents setzten sich mit dem Ansinnen durch, dem Verfassungsvertrag ein Minderheitsvotum als offizielle Ergänzung anzufügen. In den offiziellen Druckversionen findet sich dieser Anhang nicht.

7 Der Euratom-Vertrag wurde allerdings nicht in den Verfassungsvertrag eingebettet.

8 Der Mechanismus des Frühwarnsystems sieht vor, dass die nationalen Parlamente frühzeitig über Gesetzesvorschläge der Kommission in Kenntnis gesetzt werden, umfangreiche Informationen erhalten und somit die Möglichkeit zu einer Stellungnahme bekommen. Wird in diesem Rahmen – aufgrund einer vorliegenden Verletzung des Subsidiaritätsprinzips – von mehr als einem Drittel der nationalen Parlamente Einspruch erhoben, kann die Europäische Kommission zu einer Nachbesserung veranlasst werden.

9 So musste eine Sperrminorität bei Entscheidungen im Rat mindestens von vier Staaten getragen werden. Darüber hinaus wurde vereinbart, dass eine Gestaltungsmehrheit zumindest von 15 Staaten getragen wird.

10 Nach den gescheiterten Referenden in Frankreich und den Niederlanden ratifizierten aber bis zum Ende des Jahres 2006 noch Lettland, Zypern, Malta, Luxemburg, Belgien, Estland und Finnland den Verfassungsvertrag.

11 Die Zustimmung aller Staats- und Regierungschefs zum neuen Vertragswerk wurde nur möglich, weil schließlich ein bereits 1994 in Ioannina (Griechenland) vereinbarter Mechanismus bestätigt wurde, der erneute Beratungen für den Fall vorsieht, dass im Rat eine qualifizierte Mehrheit nur mit knapper Mehrheit zustande kommt. In dieser Situation soll der betreffende Rechtsakt für eine „angemessene Zeit" nicht in Kraft treten. Die Beschreibung dieser Klausel wurde in einer Erklärung dem Vertrag von Lissabon beigefügt.

9. Fazit: Erklärungsansätze und Perspektiven des europäischen Einigungsprozesses

Wer zu Beginn des 21. Jahrhunderts die Geschichte der europäischen Einigung Revue passieren lässt, kann nur mit Staunen registrieren, was aus den bescheidenen Anfängen der kerneuropäischen Montanunion des Jahres 1952 geworden ist. Eine Europäische Union, die seit dem Jahr 2007 nicht nur geografisch von Lappland bis Sizilien und von der Atlantikküste bis zum Schwarzen Meer reicht, sondern auch ein staatsähnliches Gebilde verkörpert, das verbindliche Entscheidungen für fast alle Bereiche des gesellschaftlichen Lebens trifft, hätten wohl selbst die kühnsten Visionäre kaum erwartet. Ausgehend von den Anfängen der Europäischen Gemeinschaft für Kohle und Stahl hat der Integrationsprozess das Gesicht Europas stark geprägt und tiefe Spuren in den Strukturen des Kontinents, aber auch im Bewusstsein der Europäer hinterlassen. In mehreren Etappen der politischen und wirtschaftlichen Integration wurden erhebliche Kompetenzen der Nationalstaaten Europas auf europäischer Ebene zusammengeführt, so dass eine Konstruktion geschaffen wurde, die eine neuartige Kooperation von Staaten ermöglichte. Von kaum zu überschätzender Bedeutung ist dabei das Prinzip der Supranationalität, das die Europäische Union und ihre Vorläufer bis heute qualitativ von anderen regionalen Zusammenschlüssen unterscheidet.

Legt man die in den vergangenen Jahren erschienenen Gesamtdarstellungen angloamerikanischer Historiker zur Geschichte Europas im 20. Jahrhundert zugrunde, wird die europäische Einigung gemeinhin als Erfolgsgeschichte beschrieben. Betont wird in diesem Zusammenhang insbesondere die Ausgangslage des Jahres 1945, in der wenig dafür sprach, dass sich die verwüsteten und ausgemergelten „unsicheren Demokratien" des Kontinents so rasch erholen (James 2004) und in einem beispiellosen Aufstieg zu einem Hort der wirtschaftlichen Prosperität und des Massenwohlstands entwickeln würden (Pond 2000). Noch weniger zwingend erschien es, dass die europäischen Nationalstaaten, die sich in unzähligen Kriegen erbittert bekämpft hatten, ein halbes Jahrhundert später für eine „beispielhafte Verkörperung internationaler Tugenden" stehen (Judt 2006: 929). Und kaum jemand hätte wohl erwartet, dass die Europäische Union sogar als eine „Orientierungshilfe für die Menschheit in einer globalisierten Welt" bezeichnet werden würde (Rifkin 2006: 381), die mit ihrer ökonomisch-zivilisatorischen Gestaltungskraft vor allem auf die sie umgebenden Staaten starke Anziehungskraft ausübt.

Ein ähnlicher Grundtenor durchzieht auch die spezifisch auf die Geschichte der europäischen Einigung hin ausgerichteten Darstellungen, in denen der Prozesscharakter der Integration als wichtiges Kennzeichen stets besonders herausgestellt wird. Mittlerweile gehört es zum gemeinsamen Fundament aller Forschungsdisziplinen, die sich mit dem Thema beschäftigen, zu betonen, dass die Geschichte der europäischen Einigung bisher weder gradlinig noch gleichmäßig verlief. Das Ringen um die Einigung Europas wird als ein asymmetrischer Prozess bezeichnet (Tömmel 2003: 19), der sowohl in politischer, als auch in ökonomischer, rechtlicher und gesellschaftlicher Hinsicht von dynamischen Veränderungen und Integrationsschüben wie auch von Krisen und Stagnationsphasen gekennzeichnet war, der zugleich aber dazu beigetragen hat, einen hohen Grad an Vergemeinschaftung zu etablieren.

Folgt man politikwissenschaftlichen Analysen, setzen die Regierungen der EU-Mitgliedstaaten – unabhängig davon, welcher politischen Couleur sie zuneigen – die Tendenz fort, zuvor nationalstaatlich ausgeübte Kompetenzen irreversibel auf europäischer Ebene zu verschmelzen.

Wurde die europäische Integration in den ersten Jahrezehnten vor allem aus Sicht der internationalen Beziehungen – als Teil des regionalen Strukturwandels internationaler Politik – betrachtet, so ist man in den 1990er Jahren zunehmend dazu übergegangen, die Europäische Union mit Kategorien, die sich an innerstaatlichen Gesichtspunkten orientieren, zu analysieren. Von Wolfgang Wessels wurde hieraus in Anlehnung an die beiden US-Integrationstheoretiker Leon N. Lindberg und Stuart A. Scheingold (Lindberg und Scheingold 1970) frühzeitig mit Blick auf systemtheoretische Ansätze die Schlussfolgerung abgeleitet, dass sich ein eigenes, neuartiges politisches System herausgebildet hat, in dem die Organe der Europäischen Union in stetig anwachsendem Umfang verbindliche Entscheidungen treffen (Hix 2002; Wessels 2007). Demgegenüber wird die Rolle der Europäischen Union im internationalen System „deutlich kontroverser" konstatiert, da sie bisher als „Ordnungsmacht" der internationalen Beziehungen kein klares Profil entwickelt hat (Wessels 2000).

Die zentrale Rolle der EU für die Mitgliedstaaten wird auch in ökonomischen Analysen betont, die herausstreichen, dass auch ohne eine harmonisierte Steuerpolitik und einen europaweiten Euro die europäischen Volkswirtschaften aufgrund von Effizienz- und Wohlfahrtseffekten immer enger miteinander verkoppelt wurden (Kösters/Beckmann/Hebler 2001: 35–81). Weniger eindeutig sind hingegen die sozialen und gesellschaftlichen Rahmenbedingungen der europäischen Einigung. Während in diesem Feld zumindest von Teilen der Forschung konstatiert wird, dass sich zunehmende gesellschaftliche Konvergenz- und Verflechtungsprozesse abzeichnen (Kaelble 1995 u. 2007), wird die Existenz einer europäischen Öffentlichkeit weiterhin in Frage gestellt und allenfalls die Entstehung von europäischen Teilöffentlichkeiten ausgemacht, die aber weiterhin auf die Infrastruktur nationaler Öffentlichkeiten angewiesen sind (Trenz 2005; Immerfall 2006).

Schließlich stellt die europäische Einigung auch für die Bürger in den EU-Mitgliedstaaten eine wichtige, mittlerweile fast selbstverständliche Grundlage dar. Die Existenz einer europäischen Ordnung, die Frieden und Massenwohlstand garantiert, die europaweite Austauschprogramme für Studierende und Wissenschaftler bietet, die grenzenloses Reisen und die Zahlung in gemeinsamer Währung eröffnet, wird als unverzichtbare Errungenschaft betrachtet. Vielen gilt die europäische Integration sogar als Signum europäischer Selbstbehauptung gegenüber den oftmals als dominant betrachteten Vereinigten Staaten. Folgt man Umfragen, wird von den Bürgern Europas die Anschauung vertreten, auch in weiteren Bereichen die Kräfte und Interessen der einzelnen Mitgliedstaaten auf europäischer Ebene zu bündeln (Niedermayer 2003). Zugleich wächst aber in der Bevölkerung die Skepsis gegenüber der mangelnden sozialen Ausgestaltung der Integration (Attac 2006: 15). Kritik wird vor allem an der Wettbewerbsorientierung der Union geübt, für die sinnbildhaft die Lissabon-Strategie mit dem Ziel steht, die EU bis 2010 zum wettbewerbsfähigsten und dynamischsten wissensbasierten Wirtschaftsraum der Welt zu machen.

Vom Zeitalter der Extreme zum Zeitalter der Entgrenzung: Erklärungsansätze zur europäischen Integration

Neben einer wachsenden Zahl publizistischer Abhandlungen dokumentiert eine kaum mehr zu überschauende Flut an wissenschaftlichen Neuerscheinungen in den vergangenen Jahren, dass die europäische Einigung in die zeithistorische Forschung Eingang gefunden hat und als Untersuchungsobjekt „entdeckt" wurde. Dies ist jedoch eine vergleichsweise junge Entwicklung. In den 1970er und 80er Jahren galt die Forschung über die europäische Integration noch als wissenschaftliches Randthema, das lediglich als eine von zahlreichen Facetten zwischenstaatlicher Interaktion untersucht wurde. Während Politikwissenschaftler und Juristen, gefolgt von den Wirtschaftswissenschaftlern, als Pioniere der europäischen Integrationsforschung die bisher größte Detailtiefe an Integrationsforschung erreichten, fand die Analyse der europäischen Einigungsbestrebungen unter Historikern lange Zeit weit weniger Beachtung. Obwohl es an entsprechenden Appellen nicht mangelte (Schwarz 1983: 555–570) und Europa zunehmend auch in den „Blick der Historiker" rückte (Hudemann/Kaelble/Schwabe 1995), präsentierte sich die zeitgeschichtliche Forschung „primär nationalhistorisch ausgerichtet" (Jarausch 2004: 3). Das Interesse für die originäre Geschichte der Europäischen Union blieb lange Zeit merkwürdig unterentwickelt, während die „Europa-Studien" (Beichelt/Chołuj/Rowe/Wagener 2006) im Sinne von „area-studies" oder „Regionalwissenschaften" in der Geschichtswissenschaft weitaus stärkeres Interesse weckten. Bemerkenswert ist in diesem Zusammenhang auch, dass die historischen Koordinaten des Integrationsprozesses bisher kaum eine Rolle für die zeithistorische Epochenbildung gespielt haben, während umgekehrt die Zäsuren der Integrationshistoriografie zumindest in einem Wechselspiel mit der allgemeinen Geschichte des Kontinents gewählt wurden.

Mittlerweile zeichnet sich aber in den unterschiedlichsten akademischen Disziplinen eine Beschäftigung mit transnationalen Prozessen und vor allem mit der europäischen Einigung als Referenzthema ab. Unverändert fehlen in den einzelnen Fachbereichen indes übergreifende Studien, in denen die europäische Einigung vermessen und die Fülle an Detailergebnissen aus Einzelstudien synthesenartig zusammengefasst wird. Vor allem besteht ein Mangel an Arbeiten, die versuchen, das Thema „europäische Integration" über inhaltliche und methodische Fächergrenzen hinweg aufzubereiten und die Konturen einer eigenständigen wissenschaftlichen Integrationsforschung zu entwickeln (Bogdandy 1993).

Da in fast allen Überblicksdarstellungen die Europäische Union als eine weltweit einzigartige Legierung nationalstaatlicher Zusammenarbeit charakterisiert wird, bildet die Frage, auf welche Antriebskräfte und Erklärungsansätze die Entwicklung der Integration zurückgeführt werden kann, bisher den Kern von Analysen zur europäischen Einigung. Obwohl die auch dieser Publikation zugrunde liegenden Stränge „Vertiefung und Erweiterung" vielfach nicht nur als gemeinsamer Strukturierungsansatz genutzt, sondern auch als Erklärungsmodell interpretiert werden, sind die von der Forschung darüber hinaus präsentierten Anschauungen alles andere als einhellig. Die seit den 1970er Jahren erarbeiteten Erklärungsdeterminanten weisen ein beträchtliches Spektrum teils konvergierender, teils widersprüchlicher Interpretationsofferten auf, die sich auf den unterschiedlichsten Reflektions- und Analyseebenen bewegen. Dies ist nicht zuletzt darauf zurückzuführen, dass die Forschung zur europäischen Integration bisher eher durch Spezialstudien als durch Synthesen geprägt wurde. Es fehlt zwar nicht an Detailstudien oder Momentaufnahmen zu einzelnen Politikbereichen und Institutionen; übergreifende und zeithistorisch fundierte Gesamtdarstellungen sind jedoch nach wie vor Mangelware.

Das abschließende Kapitel skizziert vor diesem Hintergrund insgesamt zehn sich teilweise überlappende Problemfelder mit den wichtigsten Interpretationsangeboten, die um die Deutungsmacht zur Erklärung der europäischen Einigung ringen. Auch wenn die Bandbreite an vorliegenden Analysen mit der folgenden knappen Skizze eher gestreift als erfasst und der mittlerweile beträchtlichen Detailtiefe der Forschung nur ausschnittartig Rechnung getragen werden kann, beabsichtigt dieser Überblick doch, eine Grobsystematik der Ansätze zu vermitteln. Zugleich sollen auch Verbindungslinien zu den wichtigsten Problemen und Kontroversen gezogen werden, mit denen sich die Integrationsforschung in den vergangenen Jahrzehnten eingehender auseinander gesetzt hat.

1. *Motive:* Der wohl verbreitetste Ansatz zur Erklärung der europäischen Einigung zielt auf die Motive, die der Integration zugrunde liegen. Dabei zog die Initialphase 1948 bis 1952 – sowie der ihr unmittelbar vorangegangene Zeitabschnitt – das bisher stärkste Forschungsinteresse auf sich. Aber auch die weiteren wichtigen Scharnierphasen – die Periode von 1969 bis 1974 und der Zeitraum 1985 bis 1991 – sind hinsichtlich der Motivlagen bereits eingehender ausgeleuchtet worden. Sowohl in der Integrationsforschung als auch unter den beteiligten Akteuren herrscht weitgehend Einvernehmen, dass der in allen Staaten Europas dominierende Wunsch nach einer dauerhaften Friedens- und Sicherheitsordnung den Ausgangspunkt bildete und zugleich den zentralen Impuls des modernen europäischen Einigungsprozesses lieferte. Angesichts der Fragilität eines nur mühsam auszubalancierenden europäischen Bündnissystems und der Erfahrungen der Katastrophe des Zweiten Weltkriegs sollte eine neue Ordnung stabiler und pazifizierender sein. Ausgehend von den Plänen des Widerstands und Exils wurden infolgedessen zunächst die ideen- und politikgeschichtlichen Grundlagen der europäischen Einigung sowie die „zivilgesellschaftlichen" Akteure in den Mittelpunkt gestellt (Lipgens 1977). Durchgängig als Beweggrund betont – wenngleich auch nicht so stark akzentuiert wie das Friedensmotiv – wurde seitens der Forschung auch das Ziel bzw. die Notwendigkeit wirtschaftlicher Kooperation. Von der Errichtung größerer Wirtschaftsräume und der Zusammenlegung von Ressourcen versprach man sich eine Überwindung der ärgsten Nöte der Nachkriegszeit und den Aufbau einer stabilen und international konkurrenzfähigen Wirtschaft. Ein drittes Ausgangsmotiv spiegelte sich schließlich in der Hoffnung wider, das vereinte Europa könne im Sinne einer „Dritten Kraft" als Partner und Bindeglied ver-

mittelnd zwischen den beiden Weltmächten USA und UdSSR auftreten (Loth 2003: 29–43). Von diesen drei Ausgangsmotiven verlor die Erwartung an eine stärkere internationale Rolle Europas angesichts des aufziehenden Kalten Kriegs rasch ihre Relevanz, während die beiden anderen Motive hingegen bis heute ihre Bedeutung behielten.

Im Laufe der 1980er Jahre setzte aber eine gewisse Akzentverschiebung ein. Anknüpfend an insbesondere politikwissenschaftliche Arbeiten der neo-realistischen bzw. intergouvernementalen Schule (u.a. Hoffmann 1982: 21–37) und Ansätze, die politik- und wirtschaftsgeschichtliche Fragestellungen verknüpfen, entwickelte Alan S. Milward unter dem Titel „The European Rescue of the Nation-State" die These, dass die Zusammenarbeit vom Motiv der „Rettung" bzw. der „Selbstbehauptung" der europäischen Nationalstaaten geprägt war (Milward 1992: 3). Diese – zunächst heftige Kontroversen auslösende – revisionistische Deutung erzielte trotz ihrer vermeintlichen Paradoxie wachsende Zustimmung. Zahlreiche Forscher pflichteten Milward bei, dass die (west-)europäischen Nationalstaaten dadurch, dass sie Kompetenzen abgaben, sich weniger selbst schwächten, als vielmehr durch die intensive Nutzung zwischenstaatlicher Interaktion ihre Handlungsfähigkeit stärkten. Insbesondere die zunehmenden Ansprüche an staatliche Leistungen im Bereich des wohlfahrts- und sozialstaatlichen Angebots konnten vor diesem Hintergrund von den europäischen Staaten weiterhin bewältigt werden.

Die Forschungen des Saarbrückener Historikers Walter Lipgens auf der einen Seite und des Londoner Geschichtswissenschaftlers Alan S. Milward auf der anderen Seite stehen paradigmatisch für die beiden unterschiedlichen Sichtweisen (Wurm 1995: 9–26). Lipgens, in Deutschland der Gründungsvater der Europa-Geschichtsschreibung und zugleich der erste Lehrstuhlinhaber für Integrationsgeschichte am Europäischen Hochschulinstitut in Florenz (Loth 2006: 317–336) sowie der später ebenfalls in Florenz lehrende Milward gelten damit als Exponenten der Kernkontroverse der Integrationshistoriografie. Im Hinblick auf das Ausgangsmotiv der Funktionsdefizite von Nationalstaaten stehen sich die Ansätze, wie Wilfried Loth hervorhebt, indes nicht gänzlich antagonistisch gegenüber (Loth 2001: 95). Während der Föderalist Lipgens aber den Nationalstaat als diskreditiert betrachtet und im idealistischen Sinne seine Überwindung als eine verbreitete gesellschaftliche Forderung interpretiert, betont Milward aus realistischer Perspektive stärker die im nationalstaatlichen Interesse liegenden Anpassungsprozesse.

2. *Leitbilder:* Im Gegensatz zum Rekurs auf die Motive europäischer Einigung erklärt eine zweite, in diesem Band ebenfalls eingehender be-

handelte Sichtweise die europäische Integration aus dem Zusammenspiel bzw. dem Gegensatz konkurrierender europäischer Leitbilder und entsprechender institutioneller Leitideen. Mit europapolitischen Leitbildern wurden sowohl seitens der Forschung als auch von den handelnden Akteuren seit den 1950er Jahren die Zielvorstellungen über das zu schaffende europäische Gebilde umschrieben (Schneider 1992: 3–35). In diesem Zusammenhang wurde zunächst zwischen drei Hauptansätzen unterschieden: Vertreter einer intergouvernementalen Sichtweise rekurrierten auf das Leitbild eines Staatenbunds sowie den Rat – später auch den Europäischen Rat – als Institution, indem sie betonten, dass verbindliche Entscheidungen – zumindest diejenigen von „vitalem nationalen Interesse" – nur von Institutionen getroffen werden können, die einer Beteiligung der Mitgliedstaaten unterliegen. Demgegenüber strichen föderale Ansätze, bisweilen unter der politisch aufgeladenen Bezeichnung „Vereinigte Staaten von Europa", das Leitbild eines Bundesstaats und die Rolle des Europäischen Parlaments als eigenständiges Machtzentrum heraus. Die zentrale Institution der Leitidee der Funktionalisten bildete schließlich die Kommission, die durch ihre administrativen und technischen Möglichkeiten europaweite Anliegen definiert und organisiert. In diesem Zusammenhang wurde zunächst der Charakter der Integration als offener Prozess betont, der – teils verklausuliert, teils direkt postuliert – langfristig zu einem Bundesstaat führt.

Dem Rückgriff auf Leitbilder liegt aus einer konstruktivistisch geprägten Forschungsperspektive die Hervorhebung von Diskursen und sozialen Interaktionsprozessen zugrunde. Damit basiert dieses Gedankengebäude auf der Prämisse, dass europäische Leitbilder nicht „per se" existieren, sondern dass sie sich im Sinne von Ideen und Präferenzen der Akteure gewissermaßen erst kommunikativ herausschälen. Nicht allein die Ausprägung eines Leitbilds determiniert demzufolge seine Wahrnehmung, sondern sie bedingt vielmehr eine Vielzahl möglicher Optionen seiner Rezeption. Betrachtet man die hier skizzierten Leitbilder als „Arbeitshypothesen" zur Erklärung der Integrationsgeschichte, dann sind Belege für die parallele Gültigkeit aller drei Konzepte zu finden. In den Grundsatzbeschlüssen zum Auf- und Ausbau der Gemeinschaft bzw. der Union sowie in den einzelnen Vertragsreformen hat bisher weder ein bestimmtes Leitbild noch eine spezifische institutionelle Leitidee als verbindliche Vorgabe dominiert, sondern sich stets eine höchst eigenwillige Gemengelage aller Ansätze gezeigt.

In den 1990er Jahren und zu Beginn des 21. Jahrhunderts präsentierte sich die sozial konstruierte Realität von Leitbildern unter neuen Vorzeichen (Jachtenfuchs 2002). Während die Orientierungsfunktion der klassischen Konzepte abnahm, rückten neue Ideen wie die vom Bundesverfassungsgericht im Kontext des Maastrichter Vertrags geprägte Bezeichnung „Staatenverbund", das Leitbild eines Europas der Regionen oder auch die Idee einer flexiblen Integration mit unterschiedlichen Strategien (Kerneuropa etc.) stärker ins Blickfeld. Obgleich der EU immer noch ein am eigenen Entstehungsprozess orientiertes, allgemein akzeptiertes Narrativ fehlt, wird mittlerweile bereits konstatiert, dass die „Europäische Gemeinschaft schon längst (…) ihr eigenes historisches Deutungsmuster, ja im Grunde ihren eigenen Mythos hervorgebracht" hat (Wirsching 2006: 501).

3. *Binnen- und Außenimpulse:* Ein dritter Erklärungsansatz zur Geschichte der europäischen Einigung zieht wesentliche Schlüsse aus der Dichotomie von Binnen- und Außenimpulsen. So wird die europäische Integration einerseits von zahlreichen Wissenschaftlern als das Ergebnis der Strukturen des internationalen Systems und seiner politischen und ökonomischen Krisen betrachtet. Ausgehend von der Rolle der USA als Geburtshelfer der europäischen Einigung nach dem Zweiten Weltkrieg über die Konstellation des Kalten Kriegs bis hin zum Umbruch des internationalen Systems nach 1989 wird die Entwicklung der europäischen Integration dieser Sicht zufolge in einem „historiografischen Koordinatensystem" verortet, das wesentlich durch die internationalen Beziehungen und dessen Machtlogik geprägt wurde (Marhold 1995: 27–39). Insbesondere den USA wird seitens dieser Denkschule eine besondere Rolle beigemessen, da sie im Schatten ihrer hegemonialen Stellung systematisch dazu beitrugen, ein erstarktes und geeintes (West-)Europa aufzubauen (Ludestad 2003).

Den Kontrapunkt zu diesem Gesichtspunkt bildet die Beschreibung der europäischen Einigung als Folge einer Eigendynamik von „spill-over-Prozessen". Bei dieser Interpretation des Integrationsprozesses wird die Position vertreten, dass der wirtschaftliche Zusammenschluss der sechs Gründungsstaaten quasi auf „natürlichem Wege" zu einem politischen Zusammenschluss führte. Als entscheidende Antriebsdynamik wurde eine Sachlogik zugrunde gelegt, die davon ausging, dass die Einigung in einem Feld die Integration weiterer Bereiche nach sich zieht. In funktionaler Hinsicht zog so etwa die Umsetzung des Binnenmarktprojekts das Ziel einer Währungsunion nach sich, damit die Vorteile des Binnenmarkts zum Tragen kommen konnten (Haas 1958). Mit dem in jüngster Zeit sowohl in der Politik- wie der Geschichtswissenschaft an Bedeutung gewinnenden Begriff des Mehrebenensystems (Gehler 2001) wird das Zusammenspiel der verschiedenen Ebenen gewissermaßen zusammengeführt. Vor diesem Hintergrund wird weniger ein Endzustand der

Einigung erklärt, sondern es werden vielmehr die vielfach verflochtenen, netzwerkartigen und sich teilweise gegenseitig auch verstärkenden Impulse beider Ebenen als maßgeblich zur Deutung der Integrationsgeschichte ausgemacht. Dem Charakter der europäischen Integration als Verhandlungssystem – wie es in einem viel zitierten Aufsatz Donald J. Puchala bereits in den 1970er Jahren beschrieben hat – wird in diesem Kontext besondere Beachtung gezollt (Puchala 1972).

4. *Akteure auf nationaler und europäischer Ebene:* Ein vierter einflussreicher Zugang betont als Triebkraft der Integrationsentwicklung ebenfalls das Spannungsverhältnis von Binnenlogik und Außendruck, rückt aber stärker die handelnden Akteure ins Blickfeld. So wird der europäische Einigungsprozess einerseits als Ergebnis von geschickt ausgehandelten Kompromissen der Nationalstaaten bzw. als Resultat einer rational kalkulierenden „großen Diplomatie" der nationalstaatlichen Regierungen betrachtet. Als Fortsetzung einer nationalen Außenpolitik mit anderen Mitteln betrieben die Staaten dieser Interpretation zufolge Europapolitik und forcierten – oder hemmten – dergestalt den Aus- und Aufbau der Integration. Untermauert wird diese Sichtweise vor allem durch den Hinweis, dass substanzielle Vertiefungsschritte vielfach nur dann erzielt wurden, wenn die Interessen von Staaten sich anglichen bzw. gänzlich übereinstimmten (Krüger 1995: 38) oder wenn der Handlungsspielraum so groß war, dass es gelang, „intersektorielle Verhandlungspakete" zu schnüren, die alle Interessen abdeckten (Wessels 1992: 44). Dieser Sichtweise zufolge kam die Wirtschafts- und Währungsunion vor allem zum Tragen, weil das Interesse einiger Staaten an einer politischen Union mit dem Interesse anderer Staaten an der WWU verkoppelt werden konnte.

Von Vertretern eines liberalen Intergouvernementalismus wurde dieser Ansatz dahin gehend erweitert, die Interessenbildung zwischen Messina und Maastricht (und darüber hinaus) nicht allein auf nationale Regierungen zurückzuführen, sondern die zwischenstaatlich vertretenen Präferenzen als Ergebnis eines Wechselspiels zwischen Staat und Gesellschaft zu beschreiben und einen pluralistischen Interessensausgleich auszumachen (Moravcsik 1998).

Der Gegenpol zum Primat zwischenstaatlicher Aushandlungsergebnisse besteht darin, den europäischen Institutionen eine maßgebliche Rolle bei der Vertiefung der europäischen Integration zuzusprechen. Im Sinne eines sich immer stärker herausbildenden Gemeinschaftsinteresses, so die Annahme dieser Variante der institutionalistischen Denkschule, haben die Institutionen selbst erhebliche Impulse für die Weiterentwicklung geliefert, die u.a. in den Urteilen des Europäischen Gerichtshofs, in den Verfassungsvorschlägen des Europäischen Parlaments oder auch in den Initiativen der Kommission zum Ausdruck gekommen sind. Dieser Perspektive zufolge geht der Binnenmarkt in erster Linie auf das „Cassis-de-Dijon"-Urteil des Gerichtshofs und das Weißbuch zum Binnenmarkt der Kommission zurück, während das Europäische Parlament als Anwalt der europäischen Demokratie vor allem im Bereich der institutionellen Reformen und der Einbeziehung der Bürger eine Vertiefung der Integration bewirkt hat (Christiansen 2002: 33–53). Währenddessen werden Kontrollverluste der nationalstaatlichen Aktuere verzeichnet. Eine Schlüsselrolle – und zugleich gewissermaßen eine Synthese beider Sichtweisen – stellt der Europäische Rat dar, der als „deus ex machina" den Interessen der Nationalstaaten Ausdruck verleiht (Bulmer/Wessels 1987: 75), der gleichermaßen aber auch als „kollektive Regierung Europas" einen Impulsgeber zur Fortentwicklung der Gemeinschaft verkörpert.

5. *Deutsch-französische Kooperation:* Eine zugespitzte, ebenfalls aber häufig angeführte Lesart der Integrationsgeschichte besteht darin, die Geschichte der europäischen Integration im Wesentlichen als Produkt der deutsch-französischen Beziehungen zu betrachten. Ausgehend vom französischen Sicherheitsbedürfnis gegenüber Deutschland in der Nachkriegszeit – und dem Ziel der indirekten Kontrolle über gemeinsame Institutionen – war die deutsch-französische Zusammenarbeit stets eine wesentliche Antriebskraft der Integration, die letztlich als Richtschnur für das Gelingen aller wichtigen Großprojekte diente. Umgekehrt stockte die Integration jedoch, wenn keine gemeinsamen Standpunkte vereinbart wurden und der deutsch-französische Motor ins Stottern geriet (Ziebura 1997).

Dieser Sichtweise zufolge stellte etwa die Wirtschafts- und Währungsunion vor allem ein Projekt beider Länder dar, das Frankreich als Konzept zur Dämpfung der wirtschaftlichen Hegemonie Deutschlands – insbesondere der Bundesbankentscheidungen auf die französische Volkswirtschaft – diente, während die Bundesrepublik sich einen „Export" der deutschen Stabilität versprach. Es kann vor dem Hintergrund zahlreicher Projekte und Initiativen der „Führungsmächte" Deutschland und Frankreich nicht überraschen, dass den deutsch-französischen Gipfeltreffen besondere Bedeutung zugemessen wird (Wattin 2003) und durchgängig von der engen Zusammenarbeit deutscher und französischer Regierungen oder Staatsmänner als Eckpfeiler der Integration die Rede ist.

6. *Politische Ziele und wirtschaftliche Mittel:* Ein weiteres Deutungsangebot betont das Verhältnis von Politik und Wirtschaft. Mit Ausnahme des jüngsten Zeitabschnitts der Integrationsgeschichte, in dem auch GASP und ESVP sowie rechtliche Kooperationsformen eine erhebliche Dynamik entwickelten, waren es insbesondere ökonomische Projekte,

die zu einer Vertiefung der europäischen Integration führten. Unter dem Dach einer historisch gewachsenen Landschaft technologie- und exportorientierter Zusammenarbeit auf Branchenebene hat die wirtschaftliche Integration dazu beigetragen, die spezifische Wettbewerbsfähigkeit der Mitgliedstaaten zu verbessern.

Kennzeichen der ökonomischen Projekte war ein fortwährendes Spannungsverhältnis zwischen dem Konzept der Intervention und dem Ansatz einer marktwirtschaftlichen Deregulierung (Gillingham 2003). Während die stark bürokratisch geprägte Umsetzung des Agrarmarkts dieser Sichtweise zufolge die Integration bis in die 1970er Jahre dominierte und den Aufbau eines ausdifferenzierten Institutionen- und Regulierungssystems zur Folge hatte, wird für die 1980er und 90er Jahre ein zunehmender Marktliberalismus und die Überwindung von Monopolen in Bereichen wie Post, Telekommunikation, Strom, Gas oder Flugverkehr als Triebfeder gegenübergestellt. Vor allem die Freiheiten des Binnenmarkts bewirkten dieser Sichtweise zufolge eine wechselseitige Öffnung der Märkte und führten zu Konsequenzen, die weiter über den wirtschaftlichen Bereich hinausreichten.

Wie zahlreiche Beispiele zeigen, standen hinter der Ratio ökonomischer Projekte von Anfang an aber politische Zielsetzungen. So diente nicht nur der EGKS-Vertrag den Sicherheits- bzw. Souveränitätsinteressen der Mitgliedstaaten, sondern auch die mit dem Maastrichter Vertrag etablierte Wirtschafts- und Währungsunion der „Absicherung" gegenüber Deutschland und dem Ziel, eine weitere Vertiefung der (politischen) Integration in die Wege zu leiten. Insofern ging es nicht allein – und wohl auch nicht primär – um ökonomische Gewinnmaximierung, sondern vielmehr um Ressourcenmaximierung im Sinne von politischen Interessen.

7. *„Konstitutionalisierung" und europapolitische Praxis:* Zu den in jüngerer Zeit verstärkt bemühten Erklärungsansätzen gehört es, die europäische Einigung als Ergebnis einer eigenwilligen Koppelung von offiziellen Aufgabenzuordnungen in Form der Verträge bzw. der Vertragsrevisionen einerseits und der europapolitischen Praxis andererseits zu deuten. Seit den 1950er Jahren hat ein beträchtlicher Transfer von nationalstaatlichen Kompetenzen auf die europäische Ebene stattgefunden, der eine institutionelle Architektur hervorgebracht hat, die in erster Linie auf die institutionellen Weichenstellungen der Gründungsphase und die Entscheidungen der Mitgliedstaaten als „Herren der Verträge" zurückgeführt wird (Peterson/Bomberg 1999: S. 10–16).

Gegenüber diesen gewissermaßen konstitutionellen Akten, denen stets auch eine gewisse Pfadabhängigkeit im Sinne eines maßgeblichen

Einflusses historisch-institutioneller Grundlagen auf spätere Entscheidungen unterstellt wird, argumentiert eine jüngere Forschungsrichtung zunehmend mit Reformen „unterhalb“ von formellen Vertragsänderungen als Erklärungsansatz zur Integrationsgeschichte. So hat die Nutzung von Art. 308 EG-V (ex. Art. 235 EG-V) für „unvorhergesehene Fälle“ zu einer inkrementalistischen, aber beträchtlichen Ausweitung der auf europäischer Ebene behandelten Politiken beigetragen. Darüber hinaus haben auch „weichere“ Varianten vertraglicher Interpretation wie etwa der Modus der Finanziellen Vorausschau oder interinstitutionelle Vereinbarungen, die bereits informell eingeübte Verhaltensnormen festlegen, das Zusammenspiel der Organe auf europäischer Ebene wesentlich geprägt. Im Sinne einer „gelebten“ Vertragspraxis haben sie maßgeblich zur Entwicklung der europäischen Integration beigetragen (Wessels 2003: 23–45).

8. *Persönlichkeiten:* Eine weitere Erklärung der Integrationshistorie – die in deutlichem Gegensatz zu den zuvor angeführten strukturellen und überpersönlichen Ansätzen steht – personalisiert die historischen Abläufe. Obgleich bisher nur wenige Individualbiografien über die wichtigsten Protagonisten der europäischen Integration verfasst wurden und die Akteure der „zweiten Reihe“ gänzlich unbeachtet blieben, wird auch dem Handeln der Politiker wesentliche Erklärungskraft beigemessen. Seitens der Historiografie wurde zwar betont, dass die Erfolgsgeschichte der europäischen Integration auf viele Väter zurückgeführt werden kann, die biografische Sonde richtet sich vor allem aber auf die Gründungsväter der europäischen Einigung (Duchhardt 2002). Besondere Aufmerksamkeit wird der Ausgangskonstellation gewidmet, in der Robert Schuman, basierend auf den Initiativen Jean Monnets, den Plan für eine Europäische Gemeinschaft für Kohle- und Stahl vorstellte und an der Seite von Akteuren wie Konrad Adenauer oder Alcide de Gasperi – die nicht nur alle der gleichen Parteienfamilie angehörten, sondern auch als Grenzgänger oder -anrainer transnationale Erfahrung sammelten – die vertragsrechtlichen Fundamente der europäischen Einigung legte. Zugrunde liegt diesem Ansatz die Annahme, dass zur Geschichte der europäischen Integration „auch ganz wesentlich die Vergegenwärtigung der Persönlichkeiten [gehört], die mitgewirkt haben, indem sie Ideen lieferten, Einfluss nahmen [und] Entscheidungen trafen“ (Mahncke/Jansen 1981: 17).

Neben biografischen Prägungen der einzelnen Protagonisten wird vor allem in jüngerer Zeit auch kollektiven Akteuren Beachtung geschenkt. So interpretieren geschichtswissenschaftliche Ansätze die bisher weitgehend vernachlässigten europäischen Parteienzusammenschlüsse als einen Ort, der nationalen Politikern ein Forum für gemeinsame Überlegungen zur europäischen Einigung bot (Gehler/Kaiser/Wohnout 2001; Mittag 2006). Ähnliches gilt auch für Wirtschaftsverbände, Lobbyagenturen und gemeinwohlorientierte Zusammenschlüsse.

9. *Erosion von Staatlichkeit:* Ein weiterer Deutungsansatz basiert auf der zunehmenden Erosion des monolithischen und geschlossenen Nationalstaats. Vor dem Hintergrund veränderter Mobilitäts- und Kommunikationsformen wird das Bild eines als Erfahrungs- und Erinnerungsgemeinschaft nach außen abgrenzenden Nationalstaats als überholt betrachtet (Conze/Lappenküper/Müller 2004: 1–14). Stattdessen wird seitens der Forschung zunehmend auf transnationale Kontakte, interkulturelle Kommunikation und länderübergreifende Sozialisierungsprozesse eingegangen, um die „Verengung der zeitgeschichtlichen Forschung auf zwischenstaatliche Verhandlungsprozesse und supranationale Entscheidungsprozesse zu überwinden" (Kaiser 2004: 664).

In diesem Zusammenhang wird der Kategorie „Differenz" eine herausragende Bedeutung zugeschrieben (Landfried 2002). Mit den Konstruktionen des „Fremden" und des „Eigenen" sowie der Analyse von Prozessen kultureller Abgrenzung, Vermittlung und Identitätsbildung wird auf den Umstand rekurriert, dass Staat und Gesellschaft sich in ihrer Entwicklung und in ihrem Handeln stets an Grenzen orientiert haben. Ohne das zu Unterscheidende und das Verbindende hätten sich kaum ein Staat und kaum eine Gesellschaft selbst wahrnehmen und erkennbar machen lassen. Die nationale Ebene einerseits und die europäische Arena andererseits werden dabei jedoch nicht kategorial abgegrenzt, sondern vielmehr in einem prozessorientierten Verhältnis von Kontingenz und Kontinuität als sich gegenseitig bedingende Facetten miteinander in Beziehung gestellt. Der politisch geprägte Begriff des europäischen Mehrebenensystems lässt sich hier auch gesellschaftlich wenden, dokumentiert er doch, dass sich in zunehmendem Maße eine vertikale Überlagerung der nationalen und europäischen Ebene abzeichnet, die langfristig auch zu einer gesellschaftlichen europäischen Identität – oder präziser: zu einem Kaleidoskop an Identitäten – führen kann, deren Kennzeichen in dem Spannungsverhältnis der Überschreitung nationaler Grenzen und der Kontinuität eben dieser Grenzen liegt (Mokre/Weiss/Bauböck 2003).

10. *Dialektik von nationaler und europäischer Ebene:* Alle Ansätze haben letztlich gemeinsam, dass sie zur Deutung der Integration auf ein dialektisches Spannungsverhältnis von nationaler und europäischer Ebene, von intergouvernementaler Kooperation und supranationaler Integration sowie von nationalen Interessen und europäischer Vergemeinschaftung zurückgreifen, das als zentrales Kennzeichen der europä-

ischen Einigung beschrieben werden kann. Den archimedischen Punkt dieses Spannungsfeldes bildet bis heute die Debatte über das Ausmaß des Souveränitätstransfers und die Form der Zusammenarbeit zwischen den Mitgliedstaaten, der immer wieder neu bestimmt werden musste. Auf der einen Seite bestanden stets starke Impulse für die Nationalstaaten, Probleme gemeinsam zu bewältigen und zu diesem Zweck Kompetenzen zu vergemeinschaften. Auf der anderen Seite existieren aber auch starke Souveränitätsreflexe; um Kontrollrechte zu behalten wurden nationale Schutzmechanismen etabliert und zahlreiche Schranken und Ausnahmeregelungen errichtet. In diesem Sinne ist der Aufbau der Europäischen Union auf eine komplexe Legierung unterschiedlichster innerer und äußerer, ineinander greifender und sich widerstrebender Faktoren mitgliedstaatlicher und europäischer Provenienz zurückzuführen.

Auch wenn die Reichweite und Erklärungskraft der hier angeführten Ansätze differiert, erscheint es sinnvoll, die unterschiedlichen Perspektiven nicht stereotyp gegeneinander auszuspielen. Alle angeführten Interpretationsangebote verdienen in einem gewissen Maße Berücksichtigung, denn nur das Zusammenspiel der Ansätze liefert einen Schlüssel zur europäischen Integrationsgeschichte. In ihrer Bandbreite bilden die Ansätze ein zwar buntes, aber auch stimmiges Mosaik. Handelnde Akteure waren seit den frühen 1950er Jahren offenkundig die Nationalstaaten. Staatsmänner wie Adenauer, de Gasperi oder Schuman bereiteten das Terrain, auf dem ein „Mr. Europe“ wie Jean Monnet die Architektur der Gemeinschaften zimmerte. Aber es erforderte nicht nur Einzelpersonen, die sich dem „Europäertum“ verschrieben, und diplomatische Verhandlungsprozesse von Regierungen, sondern stets auch vorwärts drängende, neue Idee produzierende und aktivierende Kräfte außerhalb der nationalen Regierungen sowie Vordenker, die als Mobilisierungsinstanz den Prozess der europäischen Integration begleiteten.

In jeweils ganz unterschiedlicher Mischung ist die Europäische Union damit ein Produkt aus Absicht und Zufälligkeit, aus intentionalem und funktionalem Handeln. Infolgedessen kommt je nach Zeitabschnitt, politischer Konstellation und Interessenlage mal der eine, mal der andere der hier skizzierten Erklärungsansätze stärker zum Tragen. Auch wenn diese Schlussfolgerung wenig befriedigend ist, und letztlich ein gewisses Unbehagen bleibt, unterliegt es zu einem gewissen Grad dem Zufall, welcher Ansatz sich durchsetzte und welches Konzept scheiterte. Dies zeigt sich nicht zuletzt daran, dass fast alle Europagedanken und -pläne in der Geschichte zu unterschiedlichen Zeitpunkten – wiederholt – vorgestellt und diskutiert wurden. Aber nur dann, wenn alle Räder ineinander griffen, setzte sich ein Entwurf auch durch.

Zwischen Europäisierung und Demokratisierung: Perspektiven der europäischen Einigung

Die abschließenden Überlegungen dieses Bandes lenken den Blick auf die Perspektiven des europäischen Integrationsprozesses. Im Mittelpunkt fast jeder Erörterung über die Zukunft der europäischen Integration stehen Überlegungen zur Handlungsfähigkeit und zur Akzeptanz der Europäischen Union, die seit geraumer Zeit als die Kernherausforderungen der Europäischen Union betrachtet werden. Trotz aller Kassandra-Rufe ist unverkennbar, dass der Blick in den Mitgliedstaaten der Europäischen Union zunehmend stärker in Richtung Brüssel gerichtet ist. Da die Europäische Union in immer mehr Bereichen verbindliche Entscheidungen trifft, wird die europäische Integration auch für die einzelnen Mitgliedstaaten bedeutsamer. Dies nicht allein, weil diese Sekundärrecht ausführen und implementieren, sondern auch, weil nationale Institutionen zunehmend mit der Vorbereitung rechtlich verbindlicher Entscheidungen auf europäischer Ebene konfrontiert sind. „Political integration", so definierte es in seinem „Integrationsklassiker" bereits im Jahr 1958 Ernst B. Haas, „is the process, whereby political actors in several distinct national settings are persuaded to shift their loyalties, expectations and political activities towards a new centre, whose institutions possess or demand jurisdiction over the pre-existing national states" (Haas 1958: 16).

Ausgegangen wird hier von der Prämisse, dass nationale Akteure nicht länger auf den Nationalstaat begrenzt bleiben, sondern sie ihre Aufmerksamkeit – in unterschiedlichem Grad und in variierender Intensität – der Politikgestaltung in Brüssel widmen, um dort aktiv am europäischen Politikzyklus teilzuhaben. Dieses Merkmal gesteigerter Sensibilität gegenüber der Brüsseler Ebene ist ein anhaltender Trend, der eine zentrale Facette der in den letzten Jahren verstärkt auch seitens der Historiografie diskutierten Europäisierungsthese darstellt.

Unter dem ebenso schillernden wie vagen Begriff „Europäisierung" können, in Anlehnung an politikwissenschaftliche Ansätze, Auswirkungen der europäischen Einigung auf die Mitgliedstaaten der Europäischen Union und einzelne nationalstaatliche Akteure subsumiert und deren Anpassungsprozesse verstanden werden. Europäisierungsprozesse sind jedoch nicht nur als einseitig von Brüssel – bzw. von Straßburg und Luxemburg – aus gesteuerte top-down-Prozesse zu verstehen, sondern vielmehr als wechselseitige Interaktionsformen, die auch die Veränderung der europäischen Ebene durch nationalstaatliche Akteure einbeziehen (Radaelli 2000). Die institutionellen Leitideen dieses Ansatzes sind insbesondere in der Vielfalt von Organen, Ausschüssen und Gremien zu entdecken, in denen nationale und gemeinschaftliche Politiker und Beamte gemeinsam Entscheidungen vorbereiten, beschließen, durchführen und kontrollieren. Durch das „Bündeln“ nationaler und gemeinschaftlicher Verantwortung wird zumindest eine duale Legitimität aufgebaut, auch wenn Transparenz verloren geht und die Zuordnung von Verantwortlichkeit auf einzelne Organe und Akteure verschwimmt.

In Verbindung mit der Handlungsfähigkeit der Europäischen Union werden stets Überlegungen aufgeworfen, ob angesichts von 27 und mehr Mitgliedern mit divergierenden Interessen nicht geradezu zwingend eine stärkere Flexibilisierung der Zusammenarbeit in die Wege geleitet werden müsste. Obwohl man mit dem Verfassungsvertrag das Homogenitätsziel der Union wahrte und Ideen eines Europas der zwei Geschwindigkeiten offiziell nicht weiter verfolgte, wird der Rückgriff auf flexible Modelle als wichtigster Ansatz betrachtet, den Elan der Integration aufrecht zu erhalten. Ob sich aber aus den Gruppen, die zu Verfahren wie der „verstärkten Zusammenarbeit“ bereit sind, neue, in sich geschlossene Integrationskerne herausschälen oder ob diese tatsächlich nur „Avantgardegemeinschaften“ bilden, deren Attraktivität die anderen Staaten rasch zur Teilnahme veranlasst, lässt sich zum gegenwärtigen Zeitpunkt nicht vorhersagen. Sicher dürfte aber sein, dass flexible Integrationslösungen das Problem intransparenter Entscheidungsverfahren und der Unverständlichkeit des hieraus resultierenden Gesamtentscheidungssystems eher noch verstärken werden.

Der beträchtlichen Relevanz der Europäischen Union stehen Umfrageergebnisse gegenüber, denen zufolge sich die Bevölkerung in den EU-Mitgliedstaaten nur unzureichend über die Europäische Union und ihre Funktionsweise informiert zeigt. Da sich dies auch in einer europaskeptischeren Haltung niederschlägt, ist die zweite Kernherausforderung – die Akzeptanz der Europäischen Union – angesprochen. Die Frage nach den legitimatorischen und partizipatorischen Grundlagen des europäischen Einigungswerks bildet seit jeher einen Schwerpunkt der Integrationsforschung und stellt zugleich wohl die größte Hürde für die Zukunft der europäischen Einigung dar. Bereits seit längerem wird sowohl von der Politik als auch seitens der Wissenschaft – nicht zuletzt im Hinblick auf das viel beschworene Demokratiedefizit der Europäischen Union – intensiv über Möglichkeiten diskutiert, die Bürgerinnen und Bürger stärker in die Meinungsbildungs- und Entscheidungsprozesse einzubeziehen. War es in den 1970er Jahren der Versuch, über die Direktwahlen zum Europäischen Parlament die Bevölkerung in den Integrationsprozess einzubinden und in den 1980er Jahren der Rückgriff auf identitätsstiftende europäische Symbolik, so avancierte in den 1990er Jahren der Begriff der europäischen Zivilgesellschaft zur neuen Chiffre für die Interaktion zwischen Bevölkerung und europäischer Politik. Einhelliger Tenor war die Hoffnung, dass mit der Zivilgesellschaft eine Brücke zwischen Gesellschaft und EU geschlagen werden könnte, um so die demokratische Legitimität – wie auch die soziale Integration – der Europäischen Union zu stärken. In jüngster Zeit setzte die Europäische Kommission vor allem darauf, das Fehlen von intermediären und kommunikativen Strukturen auf europäischer Ebene durch eine effizientere Öffentlichkeits- und Kommunikationspolitik zu kompensieren, um im Labyrinth der öffentlichen Meinung auch EU-Themen stärker Gehör zu verschaffen.

Alle Ansätze haben bis zu einem gewissen Grade Wirkung gezeigt, jedoch nicht in einer Form, dass die wachsende Distanz zwischen Bevölkerung und Politik überbrückt wurde und die Integration zum gesellschaftlichen Projekt schlechthin erhoben wurde. Vor diesem Hintergrund wird zwei Entwicklungssträngen eine Perspektive beigemessen. Der eine orientiert sich am nationalstaatlich etablierten Modell einer parlamentarischen Demokratie westlichen Zuschnitts. Diesem Ansatz zufolge wird sich das politische System der Europäischen Union immer stärker in Richtung eines Zwei-Kammer-Systems entwickeln, in dem das Europäische Parlament zu einem gegenüber Rat und Kommission gleichberechtigten Organ aufgewertet wird. Demgegenüber erörtert ein zweiter Ansatz die Perspektiven neuer Formen von Demokratie.

Das Europäische Parlament konnte seine Kompetenzen in der Vergangenheit bereits erheblich ausbauen und ist in wesentlichen – wenn auch nicht in allen – Bereichen der EG/EU-Rechtssetzung zu einer Legislative konventioneller Ausprägung avanciert. Mehrere Indikatoren deuten darauf hin, dass dieser Trend weiter anhält. Sowohl das im Februar 2004 als Verordnung in Kraft getretene „Europäische Parteienstatut", das eine wichtige Etappe bei der Formierung von europäischen Parteiorganisationen einschließlich ihrer rechtlichen Anerkennung und Finanzierung markiert (Jansen/Schönlau 2006: 515–534), als auch das neue, im Sommer 2005 verabschiedete Abgeordnetenstatut, das die bislang an nationalstaatliche Bestimmungen gekoppelte Höhe der Abgeordnetendiäten mit Wirkung von 2009 an durch eine EU-weite Regelung ersetzt und erstmals einheitliche Abgeordnetendiäten ermöglicht, weisen in die Richtung eines Ausbaus der parlamentarischen Infrastruktur auf europäischer Ebene. Noch deutlicher wird diese Entwicklung, wenn auch das dritte Langzeitprojekt – die Ausarbeitung eines einheitlichen Wahlrechts zum Europäischen Parlament – konkretere Züge annehmen sollte. Der damit etablierte Sockel an europäischer Infrastruktur wird mittelfristig auch die Parteien auf europäischer Ebene sowie die EP-Fraktionen stärken und ihr Gewicht gegenüber nationalen Parlamentariern und Parteien vergrößern. Die Verabschiedung von Parteienstatut und Abgeordnetenstatut kann in diesem Sinne als Korrelat zu den bisherigen funktionalen Kompetenzgewinnen des Straßburger Parlaments auf europäischer Ebene betrachtet werden. Im Hinblick auf die künftige Reform des EU-Systems – in Richtung eines Zwei-Kammer-Systems spezifischer Art, in dem der Ministerrat die „Staatenkammer" und das Europäische Parlament die „Bürgerkammer" bildet – können die Neuregelungen so als gewichtiges Argument ins Feld geführt werden und weitere Schritte einer Parlamentarisierung der Europäischen Union nach sich ziehen.

Eine zweite Sichtweise der Demokratie- und Akzeptanzproblematik wirft die Frage auf, ob die bekannten Vorstellungen von Demokratie überhaupt auf die Europäische Union zu beziehen sind (Abromeit 1998) oder ob eine neue Sichtweise jenseits des (National-)Staats notwendig ist. Auf der Suche nach demokratischen Formen europäischen Regierens jenseits der klassischen parlamentarisch-repräsentativen Modelle haben so genannte deliberative Ansätze zunehmendes Interesse gefunden (Habermas 1992). Den Maßstäben dieser Demokratiemodelle zufolge hängt die Legitimität einer politischen Ordnung wesentlich von der zivilgesellschaftlichen und deliberativen Qualität der politischen Kommunikation ab (Richter 2005: 67–104). Mit Blick auf den spezifischen Charakter der Europäischen Union werden infolgedessen auch Überlegung angestellt, dass sich mit der europäischen Integration – und anderen transnationalen Gebilden – eine neue Funktionsweise von Demokratie herauskristallisiert, in der Legitimität vor allem als das Produkt wechselseitiger Kommunikation zu betrachten ist (Joerges 2000).

Vor dem Hintergrund dieser beiden wichtigsten Perspektivszenarien des europäischen Einigungsprozesses – und den in einem dialektischen Verhältnis zwischen nationaler und europäischer Ebene wurzelnden Erklärungsansätzen zur Integrationshistoriografie – ist eine auf die Europäische Union bezogene transnationale Geschichte weder als erweiterte Nationalgeschichte noch als bloße Projektion des Nationalen auf die europäische Ebene zu verstehen. Vielmehr drängt sich die Überlegung auf, dass der europäische Einigungsprozess als neue Phase, vielleicht sogar als Zäsur in der Geschichte der europäischen Staaten zu interpretieren ist – jedenfalls als Zeitabschnitt, in dem sich nationale und europäische Strukturen miteinander zu verzahnen beginnen, ohne dass damit die europäische Einigung zum bloßen Übergangsphänomen erklärten oder ihre Finalität endgültig bestimmt werden kann (Bartolini 2005).

Betrachtet man die Europäische Union aber als etwas grundsätzlich Neues, stellt sich auch die Frage, ob die bisher bekannten wissenschaftlichen Instrumente, Kategorien und Denkschemata ausreichen, um diese Form europäischer Kooperation adäquat zu vermessen. Die Debatte, ob angesichts einer anhaltenden Erosion des Nationalstaats und zunehmender Verflechtungsprozesse auf mittlere Sicht eine interdisziplinäre „Integrationswissenschaft“ (Loth/Wessels 2001) oder eine „Europawissenschaft“ (Schuppert/Pernice/Haltern 2005) erforderlich ist, steckt gegenwärtig noch in den Kinderschuhen – zumal die Nationalstaaten durchaus Beharrungskräfte zeigen und sich nicht einfach zum Attribut der Vergangenheit abstempeln lassen. Aber selbst wenn sich die Konturen einer eigenständigen interdisziplinären Integrationsforschung bisher erst schemenhaft abzeichnen und die politische Zukunft der Integration in den (europäischen) Sternen stehen mag, scheint es unzweifelhaft, dass der europäische Einigungsprozess auf absehbare Zeit ein Kernthema wissenschaftlicher Analysen darstellen und zugleich eine zentrale Aufgabe der zeitgeschichtlichen Forschung markieren wird.

Auswahlbibliografie zu Kapitel 9

Literatur:

Abromeit, Heidrun: Democracy in Europe. Legitimising Politics in a Non-State Polity, New York/Oxford 1998.

Attac (Hg.): Das kritische EU-Buch. Warum wir ein anderes Europa brauchen, Wien 2006.

Bartolini, Stefano: Restructuring Europe. Centre formation, system building and political structuring between the nation state and the EU, Oxford 2005

Beichelt, Timm/Chołuj, Bozena/Rowe, Gerard/Wagener, Hans-Jürgen (Hg.): Europa-Studien. Eine Einführung, Wiesbaden 2006.

* Bogdandy, Armin von (Hg.): Die Europäische Option. Eine interdisziplinäre Analyse über Herkunft, Stand und Perspektiven der europäischen Integration, Baden-Baden 1993.

Bulmer, Simon/Wessels, Wolfgang: The European Council. Decision-Making in European Politics, Houndmills (u.a.) 1987.

Christiansen, Thomas: The role of supranational actors in EU treaty reform, in: Journal of European Public Policy 1 (2002), S. 33–53.

Conze, Eckart/Lappenküper, Ulrich/Müller, Guido (Hg.): Einführung, in: dies. (Hg.): Geschichte der internationalen Beziehungen. Erneuerung und Erweiterung einer historischen Disziplin, Köln (u.a.) 2004, S. 1–14.

Duchhardt, Heinz (Hg.): Europäer des 20. Jahrhunderts. Wegbereiter und Gründer des „modernen Europa“, Mainz 2002.

* Schuppert, Gunnar Folke/Pernice, Gunnar/Haltern, Ulrich (Hg.): Europawissenschaft, Baden-Baden 2005.

Gehler, Michael: Zeitgeschichte im dynamischen Mehrebenensystem. Zwischen Regionalisierung, Nationalstaat, Europäisierung, internationaler Arena und Globalisierung, Bochum 2001.
Gehler, Michael/Kaiser, Wolfram/Wohnout, Michael (Hg.): Christdemokratie in Europa im 20. Jahrhundert/Christian Democracy in 20th Century Europe/La Démocratie Chrétienne en Europe au XXe siècle, Wien/Köln/Weimar 2001.
Habermas, Jürgen: Faktizität und Geltung. Beiträge zur Diskurstheorie und des demokratischen Rechtsstaates, Frankfurt am Main 1992.
Haas, Ernst B.: The Uniting of Europe. Political, social and economic forces, Stanford 1958.
Hix, Simon: The Political System of the European Union, London ^{2}2002.
Hoffmann, Stanley: Reflections on the Nation State in Western Europe Today, in: Journal of Common Market Studies 1/2 (1982), S. 21–37.
Holzinger, Katharina/Knill, Christoph/Peters, Dirk et al. (Hg.): Die Europäische Union: Theorien und Analysekonzepte, Paderborn 2005.
Hudemann, Rainer/Kaelble, Hartmut/Schwabe, Klaus (Hg.): Europa im Blick der Historiker. Europäische Integration im 20. Jahrhundert: Bewusstsein und Institutionen, München 1995 (= HZ Beiheft 21).
Immerfall, Stefan: Europa – politisches Einigungswerk und gesellschaftliche Entwicklung. Eine Einführung, Wiesbaden 2006.
Jachtenfuchs, Markus: Die Konstruktion Europas. Verfassungsideen und institutionelle Entwicklung, Baden-Baden 2002.
James, Harold: Geschichte Europas im 20. Jahrhundert. Fall und Aufstieg 1914–2001, München 2004.
Jansen, Thomas/Schönlau, Justus: Der Parteienartikel als Impulsgeber? Die Entwicklung der Rechtsgrundlagen für die „Europäischen Politischen Parteien", in: Jürgen Mittag (Hg.): Politische Parteien und europäische Integration. Entwicklung und Perspektiven transnationaler Parteienkooperation in Europa, Klartext Verlag Essen 2006, S. 515–534.
Jansen, Thomas/Mahncke Dieter (Hg.): Persönlichkeiten der Europäischen Integration, Bonn 1981.
Jarausch, Konrad H.: Zeitgeschichte zwischen Nation und Europa. Eine transnationale Herausforderung, in: Aus Politik und Zeitgeschichte 39 (2004), S. 3–10.
Joerges, Christian: Transnationale deliberative Demokratie oder deliberativer Supranationalismus, in: Zeitschrift für internationale Beziehungen 1 (2000), S. 145–163.
Judt, Tony: Die Geschichte Europas seit dem Zweiten Weltkrieg, Bonn 2006.
Kaelble, Hartmut: Sozialgeschichte Europas. 1945 bis zur Gegenwart, München 2007.
Kaelble, Hartmut: Europabewusstsein, Gesellschaft und Geschichte. Forschungsstand und Forschungschancen, in: Rainer Hudemann/Hartmut Kaelble/Klaus Schwabe (Hg.): Europa im Blick der Historiker, München 1995, S. 1–29.
Kaiser, Wolfram: Vom Staat zur Gesellschaft? Zur Historiographie der europäischen Integration, in Geschichte in Wissenschaft und Unterricht 11 (2004), S. 663–679.
Kaiser, Wolfram/Starie Peter (Hg.): Transnational European Union. Towards a common political space, London 2005.

Kösters, Wim/Beckmann, Rainer/Hebler, Martin: Elemente der ökonomischen Integrationstheorie, in: Wilfried Loth/Wolfgang Wessels (Hg.): Theorien europäischer Integration, Opladen 2001, S. 35–86.

Krüger, Peter: Wege und Widersprüche europäischer Integration im 20. Jahrhundert, München 1995.

Landfried, Christine: Das politische Europa. Differenz als Potential der Europäischen Union, Baden-Baden 2002.

Lindberg, Leon N./Scheingold, Stuart A.: Europes Would-Be Polity. Patterns of Change in the European Community, New York 1970.

* Lipgens, Walter: Die Anfänge der europäischen Einigungspolitik 1945–1950, Bd. I: 1945–1947, Stuttgart 1977.

Loth, Wilfried: Beiträge der Geschichtswissenschaft zur Deutung der Europäischen Integration, in: Wilfried Loth/Wolfgang Wessels (Hg.): Theorien europäischer Integration, Opladen 2001, S. 87–106.

* Loth, Wilfried/Wessels, Wolfgang (Hg.): Theorien europäischer Integration, Opladen 2001.

Loth, Wilfried: Europäische Integration in historischer Perspektive, in: Ines Katenhusen/Wolfram Lamping (Hg.): Demokratien in Europa. Der Einfluss der europäischen Integration auf Institutionenwandel und neue Konturen des demokratischen Verfassungsstaates, Opladen 2003, S. 29–43.

Loth, Wilfried: Europa im Rückblick. 25 Jahre europäische Integration in historischer Perspektive, in: Werner Weidenfeld/Wolfgang Wessels (Hg.): Jahrbuch der Europäischen Integration 2004/2005, Baden-Baden 2005, S. 45–54.

Loth, Wilfried: Walter Lipgens (1925–1984), in: Heinz Duchhardt/Malgorzata Morawiec/Wolfgang Schmale/Winfried Schulze: (Hg.): Europa-Historiker. Ein biographisches Handbuch, Bd. 1, Göttingen 2006, S. 317–336.

Ludestadt, Geir: The United States and Europe since 1945. From "Empire by Invitation" to Transatlantic Drift, Oxford 2003.

Marhold, Hartmut: Europäische Einigung als Gegenstand der Geschichte – Vorschläge zu einem historiographischen Koordinatensystem, in: Heiner Timmermann (Hg.): Die Kontinentwerdung Europas. Festschrift für Helmut Wagner zum 65. Geburtstag, Berlin 1995, S. 28–39.

* Milward, Alan S.: The European Rescue of the Nation-State, London [2]1994.

Mittag, Jürgen: Politische Parteien und europäische Integration. Entwicklung und Perspektiven transnationaler Parteienkooperation in Europa, Essen 2006, S. 405–431.

Mokre, Monika/Weiss, Gilbert/Bauböck, Rainer (Hg.): Europas Identitäten. Mythen, Konflikte, Konstruktionen, Frankfurt am Main 2003.

Moravcsik, Andrew: The Choice for Europe: Social Purpose and State Power from Messina to Maastricht, London 1998.

Niedermayer, Oskar: Die öffentliche Meinung zur zukünftigen Gestalt der EU. Bevölkerungsorientierungen in Deutschland und den anderen EU-Staaten, Bonn 2003.

Peterson, John/Bomberg, Elizabeth: Decision-Making in the European Union. Houndmills (u.a.)1999.

Pond, Elizabeth: Die Stunde Europas. Ein Kontinent auf dem Weg zur Weltmacht, Berlin 2000.

Puchala, Donald J.: Of Blind Men, Elephants and International Integration, in: Journal of Common Market Studies 3 (1972), S. 267-284.

Radaelli, Claudio M.: Whither Europeanization? Concept Stretching and Substantive Change, in: Governance 1 (2000), S. 25–43.

* Richter, Emanuel: Demokratietheorie und europäische Integration, in: Guido Thiemeyer/Hartmut Ullrich (Hg.): Europäische Perspektiven der Demokratie, Frankfurt am Main 2005, S. 67–104.

Rifkin, Jeremy: Der Europäische Traum. Die Vision einer leisen Supermacht, Frankfurt am Main 2006.

Schneider, Heinrich: Europäische Integration: die Leitbilder und die Politik, in: Michael Kreile (Hg.): Die Integration Europas, Opladen 1992, S. 3–35 (= PVS-Sonderheft 23).

Schwarz, Hans-Peter: Die europäische Integration als Aufgabe der Zeitgeschichtsforschung. Forschungsstand und Perspektiven, in: Vierteljahrshefte für Zeitgeschichte 4 (1983), S. 555–570.

Tömmel, Ingeborg: Das politische System der EU, München/Wien 2003.

Trenz, Hans-Jörg: Europa in den Medien. Die europäische Integration im Spiegel nationaler Öffentlichkeit, Frankfurt am Main 2005.

Wessels, Wolfgang: Staat und (westeuropäische) Integration. Die Fusionsthese, in: Michael Kreile (Hg.): Die Integration Europas, Opladen 1992, S. 36–61 (= PVS-Sonderheft 23).

Wessels, Wolfgang, Die Europäische Union als Ordnungsfaktor, in: Karl Kaiser/Hans-Peter Schwarz (Hg.): Weltpolitik im neuen Jahrhundert, Bonn 2000, S. 575–590.

Wessels, Wolfgang: Konstitutionalisierung der EU: Variationen zu einem Leitbegriff – Überlegungen zu einer Forschungsagenda, in: Matthias Chardon/Ursula Göth/Martin Große Hüttmann/Christine Probst-Dobler (Hg.): Regieren unter neuen Herausforderungen: Deutschland und Europa im 21. Jahrhundert. Festschrift für Rudolf Hrbek zum 65. Geburtstag, Baden-Baden 2003, S. 23–45.

Wattin, Alexandre: Die deutsch-französischen Gipfeltreffen im Zeitraum 1991–2002, Bonn 2003.

* Wessels, Wolfgang: Das politische System der Europäischen Union, Wiesbaden 2007 (im Erscheinen).

Wirsching, Andreas: Europa als Wille und Vorstellung. Die Geschichte der europäischen Integration zwischen nationalem Interesse und großer Erzählung, in: Zeitschrift für Staats- und Europawissenschaften 4 (2006), S. 488–506.

Wurm, Clemens: Early European Integration as a Research Field: Perspectives, Debates, Problems, in: ders. (Hg.): Western Europe and Germany. The Beginnings of European Integration. 1945–1960, Oxford 1995, S. 9–26.

Ziebura, Gilbert: Die deutsch-französischen Beziehungen seit 1945. Mythen und Realitäten, Stuttgart [2]1997.

Verzeichnis der Tabellen

Verzeichnis der Schaubilder

Verzeichnis der Karten

Verzeichnis der Abbildungen

Abkürzungsverzeichnis

AEF	Aktion Europäischer Föderalisten
AKP (-Staaten)	mit der EG/EU verbundene Länder im afrikanischen, karibischen und pazifischen Raum
ASEAN	Internationale Organisation südostasiatischer Staaten (engl.: Association of Southeast Asian Nations)
AU	Afrikanische Union (engl.: African Union)
Benelux	Sammelbezeichnung für die Staaten Belgien, Niederlande und Luxemburg
CEEC	Committe of European Economic Cooperation (bis April 1948)
COMECON	Rat für gegenseitige Wirtschaftshilfe (engl.: Council of Mutual Economic Assistance)
COREPER	Ausschuss der Ständigen Vertreter (der Regierungen bei der EU) dt.: AStV (frz.: Comité des Représentants Permanents)
COSAC	Conférence des Organes spécialisées dans les affaires communautaires
DDR	Deutsche Demokratische Republik
EAGFL	Europäischer Ausrichtungs- und Garantiefond für die Landwirtschaft
ECOFIN	Ratsgremium der Finanz- und Wirtschaftsminister
ECU	Europäische Währungseinheit (engl.: European Currency Unit)
EEA	Einheitliche Europäische Akte
EEF	Europäischer Entwicklungsfonds
EFTA	Europäische Freihandelsvereinigung/-zone (engl.: European Free Trade Association)
ERFE	Europäischer Fonds für regionale Entwicklung
EG	Europäische Gemeinschaft
EG-V	Vertrag zur Gründung der Europäischen Gemeinschaft
EGB	Europäischer Gewerkschaftsbund
EGKS	Europäische Gemeinschaft für Kohle und Stahl
EGKS-V	Vertrag über die Gründung der Europäischen Gemeinschaft für Kohle und Stahl
EMRK	Europäische Konvention zum Schutz der Menschenrechte und Grundfreiheiten (Europäische Menschenrechtskonvention)
EPG	Europäische Politische Gemeinschaft
EPU	Europäische Parlamentarier Union
EP	Europäisches Parlament
EPZ	Europäische Politische Zusammenarbeit
ERP	European Recovery Program („Marshall-Plan“)
ESF	Europäischer Sozialfonds
ESVP	Europäische Sicherheits- und Verteidigungspolitik
EU	Europäische Union
EU-V	Vertrag über die Europäische Union
EuGH	Europäischer Gerichtshof
EUMC	Europäischer Militärausschuss (engl.: European Union Military Committee)
Euratom	Europäische Atomgemeinschaft

Euratom-V	Vertrag zur Gründung der Europäischen Atomgemeinschaft
Europol	Europäisches Polizeiamt
EVG	Europäische Verteidigungsgemeinschaft
EVP	Europäische Volkspartei
EWG	Europäische Wirtschaftsgemeinschaft
EWG-V	Vertrag zur Gründung der Europäischen Wirtschaftsgemeinschaft
EWR	Europäischer Wirtschaftsraum
EWI	Europäisches Währungsinstitut
EWS	Europäisches Währungssystem
EZB	Europäische Zentralbank
GATT	Allgemeines Zoll- und Handelsabkommen (engl. General Agreement on Tariffs and Trade)
GAP	Gemeinsame Agrarpolitik
GASP	Gemeinsame Außen- und Sicherheitspolitik
KSZE	Konferenz für Sicherheit und Zusammenarbeit in Europa
IWF	Internationaler Währungsfonds
MdEP	Mitglied des Europäischen Parlaments
Mercosur	Gemeinsamer Markt des Südens (span.: Mercado Común del Sur)
MFE	Mouvement Fédéraliste Européen
MOE-Staaten	Mittel- und Osteuropäische Staaten
MSEUE	Mouvement Socialiste pour les Etats-Unis d'Europe
NATO	Nordatlantische Verteidigungsorganisation (engl.: North Atlantic Treaty Organisation
NEI	Nouvelles Equipes Internationales
OEEC	Organisation für Europäische Wirtschaftliche Zusammenarbeit (engl.: Organisation for European Economic Cooperation; seit 1961 OECD)
OLAF	Betrugsbekämpfungsamt (frz.: Office européen de lutte antifraude
PHARE	Hilfsprogramm zur Umgestaltung der Wirtschaft der osteuropäischen Länder Polen und Ungarn (engl.: Poland and Hungary: Aid for Restructuring of the Economies)
PSK	Politisches und sicherheitspolitisches Komitee
TREVI	Terrorisme, Radicalisme, Extrémisme [et] Violence Internationale
UCLAF	Betrugsbekämpfungseinheit (frz.: Unité de coordination pour la lutte antifraude)
UEF	Union Européenne des Fédéralists
UEM	United Europe Movement
UNO	Vereinte Nationen (engl.: United Nations)
VVE	Vertrag über eine Verfassung für Europa (Verfassungsvertrag)
WEU	Westeuropäische Union
WTO	Welthandelsorganisation (engl.: World Trade Organization)
WWU	Wirtschafts- und Währungsunion
ZJIP	Zusammenarbeit in der Justiz- und Innenpolitik

Personenregister